世界上最快乐的事，莫过于为理想而奋斗。

——苏格拉底

2020年全国经济专业技术资格考试

中级经济师人力资源管理专业知识与实务

应试指南

■ 中华会计网校 编

感恩20年相伴 助你梦想成真

北京理工大学出版社
BEIJING INSTITUTE OF TECHNOLOGY PRESS

版权专有　侵权必究

图书在版编目（CIP）数据

中级经济师人力资源管理专业知识与实务应试指南／中华会计网校编．—北京：北京理工大学出版社，2020.7

全国经济专业技术资格考试

ISBN 978-7-5682-8466-0

Ⅰ.①中… Ⅱ.①中… Ⅲ.①人力资源管理—资格考试—自学参考资料 Ⅳ.①F243

中国版本图书馆 CIP 数据核字（2020）第 083272 号

出版发行 /	北京理工大学出版社有限责任公司
社　　址 /	北京市海淀区中关村南大街 5 号
邮　　编 /	100081
电　　话 /	（010）68914775（总编室）
	（010）82562903（教材售后服务热线）
	（010）68948351（其他图书服务热线）
网　　址 /	http://www.bitpress.com.cn
经　　销 /	全国各地新华书店
印　　刷 /	三河市荣展印务有限公司
开　　本 /	787 毫米×1092 毫米　1/16
印　　张 /	22.5
字　　数 /	552 千字
版　　次 /	2020 年 7 月第 1 版　2020 年 7 月第 1 次印刷
定　　价 /	70.00 元

责任编辑／申玉琴
文案编辑／申玉琴
责任校对／周瑞红
责任印刷／李志强

图书出现印装质量问题，请拨打售后服务热线，本社负责调换

前 言

正保远程教育

- **发展**：2000—2020年：感恩20年相伴，助你梦想成真
- **理念**：学员利益至上，一切为学员服务
- **成果**：18个不同类型的品牌网站，涵盖13个行业
- **奋斗目标**：构建完善的"终身教育体系"和"完全教育体系"

中华会计网校

- **发展**：正保远程教育旗下的第一品牌网站
- **理念**：精耕细作，锲而不舍
- **成果**：每年为我国财经领域培养数百万名专业人才
- **奋斗目标**：成为所有会计人的"网上家园"

"梦想成真"书系

- **发展**：正保远程教育主打的品牌系列辅导丛书
- **理念**：你的梦想由我们来保驾护航
- **成果**：图书品类涵盖会计职称、注册会计师、税务师、经济师、资产评估师、审计师、财税、实务等多个专业领域
- **奋斗目标**：成为所有会计人实现梦想路上的启明灯

图书特色

1 应试指导及同步训练

考情分析

本章主要讲述激励理论及其应用。本章的重点是动机的分类，需要层次理论、双因素理论、ERG理论、三重需要理论、公平理论、期望理论、目标管理、参与管理。从近三年的考题来看，单项选择题、多项选择题和案例分析题都有涉及。

· 深入解读本章考点及考试变化内容

重点、难点讲解及典型例题

▶考点一　需要、动机、激励（见表1-1）

表1-1　需要、动机、激励的概念与分类

项目	含义	内容
需要	指当缺乏或期待某种结果而产生的心理状态	对物质的需要，比如：空气、水、食物等；以及对社会需要，比如：归属、爱等

· 全方位透析考试，钻研考点

历年考题解析

一、单项选择题

1.（2019年）关于有效推行参与管理的条件的说法，错误的是（　）。
A. 组织文化必须支持员工参与
B. 参与不应使员工和管理者的地位和权力受到威胁
C. 努力的水平
D. 行为的特点

【解析】本题考查动机。动机的三个要素包括：决定人行为的方向、努力的水平、坚持的水平。　【答案】D

· 了解命题方向和动态

同步系统训练

一、单项选择题

1. 下列关于需要、动机与激励的说法，错误的是（　）。
A. 需要是指缺乏或期待某种结果时产生的心理状态
B. 动机有三个因素，即决定人行为的方
B. 外源性动机是指人做出某种行为是为了获得物质或社会报酬
C. 追求较高的社会地位属于内源性动机
D. 谋求多拿奖金属于外源性动机

5. 外源性动机强的员工看重的是（　）。
A. 工作的挑战性

· 夯实基础，快速掌握答题技巧

本章思维导图

特质理论
交易型和变革型领导理论——吉伯、斯道格迪尔的观点
　　　　　　　　　　　——交易型领导和变革型领导的特点
魅力型领导理论——魅力型领导者的特点
　　　　　　　——魅力型领导者的道德特征和非道德特征

· 本章知识体系全呈现

2 全真模拟试题及答案解析

名师精心预测，模拟演练，助力通关

模拟试题（一）

一、单项选择题（共60题，每题1分。每题的备选项中，只有1个最符合题意）

1. 根据赫兹伯格的双因素理论，激励因素的缺失会导致员工（　）。
A. 满意　　B. 没有满意
C. 不满　　D. 没有不满

模拟试题（二）

一、单项选择题（共60题，每题1分。每题的备选项中，只有1个最符合题意）

1. 根据马斯洛的需要层次理论，下列需要层次中，主要靠内在因素满足的是（　）。
A. 生理需要　　B. 安全需要
C. 归属需要　　D. 尊重需要

A. 战略地图
B. 数字仪表盘
C. 工作设计
D. 人力资源管理计分卡

8. 由于人力资本是获取竞争优势的主要资源，所以最高管理层在研究制定战略时必须认真考虑的因素是（　）。
A. 培训　　B. 人
C. 资源　　D. 管理

9. 为了实现组织的整体战略目标需要完成

6. 按照美国学者桑南菲尔德的组织文化分类，（　）组织非常重视适应、忠诚度和承诺。
A. 学院型　　B. 俱乐部型
C. 棒球队型　　D. 堡垒型

7. （　）主要回答到哪里去竞争的问题，即指出组织应该选择经营何种业务以及进入何种行业或领域的决策。
A. 组织战略　　B. 管理战略
C. 竞争战略　　D. 人力资源战略

目 录 CONTENTS

第 1 部分　应试指导及同步训练

第 1 章　组织激励　003

考情分析　//003

重点、难点讲解及典型例题　//003

历年考题解析　//007

同步系统训练　//010

同步系统训练参考答案及解析　//013

本章思维导图　//016

第 2 章　领导行为　017

考情分析　//017

重点、难点讲解及典型例题　//017

历年考题解析　//023

同步系统训练　//026

同步系统训练参考答案及解析　//029

本章思维导图　//032

第 3 章　组织设计与组织文化　033

考情分析　//033

重点、难点讲解及典型例题　//033

历年考题解析　//038

同步系统训练　//041

同步系统训练参考答案及解析　//044

本章思维导图　//047

第 4 章　战略性人力资源管理　048

考情分析　//048

重点、难点讲解及典型例题　//048

历年考题解析　//057

　　　　同步系统训练　//060

　　　　同步系统训练参考答案及解析　//062

　　　　本章思维导图　//064

第 5 章　人力资源规划　　065

　　　　考情分析　//065

　　　　重点、难点讲解及典型例题　//065

　　　　历年考题解析　//071

　　　　同步系统训练　//074

　　　　同步系统训练参考答案及解析　//076

　　　　本章思维导图　//079

第 6 章　人员甄选　　080

　　　　考情分析　//080

　　　　重点、难点讲解及典型例题　//080

　　　　历年考题解析　//089

　　　　同步系统训练　//094

　　　　同步系统训练参考答案及解析　//096

　　　　本章思维导图　//099

第 7 章　绩效管理　　101

　　　　考情分析　//101

　　　　重点、难点讲解及典型例题　//101

　　　　历年考题解析　//112

　　　　同步系统训练　//116

　　　　同步系统训练参考答案及解析　//120

　　　　本章思维导图　//123

第 8 章　薪酬管理　　125

　　　　考情分析　//125

　　　　重点、难点讲解及典型例题　//125

　　　　历年考题解析　//134

　　　　同步系统训练　//138

　　　　同步系统训练参考答案及解析　//141

　　　　本章思维导图　//144

第9章 培训与开发　　145

考情分析 //145

重点、难点讲解及典型例题 //145

历年考题解析 //150

同步系统训练 //151

同步系统训练参考答案及解析 //154

本章思维导图 //157

第10章 劳动关系　　158

考情分析 //158

重点、难点讲解及典型例题 //158

历年考题解析 //163

同步系统训练 //163

同步系统训练参考答案及解析 //164

本章思维导图 //165

第11章 劳动力市场　　166

考情分析 //166

重点、难点讲解及典型例题 //166

历年考题解析 //176

同步系统训练 //180

同步系统训练参考答案及解析 //183

本章思维导图 //186

第12章 工资与就业　　187

考情分析 //187

重点、难点讲解及典型例题 //187

历年考题解析 //196

同步系统训练 //200

同步系统训练参考答案及解析 //203

本章思维导图 //206

第13章 人力资本投资理论　　207

考情分析 //207

重点、难点讲解及典型例题 //207

历年考题解析 //212

同步系统训练 //218

同步系统训练参考答案及解析 //222

本章思维导图 //226

第 14 章　劳动合同管理与特殊用工　227

考情分析 //227

重点、难点讲解及典型例题 //227

历年考题解析 //234

同步系统训练 //238

同步系统训练参考答案及解析 //241

本章思维导图 //244

第 15 章　社会保险法律　245

考情分析 //245

重点、难点讲解及典型例题 //245

历年考题解析 //247

同步系统训练 //248

同步系统训练参考答案及解析 //250

本章思维导图 //251

第 16 章　社会保险体系　252

考情分析 //252

重点、难点讲解及典型例题 //252

历年考题解析 //260

同步系统训练 //262

同步系统训练参考答案及解析 //265

本章思维导图 //267

第 17 章　劳动争议调解仲裁　269

考情分析 //269

重点、难点讲解及典型例题 //269

历年考题解析 //276

同步系统训练 //277

同步系统训练参考答案及解析 //280

本章思维导图 //282

第 18 章　法律责任与行政执法　　　　　　　　　　　　284

　　考情分析　//284

　　重点、难点讲解及典型例题　//284

　　历年考题解析　//289

　　同步系统训练　//290

　　同步系统训练参考答案及解析　//292

　　本章思维导图　//293

第 19 章　人力资源开发政策　　　　　　　　　　　　　294

　　考情分析　//294

　　重点、难点讲解及典型例题　//294

　　历年考题解析　//309

　　同步系统训练　//309

　　同步系统训练参考答案及解析　//312

　　本章思维导图　//314

第 2 部分　全真模拟试题及答案解析

2020 年人力资源管理专业知识与实务（中级）模拟试题及答案解析　317

　　模拟试题（一）　//317

　　模拟试题（一）参考答案及解析　//326

　　模拟试题（二）　//333

　　模拟试题（二）参考答案及解析　//343

正保文化官微

关注正保文化官方微信公众号，回复"勘误表"，获取本书勘误内容。

第 1 部分

应试指导及同步训练

智慧启航

世界上最快乐的事,莫过于为理想而奋斗。

——苏格拉底

第1章 组织激励

考情分析

本章主要讲述激励理论及其应用。本章的重点是动机的分类，需要层次理论、双因素理论、ERG 理论、三重需要理论、公平理论、期望理论，目标管理、参与管理。从近三年的考题来看，单项选择题、多项选择题和案例分析题都有涉及。

最近三年本章考试题型、分值分布

年份	单项选择题	多项选择题	案例分析题	合计
2019 年	5 题 5 分	1 题 2 分	4 题 8 分	10 题 15 分
2018 年	4 题 4 分	1 题 2 分	—	5 题 6 分
2017 年	2 题 2 分	1 题 2 分	—	3 题 4 分

本章主要考点

1. 内源性动机与外源性动机的区分。
2. 马斯洛需要层次理论的主要观点及应用。
3. 双因素理论的内容及其在管理上的应用。
4. ERG 理论的内容。
5. 三重需要理论的内容。
6. 公平理论的内容与恢复公平的方法。
7. 期望理论的内容。
8. 强化理论的内容。
9. 目标管理、参与管理、绩效薪金制的概念及应用。

重点、难点讲解及典型例题

▶ 考点一　需要、动机、激励（见表 1-1）

表 1-1　需要、动机、激励的概念与分类

项目	含义	内容
需要	指当缺乏或期待某种结果而产生的心理状态	对物质的需要，比如：空气、水、食物等；以及对社会需要，比如：归属、爱等

续表

项目	含义	内容
动机	人们从事某种活动、为某一目标付出努力的意愿，这种意愿取决于目标能否以及在多大程度上能够满足人的需要	(1)三要素： ①决定人行为的方向，即选择做出什么行为； ②努力的水平，即行为的实施程度； ③坚持的水平，即遇到阻碍时付出多大努力坚持自己的行为； (2)类型：内源性动机和外源性动机 内源性动机：看重的是工作本身，如寻求挑战性的工作，获得为工作和组织多做贡献的机会以及充分实现个人潜力的机会； 外源性动机：看重工作所带来的报偿，如工资、奖金、表扬、社会地位等
激励	是通过满足员工的需要而使其努力工作，从而实现组织目标的过程	从激励的内容分为：物质激励和精神激励； 从激励的作用分为：正向激励和负向激励； 从激励的对象分为：他人激励和自我激励

【例1·单选题】关于动机的说法，错误的是(　　)。
A. 动机是指人们从事某种活动，为某一目标付出努力的意愿
B. 动机水平越高，表明个人的动机越强
C. 动机可以分为内源性动机和外源性动机
D. 内源性动机强的员工更看重工资和奖金

解析 ▶ 本题考查动机。出于外源性动机的员工更看重工作所带来的报偿，如工资、奖金、表扬、社会地位等，所以D的说法有误。　　　　　**答案** ▶ D

▶ 考点二　激励理论(见表1-2)

表1-2　激励理论的主要内容

理论		相关内容
需要层次理论	主要观点	(1)认为人均有五种需要，由低到高依次是：生理需要、安全需要、归属和爱的需要、尊重的需要、自我实现的需要，只是在不同的时期表现出来的各种需要的强烈程度不同而已； (2)未被满足的需要是行为的主要激励源，已获得基本满足的需要不再具有激励作用； (3)这五种需要层级越来越高，当下一层次的需要在相当程度上得到满足后，个体才会追求上一层次的需要； (4)这五种需要大致可以分为两类：前三个层次为基本需要，后两个层次为高级需要
	应用	(1)管理者需要考虑员工不同层次的需要； (2)管理者需要考虑每个员工的特殊需要； (3)该理论表明，组织用于满足低层次需要的投入效益是递减的
双因素理论	激励因素	因素：成就感、别人的认可、工作性质、责任和晋升等； 具备：满意； 缺失：没有满意
	保健因素	因素：组织政策、监督方式、人际关系、工作环境和工资等； 具备：没有不满； 缺失：不满

续表

理论		相关内容
ERG理论		(1)三种核心需要：生存(E)需要、关系(R)需要、成长(G)需要； (2)独特之处：认为各种需要可以同时具有激励作用； (3)提出了"挫折—退化"观点，认为如果较高层次的需要不能得到满足，对满足低层次需要的欲望就会加强； (4)具有灵活变通性
三重需要理论	成就需要	(1)特点：选择适度的风险、有较强的责任感、希望能够得到及时的反馈； (2)成就需要高的人通常只关心自己的工作业绩，不关心如何影响他人使其干出优秀的业绩
	权力需要	(1)喜欢支配、影响别人，喜欢对人"发号施令"，十分重视争取地位和影响力； (2)杰出的经理往往都有较强的权力欲望
	亲和需要	(1)往往重视被别人接受和喜欢，追求友谊和合作，在组织中有良好的人际关系，易被别人影响，往往充当被管理者的角色； (2)许多出色的经理的亲和需要相对较弱
公平理论	主要内容	(1)员工倾向于将自己的产出与投入①的比率与他人的产出与投入的比率相比较，来进行公平判断； (2)员工比较的是其对投入、产出的自我知觉，而非投入、产出的客观测量结果； (3)包括纵向比较和横向比较②
	恢复公平的方法	(1)改变自己的投入或产出； (2)改变对照者的投入或产出； (3)改变参照对象； (4)改变对投入或产出的知觉(包括对自己的知觉和对对照者的知觉)； (5)辞职
期望理论	三种因素	(1)效价：一个人需要多少报酬； (2)期望：个人对努力产生成功绩效的概率估计； (3)工具性：个人对绩效与获得报酬之间关系的估计
	关系式	效价×期望×工具性＝动机 (1)效价：指个体对所获报酬的偏好程度，用数量表示； (2)期望：指员工对努力工作能够完成任务的信念强度，是对绩效的估计值，用概率表示； (3)工具性：指员工对一旦完成任务就可以获得报酬的信念
	特色	(1)强调情境性，认为没有放之四海而皆准的单一原则可以用来解释每一个人的动机； (2)产生最强动机的组合是高的正效价、高期望和高工具性
强化理论		(1)认为行为的结果对行为本身有强化作用，是行为的主要驱动因素； (2)不考虑人的内在心态，而是注重行为及其结果

注：①投入：包括员工认为他们带给或贡献给工作的所有丰富多样的成分——员工所受的教育、资历、工作经验、忠诚和承诺、时间和努力、创造力，以及工作绩效等。

产出：员工觉察到从工作或雇主那里获得的报酬，包括直接的工资、奖金、额外福利、工作安全等。

②纵向比较包括组织内自我比较——员工在同一组织中把自己现在的工作和待遇与过去的相比较，也包括组织外自我比较——员工将自己在不同组织的工作和待遇进行比较。

横向比较包括组织内他比——员工将自己的工作和报酬与本组织中的其他人进行比较，也包括组织外他比——员工将自己的工作和报酬与其他组织的员工进行比较。

【例2·单选题】 关于麦克里兰三重需要理论的说法，错误的是(　　)。

A. 管理上过分强调良好关系的维持通常会干扰正常的工作程序

B. 成就需要高的人常常勇于挑战自我，选择高风险的目标

C. 成就需要高的人通常只关心自己的工作业绩，但不一定能使别人干得出色，所以并不一定能成为一名优秀的管理者

D. 权力需要高的人喜欢竞争，希望通过出色的成绩来匹配他们渴望的地位

解析 ▶ 本题考查三重需要理论。成就需要高的人有一些突出特点，其中之一是选择适度的风险。　　　　　　**答案** ▶ B

【例3·多选题】 马斯洛的需要层次理论对管理的建议有(　　)。

A. 管理者需要考虑员工不同层次的需要

B. 组织应为员工每一层次的需要设计相应的激励措施

C. 组织用于满足低层次需要的投入效益是递增的

D. 组织用于满足高层次需要的投入效益是递减的

E. 管理者需要考虑每个员工的特殊需要，从而相应地加以满足

解析 ▶ 本题考查马斯洛需要层次理论在管理上的应用。需要层次理论表明组织用于满足低层次需要的投入效益是递减的。　　　　　　**答案** ▶ ABE

▶ **考点三　激励理论的应用**(见表1-3)

表1-3　目标管理、参与管理、绩效薪金制

理论		相关内容
目标管理		(1)基本核心：强调通过群体共同参与制定具体的、可行的而且能够客观衡量的目标； (2)四要素：目标具体化、参与决策、限期完成、绩效反馈； (3)可以自上而下来设定目标，也包括自下而上的过程
参与管理	实施原因	(1)工作十分复杂时，管理人员无法了解所有情况与细节，允许员工参与，让了解更多情况的人有所贡献； (2)任务互相依赖，倾听其他部门的意见有利于彼此协商、决定并致力推行； (3)可以使参与者对做出的决定有认同感，有利于决策的执行； (4)可以提供工作的内在奖赏，使工作更有趣、更有意义
	实施条件	(1)员工要有充裕的时间来进行参与； (2)员工参与的问题必须与其自身利益相关； (3)员工必须具有参与的能力，如智力、知识技术、沟通技巧等； (4)参与不应使员工和管理者的地位和权力受到威胁； (5)组织文化必须支持员工参与
	质量监督小组	(1)一种常见的参与管理模式； (2)通常由8~10位员工及1名督导员组成，小组成员定期集会(通常每周一次，占用工作时间)讨论质量方面的难题，分析问题原因，并提出解决方案，然后监督实施，管理层有最后决定权； (3)作为小组成员的**前提条件**：具备分析和解决质量问题的能力，擅长与他人沟通，宣传各种策略
	相关理论	参与管理同许多激励理论有密切关系，符合双因素理论的主张，即提高工作本身的激励作用，给予员工成长、承担责任和参与决策的机会；同样从ERG理论来看，参与管理也有助于满足员工对责任、成就感、认同感、成长及自尊的需要

理论	相关内容
绩效薪金制	(1)概念：指将绩效与报酬相结合的激励措施，通常采用的方式有计件工资、工作奖金、利润分成、按利分红等； (2)基础：公平、量化的绩效评估体制； (3)优点：可以减少管理者的工作量； (4)同期望理论关系比较密切

【例4·单选题】关于目标管理的说法，正确的是(　　)。

　　A. 目标管理强调应通过群体共同参与制定具体、可行且能客观衡量的目标

　　B. 实施目标管理时，必须自下而上地设定目标

　　C. 完整的目标管理包括目标具体化和参与决策两个要素

　　D. 目标管理的实施效果总能符合管理者的期望

解析 本题考查目标管理的相关内容。选项B错误，实施目标管理时可以自上而下，也可以自下而上。选项C错误，目标管理包括四个要素。选项D错误，目标管理实施的效果有时候并不符合管理者的期望。

答案 A

历年考题解析

一、单项选择题

1. (2019年)关于有效推行参与管理的条件的说法，错误的是(　　)。

　　A. 组织文化必须支持员工参与

　　B. 参与不应使员工和管理者的地位和权力受到威胁

　　C. 员工参与的问题必须与其自身利益无关

　　D. 在行动前要让员工有充裕的时间进行参与

解析 本题考查参与管理。选项C错误，在参与管理中，员工参与的问题必须与其自身利益相关。

答案 C

2. (2019年)根据赫兹伯格提出的双因素理论，属于保健因素的是(　　)。

　　A. 工资　　　　B. 成就感

　　C. 晋升　　　　D. 认可

解析 本题考查双因素理论。在双因素理论中，保健因素是指组织政策、监督方式、人际关系、工作环境和工资等因素。选项B、C、D属于激励因素。

答案 A

3. (2019年)不属于动机的三要素的是(　　)。

　　A. 决定人行为的方向

　　B. 坚持的水平

　　C. 努力的水平

　　D. 行为的特点

解析 本题考查动机。动机的三个要素包括：决定人行为的方向、努力的水平、坚持的水平。

答案 D

4. (2019年)关于激励理论中的强化理论的说法，正确的是(　　)。

　　A. 它强调人的内在心理状态

　　B. 它是一种人本主义的观点

　　C. 它对解释行为没有帮助

　　D. 它是一种行为主义的观点

解析 本题考查强化理论。选项A错误，强化理论不考虑人的内在心态，而是注重行为及其结果。选项B错误，强化理论是一种行为主义的观点。选项C错误，强化理论对解释行为很有帮助。

答案 D

5. (2019年)根据弗罗姆的期望理论，决定动机的三种因素不包括(　　)。

　　A. 情景　　　　B. 工具性

　　C. 效价　　　　D. 期望

解析 本题考查期望理论。弗罗姆的期望

理论认为动机是三种因素的产物：一个人需要多少报酬(效价)，个人对努力产生成功绩效的概率估计(期望)，个人对绩效与获得报酬之间关系的估计(工具性)。

答案 A

6. (2018年)通过满足员工的需要而使其努力工作，从而帮助组织实现目标的过程是( )。
   A. 控制　　　　B. 组织
   C. 激励　　　　D. 强化
   解析 本题考查激励的定义。激励就是通过满足员工的需要而使其努力工作，从而实现组织目标的过程。
   答案 C

7. (2018年)关于需要层次理论在管理上的应用的说法，错误的是( )。
   A. 管理者不需要考虑每位员工的特殊需要，而应考虑全体员工的共性需要
   B. 管理者需要考虑员工不同层次的需要，并针对每个层次需要设计相应的激励措施
   C. 组织用于满足员工底层次需要的投入是效益递减的
   D. 要想激励员工，首先需要知道员工的哪个层次需要现在占指导地位
   解析 本题考查需要层次理论。管理者需要考虑每个员工的特殊需要，因为不同人的需要是不同的。
   答案 A

8. (2018年)美国心理学家麦克里兰提出的三重需要理论认为，人的需要不包括( )。
   A. 权力需要　　B. 生存需要
   C. 亲和需要　　D. 成就需要
   解析 本题考查三重需要理论。美国社会心理学家麦克里兰提出了三重需要理论，认为人有三种重要的需要：成就需要、权力需要和亲和需要。
   答案 B

9. (2018年)绩效薪金制通常采用的方式不包括( )。
   A. 随机奖励　　B. 工作奖金
   C. 计件工资　　D. 按利分红
   解析 本题考查绩效薪金制。绩效薪金制指将绩效与报酬相结合的激励措施，通常采用的方式有计件工资、工作奖金、利润分成、按利分红等。
   答案 A

10. (2017年)动机是指人们从事某种活动、为某一目标付出努力的意愿，这种意愿取决于目标能否以及在多大程度上能够( )。
    A. 符合人的兴趣
    B. 满足人的需要
    C. 激励人的行为
    D. 改进人的绩效
    解析 本题考查动机的概念。动机是指人们从事某种活动、为某一目标付出努力的意愿，这种意愿取决于目标能否以及在多大程度上能够满足人的需要。
    答案 B

11. (2017年)马斯洛把人的需要划分为五种类型，不在其中的是( )。
    A. 安全需要
    B. 归属和爱的需要
    C. 生理需要
    D. 权力需要
    解析 本题考查需要层次理论。马斯洛将人的需要由低到高分为五种类型：(1)生理需要；(2)安全需要；(3)归属和爱的需要；(4)尊重的需要；(5)自我实现的需要。
    答案 D

二、多项选择题

1. (2019年)按照组织激励的公平理论，感到不公平的员工用来恢复平衡的方式有( )。
   A. 改变自己的投入
   B. 增加自己的产出
   C. 改变参照对象
   D. 改变对产出的知觉
   E. 辞职
   解析 本题考查恢复公平的方法。感到不公平的员工用来恢复平衡的方式：(1)改变自己的投入或产出。(2)改变对照者的投入或产出。(3)改变对投入或产出的知觉。(4)改变参照对象。(5)辞职。
   答案 ACDE

2. (2018年)目标管理的要素包括( )。
   A. 技能薪酬　　　　B. 不限期完成
   C. 参与决策　　　　D. 绩效反馈
   E. 目标具体化
   解析 本题考查目标管理的要素。目标管理有四个要素:目标具体化、参与决策、限期完成和绩效反馈。　**答案** CDE

3. (2017年)关于奥尔德佛的ERG理论的说法,正确的有( )。
   A. 它认为低层次需要的满足是高层次需要产生的先决条件
   B. 它是对马斯洛的五种需要层次的简单分类
   C. 它比马斯洛的需要层次理论更为灵活变通
   D. 它把需要分为基本需要和高级需要
   E. 它认为各种需要都可以同时具有激励作用
   解析 本题考查ERG理论。ERG理论更为灵活变通,不是僵化地对待各种层次的需要,而是更好的补充了马斯洛需要层次理论的不足;该理论的独特之处在于,它认为各种需要可以同时具有激励作用。
   答案 CE

三、案例分析题

(2019年)某公司为一家通信企业,经过多年发展,拥有了庞大的固定电话、宽带客户资源、完善的基础网络设施和底蕴深厚的企业文化。该企业的福利待遇比较满意,离职率很低。孙先生从基层员工做起,已经在该公司连续工作了近十年时间,对公司情况十分了解。今年年初,孙先生被提拔为市场部经理。市场部下设家庭客户部、个人客户部、政企客户部等,员工近百人。孙先生上任后,发现下属部门之间存在一些问题,比如同一项目预算可能有两个部门在做,最后用哪个部门的预算没有详细规定;更为严重的是部分员工消极怠工,未能全身心地投入工作,经常擅自离岗。

为了提高部门业绩与员工的工作积极性,孙先生采取了一系列措施。一是为了强化员工的工作动机设立了新的关键绩效指标,完成指标的员工将获得多方面的奖励。二是实施了部门目标管理工作,推行一段时间后,部门的业绩稍有提高。三是在奖金方面,设置了新的绩效薪金制规则,除了原有的工作奖金等,年度部门业绩前三的员工还得到了更优的奖励。

1. 孙先生设立了关键绩效指标,并对完成指标的员工提供多方面奖励,在其实施的下列奖励中,属于外源性动机激发的是( )。
   A. 提供具有挑战性的工作机会
   B. 提高工资
   C. 发放奖金
   D. 晋升职务
   解析 本题考查动机。出于外源性动机的员工更看重工作所带来的报偿,如工资、奖金、表扬、社会地位等。　**答案** BCD

2. 根据孙先生新采取的一系列措施产生的积极效果,基于需要层次理论可以推断出,市场部员工需要处于( )层次。
   A. 安全需要
   B. 归属和爱的需要
   C. 尊重的需要
   D. 生理需要
   解析 本题考查需要层次理论。在马斯洛的需要层次理论中,尊重的需要包括内在的尊重(如自尊心、自主权、成就感等需要)和外在的尊重(如地位、认同、受重视等需要)。孙先生采用奖金等外源性动机激励员工,说明员工处于尊重的需要层次。
   答案 C

3. 孙先生在部门中实施了目标管理,目标管理的要素包括( )。
   A. 团队管理　　　　B. 期限完成
   C. 目标具体化　　　D. 过程评价
   解析 本题考查目标管理。目标管理有四个要素:目标具体化、参与决策、限期完成和绩效反馈。

答案 ▶ BC

4. 孙先生在市场部实施的绩效薪金制的优点是( )。
   A. 减少管理者的工作量
   B. 减少员工间的竞争
   C. 增加了管理者的监督
   D. 提高员工工作积极性

解析 ▶ 本题考查绩效薪金制。绩效薪金制的主要优点在于它可以减少管理者的工作量，因为员工为了获得更高的薪金会自发地努力工作，而不需要管理者的监督。

答案 ▶ AD

同步系统训练

一、单项选择题

1. 下列关于需要、动机与激励的说法，错误的是( )。
   A. 需要是指当缺乏或期待某种结果时产生的心理状态
   B. 动机有三个因素，即决定人行为的方向、努力的水平和坚持的水平
   C. 动机是通过满足员工的需要而使其努力工作，从而实现组织目标的过程
   D. 从激励对象的角度可以将激励分为他人激励和自我激励

2. 下列关于内源性动机的描述正确的是( )。
   A. 出于内源性动机的人完成某种工作是为了行为的结果
   B. 出于内源性动机的人喜欢具有挑战性的工作
   C. 出于内源性动机的人会为了避免惩罚而去完成某种行为
   D. 出于内源性动机的人比较注重工作所带来的报偿，如表扬、社会地位等

3. 在激发个体努力工作的动机因素中，属于外源性动机的是( )。
   A. 实现个人潜能
   B. 奖金和表扬
   C. 获得为组织多做贡献的机会
   D. 寻求挑战性工作

4. 关于内源性动机和外源性动机的说法，错误的是( )。
   A. 内源性动机是指人做出某种行为是为了获得行为带来的成就感
   B. 外源性动机是指人做出某种行为是为了获得物质或社会报酬
   C. 追求较高的社会地位属于内源性动机
   D. 谋求多拿奖金属于外源性动机

5. 外源性动机强的员工看重的是( )。
   A. 工作的挑战性
   B. 工作带来的社会地位
   C. 工作带来的成就感
   D. 对组织的贡献

6. 关于动机的说法，错误的是( )。
   A. 动机是指人们从事某种活动，为某一目标付出努力的意愿
   B. 动机水平越高，表明个人的动机越强
   C. 动机可以分为内源性动机和外源性动机
   D. 内源性动机强的员工更看重工资和奖金

7. 下列激励理论中，( )认为行为的结果对行为本身有强化作用，是行为的主要驱动因素。
   A. 期望理论   B. 强化理论
   C. 公平理论   D. 双因素理论

8. 根据马斯洛需要层次理论，良好的同事关系属于( )。
   A. 安全需要
   B. 归属和爱的需要
   C. 尊重的需要
   D. 自我实现的需要

9. 与马斯洛的需要层次理论不符的陈述是( )。
   A. 人的需要从低到高依次为：生理需要、安全需要、归属和爱的需要、尊重需要

及自我实现的需要

B. 人在不同时期表现出来的各种需要的强烈程度不同

C. 只有低一层次的需要得到相当程度的满足之后，个体才会追求高一层次的需要

D. 自我实现是人类的基本需要

10. 根据双因素理论，员工感到不满的主要原因是( )。
    A. 激励因素缺乏　　B. 保健因素缺乏
    C. 激励因素充足　　D. 保健因素充足

11. 在众多激励理论中提出"挫折—退化"观点并进一步改进了马斯洛需要层次理论的是( )。
    A. 三重需要理论　　B. ERG 理论
    C. 期望理论　　　　D. 公平理论

12. "如果较高层次需要不能得到满足的话，对低层次需要的欲望就会加强"，这一说法代表的观点属于( )。
    A. 马斯洛的需要层次理论
    B. 赫茨伯格的双因素理论
    C. 奥尔德弗的"挫折—退化"观点
    D. 麦克里兰的三重需要理论

13. 根据 ERG 理论，实现个人理想属于( )。
    A. 生存需要　　　　B. 关系需要
    C. 成长需要　　　　D. 安全需要

14. 在众多激励理论中，不考虑人的内在心态，而是注重行为及其结果的理论是( )。
    A. 期望理论　　　　B. 强化理论
    C. ERG 理论　　　　D. 双因素理论

15. 根据期望理论，能够影响动机的因素是( )。
    A. 情境　　　　　　B. 能力
    C. 工具性　　　　　D. 人际关系

16. 公平理论中，下列不属于投入内容的是( )。
    A. 工作安全　　　　B. 工作经验
    C. 忠诚和承诺　　　D. 时间和努力

17. 关于公平理论的说法，错误的是( )。
    A. 员工比较的是对自己和他人投入、产出的知觉

B. 受教育水平较低的员工做比较的时候依据的信息比较全面

C. 感到报酬不足的员工可能会减少自己的工作投入

D. 在管理中应尽量使不同的员工的投入产出比大致相同

18. 绩效薪金制通过将报酬与绩效挂钩强化了对员工的激励，这种做法与( )的原理最为吻合。
    A. 领导—成员交换理论
    B. 双因素理论
    C. 期望理论
    D. ERG 理论

19. 质量监督小组管理模式属于( )的一种形式。
    A. 参与管理
    B. 目标管理
    C. 绩效薪金制管理
    D. 计件工资管理

20. 人们之所以采取某种行为，努力工作，是因为他觉得这种行为能在一定概率上达到某种结果，并且这种结果可以带来他认为重要的报酬，这是( )。
    A. 期望理论　　　　B. 公平理论
    C. 强化理论　　　　D. 双因素理论

21. 期望理论可以用( )来加以表述。
    A. 结果＝效价×期望
    B. 动机＝效价×工具性
    C. 动机＝效价×期望×工具性
    D. 结果＝效价×期望×工具性

二、多项选择题

1. 下列属于内源性动机范畴的有( )。
    A. 实现个人潜力
    B. 为组织多做贡献
    C. 得到更多的收入
    D. 获取更高的社会地位
    E. 获得表扬

2. 下列与动机有关的因素中，属于外源性动机范畴的有( )。
    A. 避免惩罚

B. 自我价值感强
C. 追求社会地位的实现
D. 受到领导表扬
E. 寻求挑战性的工作

3. 关于马斯洛的需要层次理论的说法，错误的有(　　)。
   A. 未被满足的需要是行为的主要激励源
   B. 获得基本满足的需要具有强的激励作用
   C. 基本需要主要靠内部条件满足，高级需要主要靠外在条件满足
   D. 管理者在进行激励时，需要考虑每个员工的特殊需要以及占主导地位的需要层次
   E. 组织用于满足员工的低层次需要的投入效益是递减的

4. 奥尔德弗的ERG理论认为，人的核心需要包括(　　)。
   A. 成就需要　　B. 亲和需要
   C. 生存需要　　D. 关系需要
   E. 成长需要

5. 关于亲和需要的说法，正确的有(　　)。
   A. 亲和需要是ERG理论强调的三种核心需要之一
   B. 亲和需要的一个重要目标是建立良好的人际关系
   C. 亲和需要强的人在组织中更易受他人影响
   D. 亲和需要的一个重要特点是不在乎别人的感受
   E. 对于出色的管理者而言，亲和需要太强未必是件好事

6. 下列各项属于双因素理论中保健因素的有(　　)。
   A. 晋升　　　　B. 工资
   C. 成就感　　　D. 人际关系
   E. 工作性质

7. 根据公平理论，员工恢复因薪酬不足而导致的不公平感的措施有(　　)。
   A. 向上级反映薪酬高者工作没有自己努力
   B. 降低自己的努力程度
   C. 寻求法律援助
   D. 从其他组织寻求帮助
   E. 辞职

8. 关于亚当斯公平理论的说法，正确的有(　　)。
   A. 人们不仅关心自己的绝对报酬，而且关心自己和他人工作报酬上的相对关系
   B. 员工倾向于将自己的产出投入比与他人的产出投入比相比较
   C. 员工所做的比较都是纵向的，即与除组织以外的其他人比较
   D. 辞职是感到不公平的员工恢复平衡的方式之一
   E. 对于有不公平感的员工应予以及时引导或调整报酬

9. 关于公平理论的陈述，正确的有(　　)。
   A. 员工将自己的产出与投入比率与他人的相比较，依此进行公平判断
   B. 员工比较的是其投入与产出的客观测量结果
   C. 员工将自己的工作和报酬与其他组织的员工进行比较，这属于纵向比较
   D. 员工将自己在不同组织中的待遇进行比较，这属于横向比较
   E. 辞职也是一种恢复公平的方法

10. 下列关于目标管理的表述正确的有(　　)。
    A. 目标管理是一种在企业中应用非常广泛的技术
    B. 目标管理使得每一名员工都有明确可行的、与部门和组织目标紧密联系的目标
    C. 实施目标管理只能自上而下来设定目标
    D. 目标管理的基本核心是强调通过群体共同参与制定具体的、可行的而且能够客观衡量的目标
    E. 实施目标管理可以将组织的目标层层具体化、明确化，分解为各个相应层次的目标

三、案例分析题

国内某三星级酒店人力资源管理部门近日通过调查发现：酒店基层员工近期工作效率下滑、缺勤率上升、工作积极性下降，基层员工与客户的不和谐事件也凸显上升趋势。下面是该人力资源部门究其原因所做的定性分析。

1. 酒店现行的工资福利待遇中，比较突出的是基层员工缺少社会保险，使得基层员工在医疗、养老、工伤、失业等方面缺乏有效保障。从马斯洛需要层次理论上看，该种现象表明酒店的管理未能满足基层员工的（　　）。

   A. 生理需要　　　　B. 安全需要
   C. 尊重需要　　　　D. 归属需要

2. 员工普遍反映，其所工作的酒店工作枯燥无味，没有挑战性与职业生涯规划，无法有效施展自己的才能；酒店员工沟通机会少得可怜，缺少集体活动，没有有效的沟通平台，大龄未婚职工人数日渐上升。员工的这些情况反映出在高层次需要没有得到满足时，对低层次的需要就会显得更加渴望，这符合（　　）的观点。

   A. 需要层次理论
   B. ERG 理论
   C. 双因素理论
   D. 三重需要理论

3. 根据上述分析，人力资源部建议酒店管理施行以下正确措施（　　）。

   A. 酒店为所有签订劳动合同的职工建立养老和医疗保险，解除员工后顾之忧
   B. 对具备高亲和需要的员工予以重用，并在组织中培养提拔充当管理者的角色
   C. 对具备高成就需要的员工予以宣传表扬，并在业务上为其安排富有挑战性的工作
   D. 对可能成为未来优秀管理者的员工，要培养他们相对适中的成就动机、较高的权力欲望以及相对较弱的亲和需要

同步系统训练参考答案及解析

一、单项选择题

1. **C**　【解析】本题考查需要、动机与激励的相关内容。激励是通过满足员工的需要而使其努力工作，从而实现组织目标的过程。动机是人们从事某种活动、为某一目标付出努力的意愿。所以选项 C 错误。

2. **B**　【解析】本题考查内源性动机。具有内源性动机的员工看重的是工作本身，如寻求挑战性工作，获得为工作和组织多做贡献的机会以及充分实现个人潜力的机会。选项 A、C、D 指的都是外源性动机。

3. **B**　【解析】本题考查外源性动机的概念。外源性动机看重工作所带来的报偿，如工资、奖金、表扬、社会地位等。选项 A、C、D 属于内源性动机。

4. **C**　【解析】本题考查内源性动机和外源性动机的内容。出于内源性动机的员工看重的是工作本身，如寻求挑战性的工作，获得为工作和组织多做贡献的机会以及充分实现个人潜力的机会。出于外源性动机的员工看重的是工作所带来的报偿，如工资、奖金、表扬、社会地位等。所以选项 C 错误。

5. **B**　【解析】本题考查外源性动机的内容。外源性动机强的员工更看重工作带来的报偿，诸如工资、奖金、表扬、社会地位等。

6. **D**　【解析】本题考查动机。出于外源性动机的员工更看重工作所带来的报偿，如工资、奖金、表扬、社会地位等，所以 D 的说法有误。

7. **B**　【解析】本题考查强化理论。强化理论认为行为的结果对行为本身有强化作用，是行为的主要驱动因素。

8. **B**　【解析】本题考查马斯洛的需要层次理

论。马斯洛认为人的需要由低到高分为五种类型：生理需要、安全需要、归属和爱的需要、尊重需要、自我实现的需要。其中，归属和爱的需要包括情感、归属、被接纳、友谊等需要，例如获得友好和睦的同事。所以本题选 B。

9. D 【解析】本题考查马斯洛的需要层次理论。马斯洛认为生理需要、安全需要、归属和爱的需要属于基本需要，尊重的需要及自我实现的需要属于高级需要。所以选项 D 说法错误。

10. B 【解析】本题考查双因素理论。具备激励因素可以令员工满意，不具备这些因素也不会导致员工不满。具备保健因素只能使员工没有不满，如果不具备就会产生不满。

11. B 【解析】本题考查 ERG 理论。ERG 理论提出了"挫折—退化"观点，认为如果较高层次的需要不能得到满足，对满足低层次需要的欲望就会加强。

12. C 【解析】本题考查 ERG 理论。奥尔德弗提出了"挫折—退化"的观点，认为如果较高层次的需要不能得到满足的话，对满足低层次需要的欲望就会加强。

13. C 【解析】本题考查 ERG 理论。成长需要指个体追求自我发展的内在欲望。这一类需要可与马斯洛需要层次理论中部分"尊严需要"和全部"自我实现需要"相对应。

14. B 【解析】本题考查强化理论。强化理论不考虑人的内在心态，而是注重行为及其结果，认为人是在学习、了解行为与结果之间的关系。

15. C 【解析】本题考查期望理论。期望理论认为动机是三种因素的产物，分别是：效价、期望、工具性。所以选择 C。

16. A 【解析】本题考查公平理论。投入包括员工认为他们带给或贡献给工作的所有丰富多样的成分，包括员工所受的教育、资历、工作经验、忠诚和承诺、时间和努力、创造力以及工作绩效等。选项 A 属于产出的内容。

17. B 【解析】本题考查公平理论。一般说来，薪资水准、教育水平较高的员工，视野较为开阔，依据的信息比较全面，常常以他人为比较对象，进行横向比较。

18. C 【解析】本题考查绩效薪金制与期望理论的关系。绩效薪金制同期望理论关系比较密切。期望理论认为应该让员工相信绩效和报酬之间存在紧密的关系，而绩效薪金制就可以使员工的报酬与其绩效直接挂钩。

19. A 【解析】本题考查参与管理。质量监督小组是一种常见的参与管理模式。

20. A 【解析】本题考查期望理论。弗罗姆的期望理论认为，人们之所以采取某种行为，努力工作，是因为他觉得这种行为可以在一定概率上达到某种结果，并且这种结果可以带来他认为重要的报酬。所以本题选 A。

21. C 【解析】本题考查期望理论。期望理论认为，动机（激励程度）取决于三种因素的共同作用：效价、期望和工具性。它们之间的关系是：效价×期望×工具性＝动机。

二、多项选择题

1. AB 【解析】本题考查内源性动机。具有内源性动机的员工看重的是工作本身，如寻求挑战性工作，获得为工作和组织多做贡献的机会以及充分实现个人潜力的机会。选项 C、D、E 属于外源性动机。

2. ACD 【解析】本题考查外源性动机。外源性动机是指人为了获得物质或社会报酬，或为了避免惩罚而作出某种行为，作出这种行为是为了行为的结果，而不是行为本身。出于外源性动机的员工看重的是工作所带来的报偿，如工资、奖金、表扬、社会地位等。选项 B、E 属于内源性动机范畴。

3. BC 【解析】本题考查马斯洛的需要层次

理论。已获得基本满足的需要不再具有激励作用。所以选项 B 错误。基本需要主要靠外部条件满足，高级需要主要靠内在因素满足。所以选项 C 错误。

4. CDE 【解析】本题考查 ERG 理论。奥尔德弗认为人有三种核心需要：生存需要、关系需要、成长需要。因此选 C、D、E。

5. BCE 【解析】本题考查三重需要理论中的亲和需要。亲和需要是三重需要理论强调的三种核心需要之一，选项 A 错误。亲和需要强的人往往重视被别人接受和喜欢，他们追求友谊和合作，选项 D 错误。

6. BD 【解析】本题考查双因素理论中的保健因素。激励因素是指成就感、别人的认可、工作性质、责任和晋升等因素。保健因素是指组织政策、监督方式、人际关系、工作环境和工资等因素。选项 A、C、E 属于激励因素。

7. ABE 【解析】本题考查公平理论中恢复公平的方法。感到不公平的员工可以采用下面的方式来恢复公平：改变自己的投入或产出、改变对照者的投入或产出、改变对投入或产出的知觉、改变参照对象、辞职。

8. ABDE 【解析】本题考查公平理论。亚当斯的公平理论指出，人们不仅关心自己的绝对报酬，而且关心自己和他人工作报酬上的相对关系，A 正确。员工倾向于将自己的产出投入比与他人的产出投入比相比较，来进行公平判断，B 正确。员工进行公平比较时可能是纵向的也可能是横向的，C 错误。感到不公平的员工可以采用辞职的方式来恢复平衡，D 正确。在管理的应用上，对于有不公平感的员工应予以及时引导或调整报酬，E 正确。

9. AE 【解析】本题考查公平理论。公平理论中，员工比较的是其对投入、产出的自我知觉，而非投入、产出的客观测量结果，所以选项 B 错误。C 选项属于横向比较，D 选项属于纵向比较，因此选 A、E。

10. ABDE 【解析】本题考查目标管理的相关内容。实施目标管理时可以自上而下来设定目标，同时也包括自下而上的过程。所以选项 C 错误。

三、案例分析题

1. B 【解析】本题考查需要层次理论。案例中，强调"比较突出的是基层员工缺少社会保险"，说明员工的基本福利保障需求未得到满足，导致员工缺乏安全感，工作效率下降，因此选 B。

2. B 【解析】本题考查 ERG 理论。"员工的这些情况反映出在高层次需要没有得到满足时，对低层次的需要就会显得更加渴望"这句话符合 ERG 理论的"挫折—退化"观点。

3. ACD 【解析】本题考查三重需要理论。选项 A 是毋庸置疑的必要的法定强制基本措施，是正确答案之一；选项 B、C、D 是分别对麦克里兰的三重需要进行辨析，其中亲和需求高的人在组织中往往充当被管理者的角色，所以不选 B。

本章思维导图

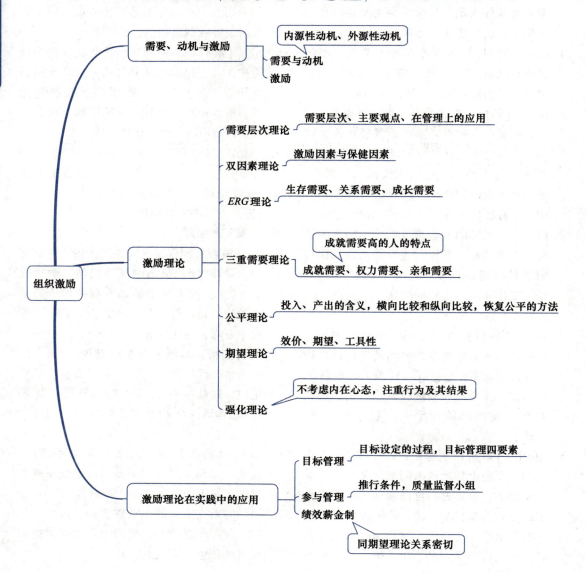

第2章 领导行为

考情分析

本章主要讲述领导理论、领导风格和技能以及领导决策。本章的重点是各领导理论的相关内容，俄亥俄模式与密歇根模式，管理方格图，领导者的生命周期理论，领导者的技能，决策模型和决策风格。从近三年的考题来看，以单项选择题和多项选择题为主。

最近三年本章考试题型、分值分布

年份	单项选择题	多项选择题	案例分析题	合计
2019年	6题6分	1题2分	—	7题8分
2018年	3题3分	1题2分	4题8分	8题13分
2017年	2题2分	1题2分	—	3题4分

本章主要考点

1. 各种领导理论：特质理论、交易型和变革型领导理论、魅力型领导理论、路径—目标理论、权变理论以及领导—成员交换理论。
2. 俄亥俄模式、密歇根模式。
3. 管理方格图。
4. 领导者的生命周期理论。
5. 领导者的技能。
6. 西蒙、明茨伯格的决策过程。
7. 领导决策模型：理性模型、有限理性模型和社会模型。
8. 领导决策风格：指导型、分析型、概念型和行为型。

重点、难点讲解及典型例题

▶ **考点一 领导理论**

(一)特质理论(见表2-1)

表2-1 特质理论

主要观点	认为领导者具有某些固有的特质，并且这些特质是与生俱来的；只有先天具备某些特质的人才可能成为领导

续表

代表理论	吉伯的观点，要想成为卓越的领导者，必须具备以下特质：身强力壮，聪明但不能过分聪明，外向有支配欲，有良好的调适能力，自信
	斯道格迪尔的观点，领导者应具有下列特质：责任感，充满热情，持之以恒，勇于冒险并富有创新精神，勇于实践，自信，能很好地处理人际紧张的关系并能忍受挫折
不足	(1)忽视了下属的需要； (2)没有指明各种特质之间的相对重要性； (3)忽视了情境因素； (4)没有区分原因和结果

（二）交易型和变革型（改变型）领导理论（见表2-2）

表2-2 交易型和变革型（改变型）领导理论

领导类型	观点	特征
交易型	(1)强调任务的明晰度、工作的标准和产出； (2)关注任务的完成以及员工的顺从； (3)依靠组织的奖惩制度来影响员工的绩效	(1)奖励：承诺为努力提供奖励，为高绩效提供奖励，赏识成就； (2)差错管理（积极型）：观察和寻找对于标准的背离，采取修正行动； (3)差错管理（消极型）：仅在背离标准时进行干涉； (4)放任：放弃责任，避免做出决策
变革型（改变型）	(1)强调理想与组织价值观； (2)为组织制定明确的愿景，通过领导风格来影响员工和团队的绩效	(1)魅力：提供任务的愿景，潜移默化自豪感，获得尊敬和信任； (2)激励：持续的高期望，鼓励努力，用简单的手段表达重要的意图； (3)智慧型刺激：提升智慧，理性和谨慎地解决问题； (4)个性化关怀：给予个人关注，个性化地对待每名员工，对其进行培训和提出建议

（三）魅力型领导理论（见表2-3）

表2-3 魅力型领导理论

项目	内容
魅力型领导者的概念	指具有自信并且信任下属，对下属有高度的期望，有理想化的愿景，有个性化风格的领导者
魅力型领导理论的观点	(1)其追随者认同他们的领导者及其任务的安排，表现出对领导者的高度忠诚和信心，效法其价值观和行为，并且从自身与领导者的关系中获得自尊； (2)魅力型领导者将促使追随者产生出高于期望的绩效以及强烈归属感； (3)追随者显示出更高水平的自我意识和自我管理时，魅力型领导者的效果会得到进一步强化； (4)魅力本身是一个归因①现象，会随着情境发生变化
魅力型领导者的道德特征	(1)使用权力为他人服务； (2)使追随者的需要和志向与愿景相结合； (3)从危机中思考和学习； (4)激励下属独立思考； (5)双向沟通； (6)培训、指导并且支持下属，与他人分享； (7)用内在的道德标准行事

续表

项目	内容
魅力型领导者的非道德特征	(1) 为个人利益使用权力； (2) 提升自己的个人愿景； (3) 指责或批评相反的观点； (4) 要求自己的决定被无条件接受； (5) 单向沟通； (6) 对追随者的需要感觉迟钝； (7) 遵循外在道德标准

注：①能够促使魅力归因的领导特质包括自信、印象管理技能、社会敏感性和共情等。

（四）路径—目标理论（见表 2-4）

表 2-4　路径—目标理论

主要观点	(1) 由罗伯特·豪斯提出，假定领导者具有变通性。 (2) 认为领导者的主要任务是帮助下属达到他们的目标，并提供必要的支持和指导以确保下属的目标与群体或组织的目标相互配合。 (3) 领导的激励作用： ①使绩效的实现与员工需要的满足相结合； ②为实现有效的工作绩效提供必需的辅导、指导、支持和奖励	
领导行为	支持型	努力建立舒适的工作环境，亲切友善，关心下属的要求
	指导式	让员工明确别人对他的期望、成功绩效的标准和工作程序
	参与式	主动征求并采纳下属的意见
	成就取向式	设定挑战性目标、鼓励下属展现自己的最佳水平
重要结论	(1) 下属的工作是结构化的，则支持型的领导可以带来高的绩效和满意度； (2) 对于能力强或经验丰富的下属，指导式的领导可能被视为多余的； (3) 内控型下属对参与型领导更为满意，而外控型下属对指导式领导更为满意	

（五）权变理论（见表 2-5，表 2-6）

表 2-5　权变理论

主要观点	费德勒认为，团体绩效的高低取决于领导风格与情境因素是否搭配
领导方式	(1) 工作取向：领导者主要关心生产； (2) 关系取向：领导者乐于和同事形成良好的人际关系
情境因素	(1) 领导与下属的关系：下属对领导者的信任、信赖和尊重的程度； (2) 工作结构：工作程序化、规范化的程度； (3) 职权：领导者在甄选、培训、激励、处分等人事方面有多大的影响力和权力

表 2-6　不同领导风格在不同情境下的效能

情境类型		一	二	三	四	五	六	七	八
情境维度	上下级关系	好	好	好	好	坏	坏	坏	坏
	工作结构	高	高	低	低	高	高	低	低
	职权	大	小	大	小	大	小	大	小
领导风格	关系取向	低			高		一般		低
	工作取向	高			低		一般		高

（六）领导—成员交换理论（简称 LMX 理论）（见表 2-7）

表 2-7　领导—成员交换理论

观点	（1）由美国管理心理学家乔治·格雷恩及其同事提出，领导者把下属分为"圈里人"和"圈外人"； （2）属于"圈里人"的下属与领导者打交道时，比"圈外人"困难少，能够感觉到领导者对他们的关心； （3）领导者倾向于对"圈里人"比"圈外人"投入更多的时间、感情，很少采用正式领导权威； （4）"圈里人"比"圈外人"承担更高的工作责任感，对于其所在部门贡献更多，绩效评估更高； （5）交换过程是一个互惠过程，领导者和下属可以相互影响对方的自我图式； （6）领导者和下属两者都作为个体，通过团体进行反馈

【例 1·单选题】关于领导者技能的说法，错误的是(　　)。
A. 领导者并不一定需要熟练掌握他所管理的团队的技术技能
B. 管理层级越高，越需要制定长期计划，工作中概念技能所占的比例也就越大
C. 组织中较低层次的领导只要带领下属完成工作目标即可，不需要人际技能
D. 领导技能可以通过培训、工作设计、行为管理等组织行为来发展

解析▶ 本题考查领导者的技能。组织中任何层次的领导者都不能逃避有效人际技能的要求，这是领导行为的重要部分之一。

答案▶ C

【例 2·单选题】根据费德勒的权变理论，不属于情境性因素的维度是(　　)。
A. 工作结构　　　　　　　　　　B. 领导与下属的关系
C. 领导风格　　　　　　　　　　D. 职权

解析▶ 本题考查权变理论。费德勒认为情境性因素可以分为三个维度：(1)领导与下属的关系；(2)工作结构；(3)职权。

答案▶ C

▶ 考点二　领导风格

（一）俄亥俄模式和密歇根模式（见表 2-8）

表 2-8　俄亥俄模式和密歇根模式

类比项	维度	结论	关系
俄亥俄模式	关心人 工作管理	工作管理和关心人得分高的领导，比其他类型的领导(在两个维度上都低，或者一个维度低、一个维度高)更能促使员工有高的绩效和高的工作满意度	这两种模式理论虽然在以生产工作为取向维度的结论上看法相悖，但具有极强的相似性，所以极具对比研究的意义
密歇根模式	员工取向 生产取向	员工取向的领导风格与团体高绩效和员工高满足感相关，支持员工取向的领导作风	

(二)布莱克和默顿管理方格图(见图2-1)

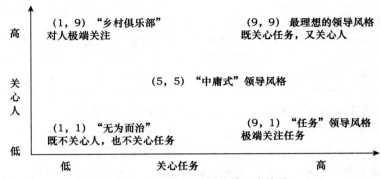

图2-1 布莱克和默顿的管理方格图

(三)领导者的生命周期理论(见表2-9)

表2-9 领导者的生命周期理论

主要结论	(1)影响领导者风格选择的重要因素是下属的成熟程度; (2)成熟度指个体对自己的行为负责任的能力与意愿,包括工作成熟度与心理成熟度两方面; (3)工作成熟度指一个人的知识和技能水平,心理成熟度指从事工作的意愿或动机	
领导风格	指导式	高工作—低关系
	推销式	高工作—高关系
	参与式	低工作—高关系
	授权式	低工作—低关系

【例3·单选题】根据管理方格理论,"乡村俱乐部"领导风格的特点是( )。

A. 管理者既不关心任务,也不关心人
B. 管理者既关心任务,也关心人
C. 管理者极端关注人
D. 管理者极端关注任务

解析 ▶ 本题考查管理方格理论。"乡村俱乐部"领导风格是对人极端关注的领导风格。

答案 ▶ C

▶ 考点三 领导者的技能(见表2-10)

表2-10 领导者的技能

项目		内容
三种技能	技术技能	一个人对于某种类型的程序或技术掌握的能力
	人际技能	有效地与他人共事和建立团队合作的能力
	概念技能	按照模型、框架和广泛联系进行思考的能力

续表

项目	内容
重要结论	(1)成功的领导依赖于合适的行为、技能和行动； (2)技术技能涉及的是**事**，人际技能关心的是**人**，概念技能处理的是**观点**、**思想**； (3)管理层级越高，工作中技术技能所占的比例越小，而概念技能所占的比例越大； (4)组织中任何层次的领导者都不能逃避有效人际技能的要求

【例4·单选题】领导者的技能中，（　　）处理的是观点、思想。

A. 概念技能　　　　　　　　　B. 技术技能
C. 人际技能　　　　　　　　　D. 管理技能

解析 ▶ 本题考查领导者的技能。领导者的技能中，概念技能处理的是观点、思想，人际技能关心的是人，技术技能涉及的则是事。

答案 ▶ A

▶ 考点四　领导决策

（一）决策过程（见表2-11）

表2-11　决策过程

决策内容	过程
西蒙的决策过程	智力活动、设计活动、选择活动
明茨伯格的决策过程	确认阶段、发展阶段、选择阶段

（二）决策模型（见表2-12）

表2-12　决策模型

模型	相关内容	关系
理性模型	(1)决策完全理性。 (2)决策者的特征： ①从目标意义上分析，决策完全理性； ②存在完整和一致的偏好系统，使决策者在不同的备选方案中进行选择； ③决策者可以知道所有备选方案； ④对计算复杂性无限制，可以通过计算选择出最佳备选方案； ⑤对于概率的计算不存在任何困难	(1)有限理性模型同理性模型都是理性和最大化的，但是前者的理性受到了限制，决策者以满意为决策的终点； (2)二者的差异：**体现在程度上，而非质的差异**
有限理性模型	(1)在选择备选方案时，决策者试图使自己满意，或者寻找令人满意的结果； (2)决策者所认知的世界是真实世界的简化模型； (3)由于采用的是满意原则而非最大化原则，决策者在进行选择的时候不必知道所有的可能方案； (4)可以用相对简单的经验启发式原则，或商业窍门以及一些习惯来进行决策	
社会模型	(1)认为人类行为主要是由无意识的需求来驱动，人类没有办法进行有效的理性决策。 (2)投入的增加。 ①含义：**人们有坚持错误决策的倾向**； ②产生原因：项目的特点、心理决定因素、社会压力、组织决定因素	与理性模型相对

(三)决策风格(见表2-13)

表2-13 决策风格

决策风格	模糊耐受性水平	关注对象
指导型	较低	任务、技术
分析型	较高	任务、技术
概念型	较高	人、社会
行为型	较低	人、社会

【例5·单选题】小张发现,他的领导在做决策时收集尽可能多的信息,与尽可能多的人进行讨论,而且擅长使用创新的方法解决问题。这种决策风格属于( )。

A. 概念型　　　　　　　　　　B. 指导型
C. 分析型　　　　　　　　　　D. 行为型

解析　本题考查决策风格。概念型决策者在解决问题的时候视角宽阔,喜欢考虑不同的选择以及将来的可能性。他们为了收集尽可能多的信息而与尽可能多的人进行讨论,然后根据直觉进行决策。同时他们喜欢冒险,擅长使用创新的方法解决问题。　**答案** A

历年考题解析

一、单项选择题

1. (2019年)根据美国心理学家布莱克和默顿的管理方格理论,在关心人和关心任务的坐标上都很高的领导风格是( )。
   A. "无为而治"领导风格
   B. "乡村俱乐部"领导风格
   C. "中庸式"领导风格
   D. 最理想的领导风格

   解析　本题考查管理方格图。在管理方格理论中,既关心任务,又关心人,被认为是最理想的领导风格。　**答案** D

2. (2019年)领导者的生命周期理论将工作取向和关系取向两个维度相结合,高工作—高关系的领导风格是( )。
   A. 指导式　　　　B. 推销式
   C. 参与式　　　　D. 授权式

   解析　本题考查领导者的生命周期理论。在领导者的生命周期理论得出的四种领导风格中,推销式(高工作—高关系):领导不仅表现出指导行为,而且富于支持行为。　**答案** B

3. (2019年)关于领导的说法,错误的是( )。
   A. 领导必须具有影响力,而影响力必须来源于组织的正式任命
   B. 领导必须具有指导和激励的能力
   C. 领导是一种影响群体、影响他人以达成组织目标的能力
   D. 领导帮助个体和群体确认目标,并激励他们达到一定的目标

   解析　本题考查领导理论。选项A错误,领导的影响力主要来源于组织的正式任命,也可以从其他方面获得。　**答案** A

4. (2019年)决策风格常常被分为指导型、分析型、概念型、行为型,其中具有分析型决策风格的决策者的特征是( )。
   A. 较低的模糊耐受性水平,倾向于关注人
   B. 较高的模糊耐受性水平,倾向于关注人
   C. 较高的模糊耐受性水平,倾向于关注任务
   D. 较低的模糊耐受性水平,倾向于关注任务

   解析　本题考查决策风格。具有分析型决策风格的决策者具有较高的模糊耐受性以

及很强的任务和技术取向。 **答案** C

5. (2019年)根据美国心理学家罗伯特·豪斯的观点,不属于魅力型领导特征的是( )。
   A. 高大英俊　　B. 共情
   C. 自信　　　　D. 印象管理技能

   解析 本题考查魅力型领导理论。魅力型领导理论认为,能够促使魅力归因的领导特质包括自信、印象管理技能、社会敏感性和共情等。 **答案** A

6. (2019年)根据美国心理学家伯恩斯的观点,属于交易型领导特征的是( )。
   A. 魅力　　　　B. 差错管理
   C. 智慧型刺激　D. 个性化关怀

   解析 本题考查领导理论。交易型领导者的特征:奖励、差错管理(积极型)、差错管理(消极型)、放任。 **答案** B

7. (2018年)关于研究领导行为的俄亥俄模式的说法,错误的是( )。
   A. 工作管理是指领导者为了达成目标而在规定自己与下属的角色时所从事的行为活动
   B. 关心人是指领导者注重人际关系,尊重和关心下属的建议与情感
   C. 高度人际取向的领导者帮助下属解决个人问题
   D. 高度工作取向的领导者更加友善而平易近人,公平的对待每一个下属

   解析 本题考查俄亥俄模式。高度人际取向的领导者帮助下属解决个人问题,友善而平易近人,公平对待每一个下属,关心下属的生活、健康、地位和满意度。高度工作取向的领导者关注员工的工作,要求维持一定的绩效水平,并强调工作的最后期限。 **答案** D

8. (2018年)按照费德勒的领导权变理论,情境性因素的构成维度不包括( )。
   A. 领导与下属的关系
   B. 组织文化
   C. 职权
   D. 工作结构

   解析 本题考查权变理论。费德勒认为情境性的因素可以分为三个维度:一是领导与下属的关系:主要指的是下属对领导者信任、信赖和尊重的程度;二是工作结构:主要指的是工作程序化、规范化的程度;三是职权:主要指的是领导者在甄选、培训、激励、解聘等人事工作方面有多大的影响力和权力。 **答案** B

9. (2018年)关于决策模型的说法,正确的是( )。
   A. 社会模型认为人类可以在无意识的需求驱动下进行有效的理性决策
   B. 社会模型将人们存在的坚持错误决策的倾向称为投入的减少
   C. 有限理性模型认为决策者追求的是满意而非最大化
   D. 理性模型认为决策者无法知道所有备选方案

   解析 本题考查领导决策。选项A错误:与理性模型相对的另一端,是来自心理学的社会模型。根据弗洛伊德的理论,人类的行为主要是由无意识的需求来驱动的,人类没有办法进行有效的理性决策。B错误:另外,有一部分决策者认为人们有坚持错误决策的倾向,他们称为投入的增加。选项D错误:理性模型认为决策者可以知道所有备选方案。 **答案** C

10. (2017年)与豪斯的路径—目标理论内容不相符的是( )。
    A. 领导者能够根据不同情况表现出不同的领导行为
    B. 不同的领导行为适用于不同的环境因素和个人特征
    C. 对于能力强的下属,指导式领导可以带来更高的绩效和满意度
    D. 领导者的主要任务是帮助下属达成目标并提供必要的支持和指导

    解析 本题考查路径—目标理论。对于能力强或经验丰富的下属,指导式的领

导可能被视为多余的。

答案 ▶ C

11. (2017年)西蒙的有限理性模型认为,决策者在决策时依据的是( )原则。
   A. 最大化 B. 经济
   C. 满意   D. 简化

   解析 ▶ 本题考查决策模型。有限理性模型是理性和最大化的,但是这里的理性受到了限制,决策者以满意为决策的终点,因为他们没有能力做到最大化。

   答案 ▶ C

二、多项选择题

1. (2019年)美国心理学家赫伯特·西蒙认为,决策过程有( )。
   A. 智力活动 B. 设计活动
   C. 选择活动 D. 确认阶段
   E. 发展阶段

   解析 ▶ 本题考查决策过程。赫伯特·西蒙认为,决策过程可以分为三个阶段:智力活动、设计活动、选择活动。 **答案** ▶ ABC

2. (2018年)罗伯特豪斯在路径—目标理论中确定的领导行为包括( )。
   A. 支持型领导
   B. 参与式领导
   C. 成就取向式领导
   D. 指导式领导
   E. 权变型领导

   解析 ▶ 本题考查路径—目标理论。路径—目标理论确定了四种领导行为:指导式领导;支持型领导;参与式领导;成就取向式领导。 **答案** ▶ ABCD

3. (2017年)依据领导权变理论的观点,能使工作取向型的绩效高的情境有( )。
   A. 上下级关系坏、工作结构低、领导者职权小
   B. 上下级关系好、工作结构高、领导者职权大
   C. 上下级关系坏、工作结构高、领导者职权大
   D. 上下级关系好、工作结构低、领导者职权大

   E. 上下级关系好、工作结构低、领导者职权小

   解析 ▶ 本题考查权变理论。工作取向型效能高对应的是:上下级关系好、工作结构高、领导者职权大;上下级关系好、工作结构低、领导者职权大;上下级关系好、工作结构高、领导者职权小;上下级关系坏、工作结构低、领导者职权小。

   答案 ▶ ABD

三、案例分析题

(2018年)某公司是一家成立于2016年的生鲜创业公司。该公司在很短的时间内在北京等大城市拥有了超过500家直营及联营门店,注册用户超过300万。随着店铺数量的增加,公司运作开始出现问题,客户投诉增多,主要反映水果不新鲜。为了减轻各区域总经理的工作量,公司急需在各区域内部提拔副总经理。

曾先生为华东地区的区域总经理,有丰富的创业经历,加入公司时从上一家公司带来了不少得力骨干。他善于从危机中思考和学习,并且愿意发展和支持下属,因此和他共事的人都对他有极高的信任感与忠诚度。目前,曾先生有两个比较中意的副总经理人选,一位是曾先生从上一家公司带来的得力助手小刘,他善于通过更高的理想和价值观来激励身边的同事,另一位则是一直在该公司工作的小李,他做事非常关注任务的明晰度、标准和产出。两人的工作效率都很高且优点突出。曾先生最初感到很难选择,最终,还是决定任命小李为区域副总经理。

由于本区域员工的能力、产能存在差异,有的店铺下午六点下班,有的晚上八点半下班。曾先生和小李需要决定是否对员工的下班时间做出统一规定。小李表示,这件事情的关键问题是统一下班时间后,原本工作效率低的店铺如何提高工作效率,以及为了提高员工的效率,公司需要提供的资源及相应的成本。

1. 曾先生的领导风格属于( )。
   A. 目标型　　　　B. 魅力型
   C. 权变型　　　　D. 发展型

   解析 ▶ 本题考查魅力型领导理论。魅力型领导者是指具有自信并且信任下属，对下属有高度的期望，有理想化的愿景，和个性化风格的领导者。魅力型领导者的追随者认同他们的领导者及其任务，表现出对领导者的高度忠诚和信心，效法其价值观和行为，并且从自身与领导者的关系中获得自尊。　　**答案** ▶ B

2. 小李被任命为区域副总经理，他的领导风格属于( )。
   A. 变革型　　　　B. 交易型
   C. 专制型　　　　D. 民主型

   解析 ▶ 本题考查交易型和变革型领导理论。交易型领导强调的是个人在组织中的与位置相关的权威和合法性，交易型领导强调任务的明晰度、工作的标准和产出，他们很关注任务的完成以及员工的顺从，这些领导更多依靠组织的奖励和惩罚来影响员工的绩效。　　**答案** ▶ B

3. 小李现在需要承担的主要职责统筹管理整个大区的整体运营，因此小李需要拥有或亟待提高的技能有( )。
   A. 技术能力　　　B. 人际技能
   C. 概念技能　　　D. 专业知识

   解析 ▶ 本题考查领导者的技能。组织中任何层次的领导者都不能逃避有效人际技能的要求，这是领导行为的重要部分之一。管理层级越高，工作中技术技能所占的比例越小，而概念技能所占的比例越大。
   答案 ▶ BC

4. 在决定是否统一下班时间的问题上，小李的决策风格属于( )。
   A. 指导型　　　　B. 分析型
   C. 概念型　　　　D. 行为型

   解析 ▶ 本题考查决策风格。根据案例描述，小李在决策时倾向于关注任务和技术，解决问题的时候一般是有效的、合乎逻辑的、程序化的和系统的，并有较低的模糊耐受性，所以属于指导型。　　**答案** ▶ A

同步系统训练

一、单项选择题

1. 认为领导者具有某些固有的特质，并且这些特质是与生俱来的，只有先天具备某些特质的人才可能成为领导的理论是( )。
   A. 领导—成员交换理论
   B. 魅力型领导理论
   C. 路径—目标理论
   D. 特质理论

2. 领导者通过更高的理想和组织价值观来激励他的追随者们，更多地通过自己的领导风格来影响员工和团队的绩效。该领导模式属于( )。
   A. 魅力型领导　　　B. 交易型领导
   C. 变革型领导　　　D. 权变型领导

3. 有些领导具有自信并且信任下属，对下属有高度的期望，有理想化的愿景，并具有个性化风格，这种类型的领导属于( )。
   A. 魅力型领导
   B. 交易型领导
   C. 支持型领导
   D. 成就取向式领导

4. 下列关于领导—成员交换理论的陈述错误的是( )。
   A. 在工作中，"圈里人"比"圈外人"承担更高的工作责任感
   B. "圈外人"觉得领导对自己比对"圈里人"更负责
   C. "圈里人"觉得领导对自己比对"圈外人"投入更多时间
   D. "圈外人"觉得领导对自己比对"圈里人"投入更多正式领导权威

5. 认为领导者的主要任务是帮助下属达到他

们的目标，并提供必要的支持和指导以确保下属的目标与群体或组织的目标相互配合的理论是（　　）。
A．路径—目标理论
B．魅力型领导理论
C．改变型领导理论
D．权变理论

6. 下列属于豪斯提出的支持型领导行为的是（　　）。
A．主动征求并采纳下属的意见
B．设定挑战性目标、鼓励下属实现自己的最佳水平
C．让员工明确别人对他的期望、成功绩效的标准和工作程序
D．努力建立舒适的工作环境，亲切友善，关心下属的要求

7. 下列认为团队绩效的高低取决于领导者与情境因素之间是否搭配的理论是（　　）。
A．权变理论
B．特质理论
C．魅力型领导理论
D．领导—成员交换理论

8. 根据费德勒的权变理论，最适合于工作取向领导风格的情境是（　　）。
A．上下级关系较坏，工作结构化程度较高，领导者职权较小
B．上下级关系较坏，工作结构化程度较低，领导者职权较小
C．上下级关系较坏，工作结构化程度较高，领导者职权较大
D．上下级关系较好，工作结构化程度较低，领导者职权较小

9. 道格拉斯·麦克格雷格的经典 Y 理论，指的是（　　）。
A．启发式、人性化的管理风格
B．传统权威的管理风格
C．独裁
D．人际关系

10. 将领导行为划分为"关心人"和"工作管理"两个维度的是（　　）。

A．权变模型
B．密歇根模式
C．俄亥俄模式
D．领导—成员交换理论

11. 管理方格理论把领导者的基本风格划分为五种，其中只对任务极端关注的领导风格被称为（　　）。
A．中庸式领导风格
B．任务领导风格
C．无为而治领导风格
D．乡村俱乐部领导风格

12. 布莱克和默顿的管理方格图中，位于坐标（9，9）位置的领导风格具有的特点是（　　）。
A．关心任务但不关心人
B．关心人但不关心任务
C．既关心任务又关心人
D．既不关心任务又不关心人

13. 根据领导者生命周期理论，具有低工作—低关系特点的领导风格是（　　）。
A．指导式　　B．推销式
C．参与式　　D．授权式

14. 按照模型、框架和广泛联系进行思考的能力是领导者的（　　）。
A．概念技能　　B．技术技能
C．人际技能　　D．管理技能

15. 关于领导者的技术技能说法错误的是（　　）。
A．在操作人员和专业人员层次上，技术技能是工作绩效的主要特点
B．经理更加依靠的是下属的技术技能
C．许多高层领导者对企业的技术细节并不熟悉
D．技术技能关心的是思想

16. 对有限理性模型的表述错误的是（　　）。
A．在选择备选方案时，决策者试图使自己满意，或者寻找令人满意的结果
B．决策者所认知的世界是真实世界的简化模型
C．决策者在进行选择的时候不必知道所

有的可能方案

D. 与理性模型的差异主要体现在质的差异上

17. 认为决策者在进行选择的时候采用满意原则而非最大化原则的决策模型称为（　　）。

　　A. 有限理性模型
　　B. 理性模型
　　C. 极限理性模型
　　D. 社会模型

18. 关于有限理性模型的说法，错误的是（　　）。

　　A. 在选择备选方案时，决策者试图使自己满意
　　B. 有限理性模型与理性模型存在质的差异
　　C. 有限理性模型中的理性受到了一定限制
　　D. 决策者所认知的世界是真实世界的简化模型

19. 在决策风格模型中，决策者有较高的模糊耐受性并且倾向于对人和社会关注，这种决策风格是（　　）。

　　A. 指导型　　　　B. 分析型
　　C. 概念型　　　　D. 行为型

20. 领导者决策风格中，指导型决策风格的特点是（　　）。

　　A. 决策者具有较低的模糊耐受性水平，倾向于关注人和社会
　　B. 决策者具有较高的模糊耐受性水平，倾向于关注人和社会
　　C. 决策者具有较低的模糊耐受性水平，倾向于关注任务和技术本身
　　D. 决策者具有较高的模糊耐受性水平，倾向于关注任务和技术本身

二、多项选择题

1. 根据斯道格迪尔的观点，领导者应该具备的重要特质有（　　）。

　　A. 责任感　　　　B. 勇于冒险
　　C. 勇于实践　　　D. 外向有支配欲
　　E. 持之以恒

2. 特质理论存在的缺陷有（　　）。

　　A. 忽视了领导良好的调适能力
　　B. 没有指明各种特质之间的相对重要性
　　C. 忽视了下属的需要
　　D. 忽视了情境因素
　　E. 没有区分原因和结果

3. 关于交易型和变革型领导的说法，正确的有（　　）。

　　A. 交易型领导强调任务的明晰度、工作的标准和产出
　　B. 交易型领导很关注任务的完成及员工的顺从
　　C. 变革型领导更多依靠组织的奖励和惩罚来影响员工的绩效
　　D. 变革型领导能为组织制定明确的愿景
　　E. 变革型领导更多地通过自己的领导风格来影响员工和团队的绩效

4. 下列关于魅力型领导理论的表述正确的有（　　）。

　　A. 魅力本身会随情境发生变化
　　B. 其追随者表现出对领导者的高度忠诚和信心，效法其价值观和行为
　　C. 魅力型领导会促使追随者产生出高于期望的绩效以及强烈的归属感
　　D. 当追随者显示出更高水平的自我意识和自我管理时，魅力型领导者的效果会得到进一步弱化
　　E. 魅力型领导者是指自信并且信任下属，对下属有高的期望，有理想化的愿景，使用个性化风格的领导者

5. 罗伯特·豪斯确定的四种领导行为包括（　　）。

　　A. 成就取向式领导
　　B. 支持型领导
　　C. 交易型领导
　　D. 参与式领导
　　E. 指导式领导

6. 密歇根模式中描述领导行为的维度包括（　　）。

A. 关系取向 B. 绩效取向
C. 员工取向 D. 生产取向
E. 目标取向

7. 关于领导者的技能，说法正确的有（ ）。
   A. 技术技能涉及的是事
   B. 人际技能关心的是人
   C. 概念技能处理的是观点、思想
   D. 管理层级越高，概念技能所占比例越小
   E. 任何层次的领导者都离不开有效的人际技能

8. 西蒙认为决策过程包括（ ）。
   A. 确认阶段 B. 发展阶段
   C. 智力活动 D. 设计活动
   E. 选择活动

9. 关于有限理性模型内容的说法，正确的有（ ）。
   A. 决策者可以知道所有的可能方案
   B. 决策者可以通过计算选出最佳方案
   C. 决策者的目标是找到令人满意的结果
   D. 存在完整和一致的偏好系统，使决策者在备选方案中进行选择
   E. 决策者认知的是真实世界的简化模型

10. 根据价值取向与模糊耐受性两个维度的组合，决策风格可以分为（ ）。
    A. 指导型 B. 概念型
    C. 分析型 D. 行为型
    E. 合作型

三、案例分析题

强调以人为本的理念，对提升地方政府管理水平有极大的促进意义。过去只强调经济发展速度，政府管理者在做出决策的时候，只注重决策的经济效益，因为经济发展速度是影响个人升迁的关键因素。以人为本的理念则不同，它要求地方政府不仅要考虑经济收益，更要从科学发展观的角度看待经济发展和社会发展的关系，重视群众的生活满意度。近年来的实践证明，以人为本的思想不仅促进了中国经济的可持续发展，而且有效地减少了各种社会矛盾。

1. 传统的只强调经济增长的决策更符合（ ）。
   A. 社会模型
   B. 理性模型
   C. 有限理性模型
   D. 非理性模型

2. 强调以人为本的决策更看重决策的（ ）。
   A. 组织盈利最大化
   B. 结果让群众满意
   C. 经济利益最大化
   D. 利益分配公平化

3. 下列观点中，与理性模型相符的有（ ）。
   A. 决策不完全是理性的
   B. 决策者可以知道所有备选方案
   C. 决策者可以通过数学计算找到最佳方案
   D. 决策者可以采用启发式原则进行决策

同步系统训练参考答案及解析

一、单项选择题

1. D 【解析】本题考查特质理论。传统的特质理论认为，领导者具有某些固有的特质，并且这些特质是与生俱来的，只有先天具备某些特质的人才可能成为领导。

2. C 【解析】本题考查变革型领导的特征。变革型领导者通过更高的理想和组织价值观来激励他的追随者们，为组织制定明确的愿景，通过领导风格来影响员工和团队的绩效。

3. A 【解析】本题考查魅力型领导理论。魅力型领导者是指具有自信并且信任下属，对下属有高度的期望，有理想化的愿景，和个性化风格的领导者。

4. B 【解析】本题考查领导—成员交换理论（LMX 理论）。对同一领导而言，"圈里

人"觉得领导对自己比对"圈外人"更负责，因此选项 B 的表述错误。

5. A 【解析】 本题考查路径—目标理论。路径—目标理论认为领导者的主要任务是帮助下属达到他们的目标，并提供必要的支持和指导以确保下属的目标与群体或组织的目标相互配合。

6. D 【解析】 本题考查路径—目标理论。豪斯提出的支持型领导指的是努力建立舒适的工作环境，亲切友善，关心下属的要求。选项 A 属于参与式领导；选项 B 属于成就取向式领导；选项 C 属于指导式领导。

7. A 【解析】 本题考查权变理论。美国心理学家费德勒的权变理论认为，团队绩效的高低取决于领导者与情境因素之间是否搭配。

8. B 【解析】 本题考查费德勒的权变理论。根据权变理论，选项 A 关系取向和工作取向的效能都一般，选项 C、D 关系取向的效能高，所以本题选 B。

9. A 【解析】 本题考查领导风格。道格拉斯·麦克格雷格的经典的 X 理论代表了传统权威的管理风格，Y 理论代表了启发式、人性化的管理风格。

10. C 【解析】 本题考查俄亥俄模式。俄亥俄模式将领导行为划分为"关心人"和"工作管理"两个维度，认为工作管理和关心人得分高的领导，比其他类型的领导(在两个维度上都低，或者一个维度低、一个维度高)更能促使员工有高的绩效和高的工作满意度。

11. B 【解析】 本题考查管理方格图。管理方格理论把领导者的基本风格划分为五种，其中只对任务极端关注的领导风格被称为任务领导风格。

12. C 【解析】 本题考查管理方格理论。位于坐标(1，1)位置的领导风格被称为"无为而治"，管理者既不关心任务，也不关心人。相反，位于坐标(9，9)位置的领导既关心任务，又关心人，被认为是最理想的领导风格。

13. D 【解析】 本题考查领导者的生命周期理论。赫塞和布兰查德将工作取向和关系取向两个维度相结合，得出四种领导风格：指导式(高工作—低关系)、推销式(高工作—高关系)、参与式(低工作—高关系)、授权式(低工作—低关系)。

14. A 【解析】 本题考查领导者的技能。领导者的三种主要技能是指技术技能、人际技能和概念技能。其中按照模型、框架和广泛联系进行思考的能力是领导者的概念技能。

15. D 【解析】 本题考查领导者的技能。领导者的技术技能涉及的主要是事，概念技能处理的是观点和思想，所以选项 D 说法错误。

16. D 【解析】 本题考查有限理性模型。有限理性模型同理性模型都是理性和最大化的，但是前者的理性受到了限制，决策者以满意为决策的终点；二者的差异体现在程度上，而非质的差异。

17. A 【解析】 本题考查有限理性模型的观点。有限理性模型认为，由于采用的是满意原则而非最大化原则，决策者在进行选择的时候不必知道所有的可能方案，可以用相对简单的经验启发式原则，或商业窍门，以及一些习惯来进行决策。所以本题选 A。

18. B 【解析】 本题考查领导决策的有限理性模型。选项 B 错误，有限理性模型与理性模型的差异主要体现在程度上，而非质的差异上。

19. C 【解析】 本题考查决策风格。概念型决策者具有较高的模糊耐受性并且倾向于对人和社会的关注。因此选 C。

20. C 【解析】 本题考查决策风格。领导者决策风格中，指导型决策风格的特点是：决策者具有较低的模糊耐受性水平，倾向于关注任务和技术本身。因此选 C。

二、多项选择题

1. ABCE 【解析】 本题考查特质理论。斯道格迪尔认为领导者应具有下列特质：责任感，持之以恒，勇于冒险并富有创新精神，勇于实践，自信，能很好地处理人际紧张的关系并能忍受挫折等。选项 D 属于吉伯在特质理论中的观点。

2. BCDE 【解析】本题考查特质理论的缺陷。特质理论存在的缺陷在于：(1) 忽视了下属的需要；(2) 没有指明各种特质之间的相对重要性；(3) 忽视了情境因素；(4) 没有区分原因和结果。

3. ABDE 【解析】本题考查交易型和变革型领导理论。选项 C 说法错误，正确的应该是交易型领导更多依靠组织的奖励和惩罚来影响员工的绩效。

4. ABCE 【解析】本题考查魅力型领导理论。当追随者显示出更高水平的自我意识和自我管理时，魅力型领导者的效果将会得到进一步强化。所以选项 D 错误。

5. ABDE 【解析】本题考查罗伯特·豪斯确定的四种领导行为。罗伯特·豪斯将领导行为划分为四种：指导式领导、支持型领导、参与式领导、成就取向式领导。

6. CD 【解析】本题考查密歇根模式。密歇根模式中描述领导行为的两个维度是：员工取向和生产取向。

7. ABCE 【解析】本题考查领导者的技能。选项 D 说法错误，正确的是管理层级越高，工作中技术技能所占比例越小，概念技能所占比例越大。

8. CDE 【解析】本题考查西蒙的决策过程。西蒙认为决策过程可以分为三个阶段，即智力活动、设计活动、选择活动。

9. CE 【解析】本题考查有限理性模型的内容。选项 C、E 属于有限理性模型的内容，选项 A、B、D 属于理性模型中决策者具备的特征。

10. ABCD 【解析】本题考查决策风格。根据价值取向与模糊耐受性两个维度的组合，决策风格可以分为：指导型、分析型、概念型、行为型。

三、案例分析题

1. B 【解析】本题考查理性模型的相关内容。根据理性模型，决策者在任何方面都是完全理性的，决策者有能力使组织目标最大化，使得边际成本等于边际收益。所以传统的只强调经济增长的决策更符合理性模型。

2. B 【解析】本题考查理性模型的相关内容。根据案例，以人为本的理念要求地方政府不仅要考虑经济收益，更要从科学发展观的角度看待经济发展和社会发展的关系，重视群众的生活满意度。所以选 B。

3. BC 【解析】本题考查理性模型中决策者的特征。根据理性模型，从途径—目标意义上分析，决策完全理性。在有限理性模型中，决策者可以用相对简单的经验启发式原则进行决策。所以选项 A、D 错误。

本章思维导图

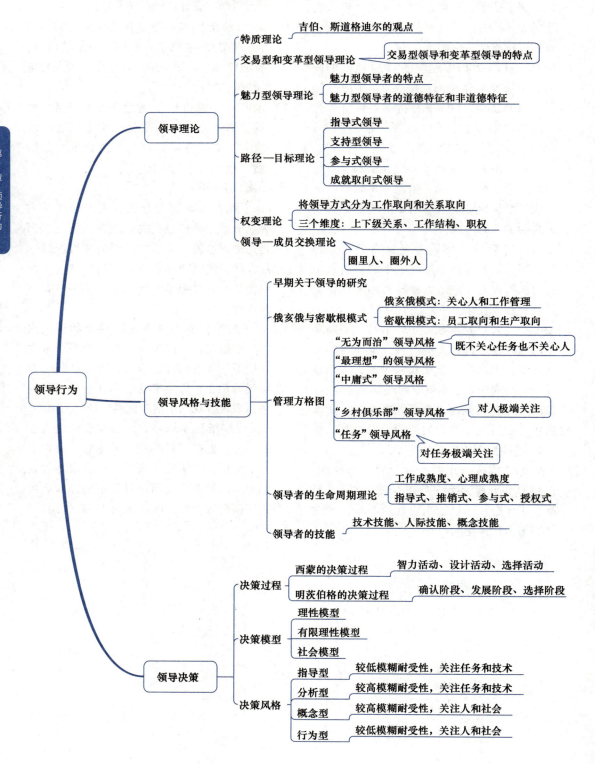

第3章 组织设计与组织文化

考情分析

本章主要讲述组织设计、组织文化、组织变革与发展。本章的重点是组织结构设计，组织设计的类型，组织文化的类型。从近三年的考题来看，单项选择题、多项选择题和案例分析题都有涉及。

最近三年本章考试题型、分值分布

年份	单项选择题	多项选择题	案例分析题	合计
2019 年	2 题 2 分	2 题 4 分	—	4 题 6 分
2018 年	4 题 4 分	1 题 2 分	—	5 题 6 分
2017 年	2 题 2 分	1 题 2 分	4 题 8 分	7 题 12 分

本章主要考点

1. 组织设计的内容。
2. 组织结构设计的内容、要素及主要参数。
3. 组织设计的三种常用类型：行政层级式、职能制、矩阵式。
4. 组织设计的其他类型：事业部制组织形式、团队结构形式、虚拟组织形式、无边界组织形式。
5. 组织文化的类型。
6. 组织变革的方法。
7. 组织发展方法（传统的和现代的）。

重点、难点讲解及典型例题

▶ **考点一 组织设计概述**

（一）组织设计的基本内容（见表3-1）

表3-1 组织设计的定义、内容、分类

定义	组织设计是对企业的组织结构、运行方式所进行的设计
内容	（1）组织结构设计； （2）保证组织正常运行的各项管理制度和方法设计

续表

分类	从形式上分为： (1)静态设计(古典的组织设计理论)：只对组织结构进行的设计； (2)动态设计(现代的组织设计理论)：同时对**组织结构和运行制度进行**的设计

(二)组织结构设计(见表3-2)

表3-2 组织结构设计

含义		(1)本质是企业员工的分工协作关系； (2)设计目的是实现组织目标； (3)是企业员工在职、权、责三方面的结构体系； (4)又称为权责结构，以组织图、组织树形式出现
内容		(1)职能结构：达到企业目标所需完成的各项业务工作及其比例和关系； (2)层次结构(纵向结构)：各管理层次的构成； (3)部门结构(横向结构)：各管理部门的构成； (4)职权结构：各管理层次、部门在权力和责任方面的分工和相互关系
要素		(1)复杂性：任务分工的层次、细致程度； (2)规范性：使用规则和标准处理方式以规范工作行为的程度； (3)集权度：决策权的集中程度
设计参数	特征因素	(1)管理层次和管理幅度①； (2)**专业化程度**：组织各职能工作分工的精细程度； (3)地区分布； (4)分工形式； (5)关键职能； (6)集权程度； (7)**规范化程度**：员工以同种方式完成相似工作的程度； (8)制度化程度：采用书面文件的数量可以反映其制度化的程度； (9)职业化程度； (10)人员结构
	权变因素	组织环境、组织战略、组织技术、人员素质、组织规模、组织生命周期

注：①管理层次与管理幅度(见表3-3)

表3-3 管理层次与管理幅度

项目	内容
管理层次	也称组织层次，是指从组织最高一级管理组织到最低一级管理组织的各个组织等级。每个组织等级就是一个管理层次，表明其组织结构的**纵向复杂程度**
管理幅度	也称管理跨度，是指一名领导者直接领导的下级人员的**数量**。反映上级领导者直接控制和协调的业务活动量的多少
两者关系	(1)两者存在负相关的数量关系； (2)两者相互制约，其中管理幅度起主导作用

(三)组织设计的程序(见图 3-1)

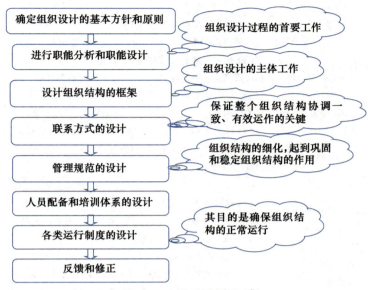

图 3-1　组织设计的程序

【例 1·单选题】组织结构设计的特征因素不包括(　　)。
A. 关键职能　　　　　　　　B. 企业规模
C. 专业化程度　　　　　　　D. 分工形式
解析　本题考查组织结构的特征因素。选项 B 企业规模属于组织结构的权变因素,不是特征因素。
答案　B

▶ 考点二　组织设计的类型(见表 3-4)

表 3-4　组织设计的类型

类型	特点	优点	缺点	适用范围
行政层级式	决定因素:权力等级、分工、规章、程序规范、非个人因素、技术能力	可以保证高度集权、强调等级的管理能够顺利执行,所制定的规章和程序也不需要频繁改动	—	复杂/静态
职能制结构(法约尔模型)	(1)职能分工; (2)直线—参谋制; (3)管理权力高度集中	(1)员工相互影响和相互支持的机会较多; (2)可以充分利用资源; (3)有利于强化专业管理,提高工作效率; (4)整个组织有较高的稳定性; (5)管理权力高度集中,便于最高领导层对整个企业实施严格的控制	(1)狭隘的职能观念; (2)横向协调性差; (3)适应性差; (4)企业领导负担重; (5)不利于培养具有全面素质、能够经营整个企业的管理人才	(1)简单/静态; (2)适用于中小型的、产品品种比较单一、生产技术发展变化较慢、外部环境比较稳定的企业

续表

类型	特点	优点	缺点	适用范围
矩阵组织形式	（1）一名员工有两位领导；（2）组织内部有两个层次的协调；（3）产品部门（或项目小组）所形成的横向联系灵活多样	（1）有利于加强各职能部门之间的协作配合；（2）有利于顺利完成规划项目，提高企业的适应性；（3）有利于减轻高层管理人员的负担；（4）有利于职能部门与产品部门相互制约，保证企业整体目标的实现	（1）组织的稳定性较差；（2）双重领导的存在，容易产生责任不清、多头指挥的混乱现象；（3）机构相对臃肿，用人较多	（1）复杂/动态；（2）适合因技术发展迅速和产品品种较多而具有创新性强、管理复杂特点的企业
事业部制组织形式	把企业的生产经营活动，按产品或地区分别建立经营事业部，实行集中决策指导下的分散经营，单独核算、自负盈亏	（1）有利于总公司的高层管理者摆脱具体管理事务，集中精力于战略决策和长远规划；（2）增强企业的活力；（3）有利于把联合化和专业化结合起来，提高生产效率	（1）容易使各事业部只顾自身的利益，削弱整个公司的协调一致性；（2）公司和各个事业部的职能机构重复，导致运营费用和管理成本增加	产品种类多且产品之间工艺差别大，或市场分布范围广且市场情况变化快、要求适应性强的大型联合企业或公司
团队结构组织形式	（1）团队已成为目前组织工作活动的最流行的方式；（2）打破部门界限并把决策权下放到工作团队成员手中	提高运行效率，增强灵活性	存在问题：团队与团队成员原来所属部门之间的矛盾、团队内部的考核和激励机制、不同团队之间的协调与整合	小型组织中，可以把团队结构作为整个组织形式。大型组织中，团队结构一般作为行政层级组织形式的补充
虚拟组织形式	（1）实质："可以租用，何必拥有"；（2）是一种规模较小，但可以发挥主要职能的核心组织，它的决策集中化程度很高，但部门化程度很低或根本就不存在	灵活性	公司管理层对公司的主要职能活动缺乏有力的监控	—
无边界组织形式	寻求通过组织扁平化来减少指挥链，对管理幅度不加限制，减少或取消各种职能部门，代之以授权的团队	将组织的各种边界模糊化，实现组织中信息的有效传递和共享，达到提高工作效率和激励创新的目的	—	—

【例2·单选题】 关于矩阵组织缺点的说法，错误的是（　）。
A. 组织的稳定性差
B. 双重领导容易导致混乱管理
C. 用人较多，机构相对臃肿
D. 不利于提高组织的适应性

解析 本题考查矩阵组织形式的缺点。矩阵组织形式的缺点有：(1)组织的稳定性较差；(2)双重领导的存在，容易产生责任不清、多头指挥的混乱现象；(3)机构相对臃肿，用人较多。选项 D 错误，矩阵组织有利于顺利完成规划项目，提高企业的适应性。 **答案** D

▶ **考点三　组织文化**

(一)组织文化的概念、影响因素、功能(见表 3-5)

表 3-5　组织文化的概念、影响因素、功能

概念	(1)是指控制组织内行为、工作态度、价值观以及关系设定的规范； (2)是指使组织独具特色，区别于其他组织的，并且是组织成员的共同价值观体系
影响因素	(1)行为方式和管理风格； (2)工作群体的特征、管理者和基层主管的领导模式、组织特征和管理过程； (3)外部环境
作用	导向作用、规范作用、凝聚作用、激励作用、创新作用、辐射作用

(二)组织文化的内容、结构、类型、组织设计的影响(见表 3-6)

表 3-6　组织文化的内容结构、类型、组织设计的影响

内容		创新与冒险、注重细节、结果导向、人际导向、团队导向、进取心、稳定性
结构	层次	(1)物质层：表层部分； (2)制度层：中间层，又称为组织文化的里层； (3)**精神层：深层**
	关系	(1)物质层是组织文化的外在表现，是制度层和精神层的物质基础； (2)制度层制约和规范着物质层及精神层的建设； (3)精神层是形成物质层及制度层的思想基础，是组织文化的**核心和灵魂**； (4)组织文化中有没有**精神层**是衡量一个组织是否形成了自身组织文化的主要标志和标准
类型	学院型	喜欢雇用年轻的大学毕业生，并为他们提供大量的专门培训
	俱乐部型	重视适应、忠诚感和承诺，把管理人员培养成通才。资历是关键因素，年龄和经验甚至关重要
	棒球队型	鼓励冒险和革新，薪酬制度以员工绩效水平为依据
	堡垒型	着眼于公司的生存，工作安全保障不足，对于喜欢流动性、挑战性的人来说，具有一定的吸引力
组织设计对组织文化的影响	组织的制度化	制度化程度越高，组织文化就越倾向于严谨
	组织的规范化	高度的规范化不利于形成多样化、革新的组织文化
	组织的管理层次	管理层次多、结构复杂的组织，不利于培养员工自主性和参与决策的主动性
	集权程度	集权程度高，不利于形成民主、参与、开放、自主的文化
	招聘制度	以内部招聘为主的组织倾向于拥有强调稳定和连续性的文化
	绩效评估体系	强调合作的文化与强调严格的等级差异的绩效评估体系是很难并存的
	薪酬制度	不同级别间薪酬差别很大的薪酬体系不适合崇尚平等的文化

【例 3·单选题】政府部门和军队的文化类型属于(　　)。

A. 俱乐部型　　　　　　　　　　　　B. 棒球队型

C. 学院型　　　　　　　　　　　D. 堡垒型

解析 本题考查组织文化的类型。俱乐部型组织的例子有：联邦快递、德尔塔航空公司、贝尔公司、政府机构和军队等。

答案 A

考点四　组织变革与发展（见表3-7）

表3-7　组织变革与发展

变革方法	以人为中心的变革	**最根本和最重要的变革**，提高人的知识和技能，特别是改变人的态度、行为及群体行为
	以结构为中心的变革	组织内部结构的分化和统合，包括重新划分和合并新的部门，调整管理层次和管理幅度，任免责任人，明确责任和权力
	以技术为中心的变革	对组织工作流程的再设计
	以系统为中心的变革	系统地考虑整个组织的变革
发展方法	传统的方法	（1）结构技术：影响工作内容和员工关系的技术； （2）人文技术：敏感性训练①、调查反馈、质量圈、团际发展
	现代的方法	（1）全面质量管理：文化的改变必须在实行全面质量管理之前，或与之同时进行；挑选员工也是一个重要环节；全面质量管理需要最高管理层的支持；全面质量管理规划需要从上向下推行，并持续地从下向上付诸实施； （2）团队建设：一个好的团队具有**四个方面的特征**，即规模小、能力互补、有共同的意愿、目标和方法、情愿共同承担责任

注：①敏感性训练，又称实验室训练、T团体训练、交友团体训练等，是指通过无结构小组的交互作用方式来改善行为的方法。

【**例4·单选题**】关于全面质量管理的说法，错误的是（　　）。
A. 全面质量管理是一个在长期经营中不断改进质量的过程
B. 全面质量管理规划需要自上而下推行，并自上而下付诸实施
C. 挑选有高度责任感的员工才能符合全面质量管理的要求
D. 要达到全面质量管理的要求，必须建立与其相适应的组织文化

解析 本题考查全面质量管理。全面质量管理规划需要从上向下推行，并持续地从下向上付诸实施。所以B的说法有误。

答案 B

历年考题解析

一、单项选择题

1.（2019年）组织文化结构中的深层是（　　）。
A. 物质层　　　　　B. 制度层
C. 精神层　　　　　D. 规范层

解析 本题考查组织文化的结构。组织文化的结构分为物质层、制度层和精神层。精神层是组织文化的深层。

答案 C

2.（2019年）在组织结构的内容体系中，职能结构指的是（　　）。

A. 各管理部门的构成
B. 各管理层次的构成
C. 各管理层次、部门在权利和责任方面的分工和相互关系
D. 完成企业目标所需要的各项业务工作及其比例和关系

解析 本题考查组织结构设计。选项A是部门结构。选项B是层次结构。选项C是职权结构。

答案 D

3. (2019年)在复杂/静态环境中,最有效的组织设计形式是( )。
   A. 矩阵组织形式
   B. 无边界组织形式
   C. 行政层级式
   D. 职能制
   解析 本题考查组织设计的类型。行政层级组织形式在复杂/静态环境中最为有效。
   答案 C

4. (2018年)在组织发展方法中,关于敏感性训练的说法,错误的是( )。
   A. 在敏感性训练中团队更为注重讨论的结果,而不是相互作用的过程
   B. 它有助于减少人际冲突
   C. 它是一种人文技术
   D. 它有助于增强群体凝聚力
   解析 本题考查敏感性训练。敏感性训练的团体注重的是相互作用的过程,而不是讨论的结果,因为训练的目的在于使团体成员通过观察和参与而有所领悟,了解自己,了解如何看待别人以及别人如何看待自己,了解人与人之间如何相互作用,并借此表达自己的思想、观念、态度。
   答案 A

5. (2018年)在组织结构的内容体系中,职权结构指的是( )。
   A. 组织内的管理层次构成
   B. 组织内的管理部门构成
   C. 组织各管理层次和部门在权利和责任方面的分工与相互关系
   D. 实现组织目标所需的各项业务工作及其比例和关系
   解析 本题考查组织结构的内容。职权结构是各管理层次、部门在权力和责任方面的分工和相互关系。
   答案 C

6. (2018年)组织结构设计的权变因素不包括( )。
   A. 企业生命周期
   B. 企业环境
   C. 企业规模
   D. 企业专业化程度
   解析 本题考查组织设计的权变因素。影响组织设计的主要权变因素有:组织环境、组织战略、组织技术、人员素质、组织规模、组织生命周期等。
   答案 D

7. (2018年)事业部制组织形式的优点不包括( )。
   A. 它有利于把联合化和专业化的优点结合起来,提高生产
   B. 它有利于高层管理者集中精力进行战略决策和长远规划
   C. 它有利于增强企业活力
   D. 它有利于减少管理成本和费用
   解析 本题考查事业部制组织形式。事业部制组织形式的优点表现在:(1)有利于总公司的高层管理者摆脱具体管理事务,集中精力进行战略决策和长远规划。(2)增强企业的活力。(3)有利于把联合化和专业化结合起来,提高生产效率。事业部制组织形式也存在着缺点:(1)容易使各事业部只顾自身的利益,削弱整个公司的协调一致性。(2)公司和各个事业部的职能机构重复,会增加费用和管理成本。
   答案 D

8. (2017年)组织的横向结构指的是( )。
   A. 职能结构   B. 层次结构
   C. 部门结构   D. 职权结构
   解析 本题考查组织设计概述。部门结构:各管理部门的构成,又称组织的横向结构。
   答案 C

9. (2017年)关于管理层次与管理幅度之间关系的说法,错误的是( )。
   A. 两者存在反比例关系
   B. 同样规模的企业,减少管理幅度,管理层次就会增加
   C. 两者都是组织结构的主要特征因素
   D. 两者相互制约,其中管理层次起主导作用
   解析 本题考查组织设计概述。管理幅度与管理层次是相互制约的,其中管理幅度

起主导作用。 **答案** D

二、多项选择题

1. (2019年)关于组织发展目的的说法,正确的有( )。
   A. 它重视对人的尊重
   B. 它重视合作与参与过程
   C. 它重视权力与控制
   D. 它重视质询精神
   E. 它重视人员和组织的成长

   解析 本题考查组织发展概述。组织发展的目的在于重视人员和组织的成长、合作与参与过程以及质询精神。 **答案** BDE

2. (2019年)以管理者为中心的领导风格强调的有( )
   A. 参与   B. 支持
   C. 独裁   D. 督导
   E. 关怀

   解析 本题考查领导风格。以管理者为中心的领导风格强调的有:独裁、生产中心、亲密的、产出、任务驱动、督导、指导。选项A、B、E属于以员工为中心的领导风格强调的内容。 **答案** CD

3. (2018年)关于矩阵组织形式的优点的说法,正确的有( )。
   A. 它有利于职能部门与产品部门相互制约,保证企业整体目标的实现
   B. 它有利于提高组织的稳定性
   C. 它有利于加强各职能部门之间的协作配合
   D. 它有利于提高企业的适应性
   E. 它有利于减轻高层人员的负担

   解析 本题考查矩阵组织形式。矩阵组织形式的优点:(1)有利于加强各职能部门之间的协作配合。(2)有利于顺利完成规划项目,提高企业的适应性。(3)有利于减轻高层管理人员的负担。(4)有利于职能部门与产品部门相互制约,保证企业整体目标的实现。矩阵制组织的稳定性较差。 **答案** ACDE

4. (2017年)组织发展方法中的人文技术包括( )。
   A. 敏感性培训   B. 工作再设计
   C. 调查反馈   D. 质量圈
   E. 团际发展

   解析 本题考查组织发展概述。人文技术主要包括:敏感性培训、调查反馈、质量圈、团际发展。 **答案** ACDE

三、案例分析题

(2017年)K公司是一家有6年发展历史的软件开发公司,在行业中具有较高知名度。公司有研发部门,行政与人力资源部、财务部门等,形成了强调革新与冒险的组织,不断有新产品问世。

K公司一直重视员工的培训与开发工作,同时不拘一格选拔人才,只要是具有一定潜质的员工就委以重任,而不考虑员工的年龄和工作经验。公司的薪酬、奖励制度与员工绩效挂钩,对于表现优秀的员工,公司会加以重奖,并给予较大的工作自由度。因此,公司员工的工作士气高涨,敬业度很高。

K公司共有100名员工,强调以项目组为主要形式进行技术研发,把不少决策权下放给员工,并打破严格的部门界限,提倡部门合作,联合攻关。最近,公司获得了很大一笔风险投资,为此,公司制定了明确的扩张性战略计划,同时进行必要的组织变革,公司将针对不同行业组建专门的技术咨询小组,还计划成立独立的市场部和客户关系部,以加快市场开拓,并为客户提供更优质的服务。

1. K公司目前的组织文化属于( )。
   A. 学院型   B. 俱乐部型
   C. 棒球队型   D. 堡垒型

   解析 本题考查组织文化的类型。棒球队型组织鼓励冒险和革新。 **答案** C

2. K公司的关键职能部门是( )。
   A. 行政与人力资源部
   B. 研发部
   C. 财务部

D. 客户关系部

解析 本题考查组织的关键职能。关键职能是指在企业组织结构中处于中心地位、具有较大职责和权限的职能部门。根据案例材料可知该公司的关键职能部门是研发部。

答案 B

3. K 公司目前的主要组织结构设计类型是( )。

   A. 事业部制组织形式
   B. 职能制组织形式
   C. 团队结构形式
   D. 虚拟组织形式

解析 本题考查组织设计的类型。团队结构形式的主要特点是，打破部门界限并把决策权下放到工作团队成员手中。

答案 C

4. 为了实行扩张性战略计划，K 公司进行了组织变革，这种组织变革的方法属于( )。

   A. 以人员为中心的变革
   B. 以技术为中心的变革
   C. 以文化为中心的变革
   D. 以结构为中心的变革

解析 本题考查组织变革概述。为了适应环境不断变化，组织内部结构需要不断分化和统合，这种分化与统合就是组织结构的变革，包括重新划分和合并新的部门，调整管理层次和管理幅度，任免责任人，明确责任和权力等。

答案 D

同步系统训练

一、单项选择题

1. 组织结构体系内容中，反映达到企业目标所需的各项业务工作及其比例和关系的是( )。
   A. 职权结构　　B. 横向结构
   C. 纵向结构　　D. 职能结构

2. 组织结构体系中的横向结构指的是( )。
   A. 职能结构　　B. 层次结构
   C. 部门结构　　D. 职权结构

3. 关于管理层次与管理幅度的说法，正确的是( )。
   A. 管理幅度指的是组织结构的纵向复杂程度
   B. 管理层次与管理幅度在数量上成正比关系
   C. 管理层次的多少代表组织结构的横向复杂程度
   D. 管理幅度与管理层次是相互制约的

4. 组织结构三要素不包括( )。
   A. 虚拟化　　B. 规范性
   C. 集权度　　D. 复杂性

5. 员工以同种工作方式完成相似工作的程度，可以作为衡量组织( )的指标。
   A. 专业化程度　　B. 规范化程度
   C. 制度化程度　　D. 职业化程度

6. 组织中采用书面文件的数量可以反映其组织结构的( )。
   A. 专业化程度　　B. 规范化程度
   C. 职业化程度　　D. 制度化程度

7. 组织设计过程中的首要工作是( )。
   A. 确定组织设计的基本方针和原则
   B. 设计组织结构的框架
   C. 进行职能分析和职能设计
   D. 人员配备和培训体系的设计

8. 下列具有直线—参谋制特点的组织形式是( )。
   A. 行政层级式　　B. 矩阵组织形式
   C. 职能制形式　　D. 事业部制形式

9. 行政层级形式、职能制、矩阵组织形式最适宜的环境分别是( )。
   A. 复杂/静态、复杂/静态、复杂/动态
   B. 简单/动态、简单/静态、复杂/动态
   C. 复杂/静态、复杂/动态、简单/动态
   D. 简单/静态、简单/静态、复杂/动态

10. 下列主要适用于中小型的、产品品种比较单一、生产技术发展变化较慢、外部

环境比较稳定的企业组织类型是（　　）。
A. 行政层级式组织结构
B. 职能制组织结构
C. 矩阵式组织结构
D. 事业部制组织结构

11. 职能制组织形式的缺点不包括（　　）。
A. 狭隘的职能观念
B. 横向协调差
C. 领导负担过重
D. 设备与劳动力重复过多

12. 技术发展迅速、产品较多、创新性强、管理复杂的企业，最适合采用的组织形式是（　　）。
A. 行政层级式　　B. 职能制
C. 矩阵式　　　　D. 直线—参谋制

13. 下列有关无边界组织形式的描述，错误的是（　　）。
A. 其所寻求的是通过组织扁平化来减少指挥链
B. 对管理幅度不加限制
C. 对管理层次不加限制
D. 取消各种职能部门，代之以授权的团队

14. 下列有关虚拟组织形式的描述，正确的是（　　）。
A. 规模较大，比较灵活，可以发挥主要职能的核心组织
B. 决策集中化程度很低，同时部门化程度也很低或根本就不存在
C. 公司管理人员对公司的主要职能活动具有有力的控制
D. "可以租用，何必拥有"是虚拟组织的实质

15. 有些企业喜欢雇用年轻的大学毕业生，并为他们提供大量的培训，然后指导他们在特定的领域内从事各种专业化工作。具有这种组织文化特点的组织被称作（　　）组织。
A. 学院型　　　　B. 俱乐部型
C. 棒球队型　　　D. 堡垒型

16. 对于喜欢流动性、挑战的人来说，具有一定吸引力的组织文化类型是（　　）。
A. 学院型　　　　B. 棒球队型
C. 俱乐部型　　　D. 堡垒型

17. 一个组织中，最根本和最重要的变革是（　　）。
A. 以系统为中心的变革
B. 以技术为中心的变革
C. 以结构为中心的变革
D. 以人员为中心的变革

18. 在组织发展方法中，（　　）是员工参与计划的一种形式。
A. 质量圈　　　　B. 调查反馈
C. 敏感性训练　　D. 团际发展

19. 在组织发展方法中，旨在化解和改变工作团体之间的态度、成见和观念的是（　　）。
A. 敏感性训练　　B. 调查反馈
C. 质量圈　　　　D. 团际发展

20. 敏感性训练属于传统的组织发展方法中的（　　）。
A. 结构技术
B. 人文技术
C. 现代组织发展方法
D. 结构技术和人文技术的混合体

二、多项选择题

1. 关于组织文化结构的说法，正确的有（　　）。
A. 组织文化分为物质层、制度层和精神层三个层次
B. 制度层制约和规范着物质层及精神层的建设
C. 有无制度层是衡量一个组织是否形成了自身组织文化的主要标志
D. 物质层是制度层和精神层的物质基础
E. 精神层是形成物质层及制度层的思想基础

2. 组织结构体系的主要内容包括（　　）。
A. 职权结构　　　B. 职能结构
C. 部门结构　　　D. 权利结构

E. 层次结构

3. 关于管理层次、管理幅度的说法正确的有（　　）。
   A. 一个组织的管理层次的多少，反映其组织结构的纵向复杂程度
   B. 管理幅度的大小往往反映上级领导者直接控制和协调的业务活动量的多少
   C. 管理层次和管理幅度存在正比关系
   D. 管理幅度决定管理层次
   E. 管理层次对管理幅度存在着一定的制约作用

4. 职能制组织形式的缺点有（　　）。
   A. 适应性差　　　　B. 横向协调差
   C. 稳定性差　　　　D. 领导负担重
   E. 不利于专业分工

5. 下列针对组织设计类型的描述，正确的有（　　）。
   A. 行政层级式组织形式最适宜复杂/静态的环境
   B. 无边界组织形式所寻求的是通过组织扁平化来减少指挥链
   C. 事业部制组织形式容易使各事业部只顾自身的利益，削弱整个公司的协调一致性
   D. 矩阵组织形式既灵活又稳定
   E. 职能制结构组织比较适用于中小型的、产品品种比较单一、生产技术发展变化较慢、外部环境比较稳定的企业

6. 事业部制组织形式的优点不包括（　　）。
   A. 有利于公司高层摆脱具体事务的束缚
   B. 有利于增强企业的活力
   C. 有利于公司内部的协调一致
   D. 有利于节约管理成本
   E. 有利于把联合化和专业化结合起来

7. 关于组织设计与组织文化之间关系的说法，正确的有（　　）。
   A. 组织的制度化程度越高，组织文化就越倾向于严谨
   B. 强调等级制度的组织设计，很难形成公平、自由参与的组织文化
   C. 高度的规范化有利于形成鼓励多样化、革新的组织文化
   D. 级别差别很大的薪酬制度适合于强调等级的组织文化，不适合崇尚平等的组织文化
   E. 管理层次多，结构复杂的组织，有利于鼓励员工独立决策

8. 如果企业想要构建一个自由、平等、开放、创新的组织文化，可以采用的组织设计手段包括（　　）。
   A. 提升组织制度化和规范化的程度
   B. 减少管理层次，形成趋于扁平的组织
   C. 以外部招聘为主，提高员工的多样化程度
   D. 建立强调等级差异的绩效评估体系
   E. 建立不同职位等级间薪酬差异很大的薪酬制度

9. 组织变革的程序包括（　　）。
   A. 确定问题　　　　B. 组织诊断
   C. 实行变革　　　　D. 制订计划
   E. 变革效果评估

10. 传统的组织发展方法可以概括为两种类型，即（　　）。
    A. 结构技术　　　　B. 管理技术
    C. 经济因素　　　　D. 社会环境
    E. 人文技术

三、案例分析题

某公司是一家高新技术企业，目前正在进行股份制改造。公司高层决定以此为契机，对公司进行重新设计，并着力进行组织文化建设，以形成鼓励创新和民主参与的文化。为此，公司决定聘请某著名管理咨询公司帮助公司进行变革。双方商定，在组织结构设计中，应重点考虑公司战略、管理层次和管理幅度、制度化程度、关键职能、人员素质等五个要素，同时还要能够促进组织文化建设。

1. 案例中所考虑的要素属于组织结构设计的特征因素的有（　　）。
   A. 公司战略
   B. 管理层次和管理幅度

C. 制度化程度

D. 关键职能

2. 案例中所考虑的要素属于组织结构设计的权变因素的有（　　）。

A. 公司战略

B. 管理层次和管理幅度

C. 制度化程度

D. 人员素质

3. 关于管理层次与管理幅度关系的陈述，正确的有（　　）。

A. 管理层次是指从组织最高一层管理组织到最低一级管理组织的各个组织等级，而管理幅度是指一名领导者直接领导的下级人员的数量

B. 管理层次与管理幅度存在正比的数量关系

C. 管理幅度决定管理层次，管理层次的多少取决于管理幅度的大小

D. 管理层次对管理幅度具有一定的制约作用

4. 为了使组织设计能够促进组织文化建设，首先必须正确了解组织设计与组织文化的关系。下列关于二者之间关系的陈述，正确的有（　　）。

A. 组织的制度化程度越高，组织文化就越倾向于鼓励创新

B. 强调合作的文化与强调严格的等级差异的绩效评估体系是无法协调的

C. 不同级别间差别很大的薪酬体系适合于强调等级的组织文化，而不适合崇尚平等的文化

D. 一般来说，员工多样化程度高、以外部招聘为主的组织更加重视灵活性和创新的价值

同步系统训练参考答案及解析

一、单项选择题

1. D 【解析】本题考查组织结构设计。职能结构是达到企业目标所需完成的各项业务工作及其比例和关系；层次结构又称纵向结构，是各管理层次的构成；部门结构又称横向结构，是各管理部门的构成；职权结构是各管理层次、部门在权利和责任方面的分工和相互关系。

2. C 【解析】本题考查组织结构。组织结构体系中的部门结构又称横向结构，是各管理部门的构成。

3. D 【解析】本题考查组织结构设计的主要参数。管理层次是组织结构的纵向复杂程度，管理幅度是指管理跨度，两者在数量上成反比的关系，即负相关。

4. A 【解析】本题考查组织结构设计。组织结构的三要素包括：复杂性、规范性、集权度。

5. B 【解析】本题考查组织结构设计的主要参数。规范化是指员工以同种方式完成相似工作的程度。

6. D 【解析】本题考查组织结构设计的主要参数。组织中采用书面文件的数量可以反映其制度化的程度。

7. C 【解析】本题考查组织设计的程序。职能分析和职能设计是否正确合理，决定了整个组织是否能够顺利有效地运转，因而，它是组织设计过程中的首要工作。

8. C 【解析】本题考查组织设计的类型。职能制的主要特点有：职能分工、直线—参谋制和管理权力高度集中。所以本题选 C。

9. D 【解析】本题考查组织设计的类型。行政层级式、职能制组织形式、矩阵组织形式最适宜的环境分别是复杂/静态、简单/静态、复杂/动态，因此选 D。

10. B 【解析】本题考查组织设计的类型。职能制组织形式在简单/静态环境中效果较好。职能制结构适用于中小型的、产品品种比较单一、生产技术发展变化较慢、外部环境比较稳定的企业。

11. D 【解析】本题考查职能制的缺点。职能制的优点之一是可以消除设备及劳动力的重复，可以对资源最充分的利用。

12. C 【解析】本题考查矩阵组织形式的适用范围。矩阵组织形式在复杂/动态环境中效果较好，适合于因技术发展迅速和产品品种较多而具有创新性强、管理复杂特点的企业。

13. C 【解析】本题考查无边界组织形式的相关内容。无边界组织形式对管理幅度不加限制，而不是管理层次。因此选项 C 说法错误。

14. D 【解析】本题考查组织设计的类型。虚拟组织是一种规模较小，但可以发挥主要职能的核心组织，它的决策集中化程度很高，但部门化程度很低或根本就不存在。其不足之处在于公司管理层对公司的主要职能活动缺乏有力的监控。因此选项 A、B、C 错误。

15. A 【解析】本题考查组织文化的类型。学院型组织喜欢雇用年轻的大学毕业生，并为他们提供大量的专门培训，然后指导他们在特定的职能领域内从事各种专业化工作。

16. D 【解析】本题考查组织文化的类型。堡垒型组织主要着眼于公司的生存，这类组织的工作安全保障不足，但对于喜欢流动性、挑战的人来说，具有一定的吸引力。

17. D 【解析】本题考查组织变革的四种方法。一个组织中，人员的变革是最根本和最重要的变革，因为人的因素决定着组织的成败。因此选 D。

18. A 【解析】本题考查传统的组织发展方法。质量圈是员工参与计划的一种形式，企业中多个员工小组自愿定期与主管会面，以鉴别生产中出现的问题并提出解决办法，然后将这些提议送交给高层管理部门审查，获得批准的方案由员工参与完成。

19. D 【解析】本题考查传统的组织发展方法。团际发展旨在化解和改变工作团体之间的态度、成见和观念，以改善团体间的相互关系。

20. B 【解析】本题考查组织发展的方法。敏感性训练又称实验室训练、T 团体训练、交友团体训练等，是指通过无结构小组的交互作用方式来改善行为的方法。敏感性训练属于传统的组织发展方法中的人文技术。所以本题选 B。

二、多项选择题

1. ABDE 【解析】本题考查组织文化的结构。组织文化中有没有精神层是衡量一个组织是否形成了自身组织文化的主要标志和标准。

2. ABCE 【解析】本题考查组织结构的主要内容。组织结构体系包括：职能结构、层次结构（又称纵向结构）、部门结构（又称横向结构）、职权结构。

3. ABDE 【解析】本题考查管理层次和管理幅度。管理层次与管理幅度两者存在负相关的数量关系，同样规模的企业，加大管理幅度，管理层次就会减少，反之，管理层次就会增多。所以选项 C 错误。

4. ABD 【解析】本题考查职能制组织形式的缺点。职能制组织形式的缺点有：狭隘的职能观念；横向协调差；适应性差；企业领导负担重；不利于培养具有全面素质、能够经营整个企业的管理人才。

5. ABCE 【解析】本题考查组织设计的类型。矩阵组织形式的优点是灵活，但缺点是稳定性较差。所以不选 D。

6. CD 【解析】本题考查事业部制组织形式的优缺点。事业部制组织形式的缺点有容易削弱整个公司的协调一致性，会增加运营费用和管理成本。

7. ABD 【解析】本题考查组织文化与组织设计。高度的规范化可能不利于形成鼓励多样化、革新的组织文化，选项 C 错误。管理层次较少、组织结构趋于扁平的组织，有利于上下级之间的沟通，表现出灵活、开放的特点，从而鼓励员工进行独立决策，选项 E 错误。

8. BC 【解析】本题考查组织文化与组织设计。如果企业想鼓励创新、开放的组织文化，就需要降低组织的制度化程度和规范化程度，A 说法有误。企业希望有一种冒险、创新的组织文化，则绩效评估体系应将重点放在评价创新的努力上，而不应该建立强调等级差异的绩效评估体系，D 说法有误。不同级别间薪酬差别很大的薪酬体系适合于强调等级的组织文化，不适合崇尚平等的文化，E 说法有误。

9. ABCE 【解析】本题考查组织变革的程序。归纳起来，变革程序包括四个步骤，即确定问题→组织诊断→实行变革→变革效果评估。

10. AE 【解析】本题考查传统的组织发展方法。传统的组织发展方法可以概括为两种类型：结构技术和人文技术。选项 B、C、D 都属于干扰项。

三、案例分析题

1. BCD 【解析】本题考查组织结构设计的主要参数。案例中所考虑的要素属于组织结构设计的特征因素的是管理层次和管理幅度、制度化程度、关键职能。

2. AD 【解析】本题考查组织结构设计的主要参数。案例中所考虑的要素属于组织结构设计的权变因素的是公司战略、人员素质。

3. ACD 【解析】本题考查组织结构设计的主要参数。管理层次与管理幅度存在负相关的数量关系，所以选项 B 错误。

4. BCD 【解析】本题考查组织设计与组织文化的关系。组织的制度化程度越高，组织文化就越倾向于严谨。所以选项 A 错误。

本章思维导图

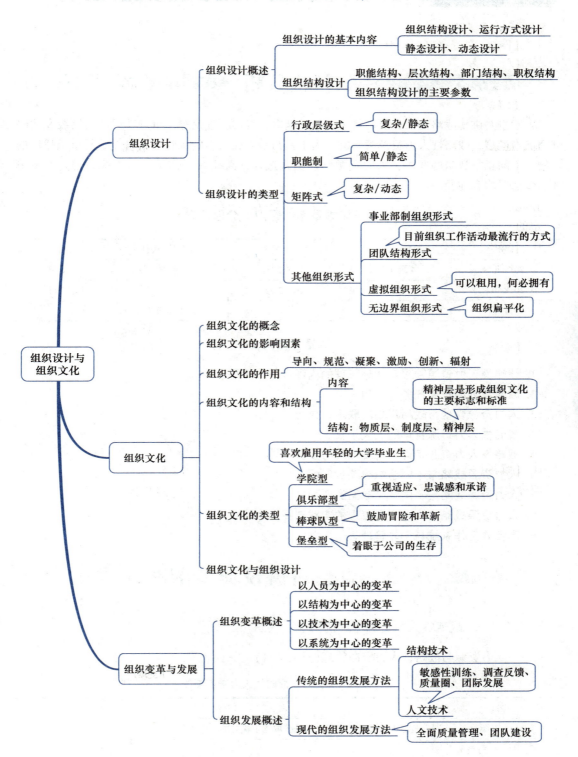

第4章 战略性人力资源管理

考情分析

本章主要讲解战略性人力资源管理的相关概念，发展，理论等。重点掌握战略层级及战略管理基本模型，战略性人力资源管理的三大工具与步骤，人力资源管理战略与不同组织战略的匹配、不同竞争战略的匹配，人力资源管理实践选择，高绩效工作系统与人才管理。本章单选、多选题均有涉及。

最近三年本章考试题型、分值分布

年份	单项选择题	多项选择题	案例分析题	合计
2019年	4题4分	1题2分	—	5题6分
2018年	3题3分	1题2分	—	4题5分
2017年	5题5分	1题2分	4题8分	6题7分

本章主要考点

1. 战略性人力资源管理与战略管理的内涵、基本模型。
2. 战略规划的主要任务、作用。
3. 人力资源管理与战略规划的联系、执行。
4. 战略性人力资源管理的三大工具。
5. 战略性人力资源管理的主要流程与步骤。
6. 人力资源战略与不同组织战略的匹配。
7. 人力资源战略与不同竞争战略的匹配。
8. 人力资源战略与人力资源管理的实践选择。
9. 高绩效工作系统与人才管理。

重点、难点讲解及典型例题

▶ **考点一 战略性人力资源管理的概念、内涵**

（一）人力资源与战略性人力资源管理（见表4-1）

表4-1 人力资源与战略性人力资源管理

项目	内容
人力资源	是组织重要的战略资产，是获取竞争优势的首要资源

续表

项目	内容
战略性人力资源管理	定义：为了提高一个组织的绩效水平，培育富有灵活性和创新性的组织文化，而将组织的人力资源管理活动同战略目标联系在一起的做法，或为了实现一个组织的目标而实施的有计划的人力资源运用模式以及各种人力资源管理活动； 核心概念：战略匹配或战略契合； **两个一致性**：(1)人力资源管理战略与外部环境和组织战略之间的一致性，也称**外部契合或垂直一致性**，它强调组织的人力资源管理必须与组织战略保持完全的一致；(2)人力资源管理职能的内部一致性，也称**内部契合或水平一致性**，它强调组织内部的各种人力资源管理政策和实践之间必须保持高度的内部一致性，匹配、互动关系

(二)战略性人力资源管理在组织中的重要思想

(1)不仅仅是从以服务为导向的观点出发，来分析和解决各种人力资源问题，更是以利润为导向的观点。

(2)对生产率、薪资福利、招募甄选、培训开发、绩效反馈、缺勤、临时解雇及员工态度调查等一些人力资源管理问题的成本和收益进行分析、评价和解释。

(3)采用包括**可行性、挑战性、具体性以及有意义性**等目标在内的人力资源管理模型，同时针对组织所遇到的问题，提供人力资源管理方面的建议性对策报告。

(4)为人力资源管理职能人员提供培训，并且强调人力资源管理战略的重要性以及它对组织目标的实现所做出的重要贡献。

(三)战略性人力资源管理对专业人员的要求

(1)参与组织的战略规划制定过程，在这一过程中要考虑到与人有关的问题，同时还要考虑组织中的人力资源储备是否能够执行某种特定战略。

(2)掌握与组织的战略性目标有关的一些特定知识。

(3)知道何种类型的员工技能、行为以及态度能够支持组织的战略目标的达成。

(4)制定具体的人力资源管理方案来确保员工具备实施组织战略所需要的这些技能、行为以及态度。

【例1·单选题】强调组织的人力资源管理必须与组织战略保持完全的一致的是(　　)。

A. 内部契合
B. 外部契合
C. 综合契合
D. 管理契合

解析 ▶ 本题考查战略性人力资源管理的概念。人力资源管理战略与外部环境和组织战略之间的一致性，也称外部契合或垂直一致性，它强调组织的人力资源管理必须与组织战略保持完全的一致。

答案 ▶ B

▶ **考点二　战略的层次及战略管理的基本模型**

(一)战略的三个层次及其相互关系

一个组织的战略通常包括三个层次，即**组织战略、竞争战略以及职能战略**(见表4-2)。

表 4-2 战略三个层次

层次	内容
组织战略层次	含义：又称公司战略或企业战略、企业发展战略，即做出组织应该选择经营何种业务以及进入何种行业或领域的决策； 目的：解决一个组织如何取得成长和发展，同时在不利环境下又如何收缩和巩固的问题； 分类：**成长战略、稳定战略、收缩战略**
竞争战略层次	含义：又称为经营战略，即在已经选定的行业或领域中，应当如何与竞争对手展开有效的竞争，从而确立自己在市场上的长期竞争优势； 目的：解决竞争的手段问题，即一个组织将依据何种标准或差别化的特征进行竞争，是成本、质量、可靠性，还是产品或服务的提供； 分类：**总成本领先战略、差别化战略以及市场集中战略**
职能战略层次	含义：主要回答的是凭借什么来进行竞争的问题，所反映的就是组织中每一个部门为了帮助组织实现战略以及竞争目标而确定的基本行动路线； 分类：**市场营销战略、人力资源战略、财务管理战略**等

(二)战略管理的基本模型

战略管理是一个制定战略、实施战略以及评价战略的完整过程，**最终目的是通过组织内部的优势和劣势与外部的机会和威胁相协调和适应，帮助组织赢得竞争优势**（见图 4-1）。

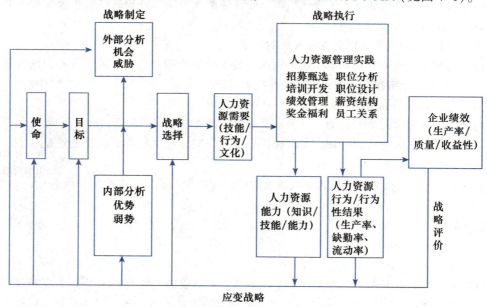

图 4-1 战略管理过程的一个基本模型

（1）一个组织的战略管理过程主要包括**战略制定和战略实施**两个核心阶段。

①战略制定过程又称为战略规划过程，主要作用是界定组织的使命、长期目标、所面临的外部机会和威胁以及组织内部存在的优势和劣势，然后确定组织的战略方向，并对各种可能的战略进行评估，以便根据这些战略实现组织目标的能力强弱来最终确定组织准备采取何种战略。

②战略实施过程，又称为战略执行过程，它的主要作用是帮助组织确定如何有效执行已经确定的战略，其中主要是如何设计组织结构、如何分配资源以及如何确保组织获得高技能的员

工等。

（2）在整个战略管理过程中存在着信息和决策之间的不断循环。**战略执行阶段并非永远只能被动地处于战略制定阶段之后。**

（3）人力资源管理在整个战略管理过程中扮演着两方面的重要角色。

①人力资源管理是组织战略执行的最为关键的因素。

②人力资源管理可能会导致组织战略的调整。

【例2·单选题】（　　）关心的主要问题是应开发哪些产品或服务，将这些产品提供给哪些市场，以及如何提供产品或服务。

A．企业战略　　　　　　　　　　B．竞争战略
C．职能战略　　　　　　　　　　D．组织战略

解析 ▶ 本题考查组织战略的层次。竞争战略关心的主要问题是应开发哪些产品或服务，将这些产品提供给哪些市场，以及如何提供产品或服务。　　　　　　**答案** ▶ B

▶ **考点三　人力资源管理与战略规划和战略执行**

（一）人力资源管理与战略规划（见表4-3）

表4-3　人力资源管理与战略规划

战略规划的主要任务	（1）要阐明组织的使命、愿景、价值观以及长期目标； （2）**对自己所处的外部环境及内部环境进行评估（SWOT分析）**； （3）选择有助于组织实现战略目标的总体战略
人力资源管理在战略规划过程中的作用	（1）通过对组织内部人力资源状况的优劣势分析，帮助组织战略决策者认清某种战略是否可能取得成功，从而避免采用不可能得到内部人力资源支持的所谓"最优"战略； （2）在对组织面临的外部机会和威胁进行分析方面，外部劳动力市场上的高素质人才短缺趋势、竞争对手所采取的招募策略和所支付的薪资水平、即将出台的可能对组织的雇佣活动产生有利或不利影响的政府法律法规等，都会对组织的战略决策产生重大影响； （3）在兼并、收购、重组的过程中，人力资源管理职能部门还可以通过对兼并对象的高层管理团队以及人力资源管理状况、价值观和组织文化等因素的分析，帮助组织判断是否应当完成某一项兼并、收购和重组活动； （4）人力资源管理职能部门可以从人力资源的角度为组织的战略决策者提供充分的信息，帮助组织的高层管理者或战略规划小组做出最佳的战略选择，在一开始时就能够充分考虑到每一种战略选择最终可能得到执行的情况，从而避免战略决策者做出错误的决策
人力资源管理与战略规划之间的联系	（1）**行政管理联系**：人力资源管理的注意力主要集中在日常的行政事务性管理活动上； （2）**单向联系**：组织自行制定战略规划，然后再将这种战略规划告知人力资源部门，让人力资源管理部门配合战略规划的实施或落地； （3）**双向联系**：允许组织在整个战略规划过程中都将人力资源问题考虑在内； （4）**一体化联系**：是建立在战略规划和人力资源管理之间的持续互动基础之上的，而不是有一定先后顺序的单方向推进过程

（二）人力资源管理与战略执行

（1）一个组织的战略是否能够得到成功的执行，主要取决于：**组织结构；工作任务设计；人员的甄选、培训与开发；报酬系统；信息系统。**

（2）人力资源管理对三个基本要素负有主要责任：工作任务设计、人员甄选、培训与开发以及报酬系统。

(3)人力资源管理会直接影响两个要素:组织结构以及信息系统。

【例3·单选题】( )是建立在战略规划和人力资源管理之间的持续互动基础之上的,而不是有一定先后顺序的单方向推进过程。

A. 行政管理联系
B. 单向联系
C. 双向联系
D. 一体化联系

解析 本题考查人力资源管理与战略规划之间的联系。一体化联系是建立在战略规划和人力资源管理之间的持续互动基础之上的,而不是有一定先后顺序的单方向推进过程。

答案 D

▶ **考点四 战略性人力资源管理的工具与步骤**

(一)战略性人力资源管理的三大工具

组织通常需要用到的三种重要工具分别是战略地图、人力资源管理计分卡以及数字仪表盘。其中,战略地图指明了组织战略实现的路径和总体脉络,人力资源管理计分卡明确了衡量实现组织战略所必须完成的各项管理活动需要达成的具体指标和目标(见表4-4)。

表4-4 战略性人力资源管理的三大工具

工具	内容
战略地图	是对组织战略实现过程进行分解的一种图形工具,它形象地展示了为确保组织战略得以成功实现而必须完成的各种关键活动及其相互之间的驱动关系(美国西南航空公司战略地图)
人力资源管理计分卡	是针对为实现组织战略目标所需完成的一系列人力资源管理活动链而设计的各种财务类和非财务类目标或衡量指标; 相关量化处理因素: (1)各项人力资源管理活动(甄选测试以及培训的数量等); (2)人力资源管理活动所产生的员工行为(如客户服务表现等); (3)员工的行为所产生的公司组织后果及绩效(如客户满意度和利润率等)
数字仪表盘	在人力资源管理计分卡中确定的各项指标上,组织目前进展到了什么程度,从而有助于组织判断当前的工作活动方向是否正确以及总体进度是否合理。这种数据展示就为组织领导者和管理者提供及时采取修正措施的机会

(二)战略性人力资源管理的步骤(见表4-5)

表4-5 战略性人力资源管理的八大步骤

步骤	内容
确定组织的经营战略	是实施战略性人力资源管理的**起点**,同时也是战略性人力资源管理的目的所在
描绘组织的价值链	是一种可以用来确定、分解、展现以及分析组织需要完成的**最为重要的活动以及战略成本的工具**
设计战略地图	有助于组织取得成功的各种项有关联性的活动所组成的一个链条,它更为简洁而清晰地描述了组织战略取得成功的要素或活动,同时表明了这些要素或活动之间的驱动关系
确定组织战略所要求的各项组织成果	实际上是对驱动组织战略实现的各项重要活动所要达成的目标或需要满足的绩效衡量标准所作的描述
确定组织需要的员工胜任素质和行为	通常是以人力资源管理人员为主来完成的

续表

步骤	内容
明确需要实施的人力资源管理系统、政策以及活动	这些政策涉及招募、培训开发、绩效管理以及薪酬管理等各项人力资源管理职能
制作人力资源计分卡	将组织需要的员工胜任素质、行为以及需要实施的各种人力资源管理实践等加以量化或计算机化处理
通过数字仪表盘进行监控	直观地了解组织在人力资源管理方面所取得的进展以及人力资源管理的功能到底发挥到什么程度

【例4·单选题】（　　）是能够在计算机桌面上显示的各类图表，它以桌面图形、表格以及计算机图片的形式向领导者和管理者形象地展示了在组织战略地图上出现的各项活动目前在组织中进展到了什么阶段以及正在向哪个方向前进。

A. 战略地图　　　　　　　　　　B. 数字仪表盘
C. 工作设计　　　　　　　　　　D. 人力资源管理计分卡

解析 ▶ 本题考查战略性人力资源管理的三大工具。数字仪表盘是能够在计算机桌面上显示的各类图表，它以桌面图形、表格以及计算机图片的形式向领导者和管理者形象地展示了在组织战略地图上出现的各项活动目前在组织中进展到了什么阶段以及正在向哪个方向前进。

答案 ▶ B

▶考点五　人力资源战略及其与组织发展战略的匹配

（一）人力资源战略的内涵

（1）人力资源战略，就是人力资源管理部门及其管理者用来帮助组织实现战略目标的行动指南，它是一个组织将其人力资源管理的主要目标、政策以及程序整合为一个有机整体的某种模式或规划的产物。

（2）一个组织的总体战略可以划分为两个层次：一是组织的发展战略或组织战略：所要解决的是组织是要扩张、稳定还是收缩的问题；二是组织的经营战略或竞争战略：所要解决的是如何在既定的领域中通过一定的战略选择来战胜竞争对手的问题。

（二）人力资源战略与不同组织战略的匹配（见表4-6）

表4-6　人力资源战略与不同组织战略的匹配

战略	相应的人力资源战略内容
成长战略	成长战略是一种关注市场开发、产品开发、创新以及合并等内容的战略，它又可以划分为内部成长战略和外部成长战略。 （1）**内部成长战略**：注重自身力量的增强和自我扩张。 **相应的人力资源战略**：人员招募和甄选压力大；培训工作需要全方位、多类型；强调内部晋升；绩效管理方面，重视结果，薪酬与结果的联系非常紧密。 （2）**外部成长战略**：通过兼并、联合、收购等方式来扩展组织的资源或者强化其市场地位。 **相应的人力资源战略**：关键问题是重新合理配置人力资源，确保人力资源管理实践和标准一致；培训工作重点是文化整合、价值观的统一、解决冲突；绩效和薪酬管理侧重实现绩效管理实践以及薪酬结构和薪酬水平的规范化和标准化

续表

战略	相应的人力资源战略内容
稳定战略	稳定战略是一种强调市场份额或者运营成本的战略,要求组织在自己已经占领的市场中选择一个自己能够做得最好的部分,然后把它做得更好; **相应的人力资源战略**:以稳定已经掌握相关工作技能的员工队伍为出发点;保持组织内部人力资源的稳定性以及管理手段的规范性、一致性和内部公平性;人员招募需求不大,晋升缓慢;绩效管理的重点是员工的行为规范以及员工的工作能力和态度;薪酬管理,重视内部一致性,员工福利水平较高
收缩战略	收缩战略又称为精简战略,被那些由于面临严重的经济困难因而想要缩小一部分经营业务的组织采用,与裁员、剥离以及清算等联系在一起的; **相应的人力资源战略**:需要以一种和平、稳定且代价最小的方式将冗余的人力资源剥离出组织,同时提高精简和裁员之后组织中的员工的士气;培训的压力较大;关注绩效管理的结果考核;薪酬中减少固定薪酬部分所占的比重、增加浮动薪酬的比重

(三)人力资源战略与不同竞争战略的匹配(见表4-7)

表4-7 人力资源战略与不同竞争战略的匹配

战略	相应的人力资源战略内容
创新战略	创新战略是以产品的创新以及产品生命周期的缩短为导向的一种竞争战略,强调风险承担和新产品的不断推出,并把缩短产品由设计到投放市场的时间看成是自己的一个重要目标; **相应的人力资源战略**:招募与甄选的角度,倾向富有创新精神的和敢于承担风险的人;职位描述灵活;薪酬上强调组织与员工的风险共担以及成功分享,创新成功者得到高回报。薪酬取决于员工个人的创新能力和技术水平;绩效管理体系目标导向性强
成本领先战略	成本领先战略,实际上就是低成本战略,即在产品本身的质量大体相同情况下,组织以低于竞争对手的价格向客户提供产品的竞争战略; **相应的人力资源战略**:培训的内容重点针对员工当前所从事的工作的需要;重视效率,对操作水平的要求很高;绩效管理的重点在于员工的行为规范和对基本工作流程的遵守,强调工作纪律和出勤以及作息时间要求;薪酬水平,确保不低于也不高于竞争对手。薪酬构成提高浮动薪酬或奖金在薪酬构成中的比重
客户中心战略	客户中心战略是一种以提高客户服务质量、服务效率、服务速度等来赢得竞争优势的战略;关注的是如何取悦客户,发觉客户潜在需要;客户满意度是这种组织最为关注的一个绩效指标; **相应的人力资源战略**:招募重视求职者或候选人的客户服务能力、动机以及经验;培训系统也会在客户知识、客户服务技巧以及以客户为导向的价值观等方面倾注大量的时间和精力;薪酬系统根据员工向客户所提供服务的数量和质量,或者是根据客户对员工服务的总体评价结果来支付奖金

(四)人力资源战略与人力资源管理实践选择(见表4-8)

表4-8 人力资源战略与人力资源管理实践选择

职能领域	战略选择
职位分析与职位设计	职位分析是获取关于职位的各种详细信息的过程,而职位设计则要决定应当将哪些工作任务划归到某一特定职位; 要素:少/多任务、简单/复杂任务、要求少量/要求大量技能、具体的/宽泛的职位描述

职能领域	战略选择
招募与甄选	招募是指企业为了完成潜在的员工雇佣任务而对求职者进行搜寻的过程。甄选是指企业试图确认求职者是否具有某些特定的知识、技能、能力以及性格特征，从而能够帮助企业达成目标的过程； 要素：外部/内部来源；有限/全面社会化；评价特定技能/评价一般技能；狭窄的/广阔的职业发展通道
培训与开发	培训是指为了方便员工学习与工作有关的知识、技能以及行为而开展的一系列有计划的活动。开发活动是力图帮助员工获得相应的知识、技能和行为，以应对可能来自现有的各种工作，也可能来自目前尚不存在但在未来可能会出现的新工作的挑战。培训侧重点在于满足当前的工作需要，开发侧重于未来； 要素：集中在当前的/集中在未来的工作技能上；个人/群体导向；培训少数员工/培训所有员工；随机的、无计划的/有系统的、计划的
绩效管理	绩效管理是一种确保每一位员工的工作活动及其结果都与组织的目标保持一致的手段； 要素：行为/结果标准；开发/管理导向；短期/长期标准；个人/集体绩效
薪资结构、奖金、福利	支付高水平的薪酬福利吸引留住高质量的员工，但是会提高人工成本；把薪资与绩效紧密挂钩可诱导员工去完成某些特定的活动以及达到特定的绩效水平； 要素：以薪酬福利/奖金为重；短期/长期奖励；强调内部/外部公平；奖励个人/奖励群体
劳动关系与员工关系	组织与员工打交道的总体方式会对其获取竞争优势的潜力产生重要的影响； 要素：集体/个人谈判；自上而下/员工参与决策；正规的/无正规的既定程序；将员工看是费用/将员工看成是财富

【例 5·单选题】 人力资源战略中，（ ）绩效管理体系的目标导向性很强。

A. 成本领先战略　　　　　　　　B. 创新战略
C. 客户中心战略　　　　　　　　D. 成长战略

解析 本题考查人力资源战略与不同竞争战略的匹配。创新战略：从绩效管理的角度来说，这类组织更为关注创新的结果，而不是工作过程中的具体行为规范，因此，绩效管理体系的目标导向性很强。

答案 B

▶ 考点六　高绩效工作系统与人才管理

(一)高绩效工作系统

1. 含义

(1)高绩效工作系统即有助于组织实现高绩效的一整套战略性人力资源管理政策和实践。

(2)能够提升组织有效性，从而能够帮助组织成为高绩效组织的一整套人力资源管理政策和实践。

(3)高绩效工作系统，就是指在实现组织目标的过程中，能够确保组织充分利用各种资源，抓住各种机会的人员、技术以及组织结构的正确组合。

2. 核心理念

组织的人力资源管理系统必须与组织的战略和目标保持一致并且确保后者的实现。

3. 标杆管理

指通过分析和比较高绩效组织与本组织之间所存在的重要差异，明确高绩效组织的哪些政策和实践使它们变得更为优秀，这样就可以确定本组织可以通过在哪些方面进行改进而提升本组织的有效性。

4. 学习型组织

（1）含义：是指组织通过促使所有员工持续获取和分享知识而形成的一种重视和支持终身学习的文化。员工是最基本的组成要素。

（2）关键特征：①致力于持续学习；②知识共享；③普遍采用批判性和系统性的思维方式；④具有一种学习文化；⑤重视员工。

（二）人才管理

1. 内涵

（1）指组织为吸引、留住、开发以及激励具有高技能的员工和管理者而采取的系统性的、有计划的战略性措施。

（2）是一种更具整体性和延伸性的人力资源规划，其目的在于通过综合运用各种人力资源干预手段来强化组织能力，同时推动组织战略经营重点的达成。

（3）人才管理的关注点是关键人才的吸引、保留及其使用。

2. 人才管理对象的重要特点

（1）人才不是抽象的，更不是绝对的。

（2）人才不仅仅是指组织中最优秀的、已经表现出卓越绩效的少数员工（A 类人才），还包括那些构成员工队伍大多数的、有能力且绩效稳定的员工（B 类人才）。

3. 主要内容

（1）构建灵活多样的人才获取途径，实现动态人才匹配。

（2）形成有助于降低风险的新型人才队伍调节机制。人才"零库存"模式特点：

①同时利用制造人才和购买人才两种策略应对人才供求两个方面的风险，并保持适当的平衡；

②适应人才需求的不确定性，小规模、多批次地培养人才；

③降低人才开发风险，提高人才开发的投资回报率；

④通过平衡组织和员工之间的利益来保护组织的培训开发投资。

（3）建立多元化的员工价值主张，构建新型组织文化。

①面对当前新的市场环境和劳动力队伍多元化的新特征，企业必须为不同类型的员工提供令人信服的为自己工作的理由；

②组织必须转变领导者的角色，将传统的命令型领导转变为影响型领导；

③组织还需要建立统一、平等且富有同情心的组织文化。

（4）加强人力资源能力建设，实现战略性人力资源管理。

①对相对独立的各种人力资源职能加以整合，强化各种人力资源职能对于人才招募和保留的共同作用；

②将员工管理流程整合到标准的企业流程中，让各级管理者切实承担吸引和留住员工的责任；

③将组织的经营战略转化为详细的人才战略，改善人力资源管理流程，同时提高人力资源管理专业人员的经营意识。

【例6·多选题】下列属于人才管理主要内容的有（　　）。

A. 构建灵活多样的人才获取途径，实现动态人才匹配

B. 形成有助于降低风险的新型人才队伍调节机制

C. 人力资源高层管理者全面参与组织政策的制定

D. 建立多元化的员工价值主张，构建新型组织文化

E. 加强人力资源能力建设，实现战略性人力资源管理

解析 本题考查人才管理。人才管理主要内容：构建灵活多样的人才获取途径，实现动态人才匹配；形成有助于降低风险的新型人才队伍调节机制；建立多元化的员工价值主张，构建新型组织文化；加强人力资源能力建设，实现战略性人力资源管理。 **答案** ABDE

历年考题解析

一、单项选择题

1. (2019年)某高科技公司认为区块链技术的未来前景巨大，于是做出了进入该领域的决策。这种战略属于( )。

   A. 职能战略　　B. 竞争战略
   C. 组织战略　　D. 差异化战略

   解析 本题考查战略的三个层次。组织战略又称公司战略或企业战略、组织发展战略，它主要回答到哪里去竞争的问题，即做出组织应该选择经营何种业务以及进入何种行业或领域的决策。 **答案** C

2. (2019年)关于人才及人才管理的说法，错误的是( )。

   A. 人才管理要求企业对人才的获取和保留具有前瞻性和灵活性

   B. 人才管理有助于帮助企业实现战略目标

   C. 人才管理涵盖人才的吸引、使用、保留、开发等诸多方面

   D. 只有企业中最优秀的、最卓越的少数员工才是人才

   解析 本题考查人才管理。人才不仅是指组织中最优秀的、已经表现出卓越绩效的少数员工，还包括那些构成员工队伍大多数的、有能力且绩效稳定的员工。 **答案** D

3. (2019年)企业在实施战略性人力资源管理时，可以通过对组织战略的实现过程进行分解展示出必须完成的各种关键活动及其驱动关系，这种战略实施工具称为( )。

   A. 战略地图
   B. 目标管理

   C. 数字仪表盘
   D. 高绩效工作系统

   解析 本题考查战略地图。战略地图实际上是对组织战略实现过程进行分解的一种图形工具，它形象地展示了为确保组织战略得以成功实现而必须完成的各项关键活动及其相互之间的驱动关系。 **答案** A

4. (2019年)在制定战略规划阶段，关于人力资源管理与战略规划之间联系的说法，错误的是( )。

   A. 所谓单向联系，是指人力资源部门能够参与战略制定的过程

   B. 所谓双向联系，是指战略规划和人力资源管理之间形成了互动联系

   C. 所谓一体化联系，是指战略规划与人力资源管理之间的互动是动态和全方位的

   D. 所谓行政管理联系，是指人力资源部门不参与组织战略制定的过程

   解析 本题考查战略规划。单向联系：组织自行制定战略规划，然后告知人力资源管理部门，让人力资源管理部门配合战略规划的实施或落地。 **答案** A

5. (2018年)采取创新战略的企业不适合采用的人力资源管理方式是( )。

   A. 招募富有创新精神和敢于承担风险的员工

   B. 设计精细的职位等级结构，并进行细致的职位分析

   C. 重视评价员工取得的创新结果

   D. 为创新成功者提供高水平的薪酬回报

解析 本题考查创新战略及相应的人力资源战略。创新组织的一个重要经营目标在于充当产品市场上的领袖,并且在管理过程中常常会非常强调客户的满意度和个性化需要,而对于组织内部的职位等级结构以及相对稳定的职位评价等则不太重视。

答案 B

6.(2018年)某互联网公司的公司简介中有如下三个表述:"成为最受尊敬的互联网企业";"通过互联网提升人类生活品质";"正直、进取、合作、创新",它们分别是这家公司的( )。

A. 愿景、使命、价值观
B. 使命、愿景、价值观
C. 使命、价值观、愿景
D. 价值观、愿景、使命

解析 本题考查人力资源管理与战略规划。我国著名的互联网服务公司腾讯公司对自己的愿景描述就是:"成为最受尊敬的互联网企业",使命陈述是:"通过互联网服务提升人类生活品质",而价值观则是:"正直、进取、合作、创新"。

答案 A

7.(2018年)某公司采用的战略是在确保产品质量的基础上尽可能地降低成本,这种战略属于( )。

A. 组织战略
B. 人力资源管理战略
C. 职能战略
D. 竞争战略

解析 本题考查竞争战略。竞争战略有时又称为经营战略,它主要回答如何进行竞争的问题。即在已经选定的行业或领域中,应当如何与竞争对手展开有效的竞争,从而确立自己在市场上的长期竞争优势。

答案 D

8.(2017年)人力资源战略属于( )战略。

A. 组织   B. 公司
C. 竞争   D. 职能

解析 本题考查战略的三个层次及战略管理的基本模型。人力资源战略或人力资源管理战略是职能战略的一种。

答案 D

9.(2017年)在战略管理过程模型中,从战略制定到战略执行过程中必须要完成的一个中间环节是( )。

A. 确定组织的使命和目标
B. SWOT 分析
C. 衡量企业绩效
D. 确定组织的人力资源需要

解析 本题考查战略性人力资源管理与战略管理。战略制定的主要作用是界定组织的使命、长期目标、所面临的外部机会和威胁以及组织内部存在的优势和劣势,然后确定组织的战略方向,并对各种可能的战略进行评估,以便根据这些战略实现组织目标的能力强弱来最终确定组织准备采取何种战略,所以A、B选项错误;C选项不涉及在内。

答案 D

10.(2017年)企业在实施战略性人力资源管理时,通常需要针对为实现组织战略目标所需完成的一系列人力资源管理活动链,设计各种财务类和非财务类目标或衡量指标,这些目标或衡量指标称为( )。

A. 平衡计分卡
B. 人力资源管理计分卡
C. KPI 指标
D. 战略地图

解析 本题考查战略性人力资源管理的工具与步骤。人力资源管理计分卡并不是一张用来计分的卡片,它是针对为实现组织战略目标所需完成的一系列人力资源管理活动链而设计的各种财务类和非财务类目标或衡量指标。

答案 B

11.(2017年)关于学习型组织的说法,错误的是( )。

A. 它要求员工只获取与本职工作有关的知识和技能
B. 它要求员工持续获取知识,致力于持续学习和终身学习

C. 它鼓励员工的开发及其身心健康

D. 它重视每一位员工的开发及其身心健康

解析 本题考查学习型组织。为了创建学习型组织，组织面临的一个挑战就是将培训的重点从仅仅传授技能转向更大范围内的知识获取和共享。　**答案** A

12. (2017年)为了形成有助于降低风险的新型人才队伍调节机制，企业在人才管理方面可以采取的做法是(　　)。

A. 采用大规模、少批次的人才培养策略

B. 同时采用制造人才和购买人才两种策略

C. 建立统一、平等和富有同情心的组织文化

D. 将相对对立的各种人力资源管理职能加以整合

解析 本题考查人才管理。形成有助于降低风险的新型人才队伍调节机制：(1)同时利用制造人才和购买人才两种策略应对人才供求两个方面的风险，并保持适当的平衡。(2)适应人才需求的不确定性，小规模、多批次地培养人才。(3)降低人才开发风险，提高人才开发的投资回报率。(4)通过平衡组织和员工之间的利益来保护组织的培训开发投资。　**答案** B

二、多项选择题

1. (2019年)人力资源管理在整个战略管理过程中扮演重要角色，这体现在(　　)。

A. 人力资源管理有助于改善员工的技能

B. 人力资源管理能够通过参与组织内部的优劣势分析帮助组织制定战略规划

C. 人力资源管理能够突破和引领企业的战略

D. 人力资源管理能够对战略执行产生重要影响

E. 人力资源管理有助于企业通过人来实现企业目标

解析 本题考查人力资源管理与战略规划和战略执行。选项B、E属于人力资源管理在战略规划过程中的作用。选项A、D属于人力资源管理在战略执行中的作用。　**答案** ABDE

2. (2018年)企业常常会使用SWOT(即内部的优势和劣势以及外部的机会与威胁)分析来制定战略，其中属于战略威胁的有(　　)。

A. 本企业的人力资源管理水平较低

B. 可能对本企业不利的法律即将出台

C. 竞争对手实现技术创新

D. 强劲竞争者的数量增加

E. 劳动力市场上缺乏本企业所需的高素质人才

解析 本题考查SWOT分析。战略威胁包括潜在的人员短缺；新的竞争对手进入市场；即将出台的可能会对组织产生影响的法律；竞争对手的技术创新等。　**答案** BC

3. (2017年)某公司总裁最近对人力资源部的工作提出了批评，指出公司的人力资源管理工作层次过低，今后应当向战略性人力资源管理的层次迈进。为此，该公司今后的人力资源管理工作应当做到(　　)。

A. 确保人力资源管理战略与本公司的外部环境和组织战略相匹配

B. 确保公司的各项人力资源管理政策和实践之间保持高度一致性

C. 将人力资源管理工作的重点放在帮助企业降低成本方面

D. 不再从事日常行政事务性工作

E. 向公司的其他人证明人力资源管理专业人员对公司的目标实现做出了贡献

解析 本题考查战略性人力资源管理与战略管理。现代人力资源管理已经被看成是一种"利润中心"，而不仅仅是一种"成本中心"。人力资源管理要从以利润为导向的观点出发，而不仅仅是以服务为导向的观点出发，来分析和解决各种人力资源问题。所以选项C、D错误。　**答案** ABE

同步系统训练

一、单项选择题

1. 战略性人力资源管理的核心概念是( )。
   A. 战略匹配　　　B. 战略管理
   C. 战略互补　　　D. 战略优化

2. 一个组织的重要战略资产甚至是获取竞争优势的首要资源是( )。
   A. 自然资源　　　B. 人力资源
   C. 市场资源　　　D. 竞争资源

3. 战略规划过程的首要任务是( )。
   A. 评估组织在实现终极目标的过程中可能遇到的各种障碍
   B. 选择有效的方法来帮助组织消除障碍，以实现其目标
   C. 阐明组织的使命、愿景、价值观以及长期目标
   D. 确定组织达成使命和长期目标的方式

4. 一个组织的战略规划过程通常发生在( )，一般是由一个战略规划小组决定的。
   A. 股东大会　　　B. 董事会
   C. 高层　　　　　D. 中间层

5. 针对为实现组织战略目标所需完成的一系列人力资源管理活动链而设计的各种财务类和非财务类目标或衡量指标，这是指( )。
   A. 战略地图
   B. 数字仪表盘
   C. 工作设计
   D. 人力资源管理计分卡

6. 战略性人力资源管理过程中，( )需要先回答"我们在创造价值的时候，需要完成哪些最为关键的活动，同时需要完成哪些对关键活动提供支持的其他重要活动?"
   A. 界定组织的经营战略
   B. 描绘组织的价值链
   C. 设计战略地图
   D. 制作人力资源计分卡

7. 战略性人力资源管理过程中，确定组织战略所要求的各项组织成果，组织需要回答的问题是( )。
   A. 我们的战略目标是什么？我们准备通过何种方式获得竞争优势，从而实现我们的战略目标？
   B. 我们在为客户创造价值的时候，需要完成哪些最为关键的活动，同时需要完成哪些对关键活动提供支持的其他重要活动？
   C. 为了实现组织的整体战略目标需要完成的各种重要活动之间存在怎样的驱动关系？驱动组织战略实现的源泉在哪里？
   D. 我们怎样才能衡量驱动组织战略目标实现的各项重要元素或活动已经达到了既定要求或目标？

8. 关注市场开发、产品开发、创新以及合并等内容的战略是( )。
   A. 成长战略　　　B. 稳定战略
   C. 收缩战略　　　D. 强化战略

9. 实施员工股份所有权计划，鼓励员工与组织共担风险属于人力资源的( )。
   A. 成本领先战略　B. 稳定战略
   C. 收缩战略　　　D. 成长战略

10. ( )关注的是如何取悦客户，它希望自己以及自己的员工不仅能够很好地满足客户提出的需要，而且能够帮助客户发现一些他们尚未明确的潜在需要，并且设法满足这些潜在需要。
    A. 成本领先战略　B. 创新战略
    C. 客户中心战略　D. 成长战略

11. ( )实际上就是低成本战略，即在产品本身的质量大体相同的情况，组织以低于竞争对手的价格向客户提供产品的一种竞争战略。
    A. 成本领先战略　B. 创新战略
    C. 客户中心战略　D. 成长战略

12. 强调内部晋升，从外部招募和录用低级

别职位的员工,然后不断地把员工一步一步培养到中高层管理职位的人力资源战略是( )。
   A. 强化战略　　　B. 稳定战略
   C. 收缩战略　　　D. 成长战略
13. 从高绩效管理系统的定义来看,其核心理念即组织的人力资源管理系统必须与组织的( )保持一致。
   A. 薪酬福利　　　B. 企业培训开发
   C. 战略和目标　　D. 预期利润
14. 学习型组织中,最基本的组成要素是( )。
   A. 培训　　　　　B. 氛围
   C. 员工　　　　　D. 知识
15. 组织通过促使所有员工持续获取和分享知识而形成的一种重视和支持终身学习的文化是( )。
   A. 知识型组织　　B. 学习型组织
   C. 团队型组织　　D. 激励型组织

二、多项选择题

1. 一个组织的人力资源管理活动,包括两方面的一致性,即( )。
   A. 内部契合　　　B. 外部契合
   C. 垂直一致性　　D. 水平一致性
   E. 综合一致性
2. 一般情况下,组织战略可分为( )。
   A. 成长战略　　　B. 稳定战略
   C. 收缩战略　　　D. 竞争战略
   E. 财务战略
3. 下列属于竞争战略层次划分的有( )。
   A. 成长战略　　　B. 总成本领先战略
   C. 差别化战略　　D. 市场集中战略
   E. 稳定战略
4. 战略威胁包括( )。
   A. 潜在的人员短缺
   B. 新的竞争对手进入市场
   C. 即将出台的可能会对公司产生负面影响的法律
   D. 竞争对手的技术创新
   E. 国际环境变化

5. 人力资源管理职能和战略规划职能之间存在的联系包括( )。
   A. 行政管理联系　B. 单向联系
   C. 双向联系　　　D. 一体化联系
   E. 纵向联系
6. 下列关于人力资源管理的角色转变的描述正确的有( )。
   A. 确定组织到底需要什么样的人力资源
   B. 通过各种人力资源管理实践的开发和协调,确保组织获得适当数量的员工
   C. 确保员工具备战略所需要的不同层次和不同类型的技能
   D. 确保员工采取行为的方式有利于推动战略目标实现
   E. 员工的技能和职位以及所需完成的任务之间可以不必匹配
7. 一个组织的战略是否能够得到成功的执行,主要取决于( )。
   A. 组织结构　　　B. 工作任务设计
   C. 管理系统　　　D. 报酬系统
   E. 信息系统
8. 在人员招募与甄选的战略选择中,应重点关注( )方面。
   A. 招聘来源　　　B. 招聘范围
   C. 任务复杂程度　D. 技能水平
   E. 职业发展通道
9. 下列关于学习型组织的关键特征描述正确的有( )。
   A. 致力于持续学习
   B. 知识共享
   C. 普遍采用保守的思维模式
   D. 重视员工
   E. 重视绩效考核
10. 美国联邦政府人事管理署指出,人才管理的关键成功要素包括( )。
   A. 人才招募　　　B. 人才培训
   C. 人才保留　　　D. 人才发展
   E. 人才吸引
11. 人才管理与传统的人力资源管理的一个显著区别在于,它要求组织在人才的获

取和保留方面必须具有明显的( )，能够针对外部环境变化做出更为快速的反应。

A. 可测性　　B. 主动性
C. 前瞻性　　D. 灵活性
E. 适用性

12. 下列关于人才"零库存"模式的描述正确的有( )。

A. 同时利用制造人才和购买人才两种策略应对人才供求两个方面的风险，并保持适当的平衡

B. 大幅提高优秀人才的薪资待遇，力求留住优秀人才

C. 适应人才需求的不确定性，小规模、多批次地培养人才

D. 降低人才开发风险，提高人才开发的投资回报率

E. 通过平衡组织和员工之间的利益来保护组织的培训开发投资

同步系统训练参考答案及解析

一、单项选择题

1. A 【解析】本题考查战略性人力资源管理的概念。战略性人力资源管理的核心概念是战略匹配或战略契合。

2. B 【解析】本题考查战略性人力资源管理的概念。人力资源是一个组织的重要战略资产甚至是获取竞争优势的首要资源。

3. C 【解析】本题考查战略规划的主要任务。战略规划过程首先要阐明组织的使命、愿景、价值观以及长期目标。

4. C 【解析】本题考查人力资源管理与战略规划。一个组织的战略规划过程通常发生在高层，一般是由一个战略规划小组决定的。

5. D 【解析】本题考查战略性人力资源管理的三大工具。人力资源管理计分卡是针对实现组织战略目标所需完成的一系列人力资源管理活动链而设计的各种财务类和非财务类目标或衡量指标。

6. B 【解析】本题考查战略性人力资源管理的过程。描绘组织的价值链：在这一步，组织需要回答这样一个问题："我们在创造价值的时候，需要完成哪些最为关键的活动，同时需要完成哪些对关键活动提供支持的其他重要活动？"

7. D 【解析】本题考查战略性人力资源管理的过程。战略性人力资源管理过程中，确定组织战略所要求的各项组织成果，组织需要回答的问题是：我们怎样才能衡量驱动组织战略目标实现的各项重要元素或活动已经达到了既定要求或目标？

8. A 【解析】本题考查人力资源战略及其与组织战略的匹配。成长战略是一种关注市场开发、产品开发、创新以及合并等内容的战略。

9. C 【解析】本题考查人力资源战略与不同组织战略的匹配。收缩战略：对于将员工的收入与组织的经营业绩挂钩有着非常强烈的愿望，除了在薪酬中减少固定薪酬部分所占的比重、增加浮动薪酬的比重，往往还力图实行员工股份所有权计划等，以鼓励员工与组织共担风险。

10. C 【解析】本题考查人力资源战略与不同竞争战略的匹配。客户中心战略关注的是如何取悦客户，它希望自己以及自己的员工不仅能够很好地满足客户提出的需要，而且能够帮助客户发现一些他们尚未明确的潜在需要，并且设法满足这些潜在需要。

11. A 【解析】本题考查人力资源战略与不同竞争战略的匹配。成本领先战略，实际上就是低成本战略，即在产品本身的质量大体相同的情况，组织以低于竞争对手的价格向客户提供产品的一种竞争

战略。

12. D 【解析】本题考查人力资源战略与不同组织战略的匹配。成长战略强调内部晋升，从外部招募和录用低级别职位的员工，然后不断地把员工一步一步培养到中高层管理职位。

13. C 【解析】本题考查高绩效工作系统。从高绩效管理系统的定义不难看出，其核心理念即组织的人力资源管理系统必须与组织的战略和目标保持一致并且确保后者的实现。

14. C 【解析】本题考查高绩效工作系统。从根本上说，在一个学习型组织中，员工是最基本的组成要素。

15. B 【解析】本题考查高绩效工作系统。学习型组织是指组织通过促使所有员工持续获取和分享知识而形成的一种重视和支持终身学习的文化。

二、多项选择题

1. ABCD 【解析】本题考查战略性人力资源管理的概念。一个组织的人力资源管理活动，包括两方面的一致性，即外部契合或垂直一致性、内部契合或水平一致性。

2. ABC 【解析】本题考查战略的层次。一般情况下，组织战略划分为成长战略、稳定战略、收缩战略。

3. BCD 【解析】本题考查战略管理的三个层次。竞争战略层次包括：总成本领先战略、差别化战略、市场集中战略。

4. ABCD 【解析】本题考查战略规划的主要任务。战略威胁包括潜在的人员短缺；新的竞争对手进入市场；即将出台的可能会对公司产生负面影响的法律；竞争对手的技术创新。

5. ABCD 【解析】本题考查人力资源管理与战略规划的联系。人力资源管理职能和战略规划职能之间存在四种不同层次的联系，即行政管理联系、单向联系、双向联系以及一体化联系。

6. ABCD 【解析】本题考查人力资源管理与战略执行。从人力资源管理的角度来说，一旦组织的高层管理者做出了某种战略选择，那么，人力资源管理的角色就转变为这样三个方面：第一，确定组织到底需要什么样的人力资源，其中包括数量、质量、结构等。第二，通过各种人力资源管理实践的开发和协调，确保组织获得适当数量的员工，确保这些员工具备战略所需要的不同层次和不同类型的技能，同时确保他们的技能和职位以及所需完成工作任务之间的匹配。第三，通过科学设计人力资源管理体系及其所包含的人力资源政策、制度、程序和实践，建立一个适当的控制系统，从而确保这些员工采取行为的方式有利于推动战略目标实现。

7. ABDE 【解析】本题考查人力资源管理与战略执行。一个组织的战略是否能够得到成功的执行，主要取决于以下五个方面的重要因素：组织结构；工作任务设计；人员的甄选、培训与开发；报酬系统；信息系统。

8. ABDE 【解析】本题考查人力资源战略与人力资源管理实践选择。在人员招募与甄选的战略选择中，应重点考虑的要素：外部来源/内部来源；有限社会化/全面社会化；评价特定技能/评价一般技能；狭窄的职业发展通道/宽阔的职业发展通道。

9. ABD 【解析】本题考查高绩效工作系统。学习型组织的关键特征：致力于持续学习；知识共享；普遍采用批判性和系统性的思维方式；具有一种学习文化；重视员工。

10. AC 【解析】本题考查人才管理。美国联邦政府人事管理署指出，人才管理的两个关键成功要素是人才招募和人才保留。

11. BCD 【解析】本题考查人才管理。人才管理与传统的人力资源管理的一个显著区别在于，它要求组织在人才的获取和保留方面必须具有明显的主动性、前瞻性、灵活性，能够针对外部环境变化做出更为快速的反应。

12. ACDE 【解析】本题考查人才管理。人才"零库存"模式的特点包括：同时利用制造人才和购买人才两种策略应对人才供求两个方面的风险，并保持适当的平衡；适应人才需求的不确定性，小规模、多批次地培养人才；降低人才开发风险，提高人才开发的投资回报率；通过平衡组织和员工之间的利益来保护组织的培训开发投资。

本章思维导图

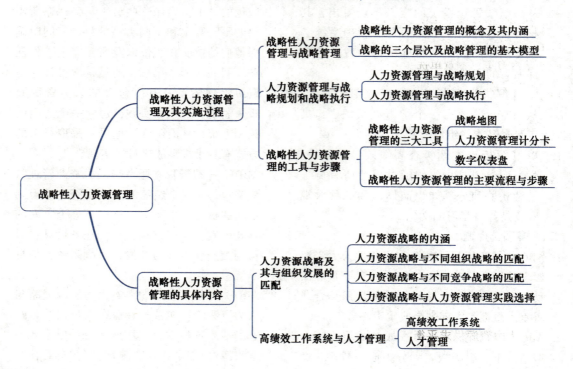

第5章 人力资源规划

考情分析

本章主要讲述人力资源规划的相关内容,具体包括人力资源规划及其供求预测、人力资源供求平衡的基本对策与方法。重点把握人力资源需求、供给预测的主要方法,人力资源供求平衡的基本对策。本章单选、多选题、案例分析题均有涉及。

最近三年本章考试题型、分值分布

年份	单项选择题	多项选择题	案例分析题	合计
2019年	1题1分	1题2分	4题8分	6题11分
2018年	4题4分	1题2分	—	5题6分
2017年	4题4分	1题2分	—	5题6分

本章主要考点

1. 人力资源规划的内容、流程与意义。
2. 人力资源需求预测的主要方法。
3. 人力资源供给预测的主要方法。
4. 人力资源供求平衡的基本对策。
5. 人力资源供求平衡的方法分析。

重点、难点讲解及典型例题

▶ **考点一** 人力资源规划的内容、流程与意义(见表5-1)

表5-1 人力资源规划的内容、流程与意义

概念	人力资源规划就是指组织根据自身战略的需要,采用科学的手段来预测组织未来可能会遇到的人力资源需求和供给状况,进而制定必要的人力资源获取、利用、保留和开发计划,满足组织对于人力资源数量和质量的需求,从而不仅帮助组织实现战略目标,而且确保组织在人力资源的使用方面达到合理和高效
广义	广义的人力资源规划往往包括人力资源战略规划、人员供求规划、培训开发规划、绩效管理规划、薪酬福利规划、员工关系规划以及中高层管理人员的接班计划或继任规划等与人力资源管理问题有关的各项规划活动

	续表
狭义	狭义的人力资源规划则专指组织的人员供求规划或雇用规划，即根据组织未来的人力资源需求和供给分析，找出供求之间的差距或矛盾，从而帮助组织制订平衡人力资源供求关系的各类相关计划
基本流程	(1)人力资源需求预测； (2)人力资源供给预测； (3)人力资源供求平衡分析； 人力资源供求状况可能会出现三种不同的情况： ①人员过剩：限制人员雇用、缩短工时、提前退休、解除劳动合同； ②需求＝供给：不采取行动； ③人员短缺：非雇用措施、雇用新人； (4)实施人力资源供求平衡计划
意义和作用	(1)人力资源规划有利于实现组织战略目标； (2)良好的人力资源规划有利于组织整体人力资源管理系统的有效性、一致性和稳定性，有利于组织的健康和可持续发展； (3)良好的人力资源规划还有助于合理控制组织的人工成本

【例1·单选题】下列关于人力资源规划的意义描述错误的是(　　)。
A. 人力资源规划有利于组织战略目标的实现
B. 人力资源规划有利于组织整体人力资源管理系统的稳定性、一致性和有效性
C. 人力资源规划有利于组织对人工成本的合理控制
D. 人力资源规划有利于加强管理层对外界信息的控制

解析 本题考查人力资源规划的意义。人力资源规划的意义有：(1)人力资源规划有利于组织战略目标的实现；(2)人力资源规划有利于组织整体人力资源管理系统的稳定性、一致性和有效性，有利于组织的健康和可持续发展；(3)人力资源规划有利于组织对人工成本的合理控制。

答案 D

▶考点二　人力资源需求预测

(一)人力资源需求预测的内容及其影响因素

(1)定义：人力资源需求预测是指预测一个组织在未来一段时期内到底需要多少名员工以及需要的是哪些类型的员工。

(2)影响因素：组织战略；产品和服务；技术；组织变革。

(二)人力资源需求预测的主要方法(见表5-2)

表5-2　人力资源需求预测的主要方法

预测角度	(1)宏观层面：根据组织的总体经营状况和未来的产品或服务数量进行预测； (2)微观层面：根据组织内部各种职能和职位的具体数量变化进行预测

预测方法	主观判断法	经验判断法	（1）最简单的人力资源需求预测方法； （2）由管理人员凭借自己过去的工作经验和直觉，对未来所需要的人力资源进行评估； （3）主要适用于短期预测，以及那些规模较小或经营环境相对稳定、人员流动率不太高的组织
		德尔菲法	概述：又称专家预测法，源于兰德公司
			优点：（1）吸取和综合了众多专家的意见，避免了个人预测的片面性； （2）不采用集体讨论的方式，而且匿名进行，避免了从众的行为，同时也避免了专家们必须在一起开会的麻烦； （3）采取多轮预测的方法，具有较高的准确性
			注意的问题：（1）专家的人数不能太少，至少要达到 20~30 人； （2）专家的挑选要有代表性； （3）问题的设计要合理； （4）向专家提供的资料和信息要相对充分
	定量预测法	比率分析法	一种基于关键的经营或管理指标与组织的人力资源需求量之间的固定比率关系，来预测未来人力资源需求的方法
		趋势预测法	（1）实际上是一种简单的时间序列分析法； （2）根据一个组织的雇佣水平在最近若干年的总体变化趋势，来预测组织在未来某一时期的人力资源需求数量的方法
		回归分析法	（1）基本思路是找出那些与人力资源需求关系密切的因素，然后根据得到的人力资源需求数量以及这些因素的历史数据来确定它们之间的关系，从而建立一个回归方程，再根据这些影响因素的未来可能值以及确定的回归方程来预测组织未来的人力资源需求； （2）可划分为：一元回归分析法和多元回归分析法；线性回归和非线性回归

【例 2·单选题】 德尔菲法具有一些明显的优点，其中不包括（　）。

A．花费时间较短　　　　　　　　　B．避免了从众的行为

C．具有较高的准确性　　　　　　　D．能吸取和综合众多专家的意见

解析 本题考查人力资源需求预测的主要方法。德尔菲法的优点：（1）吸取和综合了众多专家的意见，避免了个人预测的片面性。（2）不采用集体讨论的方式，而且匿名进行，避免了从众的行为，同时也避免了专家们必须在一起开会的麻烦。（3）采取多轮预测的方法，具有较高的准确性。

答案 A

▶ **考点三　人力资源供给预测**

(一)人力资源供给预测的内容及其影响因素

(1)定义：人力资源的供给预测就是指一个组织对自己在未来的某一特定时期内能够获得的人力资源数量、质量以及结构等所进行的估计。

(2)影响因素：①外部劳动力市场状况，即本组织所在的地区性劳动力市场状况和全国劳动力市场状况；②组织内部现有的人力资源状况。

(二)人力资源供给预测的主要方法(见表5-3)

表5-3 人力资源供给预测的主要方法

主要方法	内容
人员替换分析法	(1)针对具体职位进行人力资源供给预测的方法； (2)主要强调了从组织内部选拔合适的候选人担任相关职位尤其是更高一级职位的做法，它有利于**激励员工士气**，**降低招聘成本**，同时还能**为未来的职位填补需要提前做好候选人的准备**
马尔科夫分析法	(1)是基于多种职位以及人员流动状况进行人力资源供给预测的方法； (2)主要是利用一种所谓**转移矩阵**的统计分析程序来进行人力资源供给预测

【例3·单选题】下列主要利用转移矩阵的统计分析程序来进行人力资源供给预测的方法是( )。

A. 趋势预测法
B. 回归分析法
C. 人员替换分析法
D. 马尔科夫分析法

解析 ▶ 本题考查马尔科夫分析法。马尔科夫分析法主要是利用一种所谓转移矩阵的统计分析程序来进行人力资源供给预测。

答案 ▶ D

▶ 考点四 人力资源供求平衡的基本对策(见表5-4)

表5-4 人力资源供求平衡的基本对策

供求不均衡情况	采取措施
需求大于供给	(1)延长现有员工的工时——短期性或阶段性需求； (2)考虑做好人力资源的招募工作，扩大招募范围，加大招募投入；还可以返聘退休人员以及雇用非全日制员工； (3)采取措施降低现有人员的流失率； (4)通过改进生产技术、优化工作流程、加强员工培训等方式提高员工的工作效率； (5)将组织中的部分非核心业务外包
需求小于供给	(1)冻结雇用； (2)鼓励员工提前退休； (3)缩短现有员工的工作时间，采用工作分享的方式同时降低工资； (4)临时性解雇或永久性裁员： 优点：**最简单直接也是见效最快的方法**； 缺点：①受到国家法律方面的制约，受到工会的质疑和挑战，因而需要付出较高的成本；②影响组织在劳动力市场上的形象，不利于组织未来人力资源招聘工作的开展； (5)培训富余人员，为未来的发展做好人力资源储备，或者利用现有的人力资源开展新的项目或新的经营活动

续表

供求不均衡情况	采取措施
需求与供给结构不匹配	(1)加强对现有人员的培训开发,以使他们能够胜任当前尤其是未来的工作需要; (2)在现有人员胜任未来的工作有困难的情况下,组织可能需要通过到期终止劳动合同、自然退休等方式,逐渐让现有的一些员工离开组织,同时从组织外部招聘高素质的新员工,从而为未来新的工作需要储备足够的人才; (3)如果组织仍然处于扩张期,人力资源需求在不断增长,则可以在可能的情况下将原来的一些技能不足的老员工逐渐替换到一些辅助性的工作岗位上,把一些重要的生产、管理类岗位留给那些后来招聘的有能力的候选人

【例 4·多选题】在组织的人力资源需求大于供给时,可以采取的主要措施包括( )。

A. 聘用已退休人员以及雇用非全日制员工
B. 采取各种措施降低现有人员的流失率
C. 将组织中的部分非核心业务通过外包的方式处理
D. 缩短每位现有员工的工作时间,采用工作分享的方式同时降低工资
E. 通过改进生产技术、优化工作流程、加强员工培训等方式提高员工的工作效率

解析 本题考查人力资源供求平衡的基本对策。在组织的人力资源需求大于供给时,可以采取的主要措施包括:(1)延长现有员工的工作时间。(2)考虑做好人力资源的招募工作,扩大招募范围,加大招募投入;还可以聘用已退休人员以及雇用非全日制员工。(3)采取各种措施降低现有人员的流失率。(4)通过改进生产技术、优化工作流程、加强员工培训等方式提高员工的工作效率。(5)将组织中的部分非核心业务通过外包的方式处理。 **答案** ABCE

▶ **考点五　人力资源供求平衡的方法分析**

(一)减少未来出现劳动力过剩的方法(见表 5-5)

表 5-5　减少未来出现劳动力过剩的方法

方法	速度	员工受伤害的程度
裁员	快	高
降薪	快	高
降级	快	高
职位调动	快	中等
职位分享	快	中等
冻结雇用	慢	低
自然减员	慢	低
鼓励提前退休	慢	低
进行重新培训	慢	低

(二)避免未来出现劳动力短缺的方法(见表5-6)

表5-6 避免未来出现劳动力短缺的方法

方法	速度	可撤回程度
加班加点	快	高
雇用临时工	快	高
业务外包	快	高
再培训后换岗	慢	高
降低流动率	慢	中等
从外部雇用新员工	慢	低
技术创新	慢	低

(三)人力资源供求平衡的方法分析(见表5-7)

表5-7 人力资源供求平衡的方法分析

方法		内容
裁员	主要原因	(1)劳动力成本占公司总成本的一大部分； (2)关闭过时和落后的工厂或者在原有的工厂中引进新的技术等； (3)经济方面的原因改变了经营地点
	评价	在削减成本方面效果立竿见影，但对组织的长期有效性产生负面影响
	裁员达不到预期效果的原因	(1)管理不当的裁员不仅导致人才流失，而且破坏了激发员工创造性和灵活性所必需的一些社会网络； (2)许多企业在裁员活动中放走的一些员工实际上属于企业根本无法替代的重要资产； (3)留在企业里的员工的工作积极性会大幅下降，而且许多员工随时在准备寻找其他更好的就业机会； (4)与裁员相联系的负面公众印象也会有损企业在劳动力市场上的形象，使它日后更难招募到员工
	成功裁员的关键	避免不加选择地任意实施全面裁员，应当采用手术式的战略裁员，这样不仅可以降低成本，而且可以提高公司的竞争地位
提前退休计划		对于企业来说，虽然年纪较大的员工队伍在工作经验方面比较丰富且稳定性较高，但同时也存在许多问题： (1)成本一般比年轻员工要高； (2)有时会阻碍公司雇用年轻员工或是阻碍他们晋升
雇用临时员工或劳务派遣人员	优点	(1)具有较高的灵活性； (2)使企业免除很多管理任务以及财务负担； (3)一些没有能力制订甄选计划的小公司往往通过此方法来甄选并最终雇用员工； (4)既降低了企业的培训成本，又使临时员工或劳务派遣人员与企业之间的相互适应变得更为容易； (5)临时员工或劳务派遣人员对于组织以及工作程序等方面存在的问题往往有比较客观的看法，对于改进组织效率和绩效等是非常有价值的； (6)临时员工或劳务派遣人员可能会向企业提供更多的解决问题的备选方案

续表

方法		内容
雇用临时员工或劳务派遣人员	处理不利问题的关键点	(1) 企业在招用临时员工或劳务派遣人员之前，必须先从之前的裁员阴影中走出来； (2) 企业在雇用临时员工或劳务派遣员工时，一方面可以考虑雇用那些对正式员工的威胁性程度更低一些的临时性员工，或者是两类人承担的工作内容和职责划分方面适当加以区分；另一方面则要尽可能地让全日制正式员工感到他们是受重视的； (3) 企业也要注意不能形成一种临时员工或劳务派遣人员只不过是二等公民的印象
外包、离岸经营和移民	外包的好处	(1) 可以适当控制和精简企业自身直接雇用的人员数量，有助于提升人力资源管理的价值； (2) 在一定程度上把企业的人力资源部门从很多日常事务中解放出来，使他们能够把精力更多地集中在战略层面的问题上
	确保离岸经营战略取得成功的步骤	(1) 在选择外包服务供应商时，通常是该机构的规模越大、历史越长越好； (2) 不要对那些有专利权或者需要严格的安全保障措施才能完成的工作实行离岸经营； (3) 外包最好先从小的工作开始入手，同时还要密切监督这些工作的完成情况，尤其是在刚刚开始的时候
调整薪酬和工作时数		(1) 工作共享或职位共享：通过保持单位时间的薪酬水平不变，但是减少全体员工的工作时间来避免裁员； (2) 非带薪休假或放假的方式：一方面有助于企业保存现金或是保证现金流，另一方面也为一部分员工提供了更多的自由休息时间

【例 5·单选题】 在避免人力资源未来出现劳动力短缺的方法中，属于见效速度慢、可撤回程度中等的是( )。

A．技术创新　　　　　　　　B．加班加点
C．雇用临时工　　　　　　　D．降低流动率

解析 本题考查人力资源供求平衡的方法分析。选项 A 属于见效速度慢、可撤回程度低的方法；选项 B、C 属于见效速度快、可撤回程度高的方法。 **答案** D

历年考题解析

一、单项选择题

1．(2019 年)在预测一家企业未来的人力资源供给状况时，马尔科夫分析法依据的是( )。
   A．企业的外部经营环境变化
   B．企业未来的生产经营状况
   C．企业过去的人员变动规律
   D．企业员工的离职率

解析 本题考查人力资源供给预测。马尔科夫分析法是基于多种职位以及人员流动状况进行人力资源供给预测的方法。

答案 C

2．(2018 年)企业在预测未来人力资源需求时，有时会给予某一种关键的经营或管理指示与人力资源需求量之间的关系来进行预测，这种方法属于( )。
   A．趋势预测法
   B．比率分析法
   C．马尔科夫分析法
   D．人员替换分析法

解析 本题考查比率分析法。比率分析法是一种基于关键的经营或管理指标与组织的人力资源需求量之间的固定比率关系,来预测未来人力资源需求的方法。

答案 B

3.(2018年)某企业决定进入新业务领域,急需大量该业务领域的优秀人才,这表明影响其人力资源需求的因素是( )。
A. 组织战略
B. 组织结构调整
C. 技术变革
D. 业务流程再造

解析 本题考查人力资源需求预测的内容及其影响因素。一个组织的人力资源需求会受到组织未来发展战略和竞争战略的重要影响。组织进入一个新的业务领域,或者在原业务领域中快速扩大经营规模等因素,都有可能导致组织的人力资源需求大大增加。

答案 A

4.(2018年)为应对劳动力稀缺的情况,企业可以采取的见效速度快的方法是( )。
A. 加班加点
B. 技术创新
C. 招聘新员工
D. 降低员工离职率

解析 本题考查人力资源供求平衡的方法分析。避免未来出现劳动力短缺的情况之一是加班加点,见效快,可撤回程度高。

答案 A

5.(2018年)企业在评估内部的人力资源供给情况时可以采用的工具是( )。
A. 劳动力市场供给趋势表
B. 竞争对手劳动力需求分析图
C. 人力资源技能库
D. 本行业人员流动率分析表

解析 本题考查人力资源供给预测。人力资源技能库,很重要的一点是建立组织内部的员工技能数据库,这种数据库通常是组织人力资源管理信息系统的一个重要组成部分。很显然,这种技能库是用于评价现有员工供给状况的一种主要工具。

答案 C

6.(2017年)公司人力资源部门制定未来几年的人力资源规划时应当首先从了解( )入手。
A. 组织结构和业务流程
B. 外部劳动力市场状况
C. 竞争对手的情况
D. 公司的战略规划

解析 本题考查人力资源规划的内容。组织的人力资源规划是从明确组织的战略规划开始的。

答案 D

7.(2017年)关于预测人力资源需求的经验判断法的说法,错误的是( )。
A. 它是一种简单便捷的人力资源需求预测方法
B. 它是一种让管理人员借助多年的工作经验积累和直觉预测人力资源需求的方法
C. 它适用于外部经营环境变化较大的企业
D. 它适合进行短期人力资源需求预测

解析 本题考查人力资源需求预测。经验判断法主要是凭借管理者的主观感觉和经验来进行人力资源需求预测,因此它主要适用于短期预测,以及那些规模较小或者经营环境相对稳定、人员流动率不是很高的企业。

答案 C

8.(2017年)关于人力资源供给预测的说法,错误的是( )。
A. 它要求企业能够获得人力资源数量、质量和结构
B. 它不需要了解外部劳动力市场的供给情况
C. 它常常需要用到人力资源技能库中的信息
D. 它可能会用到马尔科夫分析法

解析 本题考查人力资源供给预测。组织必须同时考虑组织外部的人力资源供给状况和组织内部的人力资源供给状况。

答案 B

9.(2017年)既能在未来一定时期减少企业人

员数量，又能使员工受到的伤害较轻的劳动力供求平衡措施是(　　)。
A. 自然减员 B. 裁减人员
C. 降低员工薪酬 D. 雇用临时工

解析 ▶ 本题考查人力资源供求平衡的基本对策。自然减员是速度慢，员工受伤害低的一种方法。 **答案** ▶ A

二、多项选择题

1. (2019年)人力资源需求预测的方法包括(　　)。
   A. 德尔菲法
   B. 人员替换分析法
   C. 趋势预测法
   D. 经验判断法
   E. 比率分析法

   解析 ▶ 本题考查人力资源需求预测。人力资源需求预测的方法有：经验判断法、德尔菲法、比率分析法、趋势预测法、回归分析法。 **答案** ▶ ACDE

2. (2018年)关于人力资源需求预测方法的说法，正确的有(　　)。
   A. 经验判断法是一种定性的主观判断法
   B. 回归分析法是一种定量的预测方法
   C. 德尔菲法要求专家们一起开会集体进行需求预测
   D. 定量的需求预测方法准确性往往比较高
   E. 定性的需求预测方法过于主观，不适合使用

   解析 ▶ 本题考查人力资源需求预测方法。选项C错误：德尔菲法是20世纪40年代末由美国兰德公司率先开始使用的一种预测方法。它的做法是，首先邀请某一领域中大约30名专家或富有经验的管理人员组成一个研究小组，但是这个研究小组中的人彼此之间并不见面，也不进行沟通。选项E错误：说法过于绝对，错误。 **答案** ▶ ABD

3. (2017年)企业面临需求大于供给时，可能采取的措施有(　　)。
   A. 员工加班加点
   B. 返聘退休员工
   C. 部分业务外包
   D. 降低员工离职率
   E. 冻结人员雇用

   解析 ▶ 本题考查人力资源供求平衡的基本对策。需求大于供给：(1)延长现有员工的工作时间。(2)考虑做好人力资源的招募工作，扩大招募范围，加大招募投入；还可以聘用已退休人员以及雇用非全日制员工。(3)采取各种措施降低现有人员的流失率。(4)通过改进生产技术、优化工作流程、加强员工培训等方式提高员工的工作效率。(5)将组织中的部分非核心业务通过外包的方式处理。 **答案** ▶ ABCD

三、案例分析题

(2019年)某企业自成立后发展迅速。随着市场份额的不断扩大，企业人员数量由2 500人增加到6 000人，但是随着市场产能过剩，市场空间逐步缩小，企业决定采取收缩战略。再加上该企业的产品类型较为单一，所以企业整体的人员冗余情况比较严重。而与此同时，企业内部有些部门却还存在着人手不足和明显的人岗不匹配现象。在行业不景气的大形势下，未来如何维持企业运营并保持一定增长，需要企业充分利用现有的人力资源，以满足战略发展的需要。对此，该企业的管理者感到比较困惑。

1. 为了更好地利用现有人力资源，该企业需要重点做好的人力资源管理工作有(　　)。
   A. 人力资源优化配置
   B. 提高员工福利
   C. 招聘新员工
   D. 人力资源规划

   解析 ▶ 本题考查人力资源规划。根据材料可知，该企业存在整体的人员冗余，内部有些部门人手不足、人岗不匹配等问题，说明该企业各部门之间的人员需求、供给存在问题，所以该企业需要重点做好的人

力资源管理工作应该是人力资源规划和人力资源优化配置。　　**答案** ▶ AD

2. 该企业当前面临的人员冗余问题，反映了（　）对人力资源需求的影响。
   A. 技术
   B. 企业战略
   C. 人力资源供给
   D. 产品市场

   解析 ▶ 本题考查人力资源规划。该企业面临人员冗余的问题，是由于企业决定采取收缩战略所导致的。所以选项B正确。
   　　答案 ▶ B

3. 能解决该企业内部有些部门人才短缺问题的方法有（　）。
   A. 本部门员工加班加点
   B. 通过改进生产技术提高效率
   C. 对其他部门中可用的富余人员在培训后转到人才紧缺部门
   D. 在本部门内进行职位分享

   解析 ▶ 本题考查人力资源供求平衡的基本对策。选项D错误，职位分享是减少未来出现劳动力过剩的方法。　　**答案** ▶ ABC

4. 为应对企业整体人员过剩的情况，企业可以采取的方法有（　）。
   A. 职位外包
   B. 裁员
   C. 鼓励提前退休
   D. 冻结雇佣

   解析 ▶ 本题考查人力资源供求平衡的基本对策。选项A错误，职位外包是在企业人力资源需求大于供给时的组织对策。
   　　答案 ▶ BCD

同步系统训练

一、单项选择题

1. 人力资源规划就是指组织根据（　），采用科学的手段来预测组织未来可能会遇到的人力资源需求和供给状况，进而制定必要的人力资源获取、利用、保留和开发计划。
   A. 自身战略的需要
   B. 社会环境的需要
   C. 自身经济利益的需要
   D. 社会生产力水平的需要

2. 狭义的人力资源规划指（　）。
   A. 人力资源战略规划
   B. 人员供求规划
   C. 绩效管理规划
   D. 员工关系规划

3. 关于人力资源规划的意义和作用，下列说法错误的是（　）。
   A. 人力资源规划有利于组织战略目标的实现
   B. 人力资源规划有利于组织的健康和可持续发展
   C. 人力资源规划不利于组织对项目成本的合理控制
   D. 人力资源规划有助于确保组织员工队伍的精减和高效

4. 下列不属于人力资源需求预测的影响因素的是（　）。
   A. 组织战略　　B. 产品和服务
   C. 目标市场　　D. 技术

5. 下列人力资源需求预测方法中，主要适用于短期预测，以及那些规模较小或经营环境相对稳定、人员流动率不太高的企业的是（　）。
   A. 趋势预测法　　B. 德尔菲法
   C. 比率分析法　　D. 经验判断法

6. 在人力资源需求预测方法中，（　）实际上是一种简单的时间序列分析法。
   A. 趋势预测法　　B. 德尔菲法
   C. 比率分析法　　D. 经验判断法

7. 首先邀请某一领域中的一些专家组成一个研究小组，但组员之间并不见面，也不进行沟通。此外，还需要有一位研究主持充当传递、归纳和反馈信息的角色，把需要研究的问题分别邮寄给各位专家进行独立解答，这种需求预测方法是(   )。
   A. 德尔菲法　　　B. 经验判断法
   C. 回归分析法　　D. 比率分析法

8. 经常用于人力资源需求预测的定量分析方法是(   )。
   A. 回归分析法
   B. 经验判断法
   C. 德尔菲法
   D. 马尔科夫分析法

9. 下列基于某种关键的经营或管理指标与组织的人力资源需求量之间的固定比率关系来预测未来人力资源需求的方法是(   )。
   A. 趋势预测法　　B. 德尔菲法
   C. 回归分析法　　D. 比率分析法

10. 下列选项中，针对具体职位进行人力资源供给预测的方法是(   )。
    A. 趋势预测法
    B. 马尔科夫分析法
    C. 回归分析法
    D. 人员替换分析法

11. 下列不属于人员替换分析法优点的是(   )。
    A. 激励员工士气
    B. 降低招聘成本
    C. 有利于组织战略目标的实现
    D. 为未来的职位填补需要提前做好候选人的准备

12. 在组织的人力资源需求大于供给时，当这种需求是短期性或阶段性的，则最有效的措施是(   )。
    A. 外包、离岸经营和移民
    B. 降低现有人员的流失率
    C. 延长现有员工的工作时间
    D. 临时性解雇或永久性裁员

13. 下列人力资源避免未来出现劳动力短缺的方法中，属于见效速度慢、可撤回程度高的是(   )。
    A. 外包

B. 雇用临时工
C. 再培训后换岗
D. 从外部雇用新人

14. 下列减少劳动力过剩方法中，(   )在成本削减方面会产生立竿见影的效果，但对组织的长期有效性产生负面的影响。
    A. 裁员　　　　　B. 提前退休
    C. 重新培训　　　D. 职位分享

15. 企业进行裁员的主要原因不包括(   )。
    A. 降低劳动力成本
    B. 新技术的应用
    C. 经营地点的改变
    D. 扩大生产规模

二、多项选择题

1. 狭义的人力资源规划专指组织的(   )。
   A. 雇用规划
   B. 人员供求规划
   C. 薪酬福利规划
   D. 绩效管理规划
   E. 员工关系规划

2. 从狭义人力资源规划的角度来说，基本流程包括(   )。
   A. 组织战略规划的制定
   B. 人力资源需求预测
   C. 人力资源供给预测
   D. 人力资源供求平衡分析
   E. 实施人力资源供求平衡计划

3. 在进行一个组织的人力资源需求预测时，主要应当考虑的因素有(   )。
   A. 组织战略　　　B. 产品和服务
   C. 技术　　　　　D. 组织变革
   E. 地域差异

4. 在人力资源需求预测方法中，属于定性的主观判断法有(   )。
   A. 经验判断法　　B. 比率分析法
   C. 回归分析法　　D. 德尔菲法
   E. 趋势预测法

5. 关于德尔菲法的表述，正确的有(   )。
   A. 采用集体讨论的做法
   B. 能吸取和综合众多专家的意见

C. 能够避免从众行为
D. 采用匿名技术
E. 采取多轮预测方式

6. 下列属于人力资源供给预测方法的有（ ）。
   A. 趋势预测法 B. 德尔菲法
   C. 回归分析法 D. 人员替换分析法
   E. 马尔科夫分析法

7. 事实上，在人力资源供求的数量大体平衡的情况下，却存在供求结构不一致的问题，在这种供求结构不对等的情况下，组织需要采取的措施包括（ ）。
   A. 在可能的情况下，加强对现有人员的培训开发
   B. 通过自然退休的方式让现有的一些员工离开组织
   C. 从组织外部招聘高素质的新员工
   D. 将原来的一些技能不足的老员工逐渐替换到一些辅助性的工作岗位上
   E. 缩短每位现有员工的工作时间，采用工作分享的方式同时降低工资

8. 临时性解雇或永久性裁员这种方法的缺点有（ ）
   A. 比较复杂且见效慢
   B. 需要付出较高的成本
   C. 受到工会的质疑和挑战
   D. 受到国家法律方面的制约
   E. 不利于组织未来人力资源招聘工作的开展

9. 关于人力资源供求平衡的方法分析，下列表述正确的有（ ）。
   A. 在避免劳动力短缺的方法中，外包的见效速度快、可撤回程度高
   B. 工作共享或职位共享为一部分员工提供了更多的自由休息时间
   C. 企业在雇用临时员工或劳务派遣员工时，可以考虑雇用那些对正式员工的威胁性程度更低一些的临时性员工
   D. 非带薪休假或放假的方式有助于企业保存现金或是保证现金流
   E. 管理不当的裁员不仅导致人才流失，而且破坏了激发员工创造性和灵活性所必需的一些社会网络

10. 雇用临时员工或劳务派遣人员的优点有（ ）。
    A. 具有较高的灵活性
    B. 使企业免除管理任务以及财务负担
    C. 降低企业的培训成本
    D. 向企业提供更多的解决问题的备选方案
    E. 为一部分员工提供了更多的自由休息时间

11. 为了确保离岸经营战略取得成功，企业应采取的步骤有（ ）。
    A. 外包最好先从小的工作开始入手，同时还要密切监督这些工作的完成情况，尤其是在刚刚开始的时候
    B. 在选择外包服务供应商时，最好选择刚刚成立的小型海外公司
    C. 不要对那些有专利权或者需要严格的安全保障措施才能完成的工作实行离岸经营
    D. 在选择外包服务供应商时，通常是该机构的规模越大、历史越长越好
    E. 需要被外包出去的工作最好是"模块化的"

同步系统训练参考答案及解析

一、单项选择题

1. A 【解析】本题考查人力资源规划的概念。人力资源规划就是指组织根据自身战略的需要，采用科学的手段来预测组织未来可能会遇到的人力资源需求和供给状况，进而制定必要的人力资源获取、利用、保留和开发计划，满足组织对于人力资源数量和质量的需求，从而不仅帮助组

织实现战略目标，而且确保组织在人力资源的使用方面达到合理和高效。

2. B　【解析】本题考查人力资源规划的概念。狭义的人力资源规划专指组织的人员供求规划或雇用规划，即根据组织未来的人力资源需求和供给分析，找出供求之间的差距或矛盾，从而帮助组织制定在未来平衡人力资源供求关系的各种相关计划。

3. C　【解析】本题考查人力资源规划的意义和作用。选项 C 错误，良好的人力资源规划有助于组织对人工成本的合理控制。

4. C　【解析】本题考查人力资源需求预测。人力资源需求预测的影响因素包括：组织战略、产品和服务、技术、组织变革。

5. D　【解析】本题考查经验判断法。由于经验判断法主要是凭借管理者的主观感觉和经验来进行人力资源需求预测，因此它主要适用于短期预测，以及那些规模较小或经营环境相对稳定、人员流动率不太高的企业。

6. A　【解析】本题考查趋势预测法。趋势预测法实际上是一种简单的时间序列分析法。

7. A　【解析】本题考查德尔菲法。德尔菲法的做法是，首先邀请某一领域中大约 30 名专家或富有经验的管理人员组成一个研究小组，但是这个研究小组中的人彼此之间并不见面，也不进行沟通。此外，还要有一位研究主持者在专家之间充当传递、归纳和反馈信息的角色。然后，研究主持者将大家的回答收集起来，进行统计分析，形成新的问题，再寄给专家进行独立回答。一般情况下，经过几轮的意见反馈之后，对所要研究的问题的看法会逐渐趋于收敛。最后，研究者便可以据此对某一问题作出预测。

8. A　【解析】本题考查人力资源需求预测的主要方法。从预测方法来说，在对人力资源需求进行预测时，既可以采用定性的主观判断法，又可以使用定量的统计学方

法。其中，主观判断法又包括经验判断法和德尔菲法。定量的人力资源需求预测方法主要包括比率分析法、趋势预测法以及回归分析法。

9. D　【解析】本题考查比率分析法。比率分析法是一种基于关键的经营或管理指标与组织的人力资源需求量之间的固定比率关系，来预测未来人力资源需求的方法。

10. D　【解析】本题考查人力资源供给预测的主要方法。人员替换分析法是针对组织内部的某个或某些特定的职位，确定能够在未来承担该职位工作的合格候选人。

11. C　【解析】本题考查人力资源供给预测的主要方法。人员替换法主要强调了从组织内部选拔合适的候选人担任相关职位尤其是更高一级职位的做法，它有利于激励员工士气，降低招聘成本，同时还能为未来的职位填补需要提前做好候选人的准备。

12. C　【解析】本题考查人力资源需求大于供给时的组织对策。在组织的人力资源需求大于供给时，可以采取的主要措施之一是延长现有员工的工作时间，首先考虑采用加班的方式来满足组织的人力资源需求，特别是当这种需求是短期性或阶段性的时候。

13. C　【解析】本题考查人力资源供求平衡的方法分析。选项 A、B 属于见效速度快、可撤回程度高的方法；选项 D 属于见效速度慢、可撤回程度低的方法。

14. A　【解析】本题考查人力资源供求平衡的方法分析。尽管裁员在成本削减方面会产生立竿见影的效果，但大量证据表明，它会对组织的长期有效性产生负面影响，特别是对某些类型的企业而言。

15. D　【解析】本题考查裁员的主要原因。企业进行裁员的主要原因有：（1）许多企业都在努力降低成本，由于劳动力成本在公司的总成本中往往占了很大一部分，

因此它很自然地就成为企业最先着手的地方。(2)在有些企业中，关闭过时和落后的工厂或者在原有的工厂中引进新的技术等，都会导致企业对人员需求减少。(3)许多公司由于经济方面的原因改变了经营地点，如果员工难以随之迁移，则原有的员工就会被裁减。

二、多项选择题

1. AB 【解析】本题考查人力资源规划的概念。狭义的人力资源规划专指组织的人员供求规划或雇用规划，即根据组织未来的人力资源需求和供给分析，找出供求之间的差距或矛盾，从而帮助组织制订在未来平衡人力资源供求关系的各种相关计划。

2. BCDE 【解析】本题考查人力资源规划的基本流程。从狭义人力资源规划的角度来说，基本流程包括以下几个基本步骤：(1)人力资源需求预测；(2)人力资源供给预测；(3)人力资源供求平衡分析；(4)实施人力资源供求平衡计划。

3. ABCD 【解析】本题考查人力资源需求预测的影响因素。人力资源需求预测的影响因素有：组织战略；产品和服务；技术；组织变革。

4. AD 【解析】本题考查人力资源需求预测的主要方法。从预测方法来说，在对人力资源需求进行预测时，既可以采用定性的主观判断法，又可以使用定量的统计学方法。其中，主观判断法又包括经验判断法和德尔菲法。

5. BCDE 【解析】本题考查德尔菲法的优点。选项 A 错误，德尔菲法不采用集体讨论的做法，而是匿名进行。

6. DE 【解析】本题考查人力资源供给预测的主要方法。人力资源供给预测的主要方法有：人员替换分析法、马尔科夫分析法。

7. ABCD 【解析】本题考查人力资源需求与供给结构不匹配时的组织对策。在供求结构不对等的情况下，组织需要采取的措施可能包括：(1)加强对现有人员的培训开发，以使他们能够胜任当前尤其是未来的工作需要。(2)在现有人员胜任未来的工作有困难的情况下，组织可能需要通过到期终止劳动合同、自然退休等方式，逐渐让现有的一些员工离开组织，同时从组织外部招聘高素质的新员工，从而为未来新的工作需要储备足够的人才。(3)如果组织仍然处于扩张期，人力资源需求在不断增长，则可以在可能的情况下将原来的一些技能不足的老员工逐渐替换到一些辅助性的工作岗位上，把一些重要的生产、管理类岗位留给那些后来招聘的有能力的候选人。

8. BCDE 【解析】本题考查人力资源需求小于供给时的组织对策。一方面临时性解雇或永久性裁员这种方法可能会受到国家法律方面的制约，还有可能会受到工会的质疑和挑战，因而需要付出较高的成本；另一方面，组织如果一贯采取这种方法，也会影响组织在劳动力市场上的形象，不利于组织未来人力资源招聘工作的开展。

9. ACDE 【解析】本题考查人力资源供求平衡的方法分析。非带薪休假或放假方式，一方面有助于企业保存现金或是保证现金流，另一方面也为一部分员工提供了更多的自由休息时间。

10. ABCD 【解析】本题考查人力资源供求平衡的方法分析。选项 E 属于非带薪休假或放假方式的优点。

11. ACDE 【解析】本题考查人力资源供求平衡的方法分析。确保离岸经营战略取得成功的步骤：(1)在选择外包服务供应商时，通常是该机构的规模越大、历史越长越好。(2)不要对那些有专利权或者需要严格的安全保障措施才能完成的工作实行离岸经营。需要被外包出去的工作最好是"模块化的"。(3)外包最好先从小的工作开始入手，同时还要密切监督这些工作的完成情况，尤其是在刚刚开始的时候。

本章思维导图

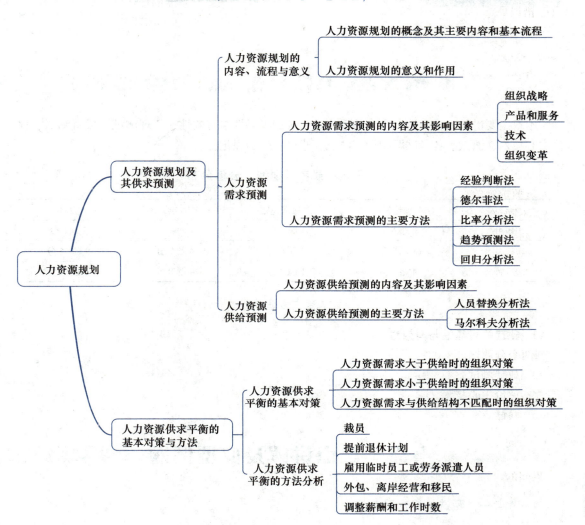

第6章 人员甄选

考情分析

本章主要讲述人员甄选。本章的重点是甄选的可靠性与有效性、心理测试、成就测试、评价中心技术、面试。各考试题型均有涉及，建议考生加强记忆。

最近三年本章考试题型、分值分布

年份	单项选择题	多项选择题	案例分析题	合计
2019年	6题6分	1题2分	—	7题8分
2018年	3题3分	2题4分	4题8分	9题15分
2017年	4题4分	1题2分	4题8分	9题14分

本章主要考点

1. 甄选的可靠性与有效性。
2. 心理测试。
3. 成就测试。
4. 评价中心技术。
5. 面试。

重点、难点讲解及典型例题

考点一 甄选的概念及其意义

1. 甄选的基本概念及其内涵

甄选即为甄别和选择之意，也称为筛选或选拔。在现代人力资源管理中，它是指通过一定的工具和手段对已经招募到的求职者进行鉴别和观察，从而最终挑选出最符合组织需要的、最为恰当的职位空缺填补者的过程。

2. 甄选对组织的价值与意义

人员甄选工作对于一个组织来说是非常重要的，其主要原因包括：

第一，符合企业需要的优秀员工是确保组织战略目标达成的最根本保障。

第二，甄选决策失误可能会对员工本人造成伤害。

第三，弥补甄选决策失误的代价可能极高。

▶ 考点二　甄选的可靠性与有效性(见表6-1)

表6-1　甄选的可靠性与有效性

类比项	概念	类型		关系
信度[①]	是指一种测试手段不受随机误差干扰的程度，它反映了一个人在反复接受同一种测试或等值形式的测试时所得到的分数的一致性程度。信度又称为测试的内部一致性程度或稳定性程度，它是对任何一种测试工具的最基本要求	重测信度[②]	也称再测信度，是指用同一种测试工具在不同的时间对同一群人进行多次测试所得到的结果的一致性程度	信度是效度的必要条件(但不是充分条件)
		复本信度	(1)指对同一组被测试者进行某种测试时，使用两种功能等值但是表面内容并不相同的测试形式，然后考察在这两种等值的测试中被测试者取得的分数之间的相关程度； (2)复本信度的高低反映了两种复本测试在内容上的等值程度； (3)这种工具常常作为最初测试工具的备用测验，如在高考以及很多重要考试中经常使用的A卷和B卷	
		内部一致性信度	(1)指反映同一测试内容的各个题目之间的得分一致性程度； (2)考察内部一致性信度的方式主要有两种，即分半信度[③]和同质性信度[④]	
		评价者信度[⑤]	指不同评价者在使用同一种测试工具时所给出的分数之间的一致性程度	
效度	即一种测试的有效性程度，它反映了一种测试工具对于它所要测量的内容或特质进行准确测量的程度	内容效度	(1)即一项测试的内容能够代表它所要测量的主题或特质的程度； (2)内容效度的检验主要采用专家判断法，不太适合对智力、领导能力以及诚实性等较为抽象的特质进行评价； (3)局限性：①隐藏在内容效度背后的一个基本假设是：求职者在被雇用的时候已经具备了一定的知识、技术或能力。②由于在内容效度中主观判断的作用很大，因而必须设法将判断过程中的推测成分减至最少，最好是将评价者的评分建立在某种相对具体和可观察的行为的基础之上	
		效标效度	(1)也称效标关联效度，是指一种测试或甄选技术对被试者的一种或多种工作行为或工作绩效进行预测的准确程度； (2)与甄选工作有关的效标包括目标人员产出数量或质量、上级的评价结果、缺勤率、事故发生率、销售额以及组织认为能够代表绩效的其他一些指标； (3)两种比较常用的效标效度是预测效度和同时效度； (4)预测效度存在的问题：组织必须等待很长的时间，才能得到考察效标效度所需要的数据	

续表

类比项	概念	类型	关系
效度	即一种测试的有效性，它反映了一种测试工具对于它所要测量的内容或特质进行准确测量的程度	构想效度	（1）也称结构效度，是指一项测试对于某种不可观察的、比较抽象的构想或特质进行测量的程度； （2）影响因素：理论上的构想代表性不足；构想代表性过宽，以至于包括了无关事物	信度是效度的必要条件（但不是充分条件）

注：①信度的高低是用信度系数来表述的，信度系数介于0~1之间。0表示信度最低，1表示信度最高。一般情况下，信度系数不低于0.7的测试工具被视为信度较好。

②根据一般经验，两次测试的时间间隔为半个月到半年可能比较合适。

③所谓分半信度，就是将一个测试中包含的题目一分为二，然后考察这两个半份测试结果之间的相关系数。最常见的分半方法是根据题目排列的奇偶数顺序来划分，即一半是奇数题，一半是偶数题。

④同质性信度则是指一种测试内部的所有各个题目考察同一内容的程度。在同质性信度低时，即使各个测试题目看起来测量的是同一特质，测验实际上也是异质的，即这种测试实际上测量了不止一种特质。表示同质性信度的一个常用参数是克伦巴赫α系数。

⑤要想达到较高的信度，需要注意以下几个问题：
第一，测试过程要标准化。第二，选取的样本要具有广泛的代表性。第三，要注意保持良好的测试环境。第四，要注意测试的难度和长度。

【例1·单选题】不同评价者在使用同一种测试工具时所给出的分数之间的一致性程度是（ ）。

A. 重测信度　　　　　　　　　　B. 复本信度

C. 内部一致性信度　　　　　　　D. 评价者信度

解析　本题考查评价者信度。评价者信度是指不同评价者在使用同一种测试工具时所给出的分数之间的一致性程度。　　　　答案　D

考点三　心理测试

（一）心理测试（见表6-2）

表6-2　心理测试

类型			主要内容
能力测试	认知能力测试①		（1）指人脑加工、储存和提取信息的能力； （2）通常可以划分为两类：一般认知能力测试、特殊认知能力测试②
	运动和身体能力测试	心理运动能力测试	对精神运动能力或受个体意识支配的精细动作能力进行测试。测试内容包括选择反应时间、肢体运动速度四肢协调、手指灵巧、手臂稳定、速度控制等，通常用于那些体力要求比较高的职位，如手表装配工等
		身体能力测试	肌肉张力、力量、耐力测试；心肌耐力测试；灵活性测试；平衡能力测试；协调能力测试
人格测试③			测量方法：评价量表法、自陈量表法、投射法
职业兴趣测试			霍兰德职业兴趣测试或职业性向测试

注：①尽管认知能力测试的主要内容包括多种能力，但在甄选测试中通常最受关注的是语言理解能力、数量能力和推理能力。

②特殊认知能力测试又被称为能力倾向测试或职业能力倾向测试。

③近些年来，在人力资源管理领域中得到运用较为广泛的两项人格测试是MBTI人格类型测试和"大五"人格测试。所谓"大五"，实际上是指一个人在以下五个人格特征方面的表现：外向性、公正性、和悦性、情绪性和创造性。

(二)六种基本的职业兴趣类型

约翰·霍兰德在一系列关于人格与职业关系的假设基础之上,提出了六种基本的职业兴趣类型,即现实型、研究型、艺术型、社会型、企业型和常规型(见表6-3)。

表6-3 六种基本的职业兴趣类型

类型	基本人格倾向	适合从事的工作
现实型	偏好与具体的物体(如工具、机械、电子设备等)打交道,喜欢有规则的具体劳动以及需要基本操作技能的工作,不喜欢跟人打交道,不适应社会性质的职业,厌恶从事教育、服务和说服性的工作	技能性和技术性的职业
研究型	聪明、理性、细致、喜欢批评,喜欢抽象的、分析性的、独立性的工作,愿意进行系统的创造性探究,偏好对各种现象进行观察、分析和推理,以理解和把握这些现象。但是,缺乏组织和领导才能,不喜欢从事说服性或重复性的工作	科学研究类工作以及工程设计类工作等
艺术型	具有想象力、冲动、直觉、理想化、有创意,偏好模糊、自由和非系统化的活动,不重视实际,不善于从事事务性工作。他们厌恶明确、有秩序和系统化的活动,喜欢表现自己,喜欢单独活动	文学艺术方面的工作
社会型	合作、友善、善于言谈和社交,观察能力强,喜欢社会交往,关心社会问题,重视社会公正和正义,有教导、指点和培训别人的能力和愿望,不喜欢与材料、工具、机械等实物打交道	教育、咨询等方面的工作
企业型	冒险、乐观、自信、精力充沛、有进取心,喜欢担任有领导责任的工作,看重政治和经济方面的成就,喜欢追求财富、权力和地位,喜欢与人争辩,喜欢说服别人接受自己的观点,但是他们不喜欢从事研究性的活动	担任企业领导或行政管理人员等
常规型	顺从、谨慎、保守、实际、稳重,喜欢条理性强的工作,偏好对文字和数据等资料进行明确、有序的整理,喜欢使用文字和数据处理设备等协助组织实现目标或获取经济收益,厌恶模糊、不正规、非程序化或探究性的活动,不喜欢自己对事情做判断和决策。这些人看重商业和经济方面的具体成就,看重财富和地位	办公室事务工作、图书管理、会计、统计类工作

【例2·单选题】不喜欢跟人打交道,不适应社会性质的职业,厌恶从事教育、服务和说服性的工作,这种人格倾向的职业兴趣类型属于( )。

A. 现实型 B. 研究型
C. 艺术型 D. 企业型

解析 ▶ 本题考查职业兴趣类型。现实型:偏好与具体的物体(如工具、机械、电子设备等)打交道,喜欢有规则的具体劳动以及需要基本操作技能的工作,不喜欢跟人打交道,不适应社会性质的职业,厌恶从事教育、服务和说服性的工作。

答案 ▶ A

考点四 成就测试

(一)成就测试(见表6-4)

表6-4 成就测试

类比项	类型	主要内容	优缺点
成就测试(熟练性测试或学绩测试)	知识测试①	(1)知识测试就是我们通常所说的**考试**; (2)知识测试又可以被划分为综合知识测试、专业知识测试、外语测试等各种不同类型; (3)测试方式:笔试	—
	工作样本测试	(1)在一个对实际工作的一部分或全部进行模拟的环境中,让求职者实地完成某些具体的工作任务的一种测试方法; (2)对于被测者未来的工作绩效有很高的预测效度,尤其高于认知能力测试和人格测试	(1)优点:**效标效度和内容效度都很高**; (2)缺点:它的**普遍适用性很低**,只能针对不同的职位来开发不同的测试;**开发成本相对较高**

注:①社会上的一些职业资格考试基本上都属于此类知识测试。

(二)成就测试和认知能力测试的异同(见表6-5)

表6-5 成就测试和认知能力测试的异同

类比项	相同点	不同点
成就测试	测量对象都属于认知性特质	(1)评估一个人在接受教育或训练之后获得的学习成果,它往往是一种**事后评估**; (2)要注重**内容效度**
认知能力测试		(1)主要功能是预测一个人在未来的教育、训练或工作中的可能表现,通常是在接受教育或训练之前进行的测试,用来考察一个人是否有能力接受某种课程或专业技能训练; (2)必须有较高的**预测效度**

【例3·单选题】成就测试和认知能力测试的测量对象都属于( ),它们所要测量的都是一个人从与环境间的相互作用经验中发展出来的能力。

A. 知识性特质　　　　　　　　　　B. 普遍性特质
C. 认知性特质　　　　　　　　　　D. 发展性特质

解析 ▶ 本题考查成就测试。成就测试和认知能力测试的测量对象都属于认知性特质,它们所要测量的都是一个人从与环境间的相互作用经验中发展出来的能力。　　**答案** ▶ C

考点五 评价中心技术（见表6-6）

表6-6 评价中心技术

类比项	测试方法	主要内容	优点	缺点/存在的问题
评价中心技术①（管理评价中心技术）	公文筐测试	又称公文处理测验，是**评价中心技术中最常用和最核心的技术之一**	(1)适合对应聘管理职位的被测试者进行评价，**具有较高的内容效度和效标效度**；(2)操作比较简单，对场地没有过多的要求；(3)表面效度较高，容易得到被测试者的理解和接受	(1)编制成本较高，而且评分比较困难；(2)无法通过这种测试考查被测试者的人际交往能力和团队工作能力
	无领导小组讨论	五种试题形式：开放式问题、两难性问题、多项选择问题、操作性问题、资源争夺性问题	通过这种无领导小组讨论，可以考察被测试者的组织协调能力、口头表达能力、说服能力、领导能力、人际交往能力以及自信程度、进取心、情绪稳定性、反应灵活性等个性特点	(1)对测试题目的要求较高；(2)对评价者的评分技术要求较高；(3)在有些情况下，被测试者有可能会有意识地表现自己或掩饰自己，以达到通过测试的目的
	角色扮演	要求被测试者扮演一位管理者或者某岗位员工，然后让他们根据自己对角色的认识或担任相关角色的经验来进行相应的语言表达和行为展示	—	—

注：①它是通过情景模拟的方法来对求职者进行评价的，它的一个重要基石是工作样本测试。

【例4·单选题】（ ）是评价中心技术中最常用和最核心的技术之一，具有较高的内容效度和效标关联效度。

A. 公文筐测试
B. 无领导小组讨论
C. 角色扮演
D. 工作样本测试

解析 ▶ 本题考查评价中心技术。公文筐测试是评价中心技术中最常用和最核心的技术之一，具有较高的内容效度和效标效度。

答案 ▶ A

考点六 面试

(一)面试的概念及类型

(1)面试的基本含义（见表6-7）

表 6-7 面试的基本含义

类比项	含义	优点	注意问题
面试	即在特定的时间和特定的地点，发生在面试考官与被面试者之间的一个面对面的对话过程，其目的是通过分析被面试者的回答以及观察他们所做出的各种反应，考察求职者是否具备相关职位的任职资格条件，其中包括个性特点、知识技能、求职动机等	具有**简便快捷、容易操作、不需要复杂的专用测试工具和方法**等优点，同时，它还使面试者能够面对面地了解和观察求职者，从而产生比较真切的整体性感受，受到了各种组织的普遍欢迎	（1）如果对面试过程没有进行科学的精心设计，则面试的效度很可能会比较低； （2）从组织的角度来说，派人专门对求职者进行面试也存在机会成本

（2）根据面试结构划分的面试类型（见表 6-8）

表 6-8 根据面试结构划分的面试类型

类型	含义	优点	缺点
非结构化面试	在面试过程中，不存在结构化的面试指南或必须遵循的既定格式	面试考官和被面试者之间的谈话会比较自然和顺畅；双方之间的谈话内容前后连贯，逻辑关系比较清晰，而且面试考官可以根据被面试者的个人特征对一些个性化的问题进行更为深入的探讨	（1）不仅很难确保对所有的求职者都提供公平的机会，而且很难确保所有的关键问题都能被问到； （2）面试问题很容易受到面试考官个人兴趣或工作背景等因素的影响； （3）非结构化面试的信度和效度显然要比结构化面试的信度和效度低得多
结构化面试	又称标准化面试，是依据预先确定的面试内容、程序、评分结构等进行的面试形式	它的程序、内容以及评分方式等的标准化程度都比较高，面试的结构严密，层次性强，评分模式固定。它不仅能够确保所有的被面试者都被问到相同的问题，而且能够确保所有需要问的问题都会被问到，从而确保重要的或关键的信息不会遗漏。此外，还有助于降低面试考官个人的偏见在有意或无意中对甄选结果造成的不利影响。面试的公平性以及面试的信度和效度都会比较高	由于问题都是事先设定好的，面试考官个人没有发挥的余地，对于自己发现的同时也确实很重要的某些问题点可能不便过多提问。此外，严格按照问题顺序提问的方法可能让被面试者感到有些僵硬，谈话不那么顺畅和自然
半结构化面试	—	半结构化面试使得面试考官在面试过程中具有一定的自主权，可以做到面试的结构性与灵活性相结合	—

（3）根据面试组织形式划分的面试类型（见表6-9）

表6-9　根据面试组织形式划分的面试类型

类型	含义	优点	缺点
单独面试①（一对一面试）	指面试考官和被面试者两个人单独见面，面试考官进行口头引导或询问，被面试者作出回答	双方的注意力都比较集中，谈话的连续性和逻辑性比较好，被面试者相对来说会感到比较自然	有时双方的对话可能进展不顺利，甚至难以进行，因而会出现一些比较尴尬的场面。此外，单独依靠一位面试考官得出的面试结论做出甄选决策时，可能难以确保决策的准确性
系列面试（顺序面试）	组织根据某种特定的先后顺序，安排组织中的若干人员对同一位被面试者进行多轮面试，最后再将所有面试考官独立得出的面试结果加以汇总，从而最终得出面试结论	最终的甄选决策是综合做出的，从而有利于确保面试结果的有效性，避免了因为某一位面试考官个人的偏见或疏忽出现的评价误差	需要参与的人员数量较多，耗时较长
小组面试	由一组面试考官在同一时间和同一场所，共同对一位被面试者进行提问、观察并作出评价的面试方法	（1）可以保证面试时所提的问题全面、深入；（2）可以有效地避免被面试者不得不反复回答每位面试考官提出的相同问题	某些被面试者在接受小组面试时可能会感觉到压力比较大，因此在回答问题时可能会比较紧张或拘谨
集体面试	多位被面试者在同一时间和同一场合，共同接受面试考官面对面询问的一种面试形式	有助于考查被面试者在一个群体当中的思维方式以及行为方式，从而考查他们的人际关系能力和语言表达能力	—

注：①这是一种比较常见的面试形式。

（4）一些特殊的面试形式（见表6-10）

表6-10　一些特殊的面试形式

类型	含义	优点	缺点
压力面试	面试考官在面试过程中故意制造出一种紧张气氛，对被面试者施加心理压力，然后观察被面试者在压力状况下的情绪变化以及所做出的反应	（1）可以帮助面试考官了解被面试者在未来的某种具有特定压力的工作环境中是否能够达成较好的绩效；（2）可以帮助组织辨别哪些求职者属于过于敏感或者压力承受能力较弱的人，从而从一开始就避免雇用这种无法承受适当压力的求职者	如果对压力面试掌控不好，面试就有可能会因为过于具有侵犯性或者有违一般道德规范而受到质疑甚至起诉

续表

类型	含义	优点	缺点
电话面试和视频面试	—	(1)面试考官和被面试者见面有困难的情况下，通过电话进行面试就有其独特的优越性； (2)电话面试的做法还可以帮助组织考察被面试者在电话中讲话的语气、语速等特点，是否符合组织对这种特殊职位的要求	—

(二)改善面试效果的主要方法(见表6-11)

表6-11　改善面试效果的主要方法

方法	主要内容
采用情境化结构面试	(1)也称为行为事件面试技术； (2)面试题目的类型：以过去的经验为依据；未来导向型
面试前做好充分准备	(1)安排好面试所需的时间、场地和资料； (2)认真阅读简历材料和职位说明书，准备好相关的问题
系统培训面试考官	(1)明确面试考官的职责及其在面试过程中所扮演的角色； (2)让面试考官学会如何与各种不同类型的被面试者打交道； (3)传授引导和控制面试过程的技巧； (4)使面试考官理解在进行面试评价时可能会出现的各种偏差，从而使他们能够在实际操作中注意避免犯这些错误，正确理解评分标准，掌握评分方法和评分尺度

【例5·单选题】需要参与的人员数量较多并且耗费的时间较长的面试是(　　)。
A. 单独面试
B. 系列面试
C. 小组面试
D. 集体面试

解析 ▶ 本题考查面试的类型。系列面试需要参与的人员数量较多，而且耗费的时间较长。

答案 ▶ B

【例6·多选题】根据面试的标准化程度，面试可以分为(　　)。
A. 非结构化面试
B. 结构化面试
C. 半结构化面试
D. 单独面试
E. 系列面试

解析 ▶ 本题考查面试的类型。根据面试的标准化程度，面试可以分为非结构化面试、结构化面试以及半结构化面试三种类型。

答案 ▶ ABC

考点七 履历分析(见表6-12)

表6-12 履历分析

类比项	含义	基本假设	对履历的要求
履历分析[①]	又称资历分析或评价技术，它通过对一个人的基本背景以及学习、工作、生活经历甚至个人习惯等与工作相关的履历信息进行收集和分析，从而判断一个人对未来工作岗位的适应性以及预测其未来工作绩效、任职年限和流动性等特征的一种人才测评方法	一个人的行为具有一致性，即一个人过去的行为是对其未来行为进行预测的最佳依据	真实、全面、相关

注：①履历分析技术的一个最新发展是目标履历分析法，与传统的履历分析试图去预测一个人的总体工作绩效不同，这种技术的目的是预测不同的人在某些与工作相关的具体行为或兴趣方面存在的差异。

历年考题解析

一、单项选择题

1. (2019年)在情景化结构面试通常需要遵循"STAR"原则，其中"T"表示( )。
   A. 环境　　　　B. 任务
   C. 结果　　　　D. 行动
   解析 本题考查情景化结构面试。情境化结构面试需要遵循"STAR"原则，首先向被面试者描述他们可能会面对的典型环境(Situation)或需要完成的主要工作任务(Task)，然后询问他们实际上采取了何种行动(Action)，最后让他们说明这种行动产生了怎样的结果(Result)。
   答案 B

2. (2019年)从甄选测试分类的角度来看，通常所说的智力测试属于( )。
   A. 一般认知能力测试
   B. 特殊认知测试
   C. 知识测试
   D. 成就测试
   解析 本题考查能力测试。一般认知能力测试即通常所说的智力测试或智商测试。
   答案 A

3. (2019年)首先提供一组描述人的个性或特质的词或句子，然后让其他人通过对被测试者的观察，对被测试者的人格或特质做出评价，这种方法叫作( )。
   A. 自陈量表法
   B. 评价量表法
   C. 投射法
   D. "大五"人格测试法
   解析 本题考查人格测试。评价量表法是首先提供一组描述人的个性或特质的词或句子，然后让其他人通过对被测试者的观察，对被测试者的人格或特质做出评价。
   答案 B

4. (2019年)当企业同时使用同一种测试的A卷和B卷进行甄选测试时，A卷和B卷在测试内容上的等值程度称为( )。
   A. 复本信度　　　B. 分半效度
   C. 重测信度　　　D. 预测效度
   解析 本题考查信度。复本信度是指对同一组被测试者进行某种测试时，使用两种功能等值但是表面内容并不相同的测试形式，然后考察在这两种等值的测试中被试者取得的分数之间的相关程度。
   答案 A

5. (2019年)反映一种甄选测试技术对被测试

者的工作绩效进行预测的准确程度的是( )。
A. 内容效度　　B. 一致性效度
C. 构想效度　　D. 效标效度

解析 本题考查效度。效标效度也称效标关联效度，是指一种测试或甄选技术对被测试者的一种或多种工作行为或工作绩效进行预测的准确程度。

答案 D

6. (2019年)霍兰德的职业兴趣理论认为，有一类人的基本人格倾向是：冒险、乐观、自信、精力充沛、有野心，看重政治和经济方面的成就，喜欢追求财富、权力和地位，喜欢与人争辩，喜欢说服别人接受自己的观点。这类人的职业兴趣类型属于( )。
A. 研究型　　B. 企业型
C. 艺术型　　D. 现实型

解析 本题考查职业兴趣测试。依据霍兰德提出的六种基本职业兴趣类型，可知题干中描述的基本人格倾向属于企业型。

答案 B

7. (2018年)关于员工甄选中工作样本测试的说法，错误的是( )。
A. 它所考察的内容与实际工作内容具有较高相似度
B. 它的开发成本较高
C. 它的效度比较高
D. 它的普遍适用性很高

解析 本题考查工作样本测试。由于工作样本测试是专门针对特定职位设计的，因此它的普遍适用性很低，只能针对不同的职位来开发不同的测试。

答案 D

8. (2018年)某公司招聘新员工时采用了人格测试，具体方式是向求职者提供一些刺激情境，然后让求职者自由地表达对刺激情境的认识和理解，这种方法属于( )。
A. 标杆法　　B. 投射法
C. 评价量表法　　D. 自陈量表法

解析 本题考查人格测试。投射法，这种方法首先向被测试者提供一些未经组织的刺激情境，然后让被测试者在不受限制的情境下自由表现出自己的反应。不过，这种人格测试方法在人员甄选中使用并不普遍。

答案 B

9. (2018年)"如果客户投诉你的某位下属存在工作态度问题，你会怎么做?"这种面试问题属于( )。
A. 知识性问题　　B. 人格性问题
C. 经验性问题　　D. 情境化问题

解析 本题考查改善面试效果的主要方法。情境化结构面试的题目可以划分为两类：一类是以过去的经验为依据，它要求被面试者回答他们在过去的工作中遇到的某种情形，以及他们当时是如何处理的；另一类则是未来导向型的，它要求被面试者回答，将来一旦遇到某种假设的情形，他们将会采取怎样的处理措施。

答案 D

10. (2017年)关于员工甄选的说法，错误的是( )。
A. 从一开始就甄选到正确的人有利于培养一流员工
B. 企业的甄选决策出现失误可能会使其付出很大的代价
C. 甄选工作做好了，其他人力资源管理工作就不重要了
D. 甄选到优秀的员工对于确保企业战略目标的达成至关重要

解析 本题考查甄选及有效性。在甄选过程中，组织需要解决的是如何挑选出最合适的高质量求职者，然后将他们正确地配置到合适的岗位上这样一个问题。所以即便是甄选工作做好了，其他后续工作的正确配置等也是很重要的。

答案 C

11. (2017年)某公司在新员工甄选过程中采用了人格测试，要求求职者基于自身感受实事求是地填答一套包括是非题、选择题的书面问卷。这种人格测试的方法属于( )。
A. 投射法　　B. 自陈量表法

C. 评价量表法　　D. 标杆法

解析 本题考查甄选的主要方法。自陈量表法指的是编制好一套人格测试问卷之后，由被测试者本人根据自己的实际情况或感受来回答问卷中的全部问题，以此来衡量一个人的人格。　**答案** B

12. （2017年）某计算机公司招聘软件工程师时，要求求职者参与编程测试，这种测试方法属于（　）。

A. 工作样本测试　　B. 评价中心技术
C. 公文筐测试　　　D. 知识测试

解析 本题考查工作样本测试的概念。工作样本测试，就是在一个对实际工作的一部分或全部进行模拟的环境中，让求职者实地完成某些具体的工作任务的一种测试方法。　**答案** A

13. （2017年）多位被面试者在同一时间和同一场合，共同接受面试官面对面的询问，这种面试称为（　）。

A. 单独面试　　B. 系列面试
C. 小组面试　　D. 集体面试

解析 本题考查面试。集体面试是多位被面试者在同一时间和同一场合，共同接受面试考官面对面询问的一种面试形式。　**答案** D

二、多项选择题

1. （2019年）关于甄选中使用公文筐测试的说法，正确的有（　）。

A. 它适合对管理人员进行评价
B. 它能够考察被测试者的口头表达能力
C. 它的编制成本较高，评分也相对比较困难
D. 它对实施场地的要求不高
E. 它是一种情景模拟测试

解析 本题考查公文筐测试。由于公文筐测试是由被测试者单独完成的，因而无法通过该测试观察被测试者的人际交往能力（包括口头表达能力）和团队工作能力。　**答案** ACDE

2. （2018年）从测试的内容来看，心理测试可以划分为（　）三大类。

A. 评价中心技术　　B. 职业兴趣测试
C. 成绩测试　　　　D. 人格测试
E. 能力测试

解析 本题考查心理测试。从测试内容来看，心理测试可以划分为能力测试、人格测试和兴趣测试三大类。　**答案** BDE

3. （2018年）关于无领导小组讨论的说法，正确的有（　）。

A. 考官并不参与讨论，而是在不干扰讨论的情况下进行观察
B. 通过无领导小组讨论可以考察求职者的口头表达以及人际交往等方面的能力
C. 无领导小组讨论让一开始没有领导者的一组人通过讨论选出一位领导者
D. 在无领导小组讨论中，求职者的地位是平等的
E. 无领导小组讨论使用的问题必须是两难性的问题

解析 本题考查评价中心技术。选项C错误：所谓的"无领导小组"，就是指在讨论的过程中，组织者不会为该小组指定一名领导人，而是让大家自由发言。选项E错误：在无领导小组讨论中使用的试题可以大致分为五种形式，并不是只有两难性的问题。　**答案** ABD

4. （2017年）为了改善新员工招聘过程中的面试效果，企业可以采取的措施包括（　）。

A. 采取情境化结构面试
B. 要求面试官在面试前认真阅读职位说明书
C. 系统的对面试官进行面试技巧培训
D. 让用人部门自行选择面试官，人力资源部门不参与面试工作
E. 组织者在面试前做好各方面的准备工作

解析 本题考查改善面试效果的主要方法。选项D错误，一般是人力资源部门和用人部门共同参与面试相关事宜。　**答案** ABCE

三、案例分析题

（一）

（2018年）某公司过去的员工甄选工作比较简单，一般是人力资源部门先筛选简历，重点看简历是否符合公司的任职资格要求。然后再将条件最好的几个人推荐给用人部门进行简单的笔试和面试。最近几年，公司发现这种过于简单的员工甄选方法存在很多问题。问题一是陆续出现了一些管理人员违规侵占公司利益的问题。经过调查发现，公司录用的跳槽过来的个别人员在上家公司工作时就存在类似问题，因为被发现，才不得不选择跳槽。问题二是公司采用的甄选测试方法缺乏有效性，一些测试得分较高的人被录用后，实际工作绩效却不如一些分数低的人。问题三是由于面试考官没有受过系统培训，面试方法不够科学。问题四是公司在招录管理人员时，只进行简单的笔试和面试，甄选方法过于单一，效果欠佳。为此，公司人力资源部门准备系统学习和掌握员工甄选工作的基本原理和相关规范，并在此基础上改进公司员工甄选系统。包括引进评价中心技术、改进面试效果等。

1. 一些测试得分较高的人被录用后，实际工作绩效却不如一些分数低的人，这说明该公司甄选测试的（　　）比较低。
   A. 内部一致性效度
   B. 预测效度
   C. 同质性效度
   D. 分半效度

   解析 本题考查效标效度。预测效度所要考察的是员工被雇用之前的测试分数与其被雇用之后的实际工作绩效之间是否存在实证性联系。　　　　**答案** B

2. 为了解决案例中的问题一，该公司可以采取的措施有（　　）。
   A. 对候选人进行履历分析以更好地理解其背景
   B. 对候选人进行知识测试以了解其专业知识程度
   C. 对候选人进行认知能力测试以了解认知能力
   D. 对候选人进行职业兴趣测试以了解其职业兴趣

   解析 本题考查履历分析。履历分析又称资历分析或评价技术，它通过对一个人的基本背景以及学习、工作、生活经历甚至个人习惯等与工作相关的履历信息进行收集和分析，从而判断一个人对未来工作岗位的适应性以及预测其未来工作绩效、任职年限和流动性等特征的一种人才测评方法。问题一产生的原因是公司缺乏履历分析。　　　　**答案** A

3. 为了解决案例中的问题三，公司决定对面试考官进行系统培训。这种系统培训应当让考官掌握的要点包括（　　）。
   A. 为了更好地考核候选人的真实情况，应让候选人充分发挥，不要试图控制面试时间
   B. 如果在面试之初，就对一位候选人很有把握，可尽快作出决定，不必浪费太多时间
   C. 了解面试中容易出现的误区和相应的解决方法
   D. 为了更好地考察，考官应该在面试前留出时间看候选人的简历

   解析 本题考查改善面试效果的主要方法。对面试考官的培训重点应当关注以下几个方面：一是明确面试考官的职责及其在面试过程中所扮演的角色。二是传授引导和控制面试过程的技巧。三是让面试考官学会如何与各种不同类型的被面试者打交道。四是使面试考官理解在进行面试评价时可能会出现的各种偏差，从而使他们能够在实际操作中注意避免犯这些错误，正确理解评分标准，掌握评分方法和评分尺度。　　　　**答案** CD

4. 为了解决案例中的问题四，该公司准备采用评价中心技术，关于评价中心技术的说

法，正确的是(　　)。
A．评价中心技术能够有效考察候选人的管理能力和问题解决能力
B．评价中心技术通过要求候选人完成实际工作任务来进行测试
C．评价中心技术在甄选管理人员方面具有较高的效度
D．评价中心技术包括公文筐测试和角色扮演等

解析 ▶ 本题考查评价中心技术。评价中心技术是通过情景模拟的方法来对求职者进行评价的，选项B错误。　**答案** ▶ ACD

(二)

(2017年)最近，某公司人力资源部对员工甄选效果进行了评估，发现了一些不太理想的情况。

第一，公司很多管理人员甚至高层管理人员不重视员工甄选工作，参与面试时存在"应付差事""走过场"的情况，向求职者提出的问题天马行空，比较随意。

第二，有些已经录用的员工与公司文化不相匹配，例如有些人沟通能力较差，缺乏团队合作精神，无法融入集体。

第三，尽管公司在甄选过程中采用了多种测试方法，但在实际工作中却发现，在当初测试打分较高的人，其实际工作绩效反而不如一些测试分数相对较低的人。

人力资源部就这些情况咨询了相关专家。专家建议针对第一种情况可实施情景化结构面试并建立题库；针对第二种情况可增加无领导小组讨论方法。

1. 根据第一种情况描述的现象，关于该公司招聘面试的说法，正确的有(　　)。
A．这家公司的面试标准化程度比较高
B．这家公司的面试官可能对应聘相同职位的不同求职者提出不同的问题
C．这家公司的面试过程很容易受到面试官个人主观意志的影响
D．改善这家公司面试效果的方法之一是对参与面试的管理者进行面试培训

解析 ▶ 本题考查面试。由题干描述可知该公司对员工甄选工作不重视，走过场，可见其面试的标准化程度比较低，A错误。

答案 ▶ BCD

2. 第三种情况说明，该公司员工甄选体系的(　　)比较低。
A．预测效度　　B．构想效度
C．内部一致性信度　D．重测信度

解析 ▶ 本题考查预测效度。预测效度所要考察的是员工被雇用之前的测试分数与其被雇用之后的实际工作绩效之间是否存在实证性联系。　**答案** ▶ A

3. 关于无领导小组讨论的说法，正确的有(　　)。
A．无领导小组能够考察被试者的人际沟通能力、口头表达能力和领导能力
B．在无领导小组讨论中，每个人的地位都是平等的
C．在无领导小组讨论中，评价者不参与讨论过程
D．无领导小组讨论对评价者的评价技术要求比较低

解析 ▶ 本题考查无领导小组讨论。无领导小组讨论对评价者的评分技术要求比较高。

答案 ▶ ABC

4. 下列面试题目中，属于情境化结构面试题目的是(　　)。
A．请谈一谈你本人有哪些优点
B．请谈一下你对所面试的工作的认识
C．请谈一谈你为什么希望进入本公司
D．请你举一个例子，设定一个目标，你如何完成

解析 ▶ 本题考查情境化结构面试。情境化结构面试的题目可以划分为两类：一类是以过去的经验为依据，它要求被面试者回答他们在过去的工作中遇到的某种情形，以及他们当时是如何处理的。另一类则是未来导向的，它要求被面试者回答，将来一旦遇到某种假设的情形，他们将会采取怎样的处理措施。　**答案** ▶ D

同步系统训练

一、单项选择题

1. 人员甄选工作，选择了正确的人，实际上就等于奠定了培养和开发的基础，这说明（ ）。
   A. 符合企业需要的优秀员工是确保组织战略目标达成的最根本保障
   B. 弥补甄选决策失误的代价可能极高
   C. 甄选决策失误可能会对员工本人造成伤害
   D. 错误甄选的代价由组织单方面来承担

2. 任何一种人员甄选方法都应当达到一定的信度，信度的高低可用（ ）来表述。
   A. 相关系数   B. 信度系数
   C. 决定系数   D. 标准差系数

3. 一般情况下，信度系数不低于（ ）的测试工具被视为信度较好。
   A. 0.1   B. 0.3
   C. 0.5   D. 0.7

4. 人员甄选中的重测信度反映的是（ ）。
   A. 不同评价人员评分结果的一致性
   B. 同一测验在不同时间上的稳定性
   C. 两个测验在内容上的等值程度
   D. 同一测验内部不同题目测试结果的一致性

5. 内部一致性信度反映的是（ ）。
   A. 采用两个测验复本测量同一群体时得到两个分数间的相关性
   B. 不同评价者对同一对象进行评定时的一致性
   C. 用同一方法对一组应聘者在两个不同时间进行测试的结果间的一致性
   D. 在同一测验内部，不同题目的测试结果间的一致性

6. 在人员甄选当中应当达到一定的信度和效度，其中信度与效度的关系为（ ）。
   A. 信度是效度的充分条件
   B. 信度是效度的必要条件
   C. 信度和效度互为必要且充分条件
   D. 信度和效度的关系没有统一评判标准

7. 在评估重测信度时，两次测试之间的时间间隔很重要。根据一般经验，两次测试的时间间隔为（ ）可能比较合适。
   A. 半个月到两个月
   B. 一个月到三个月
   C. 半个月到半年
   D. 半年到一年

8. 下列有关复本信度的描述正确的是（ ）。
   A. 用两个功能相同但题目内容不同的测验复本来测验同一群体时得到的两个分数的相关性
   B. 主要反映同一测试内部不同题目的测试结果是否具有一致性
   C. 不同评价者对同一对象进行评定时的一致性
   D. 用同一方法对一组应聘者在两个不同时间进行测试，所得结果的一致性

9. 下列指标中，反映了一种测试工具对于它所要测量的内容或特质进行准确测量的程度的是（ ）。
   A. 接近度   B. 信度
   C. 难易度   D. 效度

10. 一种测试或甄选技术对被试者的一种或多种工作行为或工作绩效进行预测的准确程度称为（ ）。
    A. 内部一致性信度
    B. 内容效度
    C. 效标效度
    D. 构想效度

11. 人格是个人特质与环境相互作用的产物，其具有的特征不包括（ ）。
    A. 整体性   B. 动态性
    C. 稳定性   D. 社会性

12. 下列关于能力测试的说法中，错误的是（ ）。

A. 能力测试可以划分为认知能力测试和运动与身体能力测试两种类型

B. 一般认知能力测试所要测量的是一个人的某种单一特质

C. 特殊认知能力测试又被称为能力倾向测试或职业能力倾向测试

D. 在甄选测试中通常最受关注的是语言理解能力、数量能力和推理能力

13. 首先提供一组描述人的个性或特质的词或句子，然后让其他人通过对被测试者的观察，对被测试者的人格或特质做出评价，这种人格测试方法是（　　）。
   A. 评价量表法
   B. 自陈量表法
   C. 投射法
   D. 行为事件访谈法

14. 编制好一套人格测试问卷之后，由被测试者本人根据自己的实际情况或感受来回答问卷中的全部问题，以此来衡量一个人的人格，这种人格测量方法是（　　）。
   A. 评价量表法
   B. 自陈量表法
   C. 投射法
   D. 行为事件访谈法

15. 下列关于知识测试的说法中，错误的是（　　）。
   A. 知识测试就是我们通常所说的考试
   B. 知识测试可以被划分为综合知识测试、专业知识测试、外语测试等各种不同类型
   C. 社会上的一些职业资格考试基本上都属于知识测试
   D. 知识测试通常都是以笔试的方式完成，所有的笔试都属于知识测试

16. 下列关于成就测试和认知能力测试的说法中，不正确的是（　　）。
   A. 测量对象都属于认知性特质
   B. 成就测试往往是一种事前评估
   C. 成就测试要注重内容效度
   D. 认知能力测试必须有较高的预测效度

17. 工作样本测试在现实中有广泛的运用，下列不属于工作样本测试的是（　　）。
   A. 对计算机编程人员实施的编程测试
   B. 对物流货运人员实施的标准驾驶测试
   C. 对秘书和职员实施的电子文字和电子表格标准化测试
   D. 社会上的一些职业资格考试

18. 下列选项中，不属于公文筐测试优点的是（　　）。
   A. 操作比较简单
   B. 表面效度较高
   C. 适合对管理人员进行评价
   D. 可以很好地考察被测试者的情绪稳定性

19. 下列无领导小组讨论使用的试题形式中，（　　）的主要目的是考察被测试者思考问题的全面性和针对性，思路是否清晰，是否有新的观点和见解等。
   A. 开放式问题
   B. 两难性问题
   C. 多项选择问题
   D. 操作性问题

20. （　　）又称为标准化面试。
   A. 非结构化面试
   B. 结构化面试
   C. 系列面试
   D. 集体面试

21. 下列不属于特殊的面试形式的是（　　）。
   A. 压力面试　　B. 电话面试
   C. 视频面试　　D. 系列面试

22. 改善面试效果的主要方法不包括（　　）。
   A. 采用情境化结构面试
   B. 面试前做好充分准备
   C. 采用压力面试
   D. 系统培训面试考官

23. 履历分析技术的最基本假设是一个人的行为具有（　　）。
   A. 稳定性　　B. 一致性
   C. 相关性　　D. 全面性

二、多项选择题

1. 如果组织在甄选过程中产生决策失误，雇

用了不合适的人，可以采取的弥补方式有（　）。
A. 对员工进行培训
B. 调整员工的工作岗位
C. 到期解除劳动合同
D. 直接解雇
E. 直接降薪

2. 要想达到较高的信度，需要注意的问题有（　）。
A. 测试过程要标准化，尽可能按照测量学的要求去做
B. 选取的样本要具有广泛的代表性
C. 要保持良好的测试环境
D. 样本应尽可能具有同质性
E. 要注意测试的难度和长度

3. 人员甄选的效度主要分为（　）。
A. 内容效度 B. 分半信度
C. 效标效度 D. 构想效度
E. 效标关联效度

4. 下列属于心理测试的有（　）。
A. 能力测试 B. 知识测试
C. 人格测试 D. 职业兴趣测试
E. 成就测试

5. 心理运动能力测试通常用于（　）。
A. 收音机装配工
B. 电视组装工
C. 政府官员
D. 企业管理层
E. 手表装配工

6. 从测试内容来看，心理测试可以划分为（　）。
A. 能力测试 B. 道德测试
C. 人格测试 D. 兴趣测试
E. 思维测试

7. 现实型职业兴趣类型的人适合从事的职业有（　）。
A. 技能性职业
B. 技术性职业
C. 工程设计类工作
D. 企业领导
E. 会计

8. 成就测试通常包括（　）。
A. 职业兴趣测试
B. 工作样本测试
C. 人格测试
D. 知识测试
E. 运动和身体能力测试

9. 根据组织形式划分，面试可以分为（　）。
A. 结构化面试 B. 单独面试
C. 系列面试   D. 小组面试
E. 集体面试

10. 履历分析技术对作为分析对象的履历的要求有（　）。
A. 履历信息必须真实
B. 履历信息必须全面
C. 履历信息必须恰当
D. 履历信息必须完整
E. 履行信息必须相关

同步系统训练参考答案及解析

一、单项选择题

1. A 【解析】本题考查甄选对组织的价值与意义。符合企业需要的优秀员工是确保组织战略目标达成的最根本保障。很多管理学家明确指出，培养员工的敬业精神、献身精神以及良好绩效，其实并不是在员工进入组织之后，而是在员工还没有进入组织的时候就已经开始了。也就是说，选择了正确的人，实际上就等于奠定了培养和开发的基础。

2. B 【解析】本题考查信度。信度的高低是用信度系数来表述的。

3. D 【解析】本题考查信度。一般情况下，信度系数不低于0.7的测试工具被视为信度较好。

4. B 【解析】本题考查重测信度。重测信度

又称再测信度，是指用同一种测试工具在不同的时间对同一群人进行多次测试所得到的结果的一致性程度。它可以用来考察一种测试工具在时间上的稳定性，具体信度系数用多次测试所得结果之间的相关系数来表示。

5. D 【解析】本题考查内部一致性信度。内部一致性信度就是指反映同一测试内容的各个题目之间的得分一致性程度，它考察了同一项测试中的若干题目是否确实都是在测量同一个内容或特质。

6. B 【解析】本题考查甄选的可靠性与有效性。只有当一种甄选工具达到可靠和有效的时候，才有可能是合格的。从这方面来说，任何一种甄选方法都应当达到一定的信度和效度，其中信度是效度的必要条件（但不是充分条件）。

7. C 【解析】本题考查重测信度。在评估重测信度时，两次测试之间的时间间隔很重要。根据一般经验，两次测试的时间间隔为半个月到半年可能比较合适。

8. A 【解析】本题考查复本信度。复本信度就是指对同一组被试者进行某种测试时，使用两种功能等值但是表面内容并不相同的测试形式，然后考察在这两种等值的测试中被试者取得的分数之间的相关程度。

9. D 【解析】本题考查效度。所谓效度，即一种测试的有效性，它反映了一种测试工具对于它所要测量的内容或特质进行准确测量的程度。

10. C 【解析】本题考查效标效度。效标效度也称效标关联效度，是指一种测试或甄选技术对被试者的一种或多种工作行为或工作绩效进行预测的准确程度。

11. D 【解析】本题考查人格测试。人格是个人特质与环境相互作用的产物，它具有整体性、动态性和稳定性的特征。

12. B 【解析】本题考查能力测试。一般认知能力测试，即通常所说的智力测试或智商测试，它所要测量的不是一个人的某种单一特质，而是同时测量一个人的多种能力，如记忆能力、口头表达能力以及数学能力等。这些能力是从事任何一种工作都必须具备的一些基本脑力能力。

13. A 【解析】本题考查人格测试。首先提供一组描述人的个性或特质的词或句子，然后让其他人通过对被测试者的观察，对被测试者的人格或特质做出评价，这种人格测量方法是评价量表法。

14. B 【解析】本题考查心理测试。自陈量表法，即编制好一套人格测试问卷之后，由被测试者本人根据自己的实际情况或感受来回答问卷中的全部问题，以此来衡量一个人的人格。

15. D 【解析】本题考查知识测试。知识测试通常都是以笔试的方式完成，但并非所有的笔试都属于知识测试。

16. B 【解析】本题考查成就测试。成就测试要评估一个人在接受教育或训练之后获得的学习成果，它往往是一种事后评估。

17. D 【解析】本题考查工作样本测试。社会上的一些职业资格考试基本上都属于知识测试，D选项错误。

18. D 【解析】本题考查评价中心技术。D选项是无领导小组讨论的考察特点。

19. A 【解析】本题考查无领导小组讨论。开放式问题的主要目的是考察被测试者思考问题的全面性和针对性，思路是否清晰，是否有新的观点和见解等。

20. B 【解析】本题考查面试的类型。结构化面试，又称标准化面试，是依据预先确定的面试内容、程序、评分结构等进行的面试形式。

21. D 【解析】本题考查面试。一些比较特殊的面试形式包括：压力面试、电话或视频面试等。

22. C 【解析】本题考查改善面试效果的主

要方法。改善面试效果的主要方法包括：采用情境化结构面试；面试前做好充分准备；系统培训面试考官。

23. B 【解析】本题考查履历分析。履历分析技术的最基本假设是一个人的行为具有一致性。

二、多项选择题

1. ABCD 【解析】本题考查甄选对组织的价值与意义。即使一个组织在甄选过程中产生决策失误，雇用了不合适的人，也可以采取一些适当的方式来加以弥补。例如对员工进行培训，调整员工的工作岗位，甚至是通过到期解除劳动合同，或者直接解雇的方式来将不合格的人剔除出组织。

2. ABCE 【解析】本题考查信度。要想达到较高的信度，需要注意以下几个问题：第一，测试过程要标准化，尽可能按照测量学的要求去做。第二，选取的样本要具有广泛的代表性，当在总体中抽样时，样本应尽可能具有异质性，而不是集中于某一类人。第三，要注意保持良好的测试环境，其中包括心理环境和物理环境，努力使被试者保持一种轻松自然的心态。第四，要注意测试的难度和长度。测试太难或太易都不好，因为很可能会出现地板效应(得分普遍过低)或天花板效应(得分普遍偏高)的现象。此外，尽管测试的条目越多，信度往往越高，但是太长的测试容易引起被试者的疲劳和厌倦，从而影响测试的质量。

3. ACDE 【解析】本题考查效度。效度主要分为三类，即内容效度、效标效度和构想效度。效标效度也称效标关联效度。

4. ACD 【解析】本题考查心理测试。心理测试包括能力测试、人格测试和职业兴趣测试。选项 B 属于成就测试。

5. ABE 【解析】本题考查运动和身体能力测试。心理运动能力测试是对一个人的精神运动能力或受个体意识支配的精细动作能力进行的测试。这类测试的内容包括选择反应时间、肢体运动速度、四肢协调、手指灵巧、手臂稳定、速度控制等，大多与手的灵巧性有关，也有一些涉及腿或脚的运动。这种测试通常用于那些体力要求比较高的职位，如手表装配工，并且也包括收音机装配工、电视组装工等。

6. ACD 【解析】本题考查心理测试。从测试内容来看，心理测试可以划分为能力测试、人格测试和兴趣测试三大类。

7. AB 【解析】本题考查职业兴趣测试。现实型的人适合从事技能性和技术性的职业。

8. BD 【解析】本题考查成就测试。成就测试通常包括知识测试和工作样本测试两种类型。

9. BCDE 【解析】本题考查面试的类型。根据面试的组织形式，面试可以划分为单独面试、系列面试、小组面试和集体面试四种类型。

10. ABE 【解析】本题考查履历分析。履历分析技术对作为分析对象的履历有以下三方面的要求：履历信息必须真实、履历信息必须全面、履行信息必须相关。

本章思维导图

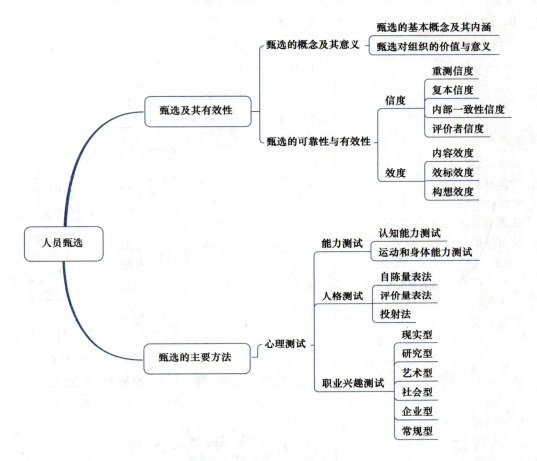

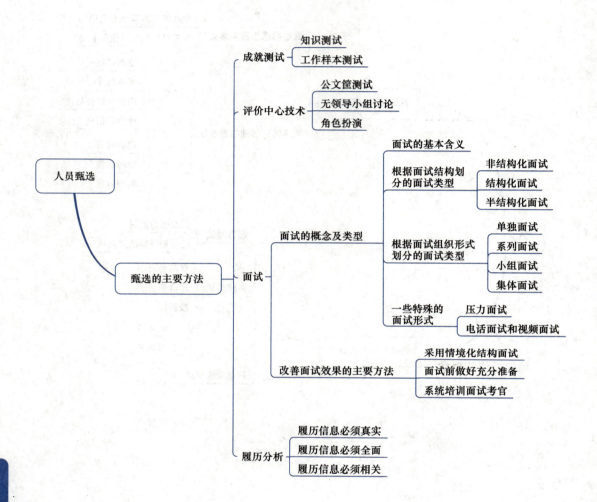

第 7 章　绩效管理

考情分析

　　本章主要讲述绩效管理体系各流程的相关知识。本章的重点是绩效管理，绩效计划、绩效监控与绩效辅导的概念，绩效评价技术，绩效评价中容易出现的问题，绩效管理工具，绩效反馈及绩效改进，特殊群体的绩效考核方法。从近三年的考题来看，各考试题型均有涉及。

最近三年本章考试题型、分值分布

年份	单项选择题	多项选择题	案例分析题	合计
2019 年	4 题 4 分	1 题 2 分	—	5 题 6 分
2018 年	4 题 4 分	1 题 2 分	—	5 题 6 分
2017 年	5 题 5 分	2 题 4 分	4 题 8 分	11 题 17 分

本章主要考点

1. 绩效管理的概念、作用、特征。
2. 战略性绩效管理。
3. 绩效计划、绩效监控与绩效辅导。
4. 绩效评价技术。
5. 绩效评价中容易出现的问题及其应对方法。
6. 绩效管理工具。
7. 绩效反馈面谈。
8. 绩效改进。
9. 特殊群体的绩效考核方法。

重点、难点讲解及典型例题

▶ **考点一　绩效管理概述**

（一）绩效管理的概念及作用（见表 7-1）

表 7-1　绩效管理的概念及作用

概念	管理者与员工通过持续开放的沟通，就组织目标和目标实现方式达成共识的过程，也是促进员工做出有利于组织的行为、达成组织目标、取得卓越绩效的管理实践

		续表
作用	在组织管理中	（1）有助于促进员工的自我发展； （2）有助于管理者节约成本； （3）有助于组织内部的沟通； （4）有助于建设和谐的组织文化； （5）是实现组织战略的重要手段
	在人力资源管理中	（1）为薪酬的发放、人员的配置和甄选提供依据，帮助组织更有效地实行员工开发； （2）可以评估人员招聘、员工培训等计划的执行效果
与绩效考核的联系与区别	联系	（1）绩效考核是绩效管理的重要组成部分，绩效考核的顺利实施取决于评价过程本身和与评价相关的整个绩效管理过程； （2）有效的绩效考核是对绩效管理的有力支撑，成功的绩效管理也会推动绩效考核的顺利开展
	区别	（1）绩效管理是一个完整的管理过程，绩效考核只是绩效管理中的一个环节； （2）绩效管理侧重于信息的沟通和绩效的提高，绩效考核侧重于绩效的识别、判断和评估

（二）有效的绩效管理的特征（见图 7-1）

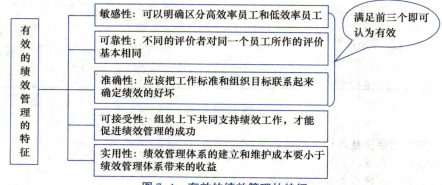

图 7-1　有效的绩效管理的特征

【例1·单选题】关于有效的绩效管理的说法，错误的是（　　）。

A. 可接受性与实用性不是有效的绩效管理体系的特征

B. 绩效管理体系的敏感性是指可以明确地区分高效率员工和低效率员工

C. 绩效管理体系的准确性是指可以通过把工作标准和组织目标联系起来确定绩效的好坏

D. 绩效管理体系的可靠性是指可以促使不同的评价者对同一个员工所做的评价基本相同

解析　本题考查有效的绩效管理的特征。有效的绩效管理的特征：敏感性、可靠性、准确性、可接受性、实用性。

答案　A

▶ 考点二　战略性绩效管理（见表 7-2）

表 7-2　战略性绩效管理

战略	绩效管理的内容
成本领先战略	（1）本着节约人、财、物资源的原则实施绩效管理； （2）在绩效计划、监控、反馈面谈中强化员工的成本意识； （3）尽量**选择以结果为导向的、实施成本较低的评价方法**（如目标管理法）； （4）以客观的财务指标引导员工的工作行为； （5）只选择直接上级作为评价主体，以节约实施成本； （6）考核周期不宜太短

续表

战略	绩效管理的内容
差异化战略	(1)组织在绩效管理中应该弱化员工工作的直接结果，而鼓励员工多进行创新活动； (2)在绩效计划、监控、反馈面谈中鼓励员工发挥创造性思维； (3)尽量**选择以行为为导向的评价方法**，因为创新成果难以用量化的指标去衡量； (4)对员工的结果做客观评价； (5)多元化主体评价； (6)考核周期不宜过短
防御者战略	(1)选择系统化的评价方法，多角度选择考核指标(如平衡计分卡法)； (2)考核周期可以与奖金发放的周期相一致，便于考核的操作； (3)在绩效管理的各种沟通环节中侧重于调动员工潜能、发挥员工工作积极性
探索者战略	(1)选择以结果为导向的评价方法； (2)在绩效管理的各种沟通环节中，将组织目标融入员工的个人发展目标，使组织和员工的利益趋于一致
跟随者战略	(1)选择标杆超越法的绩效考核方法； (2)考核主体尽量多元化

【例2·单选题】采用成本领先战略的企业适宜采用的绩效考核方法是(   )。
A. 平衡计分卡法　　　　　　　　　B. 标杆超越法
C. 以行为为导向的方法　　　　　　D. 目标管理法

解析 ▶ 本题考查成本领先战略的绩效管理方法。实行成本领先战略的企业，在绩效考核中为了加强员工对成本的重视程度，组织应当尽量选择以结果为导向、实施成本较低的评价方法，比如目标管理法，鼓励员工通过各种方法达到组织期望的成果。　　　　**答案** ▶ D

▶ **考点三　绩效计划**(见表7-3)

表7-3　绩效计划

概念	(1)是绩效管理的**第一个环节**(起点)； (2)是确定组织对员工的绩效期望并得到员工认可的过程。包括组织对员工工作成果的期望、组织希望员工表现的行为和使用的技能； (3)主管人员与员工在绩效年开始之初围绕绩效目标进行反复沟通的过程； (4)它要求组织与员工对绩效目标有清晰、明确的认识，并将这种共识落实为绩效计划书； (5)是**自上而下**的制订过程，也是将组织绩效分解成个人绩效目标的过程
目标种类	(1)绩效目标； (2)发展目标
制订原则	(1)价值驱动原则； (2)战略相关性原则； (3)系统化原则； (4)职位特色原则； (5)突出重点原则； (6)可测量性原则； (7)全员参与原则

续表

制订步骤	准备阶段：搜集制订绩效计划所需要的各种信息，包括： (1)近几年的绩效管理资料； (2)工作分析的相关资料； (3)最新的战略管理资料
	沟通阶段：管理者与员工通过反复的沟通就绩效计划的内容达成一致的过程

【例3·单选题】关于绩效计划的说法，错误的是(　　)。
A. 绩效计划不仅包括组织对员工工作成果的期望，还包括对员工行为和技能的期望
B. 绩效计划的制订是一个自上而下的过程，也是将组织绩效分解成个人绩效目标的过程
C. 绩效计划是由上级主管制订的，员工无需参与计划制订的过程
D. 绩效计划目标包括绩效目标和发展目标两类

解析▶ 本题考查绩效计划的制订。绩效计划的制订需要组织中人力资源管理部门、各级主管人员、员工的共同参与。

答案▶ C

▶ 考点四　绩效监控与绩效辅导(见表7-4)

表7-4　绩效监控与绩效辅导

绩效监控	概念	(1)在绩效考核期间内管理者为了掌握下属的工作绩效情况而进行的一系列活动； (2)通过管理者和员工持续的沟通，观测、预防或解决绩效周期内可能存在的问题，更好地完成绩效计划
	优点	可以随时发现员工工作中出现的问题并及时加以调整
	缺点	工作行为与工作结果相比更加主观，有时很难进行客观、准确的评价
	管理者的任务	(1)准确记录并定期汇总员工工作中的关键事件，为日后的绩效考核奠定事实基础； (2)就绩效执行情况与员工进行必要的沟通、交流
绩效辅导	概念	(1)在掌握了下属工作绩效的前提下，为了提高员工绩效水平和自我效能感而进行的一系列活动； (2)贯穿于绩效实施的整个过程中，是一种**经常性的管理行为**，它帮助员工解决当前绩效实施过程中出现的问题
	内容	(1)探讨绩效现状； (2)寻找改进绩效的方法

【例4·单选题】在掌握了下属工作绩效的前提下，为了提高员工绩效水平和自我效能感而进行的一系列活动，称之为(　　)。
A. 绩效辅导　　　　　　　　　　　B. 绩效监控
C. 绩效反馈面谈　　　　　　　　　D. 绩效改进

解析▶ 本题考查绩效辅导的概念。绩效辅导是在掌握了下属工作绩效的前提下，为了提高员工绩效水平和自我效能感而进行的一系列活动。绩效辅导贯穿于绩效实施的整个过程中，是一种经常性的管理行为，它帮助员工解决当前绩效实施过程中出现的问题。

答案▶ A

▶ 考点五　绩效评价

(一)绩效评价技术(见表7-5)

表7-5　绩效评价技术

方法		说明	优点	缺点
量表法	图尺度评价法	(1)该方法列举一些特征要素，并分别为每一个特征要素列举绩效的取值范围； (2)是一种**最简单和最常用**的绩效评价方法	实用且开发成本小	(1)该方法与组织战略之间常常差异较大； (2)该方法往往只有模糊和抽象的绩效标准； (3)该量表无法为员工改进工作提供具体的指导，不利于绩效评估的反馈
	行为锚定法	将每项工作的特定行为用一张等级表进行反映，该等级表将每项工作划分为各种行为级别(从最积极的行为到最消极的行为)，评价时评估者只需将员工的行为对号入座即可	(1)使工作的计量更为准确； (2)评估结果具有较高的信度； (3)评估结果具有良好的反馈功能	开发成本很高，操作流程复杂，需要付出大量的人力、物力、财力才能够制定出合理的行为等级表
	行为观察量表法	由工作绩效所要求的一系列合乎组织期望的行为组成的表单	(1)内部一致性令人满意； (2)对于量表的理解和使用比较便利； (3)有利于进行清晰的绩效反馈； (4)可以单独作为职位说明书的补充	(1)很难包含所有的行为指标的代表性样本；效度有待提高； (2)主管人员单独考核工作量太大，**不具有可操作性**
比较法	排序法	(1)简单排序法：评价者把所有员工按照总业绩的顺序排列起来； (2)交替排序法：将员工从绩效最好到最差进行交替排序，最后根据序列值来计算得分	(1)操作简单； (2)评估结果简单明了； (3)实施成本低廉	(1)容易使员工有心理压力，不容易接受评估的结果； (2)很难提供详细具体的绩效评估结果
	配对比较法	配对比较法是根据某项评价标准将每位员工逐一与其他员工比较，选出每次比较的优胜者，最后根据每位员工获胜的次数进行绩效排序	能在人数较少的情况下快速比较出员工绩效的水平	(1)当员工人数增加时，评估的工作量将会成倍地增加； (2)配对比较法只能得到员工绩效的排名，不能反映员工绩效的差距和工作能力的差距
	强制分布法	评估者将被评估者的绩效结果放入一个类似于**正态分布**的标准中。基于一个有争议的假设：在被评估者中，优秀、一般和较差的员工同时存在	(1)可以有效避免考核结果出现趋中趋势； (2)有利于管理手段的实施	当一个部门中的员工都非常优秀时，使用强制分布法强行划分员工的等级就显得有失公平

续表

方法		说明	优点	缺点
描述法	关键事件法	评估者在绩效周期内，将发生在员工身上的关键事件都记录下来，并将它们作为绩效评估的事实依据	（1）评价结果更加客观； （2）有针对性地对其进行培训； （3）为绩效反馈面谈奠定了基础	（1）非常费时； （2）无法提供员工之间、部门之间和团队之间的业绩比较信息
	不良事故评估法	通过预先设计不良事故的清单对员工的绩效进行考核	使企业尽量避免巨大损失	（1）不能提供丰富的绩效反馈信息； （2）不能用来比较员工、部门、团队的绩效水平

(二)绩效评价中容易出现的问题(见表7-6)

表7-6 绩效评价中容易出现的问题

问题	相关内容
晕轮效应	（1）会因对被评价者的某一特质的强烈的清晰的感知，而掩盖了该人其他方面的品质； （2）主管通常会给自己信任和宠爱的部下较高的分数，对不喜欢的员工给予较低的评价
趋中倾向	员工的考核分数集中在某一固定范围的变动中，评价结果无好坏的差异
过严或过宽	过分严厉或过分宽大评定员工
年资或职位倾向	主管倾向于给予那些服务年资较久、担任职务较高的被评价者较高的分数
盲点效应	主管难以发现员工身上存在的与主管自身相似的缺点和不足
刻板印象	个人对他人的看法，往往受到他人所属群体的影响
首因效应	根据最初的印象去判断一个人
近因效应	最近的或最终的印象往往是最强烈的，可以冲淡之前产生的各种因素

【例5·单选题】关于绩效评价常见误区的说法，正确的是( )。
A. 晕轮效应是指主管人员在绩效考核中往往根据最近的印象评价员工
B. 盲点效应是指主管人员不愿意得罪人，使绩效考核结果没有好坏的差异
C. 刻板印象是指主管人员在绩效考核中往往受到员工所属群体的影响去评价员工
D. 近因效应是指主管人员在绩效考核中往往根据最初的印象去评价员工

解析 本题考查绩效评价常见误区及应对方法。近因效应指最近或者最终的印象往往是最强烈的，可以冲淡之前产生的各种因素。趋中倾向指有些主管由于不愿意得罪人或所辖范围过大，很难全面了解所有员工工作表现时，将员工的考核分数集中在某一固定范围的变动中，使评价的结果没有好坏的差异。首因效应是指人们在相互交往的过程中，往往根据最初的印象去判断一个人。

答案 C

▶ 考点六　绩效管理工具（见表 7-7）

表 7-7　绩效管理工具

目标管理法	概念	目标管理是一种沟通的程序或过程，它强调企业上下一起协商，将企业目标分解成个人目标，并将这些目标作为公司经营、评估、奖励的标准
	设计流程	(1)绩效目标的确定。 (2)确定考核指标的权重。 ①重要又迫切的指标； ②重要但不迫切的指标； ③不重要但迫切的指标； ④既不重要又不迫切的指标； (3)实际绩效水平与绩效目标相比较。 (4)制定新的绩效目标
	优势	(1)有效性； (2)启发了员工的自觉性，调动了员工的积极性； (3)更易操作； (4)较为公平
	劣势	(1)目标管理法倾向于聚焦短期目标； (2)高估了企业内部自觉、自治氛围形成的可能性； (3)目标管理法可能增加企业的管理成本； (4)目标有时可能难以制定
标杆超越法	概念	标杆超越的**实质**是企业的变革，通过学习同行业经验，改掉制约企业发展陋习的过程
	设计流程	(1)发现"瓶颈"； (2)选择标杆； (3)收集数据； (4)通过比较分析确定绩效标准； (5)沟通与交流； (6)采取行动
	优势	(1)有助于激发企业中员工、团队和整个企业的潜能，提高企业的绩效； (2)可以促进企业经营者激励机制的完善
	劣势	(1)容易使企业盲目模仿标杆企业，导致企业失去自身的特色； (2)一旦标杆的选取出现偏差，也可能导致自身经营决策的失误
关键绩效指标法	概念	关键绩效指标法就是建立在关键绩效指标基础上的系统考核方法，它的目的是设计和建立基于企业经营战略的关键绩效指标体系；适用企业战略重大调整时期
	设计流程	(1)确定考核指标。 ①遵守 SMART 原则，即具体的、可测量的、可实现的、相关的、有时限的； ②类型：数量类、质量类、成本类、时限类； (2)确定评估标准
	注意事项	(1)关键绩效指标的数量不宜过多； (2)同类型职位的关键绩效指标必须保持一致； (3)关键绩效指标要彻底贯彻企业战略重点
	优势	将企业目标和个人目标很好地整合在一起
	劣势	(1)对某些职位而言，设计关键绩效指标比较困难； (2)缺少一套完整的对操作具有指导意义的指标框架体系

续表

平衡计分卡法	概念	平衡计分卡法是一种新型的战略性绩效管理系统和方法，它着眼于公司的长远发展，从四个角度关注企业的绩效，即**客户角度、财务角度、内部流程角度、学习与发展角度**；适用企业战略重大调整时期
	设计流程	(1)审视企业战略和竞争目标； (2)设立绩效指标； (3)开发各级平衡计分卡； (4)设定各级指标的评估标准； (5)进行绩效考核； (6)分析考核结果并修正指标及标准
	注意事项	(1)高层管理者需要积极参与平衡计分卡的实施，多与下级进行沟通； (2)防止平衡计分卡使用目的的单一； (3)要谨慎选择考核指标； (4)要充分重视平衡计分卡法实施的连续性和持久性
	优势	(1)消除了财务指标一统天下的局面，为企业的长远发展打下基础； (2)发展了战略管理系统； (3)实现了评估系统与控制系统的结合； (4)提高了企业发展的协调性
	劣势	实施成本很高，需要耗费大量的人力、物力和财力

【例6·单选题】 关于绩效管理工具的说法，错误的是( )。
A. 目标管理法能够节省企业的管理成本
B. 关键绩效指标法将企业绩效指标与企业的战略目标紧密联系起来
C. 标杆超越法有助于激发企业的潜能，提高企业的绩效
D. 平衡计分卡法消除了财务指标一统天下的局面

解析 ▶ 本题考查目标管理法。选项A说法错误，目标管理法可能增加企业的管理成本。

答案 ▶ A

▶ 考点七　绩效反馈面谈(见表7-8)

表7-8　绩效反馈面谈

作用	(1)为评价者与被评价者提供了沟通的平台，使考核公开化； (2)能够使员工客观地了解自己工作中的不足，有利于改善绩效； (3)可以通过主管人员和员工的真诚沟通，消除组织目标与个人目标之间的冲突，增强组织的竞争力
操作流程	准备阶段： (1)全面收集资料。 (2)准备面谈提纲。 (3)选择合适的时间和地点，并提前通知面谈对象

操作流程	实施阶段： (1)分析绩效差距的问题所在。 (2)协商解决办法。 (3)绩效反馈面谈的原则与技巧。 ①建立彼此之间的信任； ②开诚布公、坦诚沟通； ③避免对立与冲突； ④关注未来而不是过去； ⑤该结束时立即结束	
	评价阶段	
注意事项	(1)采取赞扬与建设性批评相结合的方式； (2)把重点放在解决问题上； (3)鼓励员工积极参与到反馈过程中	
评价者的误区	(1)不适当发问； (2)理解不足； (3)期待预期结果； (4)自我中心和感情化的态度； (5)以对方为中心及同情的态度	
技巧	(1)时间场所的选择； (2)认真倾听； (3)鼓励员工多说话； (4)以积极的方式结束对话	

【例7·单选题】关于绩效反馈面谈的说法，正确的是（　）。
A. 绩效面谈要含糊笼统，维护员工自尊
B. 绩效面谈的根本目的是指出员工的不足
C. 绩效面谈中不需要讨论员工的绩效现状
D. 绩效面谈中应避免对立和冲突

解析　本题考查绩效反馈面谈。绩效反馈面谈中，管理者要维护员工的自尊，切忌含糊笼统，员工绩效现状的信息应该被具体、详细、客观地解释。绩效面谈的目的不是指出员工的不足，而是弄清楚员工绩效不合格的原因。
答案　D

▶ 考点八　绩效改进（见表7-9）

表7-9　绩效改进

概念	通过找出组织或员工工作绩效中的差距，制订并实施有针对性地改进计划来提高员工绩效水平的过程	
方法	卓越绩效标准	(1)通过描述卓越企业的管理信念和行为，改进组织的整体效率和能力； (2)组织可以分析出自身与卓越组织的差别，探索组织的最佳运作方法，提高组织的绩效水平； (3)关注组织的管理理念

方法	六西格玛管理	(1)通过减少企业业务流程中的偏差，使组织的绩效提升到更高的水平； (2)**核心理念**：在企业整个业务流程的所有环节上，都运用科学的方法提高效率、减少失误率，使整个流程达到最优状态，从而满足客户的要求； (3)关注组织业务流程的误差率
	ISO质量管理体系	(1)通过在企业内部制定、实施和改进质量管理体系，使组织生产的产品或提供的服务提升到更高的水平，从而增强客户的满意度； (2)关注组织产品(或服务)的生产过程
	标杆超越	(1)通过对比和分析领先企业的经营方式，对本企业的产品或服务、业务流程、管理方式等关键成功因素进行改进，使组织成为同行业最佳的系统过程； (2)**实质：组织的变革**； (3)关注点可以灵活多变
效果评价		(1)反应：员工、客户、供应商对改进结果的反应； (2)学习或能力：即绩效改进实施后员工能力素质提升的程度； (3)转变：绩效改进活动对工作方式的影响； (4)结果：即绩效改进所达成的结果与预期的对比

【例8·单选题】关于绩效改进方法的说法，正确的是（ ）。
A. 标杆超越法更强调本企业固有的管理概念
B. 卓越绩效指标法通过强化个体卓越绩效指标推动企业战略目标的实现
C. ISO质量管理体系更关注产品的生产过程，努力提高产品质量或者服务水平
D. 六西格玛管理关注业务流程设置的合理性，以提升企业运行的效率

解析 本题考查绩效改进。标杆超越的实质是组织的变革，通过学习同行业经验，改掉制约企业发展陋习、提升企业绩效的过程，选项A错误。卓越绩效标准通过描述卓越企业的管理信念和行为，改进组织的整体效率和能力，选项B错误。六西格玛管理通过减少企业业务流程中的偏差，使组织的绩效提升到更高的水平，选项D错误。

答案 C

▶ **考点九　绩效考核结果的分析与应用**（根据绩效考核结果划分的四种员工类型见图7-2）

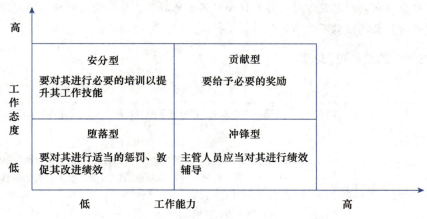

图7-2　根据绩效考核结果划分的四种员工类型

考点十 特殊群体的绩效考核

(一)团队绩效考核指标的确定方法(见图 7-3)

> (1) 利用客户关系图来确定团队绩效考核指标
> (2) 利用组织绩效指标确定团队绩效指标
> (3) 利用绩效金字塔来确定团队绩效考核指标
> (4) 利用工作流程图确定团队绩效考核指标

图 7-3 团队绩效考核指标的确定方法

(二)特殊群体的绩效考核(见表 7-10)

表 7-10 特殊群体的绩效考核

群体	绩效考核
知识型团队	(1)绩效考核**以结果为导向**,而不是行为。 (2)四个考核指标:效益型指标、递延型指标、效率型指标、风险型指标
跨部门团队	(1)适用范围:矩阵形式的组织结构。 (2)关键:**做好标准化工作**。 ①考核目标的标准化; ②考核程序的标准化; ③组织的标准化; ④方法手段的标准化
国际人力资源	(1)从目标看,关注业绩和战略方向,强调企业的长远发展。 (2)从目的看,除了为员工薪酬调整和晋升提供依据外,还加入了新的因素。 (3)从侧重点看,**绩效考核更倾向于结果而不是员工特征**。 (4)从操作过程看,其具体实施步骤与传统的绩效考核基本相同,只是在绩效的评价与反馈的过程中,比传统的考核更加注重管理者和员工的沟通

【例 9·多选题】知识型团队的绩效考核指标包括( )。
A. 追求员工工作态度的过程型指标
B. 判断工作产生出成果的效益型指标
C. 追求投入产出比例的效率型指标
D. 追求长远影响的递延型指标
E. 判断不确定性风险的数量和团队及其成员的危害程度的风险型指标

解析 本题考查知识型团队的绩效考核方法。知识型团队的绩效考核需要综合以下四个角度的指标进行:效益型指标(可以直接用来判断知识型团队的工作产出成果,即团队的产出满足客户需求的程度);效率型指标(知识型团队为获得效益指标所付出的成本和投入产出的比例);递延型指标(团队的工作过程和工作结果对客户、投资者、团队成员的长远影响);风险型指标(判断不确定性奉献的数量和对团队及其成员的危害程度的指标)。 答案 BCDE

历年考题解析

一、单项选择题

1. (2019年)通过减少企业业务流程中的偏差，提升组织绩效水平的绩效改进方法是( )。
   A. 卓越绩效标准
   B. ISO 质量管理体系
   C. 六西格玛管理
   D. 标杆超越

   解析 本题考查绩效改进的方法。六西格玛管理通过减少企业业务流程中的偏差，使组织的绩效提升到更高的水平。
   答案 C

2. (2019年)关于企业不同竞争战略下的绩效管理策略的说法，正确的是( )。
   A. 采用成本领先战略的企业，应尽量使绩效考核的主体多元化
   B. 采用差异化战略的企业，应尽量缩短绩效考核的周期
   C. 采用差异化战略的企业，应尽量使绩效考核的主体简单化
   D. 采用成本领先战略的企业，应选取以结果为导向的绩效考核方法

   解析 本题考查战略性绩效管理。选项 A 错误，采用成本领先战略的企业，可以只选择直接上级作为评价主体，以节约实施成本。选项 B、C 错误，采用差异化战略的企业，评价的主体应当多元化，绩效考核周期的选择不宜过短。
   答案 D

3. (2019年)关于绩效管理工具的说法，正确的是( )。
   A. 目标管理法倾向于聚焦企业长期目标
   B. 标杆超越法中的标杆对象主要为其他行业的优秀企业
   C. 关键绩效指标法的指标应该尽量多一些，以更加全面地评价绩效
   D. 平衡计分卡法从战略层面揭示了四个绩效角度之间的因果关系

   解析 本题考查绩效管理工具。选项 A 错误，目标管理法倾向于聚焦短期目标。选项 B 错误，标杆超越法中的标杆对象主要为同行业的优秀企业。选项 C 错误，关键绩效指标的数量不宜过多。
   答案 D

4. (2019年)关于绩效评价技术的说法，正确的是( )。
   A. 根据某项评价标准，将每位员工逐一与其他员工比较，并选出优胜者，最后根据每位员工获胜的次数进行绩效排序，这种绩效评价方法是配对比较法
   B. 列出评估指标，要求评估者在观察的基础上将员工的工作行为与评价标准进行对照，以判断该行为出现的频率或完成程度，这种绩效评价方法是交替排序法
   C. 将每项工作的特定行为用一张等级表从最积极的行为到最消极的行为进行反映，评估者只需将员工的行为对号入座，这种绩效评价方法是行为观察量表法
   D. 采取"掐头去尾"和"逐级评价"的方法最终获得员工绩效排序，这种绩效评价方法是行为锚定法

   解析 本题考查绩效评价。选项 B 属于行为观察量表法。选项 C 属于行为锚定法。选项 D 属于强制分布法。
   答案 A

5. (2018年)关于绩效管理工作的说法，正确的是( )。
   A. 目标管理法的假设之一是员工是愿意工作的，而不是逃避工作的
   B. 目标管理法比关键绩效指标法更适合用于企业战略调整期
   C. 标杆超越法强调标杆企业应该与本企业高度相似并且属于同一行业
   D. 关键绩效指标必须是数量类指标

   解析 本题考查绩效管理工具。B 错误，关键绩效指标法和平衡计分卡法是基于企业战略的系统考核方法，比较适用于企

战略进行重大调整的时期。C错误,选择标杆应该遵循以下两个标准:一是标杆企业要有卓越的业绩;二是标杆企业被瞄准的领域与本企业有相似的点。D错误,关键绩效指标有四种类型:数量类、质量类、成本类、时限类。

答案 ▶ A

6. (2018年)关于绩效评价误区的说法,正确的是( )。

A. 上级根据过宽或过严的标准对员工进行绩效评价的误区,称为趋中效应

B. 上级根据对员工的最初印象做出绩效评价的误区,称为晕轮效应

C. 上级根据对员工的最终印象做出绩效评价的误区,称为近因效应

D. 上级对员工的某种强烈而清晰的特质感知导致其忽略了员工在其他方面的表现,这种评价误区称为盲点效应

解析 ▶ 本题考查绩效评价常见误区及应对方法。选项A错误:趋中倾向指有些主管由于不愿意得罪人或所辖范围过大,很难全面了解所有员工工作表现时,将员工的考核分数集中在某一固定范围的变动中,使评价的结果没有好坏的差异。选项B错误:晕轮效应指对一个人进行评价时,往往会因为对他的某一特质强烈而清晰的感知,而掩盖了该人其他方面的品质。选项D错误:盲点效应指主管难以发现员工身上存在的与主管自身相似的缺点和不足。

答案 ▶ C

7. (2018年)关于不同竞争战略下的绩效管理策略的说法,正确的是( )。

A. 企业在采用探索者战略时,绩效考核应尽量采用以内部流程为导向的评价方法

B. 企业在采用跟随者战略时,绩效考核应尽量采用平衡计分卡法

C. 企业在采用探索者战略时,绩效考核应尽量采用以行为导向的评价方法

D. 企业在采用防御者战略时,绩效考核应尽量多角度地选择考核指标

解析 ▶ 本题考查探索者战略。在绩效考核中,管理者应当选择以结果为导向的评价方法,强化员工新产品、新市场的开发成功率。防御者战略在绩效考核方法的选择上,组织可选择系统化的评价方法,多角度选择考核指标。跟随者战略在绩效考核方法的选择上,跟随者可以考虑选择标杆超越法,通过树立标杆组织来确定绩效指标和衡量标准;在考核主体的选择上也要尽量多元化。

答案 ▶ D

8. (2018年)关于绩效面谈技巧的说法,正确的是( )。

A. 在绩效面谈中,主管人员应当将重点放在对员工进行批评和教育方面

B. 主管人员应该主导绩效面谈,可以随时打断员工的陈述

C. 主管人员可以利用在公司食堂吃午餐的时间与员工进行绩效面谈

D. 在绩效面谈时,主管人员应当以积极的方式结束谈话

解析 ▶ 本题考查绩效面谈的技巧。绩效面谈的技巧:(1)时间场所的选择:主管人员在确定面谈时间时,要尽量避开上下班、开会等让人分心的时段。在选择面谈的地点时,也要选择安静、轻松的会客厅。最好为员工营造一种轻松、平等的氛围,便于沟通的顺利进行。(2)认真倾听:积极地倾听要求主管人员使用目光的接触和恰当的表情来表示对对方的讲话内容的理解。面谈中最忌讳主管人员喋喋不休,时常打断员工的谈话。(3)鼓励员工多说话:面谈是一种双向的沟通,管理者在这个过程中应该让下属充分表达自己的观点,不要打压和压制。主管人员也可以多提一些开放性的问题,引发员工的思考以便获得更多的信息。(4)以积极的方式结束对话:如果面谈实现了既定的目标,主管人员要尽量采用积极的令人振奋的方式结束面谈,要在结束面谈时给予员工必要的鼓励而非打击,因为绩效管理更关注的是未来的绩效而不是现在的。

答案 ▶ D

9.（2017年）关于绩效考核和绩效管理的说法，正确的是（　　）。

A. 绩效考核与绩效管理是等价的

B. 绩效管理是一个完整的管理过程

C. 绩效管理侧重于绩效的识别、判断和评估

D. 绩效考核侧重于信息沟通和绩效提高

解析 本题考查绩效管理概述。绩效考核与绩效管理并不是等价的。绩效管理是一个完整的管理过程，而绩效考核只是绩效管理中的一个环节；绩效管理侧重于信息的沟通和绩效的提高，绩效考核侧重于绩效的识别、判断和评估。**答案** B

10.（2017年）关于不同竞争战略下的战略性绩效管理策略的说法，正确的是（　　）。

A. 采用成本领先战略的企业在绩效考核中，应选取以行为为导向的评价方法

B. 采用成本领先战略的企业，应尽量缩短绩效考核周期

C. 采用差异化战略的企业在绩效考核中，应尽量使评价主体多元化

D. 采用差异化战略的企业在绩效考核中，应选取以结果为导向的评价方法

解析 本题考查战略性绩效管理。采用成本领先战略的企业在绩效考核中，应选取以结果为导向的评价方法，绩效考核周期也不宜过短，因为频繁的考核会增加组织的管理成本，选项A、B错误。采用差异化战略的企业在绩效考核中，应选取以行为为导向的评价方法，选项D错误。**答案** C

11.（2017年）关于绩效评价误区的说法，正确的是（　　）。

A. 上级根据最初印象对员工做出绩效评价，因此产生的评价误区称为刻板印象

B. 上级对员工某一特质产生强烈、清晰的感知，导致其忽略了此员工其他方面品质，因此产生的评价误区称为晕轮效应

C. 上级不恰当地给自己喜爱的下属较高的绩效评价分数，因此产生的评价误区称为盲点效应

D. 上级对员工的绩效评价结果受到员工所属群体的影响，因此产生的评价误区称为首因效应

解析 本题考查绩效评价。首因效应是指人们交往的过程中，往往根据最初的印象去判断一个人，A选项错误；盲点效应指主管难以发现员工身上存在的与主管自身相似的缺点和不足，C选项错误；刻板印象指个人对他人的看法往往受到他人所属群体的影响，D选项错误。**答案** B

12.（2017年）关于绩效管理工具的说法，正确的是（　　）。

A. 目标管理法的假设之一是员工天生不喜欢工作，只要有可能就会逃避工作

B. 标杆超越法并不要求标杆企业及其被超越的领域与本企业有相似的特点

C. 关键绩效指标必须是数量类指标

D. 与目标管理法和标杆超越法相比，关键绩效指标法与平衡计分卡法更适用于企业战略重大调整期

解析 本题考查绩效管理工具。关键绩效指标法与平衡计分卡法是基于企业战略的系统考核方法，比较适用于企业战略进行重大调整的时期。**答案** D

13.（2017年）一家企业在整个业务流程的所有环节上都努力运用科学的方法提高效率，减少失误率，以使整个流程达成最优状态来满足客户的要求。这种绩效改进方法是（　　）。

A. 标杆超越法

B. ISO质量管理体系

C. 卓越绩效标准

D. 六西格玛管理

解析 本题考查绩效改进。六西格玛管理通过减少企业业务流程的偏差，使组织绩效提高到更高的水平。它通过使用一系列统计工具来分析企业业务流程。**答案** D

二、多项选择题

1. （2019年）关于知识型团队的绩效考核的说法，正确的有（ ）。
   A. 效率型指标能够反映知识型团队的工作产出成果
   B. 风险型指标能够判断不确定性风险的数量和对团队及其成员的危害程度
   C. 效益型指标能够反映知识型团队所付出的成本和投入产出比
   D. 递延型指标能够反映知识型团队的工作过程和工作结果对客户投资者团队成员的长远影响
   E. 知识型团队的绩效考核应该以行为为导向

   解析 本题考查团队绩效考核。选项A错误，效益型指标可以用来判断知识型团队的工作产出成果。选项C错误，效率型指标能够反映知识型团队所付出的成本和投入产出比。选项E错误，知识型团队的绩效考核要以结果为导向。 **答案** BD

2. （2018年）企业可以根据绩效考核结果划分出四种类型的员工，关于针对这四种员工应当采取的措施的说法，正确的有（ ）。
   A. 应该对堕落型员工进行适当的惩罚以促使其改进绩效
   B. 应该对贡献型员工给予必要的奖励
   C. 应该对冲锋型员工进行绩效辅导
   D. 应该对安分型员工进行必要的培训以提升其工作技能
   E. 应该对防守型员工加以更严密的监督

   解析 本题考查绩效考核结果的应用。针对不同类型的员工，组织应当有的放矢地采取人力资源政策：对于贡献型的员工，组织要给予必要的奖励；对于安分型的员工，组织要对其进行必要的培训以提升其工作技能；对于堕落型的员工，组织要对其进行适当的惩罚、敦促其改进绩效；对于冲锋型的员工，主管人员应当对其进行绩效辅导。 **答案** ABCD

3. （2017年）绩效目标中的发展目标强调的是与组织目标相一致的（ ）。
   A. 部门目标　　B. 个人目标
   C. 价值观　　　D. 能力
   E. 核心行为

   解析 本题考查绩效计划目标的种类。绩效计划目标分为绩效目标和发展目标，发展目标指支持员工实现绩效目标、促进员工自身发展能力标准，主要强调与组织目标相一致的价值观、能力和核心行为。选项A、B属于绩效目标。 **答案** CDE

4. （2017年）关于知识型团队的绩效考核的说法正确的有（ ）。
   A. 知识型团队的绩效考核应该以结果为导向
   B. 绩效型指标可以用来判断知识型团队的工作产出结果
   C. 效益型指标能够反映知识型团队付出的成本以及投入产成品的比例
   D. 递延型指标能够反映团队的工作过程和工作结果对客户、投资者、团队成员产生的长远影响
   E. 风险型指标能够用来判断不确定性风险的数量及其对团队和团队成员产生的危险程度

   解析 本题考查特殊群体绩效考核。知识型团队中，不包括绩效型指标，B错误；效益型指标可以直接用来判断知识型团队的工作产出成果，即团队的产出满足客户需求的程度，C选项错误。 **答案** ADE

三、案例分析题

（2017年）某公司的苗经理在对员工进行绩效评价。首先是给老王打分，老王家庭比较困难，苗经理想到自己也曾经困难过，而且老王是部门内两位副经理中工作年限较长的一位，多年来对部门各项工作的安排都积极拥护，尽管不少工作差强人意，但苗经理仍然把他评为优秀。

然后是给小赵打分。虽说小赵的各项工作干得不错。但小赵年初刚来时，有一次上班时间玩游戏，被巡视的上级领导逮住。

搞得苗经理自己很没面子。想到这儿,苗经理把小赵评为基本合格。

至于小钱,工作能力和工作态度实在一般,工作中还出过几次大的差错。按道理应该给个不合格。但想到小钱不好惹,为了避免将来发生冲突,苗经理把他确定在合格的档次上。年终绩效考核结束后,公司发现苗经理这样稀里糊涂考核员工绩效的管理人员还不少,为了提高绩效考核质量,决定对全体管理者进行相关培训。

1. 苗经理对老王的绩效评价,陷入了( )误区。
   A. 年资倾向   B. 盲点效应
   C. 晕轮效应   D. 职位倾向

   解析 本题考查绩效评价常见误区及应对方法。年资或职位倾向指有些主管倾向于给那些服务年资较久、担任职务较高的被评价者较高的分数。 **答案** ABD

2. 苗经理对小赵的绩效评价,陷入了( )误区。
   A. 过严倾向   B. 近因效应
   C. 晕轮效应   D. 首因效应

   解析 本题考查绩效评价常见误区及应对方法。首因效应是指人们在相互交往的过程中,往往根据最初的印象去判断一个人。 **答案** D

3. 苗经理对小钱的绩效评价,陷入了( )误区。
   A. 刻板印象
   B. 近因倾向
   C. 过宽倾向
   D. 首因效应

   解析 本题考查绩效评价常见误区及应对方法。过宽或过严倾向是指一些主管人员在绩效评价的过程中,有过分严厉或过分宽大评定员工的倾向。 **答案** C

4. 该公司对苗经理等人进行绩效评价主体培训的内容应当包括( )。
   A. 绩效考核的理论和技术
   B. 工作绩效的多角度性
   C. 绩效考核误区的类型及其避免方法
   D. 激励员工提升绩效的技巧

   解析 本题考查绩效评价主体的培训。绩效评价主体的培训应当让每一个考核者了解绩效考核的理论和技术,同时也要向考核者提出以前考核中存在的问题以及合理的解决方案。同时,为了增加考核者培训的有效性,还应增加以下内容:工作绩效的多角度性,客观记录所见事实的重要性,合格与不合格员工的具体事例。 **答案** ABC

同步系统训练

一、单项选择题

1. 关于绩效管理的说法,正确的是( )。
   A. 绩效管理的目的是通过考核限制员工的工作行为
   B. 绩效考核是绩效管理的前提
   C. 绩效管理是实现企业战略的重要手段
   D. 绩效管理是管理者与员工单向沟通的过程

2. 管理者与员工通过持续开放的沟通,就组织目标和目标实现方式达成共识的过程称为( )。
   A. 绩效管理   B. 绩效考核
   C. 绩效监控   D. 绩效辅导

3. 组织在绩效管理中应当弱化员工工作的直接结果,而鼓励员工多进行创新活动。这是在( )下采取的绩效管理策略。
   A. 成本领先战略 B. 差异化战略
   C. 防御者战略   D. 探索者战略

4. 平衡计分卡法在战略性绩效管理中通常被( )采用。
   A. 跟随者战略   B. 防御者战略
   C. 差异化战略   D. 探索者战略

5. 绩效计划应当与战略计划、财务计划、经营计划、人力资源计划等密切结合，相互匹配、配套使用，这体现了绩效计划制订的( )。

   A. 系统化原则

   B. 价值驱动原则

   C. 战略相关性原则

   D. 可测量性原则

6. 小张是车工班班长，他的工作职责之一是按天记录班内人员各自加工零件的数量，然后将结果公布在公示板上并与员工交流。小张的这项职责被称为( )。

   A. 绩效变革　　　B. 绩效监控

   C. 绩效评价　　　D. 绩效计划

7. 下列关于绩效辅导步骤的表述错误的是( )。

   A. 收集资料为第一步

   B. 制订计划在给予信心之前

   C. 达成一致在探索可能之后

   D. 给予信心属于最后一步

8. 下列绩效评价方法中，最简单、最常用的是( )。

   A. 行为锚定法

   B. 图尺度评价法

   C. 行为观察量表法

   D. 配对比较法

9. 在进行绩效评价中，克服晕轮效应的核心是( )。

   A. 采取非系统的考核方法

   B. 从员工的工作行为出发而不是个人特征

   C. 消除主管的偏见

   D. 建立起"对事不对人"的观念

10. 下列关于绩效评价中容易出现的"趋中倾向"的表述正确的是( )。

    A. 上司在考核员工时，只根据某些工作表现(好的或坏的)来类推作为全面评核的依据

    B. 个人对他人的看法，往往受到他人所属社会团体的影响

    C. 主管难以发现下属在工作上有某些(某类)缺点，因为那正是他自己的缺点

    D. 有些主管可能不愿得罪人，也有可能由于管理的下属太多，对下属的工作表现好坏不是很清楚，因而给下属的考评分数可能都集中在某一固定的范围内变动(平均值)

11. 在绩效考核过程中，考核者可能会根据最初的印象去判断一个人的绩效，这种现象是( )。

    A. 刻板印象　　　B. 盲点效应

    C. 近因效应　　　D. 首因效应

12. 在运用关键绩效指标法确立绩效评估体系时，管理者需要注意的问题不包括( )。

    A. 关键绩效指标要彻底贯彻企业战略重点

    B. 同类型职位的关键绩效指标必须保持一致

    C. 关键绩效指标必须是不可量化的

    D. 关键绩效指标的数量不宜过多

13. 设计平衡计分卡法指标体系的基本出发点是( )。

    A. 设立绩效指标

    B. 审视企业战略和竞争目标

    C. 开发各级平衡计分卡

    D. 设定各级指标的评估标准

14. 绩效管理工具中，从财务、客户、内部流程、学习与发展四个角度关注企业的绩效的是( )。

    A. 关键绩效指标法

    B. 目标管理法

    C. 平衡计分卡法

    D. 标杆超越法

15. 下列既可以作为绩效管理工具，又可以作为组织绩效改进工具的是( )。

    A. 强制分布法

    B. ISO质量管理体系

    C. 行为锚定法

    D. 标杆超越法

16. 关于绩效反馈面谈的说法，错误的

是( )。
　　A. 绩效反馈面谈为评价者和被评价者提供沟通的平台,使考核公开化
　　B. 绩效反馈面谈的重点是对员工突出绩效的赞扬
　　C. 绩效反馈面谈中应鼓励员工充分表达自己的观点
　　D. 绩效反馈面谈中应避免对立和冲突
17. 通过找出组织或员工工作绩效中的差距,制订并实施有针对性的改进计划来提高员工绩效水平的过程被称为( )。
　　A. 绩效计划　　　B. 绩效辅导
　　C. 绩效反馈　　　D. 绩效改进
18. 组织要对员工进行必要的培训以提升其工作技能,由此可知,这一绩效类型的员工属于( )。
　　A. 贡献型　　　　B. 安分型
　　C. 堕落型　　　　D. 冲锋型
19. 组织对于冲锋型的员工,应当采取的措施是( )。
　　A. 组织要给予必要的奖励
　　B. 组织要对其进行必要的培训以提升其工作技能
　　C. 组织要对其进行适当的惩罚、敦促其改进绩效
　　D. 主管人员应当对其进行绩效辅导
20. 下列关于国际人力资源绩效考核的特点表述错误的是( )。
　　A. 从目标看,国际人力资源的绩效考核不但关注业绩,而且突出战略方向
　　B. 从侧重点看,国际人力资源更倾向于员工特征的绩效考核
　　C. 从目的看,国际人力资源的绩效考核还加入了个人、团队和公司目标的密切结合等新的因素
　　D. 从操作过程看,国际人力资源的绩效考核具体实施步骤与传统的绩效考核基本相同

二、多项选择题

1. 绩效管理在组织管理中的作用有( )。
　　A. 有助于管理者成本的节约
　　B. 有助于组织内部的沟通
　　C. 有助于促进员工的自我发展
　　D. 有助于建立和谐的组织文化
　　E. 可以用来评估人员招聘、员工培训等计划的执行效果
2. 有效的绩效管理的特征包括( )。
　　A. 非敏感性　　　B. 准确性
　　C. 可靠性　　　　D. 实用性
　　E. 可接受性
3. 关于实施成本领先战略的企业的战略性绩效管理,说法正确的有( )。
　　A. 在绩效计划、监控和反馈面谈的沟通环节中,管理者应强化员工的成本意识,引导员工通过对自身工作的改进节约组织运行的成本
　　B. 在绩效考核中,为了加强员工对成本的重视程度,组织应尽量选择以结果为导向的、实施成本较低的评价方法
　　C. 在评价指标和评价标准的确定上,组织可以多选择一些客观的财务指标引导员工的工作行为
　　D. 在评价者的选择上,可以只选择直接上级作为评价主体,以节约实施成本
　　E. 绩效考核周期的选择不宜过长
4. 下列对绩效计划概念的描述正确的有( )。
　　A. 它的制订是一个自上而下的过程,也是将组织绩效分解成个人绩效目标的过程
　　B. 是主管人员与员工在绩效年开始之初围绕绩效目标进行反复沟通的过程
　　C. 要求组织与员工对绩效目标有明确的认识,并将这种共识落实为绩效计划书
　　D. 是绩效管理的第一个环节,也是绩效管理过程的起点
　　E. 它包括组织对员工工作成果的期望,但不包括组织希望员工使用的技能
5. 下列绩效评价方法中,属于量表法的有( )。
　　A. 行为锚定法

B. 配对比较法

C. 图尺度评价法

D. 行为观察量表法

E. 不良事故评估法

6. 采用行为锚定法进行绩效评价的优点有( )。

    A. 使工作的计量更为准确

    B. 评估结果具有较高的信度

    C. 操作流程简单

    D. 节省人力、物力、财力

    E. 评估结果具有良好的反馈功能

7. 采用行为观察量表进行绩效评价的缺点包括( )。

    A. 量表的效度有待提高

    B. 绩效标准模糊、抽象

    C. 评价方法与组织战略之间常常完全不一致

    D. 主管人员单独考核工作量太大，不具有可操作性

    E. 量表中很难包含所有的行为指标的代表性样本

8. 绩效管理工具中的关键绩效指标法，在确定关键绩效指标时要遵守的SMART原则有( )。

    A. 具体的
    B. 可测量的
    C. 可实现的
    D. 相关的
    E. 总体的

9. 绩效管理工具中，采取平衡计分卡法时的注意事项包括( )。

    A. 高层管理者应多与下属沟通

    B. 防止平衡计分卡使用目的的单一

    C. 要谨慎选择考核指标

    D. 要充分重视平衡计分卡法实施的连续性和持久性

    E. 考核指标的数量要尽可能多

10. 绩效反馈面谈中评价者可能走入的误区有( )。

    A. 以对方为中心及同情的态度

    B. 自我中心和感情化的态度

    C. 晕轮效应

    D. 刻板印象

    E. 不适当发问

11. 评价绩效改进效果的维度包括( )。

    A. 反应
    B. 转变
    C. 过程
    D. 结果
    E. 学习或能力

12. 建立团队层面绩效考核指标的方法包括( )。

    A. 利用客户关系图来确定团队绩效考核指标

    B. 利用组织绩效指标来确定团队绩效考核指标

    C. 利用能力素质图来确定团队绩效考核指标

    D. 利用绩效金字塔来确定团队绩效考核指标

    E. 利用工作流程图来确定团队绩效考核指标

13. 知识型团队的绩效考核指标主要有( )。

    A. 效益型指标
    B. 效率型指标
    C. 递延型指标
    D. 风险型指标
    E. 关键型指标

14. 与本土企业相比，跨国公司对员工的绩效考核，( )。

    A. 更关注当期业绩而非长远发展

    B. 更倾向于基于员工特征的绩效考核

    C. 更注重管理者和员工的沟通

    D. 更重视个人、团队和公司目标的密切结合

    E. 更强调企业的长远发展

三、案例分析题

某公司又开始了一年一度的绩效考核。在打分时，研发部的张经理考虑到自己部门的一个项目经理老王在公司服务的年限很长，想也没想直接打了最高分。但事实上老王在今年的一个项目中犯了一个比较严重的错误。轮到给小赵打分时，张经理想起初次见面时小赵把咖啡洒在裙子上的事，加上她是部门里为数不多的女员工，他认为女员工的绩效理所应当没有男员工

高，因此打分很低。考核结束后，张经理与下属分别在会议室谈话。与小赵面谈时，张经理一直在数落小赵工作中的小错误，当小赵说明情况时，张经理时常打断她。小赵的情绪很不好，到最后干脆就是只听张经理说，有不同意见也不吭声。之前在绩效计划制订的过程中也出现过类似的情况，当时小赵就对工作目标的设定有不同意见，所以在后来的执行过程中遇到了一些困难。现在工作中出现了问题，她也不愿意跟张经理沟通了，最后的绩效面谈不欢而散。

1. 张经理在绩效评价中出现的误区有( )。
   A. 趋中倾向
   B. 年资或职位倾向
   C. 首因效应
   D. 刻板印象

2. 张经理在与小赵的绩效面谈中存在的问题有( )。
   A. 没有注意倾听
   B. 没有选择一个很好的面谈场所
   C. 没有以积极的方式结束谈话
   D. 没有鼓励员工多说话

3. 在绩效考核者培训中，针对张经理的培训应强化的内容有( )。
   A. 绩效评价中易出现的问题及应对方法
   B. 主管职位的岗位说明书
   C. 工作分析技术
   D. 绩效面谈技巧

同步系统训练参考答案及解析

一、单项选择题

1. C 【解析】本题考查绩效管理。绩效管理的主要目的是建立客观、简洁的绩效优化体系，实现组织与个人绩效的紧密融合，选项 A 错误。绩效考核是绩效管理的一个环节，选项 B 错误。绩效管理是管理者与员工持续开放的沟通，不是单向沟通，选项 D 错误。

2. A 【解析】本题考查绩效管理的概念。绩效管理是管理者与员工通过持续开放的沟通，就组织目标和目标实现方式达成共识的过程，也是促进员工做出有利于组织的行为、达成组织目标、取得卓越绩效的管理实践。

3. B 【解析】本题考查战略性绩效管理。差异化战略指组织通过提供与众不同的产品和服务满足客户的特殊需求，形成竞争优势，这种战略的核心是独特的产品与服务，而不是标准化。因此，组织在绩效管理中应当弱化员工工作的直接结果，而鼓励员工多进行创新活动。

4. B 【解析】本题考查战略性绩效管理。在绩效考核方法的选择上，防御者战略可选择系统化的评价方法，多角度选择考核指标，例如使用平衡计分卡法，从客户、内部流程、学习与发展、财务四个角度设定考核指标。

5. A 【解析】本题考查绩效计划制订原则。系统化原则是指绩效计划应当与战略计划、财务计划、经营计划、人力资源计划等密切结合，相互匹配、配套使用。

6. B 【解析】本题考查绩效监控。绩效监控阶段，管理者需要完成两项任务：(1)准确记录并定期汇总员工工作中的关键事件，为日后的绩效考核奠定事实基础；(2)就绩效执行情况与员工进行必要的沟通、交流。因此选 B。

7. C 【解析】本题考查绩效辅导。绩效辅导的步骤为：收集资料→定好基调→达成一致→探索可能→制订计划→给予信心。

8. B 【解析】本题考查绩效评价法。图尺度评价法是一种最简单和最常用的绩效考评方法。

9. C 【解析】本题考查绩效评价常见误区及

应对方法。克服晕轮效应的核心是消除主管的偏见。因此在评价中有必要设定各种不同的着眼点，从不同的侧面评价员工的业绩，同时尽量选择与工作绩效相关的评价因素，从而消除主管偏见对员工绩效考核的影响。

10. D 【解析】本题考查绩效评价常见误区。选项 A 指的是晕轮效应，选项 B 指的是刻板印象，选项 C 指的是盲点效应。

11. D 【解析】本题考查绩效评价中容易出现的问题。首因效应是指人们在相互交往的过程中，往往根据最初的印象去判断一个人。

12. C 【解析】本题考查绩效管理工具。关键绩效指标法注意事项包括：（1）关键绩效指标的数量不宜过多；（2）同类型职位的关键绩效指标必须保持一致；（3）关键绩效指标要彻底贯彻企业战略重点。

13. B 【解析】本题考查绩效管理工具。企业战略和竞争目标是设计平衡计分卡法指标体系的基本出发点，管理者在进行设计前，必须首先敲定企业的战略目标。

14. C 【解析】本题考查绩效管理工具。平衡计分卡法是一种新型的战略性绩效管理系统和方法，它着眼于公司的长远发展，从四个角度关注企业的绩效，即客户角度、内部流程角度、学习与发展角度、财务角度。

15. D 【解析】本题考查标杆超越法。标杆超越法既可以作为绩效管理工具，又可以作为组织绩效改进工具。

16. B 【解析】本题考查绩效反馈面谈。选项 B 错误，绩效反馈面谈把重点放在解决问题上。

17. D 【解析】本题考查绩效改进的概念。绩效改进是指通过找出组织或员工工作绩效中的差距，制订并实施有针对性地改进计划来提高员工绩效水平的过程。

18. B 【解析】本题考查绩效考核结果的应用。对于安分型员工，组织要对其进行必要的培训以提升其工作技能。

19. D 【解析】本题考查绩效考核结果的应用。选项 A 对应的是贡献型员工，选项 B 对应的是安分型员工，选项 C 对应的是堕落型员工。

20. B 【解析】本题考查国际人力资源绩效考核的特点。从侧重点看，更倾向于基于结果的绩效考核而不是基于员工特征的绩效考核，所以选项 B 错误。

二、多项选择题

1. ABCD 【解析】本题考查绩效管理在组织管理中的作用。绩效管理在组织管理中的作用主要表现在：有助于组织内部的沟通、有助于管理者成本的节约、有助于促进员工的自我发展、有助于建立和谐的组织文化、是实现组织战略的重要手段。选项 E 属于绩效管理在人力资源管理中的作用。

2. BCDE 【解析】本题考查绩效管理概述。有效的绩效管理的特征包括：敏感性、可靠性、准确性、可接受性、实用性。

3. ABCD 【解析】本题考查战略性绩效管理。选项 E 说法错误，绩效考核周期的选择不宜过短，因为频繁的绩效考核会增加组织的管理成本。

4. ABCD 【解析】本题考查绩效计划的概念。绩效计划不但包括组织对员工工作成果的期望，还包括组织希望员工表现的行为和使用的技能。所以选项 E 不选。

5. ACD 【解析】本题考查绩效评价技术。量表法包括图尺度评价法、行为锚定法和行为观察量表法。选项 B 属于比较法。选项 E 属于描述法。

6. ABE 【解析】本题考查绩效评价技术。行为锚定法的缺点是开发成本很高，操作流程复杂，需要付出大量的人力、物力、财力才能够制定出合理的行为等级表，选项 C、D 属于行为锚定法的缺点。

7. ADE 【解析】本题考查绩效评价技术。行为观察量表法的缺点有：（1）行为观察量表要求考评者根据详尽的行为清单对员工进行观察，很难包含所有的行为指标的代表性样本；（2）行为观察量表的效度有待提高；（3）主管人员单独考核工作量太大，不具有可操作性。所以，选项A、D、E正确。选项B、C是图尺度评价法的缺点。

8. ABCD 【解析】本题考查绩效管理工具。确定关键绩效指标，要遵守SMART原则，即具体的、可测量的、可实现的、相关的、有时限的。

9. ABCD 【解析】本题考查绩效管理工具。平衡计分卡法注意事项包括：（1）高层管理者需要积极参与平衡计分卡的实施，多与下级进行沟通；（2）防止平衡计分卡使用目的的单一；（3）要谨慎选择考核指标，指标的数量也不宜过多；（4）要充分重视平衡计分卡法实施的连续性和持久性。

10. ABE 【解析】本题考查绩效反馈面谈。评价者的误区有：（1）不适当发问；（2）理解不足；（3）期待预期结果；（4）自我中心和感情化的态度；（5）以对方为中心及同情的态度。

11. ABDE 【解析】本题考查绩效改进。绩效改进评估可以从以下四个维度来进行：（1）反应；（2）学习或能力；（3）转变；（4）结果。

12. ABDE 【解析】本题考查团队绩效考核。一般说来，建立团队层面的绩效考核指标有下面四种基本方法：（1）利用客户关系图来确定团队绩效考核指标；（2）利用组织绩效指标确定团队绩效指标；（3）利用绩效金字塔来确定团队绩效考核指标；（4）利用工作流程图来确定团队绩效考核指标。

13. ABCD 【解析】本题考查团队绩效考核。知识型团队的绩效考核指标主要有：效益型指标、效率型指标、递延型指标、风险型指标。

14. CDE 【解析】本题考查国际人力资源绩效考核的特点。从绩效考核的目标看，国际人力资源的绩效考核不仅关注业绩，而且突出战略方向，强调企业的长远发展。从绩效考核的侧重点看，国际人力资源更倾向于基于结果的绩效考核而不是基于员工特征的绩效考核。所以选项A、B不选。

三、案例分析题

1. BCD 【解析】本题考查绩效评价中出现的误区。"张经理考虑到自己部门的一个项目经理老王在公司服务的年限很长，想也没想直接打了最高分"，这里体现了年资或职位倾向的误区。"张经理想起初次见面时小赵把咖啡洒在裙子上的事"，这里体现了首因效应的误区。"小赵是部门里为数不多的女员工，他认为女员工的绩效理所应当没有男员工高"，这里体现了刻板印象的误区。案例中没有体现趋中倾向的误区。

2. ACD 【解析】本题考查绩效面谈的技巧。张经理时常打断小赵的话语，他没有认真倾听，并且没有鼓励员工多说话。张经理与下属在会议室谈话，场所选择是正确的。最后的绩效面谈不欢而散，没有以积极的方式结束谈话。

3. AD 【解析】本题考查绩效考核者培训的相关内容。张经理在绩效评价中出现了很多问题，且绩效面谈很不成功，所以要对他强化这两方面的内容。选项B、C案例中没有涉及。

本章思维导图

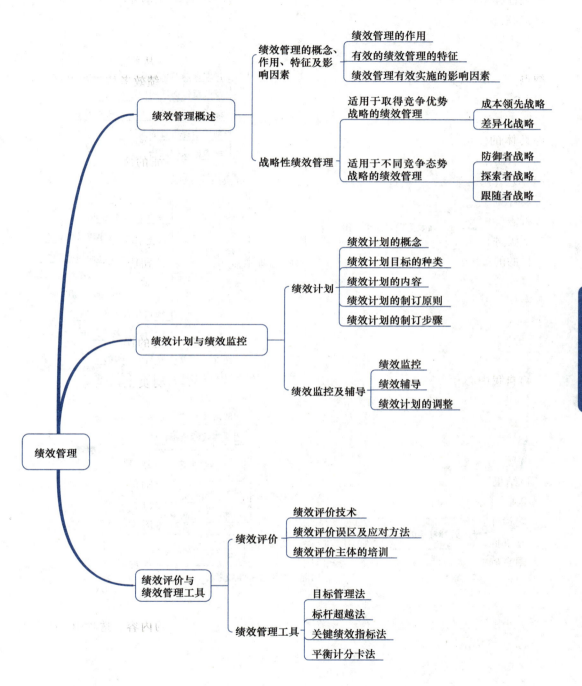

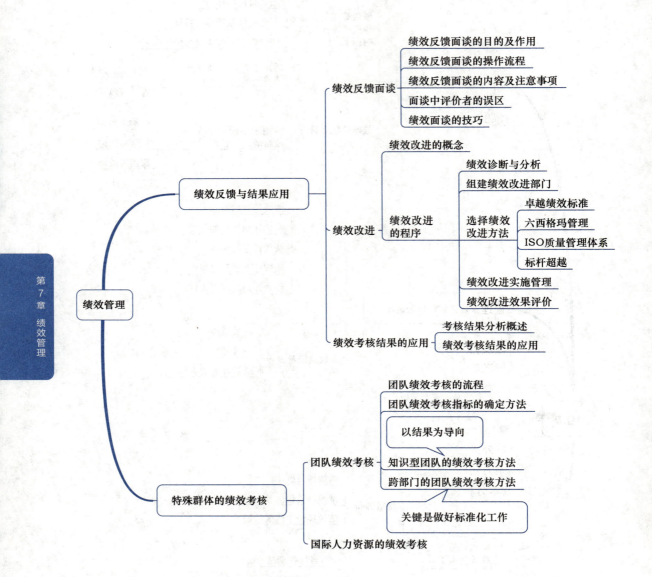

第8章 薪酬管理

考情分析

　　本章主要讲述薪酬管理的相关内容。本章的重点是战略性薪酬管理，职位评价流程及方法，上市公司、非上市公司的股权激励，员工持股计划，特殊群体的薪酬管理。从近三年的考题来看，以单项选择题、多项选择题为主。

最近三年本章考试题型、分值分布

年份	单项选择题	多项选择题	案例分析题	合计
2019 年	5 题 5 分	1 题 2 分	—	6 题 7 分
2018 年	4 题 4 分	2 题 4 分	—	6 题 8 分
2017 年	4 题 4 分	1 题 2 分	—	5 题 6 分

本章主要考点

1. 战略性薪酬管理。
2. 薪酬体系设计的基本步骤。
3. 职位评价流程及方法。
4. 上市公司股权激励。
5. 非上市公式股权激励。
6. 员工持股计划。
7. 经营者薪酬管理。
8. 销售人员、驻外人员、专业技术人员薪酬管理。
9. 薪酬成本控制方法。
10. 企业人工成本分析指标。

重点、难点讲解及典型例题

▶ **考点一　战略性薪酬管理**（见表 8-1）

表 8-1　战略性薪酬管理

战略类型		内容
不同发展战略	成长战略	(1) 关注市场开发、产品开发、创新等内容； (2) 类型：内部成长战略和外部成长战略； (3) 指导思想：企业与员工风险共担、收益共享； (4) 薪酬方案：短期内提供相对低的基本薪酬，而长期实行奖金或股票选择权等计划

续表

战略类型		内容
不同发展战略	稳定战略或集中战略	(1)强调市场份额或运营成本； (2)薪酬决策的集中度比较高，薪酬的确定基础主要是员工从事的职位本身； (3)薪酬结构：**基本薪酬和福利所占的比重较大**； (4)薪酬水平：一般采取市场跟随或略高于市场水平的薪酬，长期内不会太大增长
	收缩战略或精简战略	(1)指导思想：将企业经营业绩与员工收入挂钩； (2)薪酬结构：基本薪酬所占比例相对较低
不同竞争战略	创新战略	(1)以产品创新及缩短产品生命周期为导向，强调产品市场的领袖地位和客户满意度； (2)薪酬体系：非常注重对产品创新、技术创新和新的生产方法给予足够的报酬或奖励； (3)基本薪酬：以劳动力市场通行水平为准且略高于市场水平
	成本领先战略	(1)追求的是效率最大化、成本最小化； (2)薪酬水平：比竞争对手的薪酬相对较低； (3)薪酬结构：**奖金**所占的比例相对较大
	客户中心战略	(1)以提高客户服务质量、服务效率等来赢得竞争优势； (2)强调客户满意度； (3)薪酬体系：根据员工向客户提供服务的数量与质量来支付薪酬，或根据客户对员工或员工群体所提供服务的评价来支付奖金
全面薪酬战略	概念	一种摒弃了原有的科层体系和官僚结构，**以客户满意度为中心**，鼓励创新精神和可持续的绩效改进，并对娴熟的专业技能提供奖励，从而在员工和企业之间营造出一种双赢的工作环境的薪酬战略
	特征	**战略性、激励性、灵活性、创新性和沟通性**
	建立步骤	(1)评价薪酬的含义； (2)制定与企业战略相匹配的薪酬决策； (3)执行战略性薪酬决策； (4)对薪酬系统的匹配性进行再评价

【例1·单选题】关于竞争战略与薪酬管理策略的说法，正确的是( )。
A. 创新战略强调企业要对产品创新给予奖励
B. 成本领先战略强调基本薪酬应高于竞争对手的水平
C. 成本领先战略强调奖励部分所占的比例应相对较小
D. 采取创新战略的企业的基本薪酬要明显低于市场水平

解析 ▶ 本题考查适用于不同竞争战略下的薪酬管理。成本领先战略在薪酬水平方面比竞争对手的薪酬相对较低，在薪酬结构方面奖金部分所占的比例相对较大。创新战略的薪酬体系非常注重对产品创新、技术创新和新的生产方法给予足够的报酬或奖励，其基本薪酬以劳动力市场的通行水平为准且略高于市场水平。

答案 ▶ A

▶ **考点二 薪酬体系设计的基本步骤**(见图 8-1)

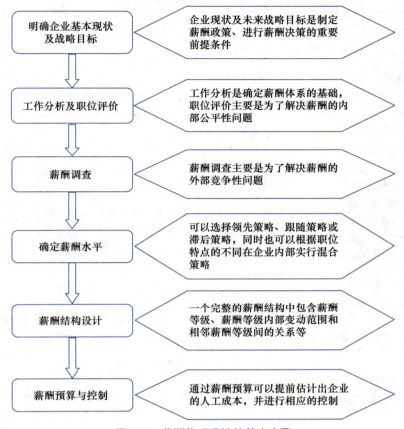

图 8-1 薪酬体系设计的基本步骤

【例 2·单选题】制定薪酬政策时,进行薪酬决策的重要前提条件是( )。
A. 工作评价
B. 已有薪资制度
C. 薪酬调查
D. 企业现状及发展目标

解析 ▶本题考查薪酬体系设计的步骤。企业现状及未来战略目标是制定薪酬政策,进行薪酬决策的重要前提条件。　　　　　　　　　　　　　　　**答案** ▶D

▶ **考点三 职位评价流程及方法**

(一)职位评价的原则、流程(见表 8-2)

表 8-2 职位评价的原则、流程

原则	员工参与原则、结果公开原则、系统性原则、战略性原则、标准化原则、实用性原则
流程	准备阶段、实施阶段、完善与维护阶段

(二)职位评价方法(具体内容见表8-3、表8-4)

表8-3 职位评价方法分类对比表

比较基础	比较范围	
	定量方法	定性方法
直接职位比较法	因素比较法	排序法
职位尺度比较法	要素计点法	分类法

表8-4 职位评价方法

方法	含义	优点	缺点	适用
排序法	也称简单排序法、序列法或部门重要次序法,是职位评价中使用较早的一种较为简单、最易于理解的评价方法。一般可分为:**直接排序法、交替排序法、配对比较法**	简单易行,成本较低,易于与员工沟通	主观成分很大,只能确定职位的序列,不能确定所排序的职位之间的相对价值	适用于规模较小、结构简单、职位类型较少,而且员工对本企业各项职位都较为熟悉的企业
分类法	也称为分级法或等级描述法,这种方法需要预先制定一套供参考的等级标准,标准的制定方法主要从横向和纵向两个角度进行	简单、容易解释,能真实地反映有关企业的结构	等级定义困难,存在较大的主观因素	适用于职位类别较为**简单的小型企业**
要素计点法	也称点数法、评分法或计分法,是一种比较复杂的量化评价方法	更为精确,评价结果更容易被员工所接受,同时允许对职位之间的差异进行微调	设计与实施都比较复杂,对管理水平要求较高	主要适用于**大规模企业中的管理类职位**
因素比较法	在本企业中找出若干有代表性的标杆职位作为评价时的参照物	比较完善,可靠性高,使不同的职位之间更具可比性,且可由职位内容直接求得具体薪酬金额	评价体系设计复杂,难度较大,成本较高,员工对其准确性和公平性容易产生质疑	主要适用于处在劳动力市场相对稳定环境下的规模较大的企业

【例3·单选题】关于职位评价方法的说法,正确的是( )。
A. 排序法是比较复杂的量化评价方法
B. 分类法的缺点是等级定义困难
C. 要素计点法的最大优点在于简单易行
D. 因素比较法的准确性和公平性容易得到员工的肯定

解析 本题考查职位评价方法。排序法是职位评价中使用较早的一种较为简单、最易于理解的评价方法,选项A错误。要素计点法的设计与实施都比较复杂,对管理水平要求较高,选项C错误。因素比较法不易理解,员工对其准确性和公平性容易产生质疑,选项D错误。

答案 B

▶ 考点四 上市公司、非上市股权激励

（一）上市公司股权激励概述（见表 8-5）

表 8-5 上市公司股权激励概述

股票期权	特点		（1）股票期权是一种**权利**而不是义务，收益人可以买或不买公司股票； （2）股票期权只有在行权价低于行权时，本企业股票的市场价格才有价值； （3）股票期权是公司无偿给予经营者等激励对象的
	激励范围		（1）包括上市公司的董事、高级管理人员、核心技术（业务）人员（不能超过总员工的 10%），以及公司认为应当激励的其他员工； （2）**不包括独立董事和监事；** （3）**外籍员工**任职上市公司董事、高级管理人员、核心技术人员或核心业务人员的，可以成为激励对象； （4）**单独或合计持有上市公司 5%**以上股份的股东或实际控制人及其配偶、父母、子女，不得成为激励对象
			下列人员不得成为激励对象： （1）最近 3 年内被证券交易所公开谴责或宣布为不适当人选的； （2）最近 3 年内因重大违法违规行为被中国证监会予以行政处罚的； （3）我国《公司法》规定的不得担任公司董事、监事、高级管理人员情形； （4）激励对象不能同时参加两个或两个以上上市公司的股权激励计划
	激励额度		（1）上市公司全部有效的股权激励计划所涉及的标的股票总数累积不得超过公司股本总额的**10%**； （2）非经股东大会特别决议批准，任何一名激励对象通过全部有效的股权激励计划获授的本公司股票累计不得超过公司股本总额的**1%**
	股票来源		（1）增量方式：定向增发股票； （2）存量方式：公司股份回购、二级市场购买
	时间规定	授权日	授权日必须是交易日
		等待期	股票期权授予日与获授股票期权首次可以行权日之间间隔不得少于 1 年
		有效期	从股票期权授予之日起至所有股票期权行权或注销完毕之日止，从授权日计算不得超过 10 年
		行权期	必须是交易日，应在公司定期报告公布后的第 2 个交易日，至下一次定期报告公布前 10 个交易日内行权
	行权价格		我国采用平值法，规定以股权激励计划草案摘要公布前 1 日的公司标的股票收盘价与公布前 30 个交易日的公司标的股票平均收盘价"**孰高原则**"确定行权价格
	执行方式		（1）现金行权； （2）无现金行权； （3）无现金行权并出售
	限制性股票时间规定		（1）禁售期：不得低于 2 年； （2）解锁期：不得低于 3 年
	授予价格		孰高原则

	概念	上市公司授予激励对象在一定时期和条件下，获得规定数量的股票价格上升所带来的收益的权利
股票增值权	特点	(1)行权期一般**超过任期**； (2)激励对象拥有规定数量的股票股价上升所带来的收益，但不拥有这些股票的所有权，也不拥有表决权、配股权； (3)实施股票增值权时，可以是全额兑现，也可以是部分兑现； (4)股票增值权的实施，可以用现金，也可以折合成股票，还可以是现金和股票形式的结合

(二)股票期权、限制性股票、股票增值权比较(见表8-6)

表8-6 股票期权、限制性股票、股票增值权比较

激励模式	优点	缺点	适用企业
股票期权	(1)降低委托代理成本； (2)可以锁定激励对象的风险，股票期权持有人不行权就没有任何额外损失； (3)降低企业激励成本，并且企业有现金流入； (4)激励力度比较大，具有长期激励效果	(1)可能带来大量经理人的短期行为； (2)公司股本变化，原股东的股权可能被稀释； (3)过分依赖股票市场有效性	成长性较好、股价呈强势上涨的上市公司
限制性股票	(1)有可能是免费或低价获得，激励更强； (2)通过对业绩条件、禁售期限的严格规定，使激励与约束对等	(1)业绩目标或股价的科学确定较困难； (2)**现金流压力较大**； (3)会促使经理人放弃对高风险、高回报项目的投资	成熟型企业；对资金投入要求不是非常高的企业
股票增值权	(1)激励对象不用付出现金； (2)操作方便、快捷； (3)**无须证监会审批，无须解决股票来源问题**	(1)激励对象不能获得真正意义上的股票，激励的效果相对较差； (2)对资本市场有效性依赖较大，可能导致公司高管层与股东合谋操纵公司股价等问题； (3)公司的现金压力较大	现金流量比较充裕且股价比较稳定的上市公司；境外上市公司

(三)非上市公司股权激励(见图8-2)

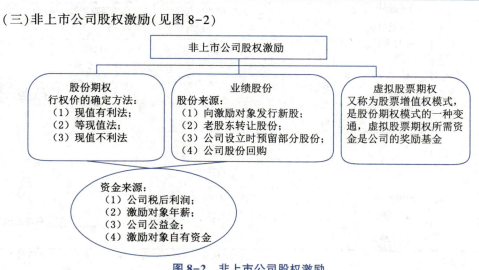

图8-2 非上市公司股权激励

【例4·多选题】根据我国股权激励的相关政策，关于股票期权的说法，正确的有（ ）。
A. 上市公司不得为激励对象为了获得行权资金而进行的贷款提供担保
B. 上市公司应在定期报告公布前30日向激励对象授予股票期权
C. 行权价格应为股权激励计划草案摘要公布前一交易日的公司标的股票收盘价
D. 股票期权的等待期不得超过1年
E. 股票期权有效期不得超过10年

解析 ▶ 本题考查股票期权。《管理办法》规定，授权日不得是下列期间：（1）定期报告公布前30日；（2）重大交易或重大事项决定过程中至该事项公告后2个交易日；其他可能影响股价的重大事件发生之日起至公告后2个交易日。选项B错误。在我国，《管理办法》采用了平值法，规定以股权激励计划草案摘要公布前1日的公司标的股票收盘价与公布前30个交易日的公司标的股票平均收盘价"孰高原则"确定行权价格。选项C错误。股票期权的等待期，即股票期权授予日与获授股票期权首次可以行权日之间间隔不得少于1年。选项D错误。

答案 ▶ AE

▶ 考点五 员工持股计划（见表8-7）

表8-7 员工持股计划

特点	（1）持股人或认购者必须是本企业的员工； （2）员工所认购的股份在转让、交易等方面受到一定的限制	
股份认购形式	（1）员工以现金认购； （2）通过员工持股专项贷款资金贷款认购； （3）将企业的奖励或红利转换成员工持股； （4）企业将历年累计的公益金转为员工股份	
设计员工持股计划的原则	（1）员工持股计划应能够促进企业的长远发展； （2）员工持股计划应能够激发员工的工作积极性； （3）员工持股计划应能够改善企业的法人治理结构	
员工持股计划的基本原则	（1）依法合规原则； （2）自愿参与原则； （3）风险自担原则	
类型	（1）杠杆型员工持股计划； （2）非杠杆型员工持股计划	
主要内容	激励对象	（1）在企业工作满一定时间的正式员工； （2）公司的董事、监事、经理； （3）企业派往投资企业、代表处工作，劳动人事关系仍在本企业的外派人员； （4）企业在册管理的离退休人员
	持股期限	（1）每期员工持股计划的持股期限不得低于12个月； （2）以非公开发行方式实施员工持股计划的持股期限不得低于36个月； （3）上市公司应当在员工持股计划届满前6个月公告到期计划持有的股票数量
	持股规模	（1）上市公司全部有效的员工持股计划所持有的股票总数累计不得超过公司股本总额的10%； （2）单个员工所获股份权益对应的股票总数累计不得超过公司股本总额的1%

续表

主要内容	资金来源	(1) 从工资基金节余、公益金、福利费中拨付； (2) 从员工工资中按月扣除； (3) 以员工持股机构未来将拥有的股票作为质押向银行申请贷款
	股票来源	(1) 上市公司回购本公司股票； (2) 二级市场购买； (3) **认购非公开发行股票**； (4) 股东自愿赠与； (5) 法律、法规允许的其他方式
	持股比例	(1) 明确规定参与员工持股计划的员工不得低于**员工总数的90%**； (2) 员工持股占企业总股本的比例一般不宜超过20%； (3) 企业高管人员与一般职工的认购比例控制在**4∶1**的范围之内

【例5·多选题】关于员工持股计划的说法，正确的有(   )。
A. 员工持股计划对企业而言是一种低成本的资金获取方式
B. 员工持股计划能够激发员工的工作积极性
C. 持股人必须是本企业的在职员工
D. 员工认购的股份在转让、交易等方面较为自由，不会受到限制
E. 员工持股计划参与人盈亏自负，风险自担

解析 本题考查员工持股计划。资金来源于员工持股，是低成本资金，并且是稳定、长期的，能够减轻企业的税务负担。员工持股计划应能够激发员工的工作积极性。持股人或认购者必须是本企业的员工。员工所认购的股份在转让、交易等方面受到一定的限制。员工持股计划参与人盈亏自负，风险自担，与其他投资者权益平等。   **答案** ABE

▶ 考点六 特殊群体的薪酬管理(见表8-8)

表8-8 特殊群体的薪酬管理

薪酬方案			内容
经营者薪酬	年薪制	构成	基本薪酬、奖金、长期奖励、福利津贴
		优势	(1) 设置比较灵活； (2) 加大激励力度； (3) 将经营者薪酬与资产所有者利益、企业发展前景紧密结合
		局限	(1) 未完成最低计划指标不会受到惩罚，计划指标超额完成也不会有更多的奖励； (2) 经营者将目标计划定低，使其更易于实现
		模式	(1) 一元结构模式：风险收入=企业职工平均工资×调整系数×(1±主要业绩指标的增减比例)； (2) 二元结构模式：分为基本年薪和风险收入； (3) 三元结构模式：分为基本年薪、效益年薪和奖励年薪
	股票期权		经营者在规定的年限内可以某个固定价格购买一定数量的企业股票

续表

薪酬方案		内容
销售人员薪酬	单纯佣金制	(1)也称销售提成,没有基本薪酬,全部薪酬收入都来自佣金; (2)优点:薪酬收入与工作绩效直接挂钩,薪酬管理成本较低; (3)缺点:缺乏稳定性,易受外部环境因素的影响而引起大幅波动;不利于培养销售人员对企业的归属感
	基本薪酬加佣金制	(1)由每月的基本薪酬和按销售业绩提取的佣金组成; (2)佣金分为直接佣金和间接佣金
	基本薪酬加奖金制	佣金直接由绩效表现决定,而奖金与业绩之间的关系是间接的,通常销售人员所达成的业绩只有超过某一销售额,才能获得一定数量的奖金
	基本薪酬加佣金加奖金制	对于一些技术含量较高,市场较为狭窄,销售周期较长的产品来说,其销售人员的素质及其稳定性要求都很高,因此采取这种薪酬制度比较合适
驻外人员薪酬	**基本薪酬**:本国薪酬、东道国薪酬、总部薪酬	
	激励薪酬:驻外津贴、困难补助、流动津贴	
	福利:标准福利与额外福利	
专业技术人员薪酬	(1)基本薪酬与加薪; (2)奖金; (3)福利与服务	

【例6·单选题】关于经营者年薪制的说法,错误的是( )。
A. 年薪制是一种高风险的薪酬制度,依靠的是约束和激励互相制约的机制
B. 年薪制将企业经营管理者的业绩与其薪酬直接联系在一起
C. 年薪制可以由基本薪酬、奖金、长期奖励、福利津贴构成
D. 年薪制决定了经营管理者的奖励可以不封顶

解析 ▶ 本题考查年薪制。年薪制也同样存在着自身的局限性,如年薪制确定了经营者的最低业绩目标和封顶奖金,当未完成最低计划指标时经营者不会受到惩罚,而计划指标超额完成也不会有更多的奖励。
答案 ▶ D

▶ 考点七 薪酬成本的控制及企业人工成本(见表8-9)

表8-9 薪酬成本的控制及企业人工成本

薪酬成本控制方法	(1)控制雇佣量:**雇佣量=员工数量×工时数量**; (2)控制基本薪酬:控制加薪的规模(或幅度)、加薪的时间和员工的覆盖面; (3)控制奖金:控制支付规模、时间和覆盖面,重点利用一次性支付性质来改善劳动力成本的可调节幅度; (4)控制福利支出: ①与基本薪酬联系的福利:随基本薪酬变化而变化,当基本薪酬一定时,其刚性较大; ②与基本薪酬无关的福利:属短期福利项目,数额较小,弹性较小; ③福利管理费用:有较高的弹性可利用; (5)利用适当的薪酬技术手段

企业人工成本分析指标	(1)人工成本总量指标：反映企业人工成本总量水平，能显示员工平均收入的高低，产生价格信号； (2)人工成本结构指标：反映人工成本投入构成的情况与合理性； (3)人工成本分析比率型指标：可以衡量企业对劳动的投入与收益，可寻求最佳"度"

【例7·单选题】 人工成本结构指标反映了（ ）。
A. 企业员工平均收入的高低
B. 企业人工成本的构成情况与合理性
C. 企业的劳动生产率
D. 一定时期内企业人工成本的变动幅度

解析▶ 本题考查企业人工成本。人工成本结构指标反映了企业人工成本的构成情况与合理性。

答案▶ B

历年考题解析

一、单项选择题

1. （2019年）稳定战略的企业的薪酬结构（ ）。
   A. 短期内提供相对低的基本薪酬
   B. 基本薪酬和福利所占的比重较大
   C. 长期内会有很大的增长
   D. 基本薪酬所占的比例相对较低

   解析▶ 本题考查战略性薪酬管理。企业实施稳定战略或集中战略，在薪酬结构上基本薪酬和福利所占的比重较大。在薪酬水平上一般采取市场跟随或略高于市场水平的薪酬，但长期内不会有太大的增长。

   答案▶ B

2. （2019年）关于股票增值权的说法，正确的是（ ）。
   A. 实施股票增值权时需全额兑现
   B. 股票增值权的行权期一般不超过任期
   C. 实施股票增值权时可以用现金，也可以折合成股票，还可以两者结合
   D. 股票增值权的激励对象拥有规定数量的股票所有权

   解析▶ 本题考查股票增值权。选项A错误，实施股票增值权时，可以是全额兑现，也可以是部分兑现。选项B错误，行权期一般超过任期。选项D错误，激励对象拥有规定数量的股票股价上升所带来的收益，但不拥有这些股票的所有权。

   答案▶ C

3. （2019年）关于股票期权的说法，正确的是（ ）。
   A. 股票期权受益人须在规定时期内购买公司股票
   B. 股票期权适用于非上市公司
   C. 股票期权是一种权利，也是一种义务
   D. 股票期权是企业无偿给予经营者等激励对象的

   解析▶ 本题考查股票期权。选项A、C错误，股票期权是一种权利而不是义务，收益人可以买公司股票也可以不买。选项B错误，股票期权适用于上市公司。

   答案▶ D

4. （2019年）关于员工持股计划的说法，正确的是（ ）。
   A. 科学合理的员工持股计划能够降低企业融资成本
   B. 员工持股计划的认购者可以是本企业员工，也可以是企业外部人士
   C. 员工持股计划中员工所认购的股份进行转让不受限制
   D. 员工持股计划会显著增加企业的税务

负担

解析 本题考查员工持股计划。选项 B 错误，持股人或认购者必须是本企业的员工。选项 C 错误，员工所认购的股份在转让、交易等方面受到一定的限制。选项 D 错误，员工持股计划能够减轻企业的税务负担。　　　　　　**答案** A

5.(2019年)关于企业不同发展战略下的薪酬管理特征的说法，正确的是(　)。

A. 在采用稳定战略的企业中，基本薪酬和福利在薪酬结构中所占的比例较高

B. 采用成长战略的企业会在短期内提供相对较高的基本薪酬

C. 在采用收缩战略的企业中，基本薪酬在薪酬结构中所占的比例较高

D. 采用稳定战略的企业一般采取低于市场水平的薪酬

解析 本题考查战略性薪酬管理。选项 B 错误，采用成长战略的企业会在短期内提供相对较低的基本薪酬。选项 C 错误，在采用收缩战略的企业中，基本薪酬在薪酬结构中所占的比例较低。选项 D 错误，采用稳定战略的企业一般采取市场跟随或略高于市场水平的薪酬。　　**答案** A

6.(2018年)关于我国员工持股计划，说法正确的是(　)。

A. 每位员工所获股份权益对应的股票总数累计可以超过公司总股本的1%

B. 上市公司应当在员工持股计划届满前12个月公告到期计划持有的股票数量

C. 上市公司全部有效的员工持股计划持有的股票总数累积不得低于公司总股本的10%

D. 每期员工持股计划的持股期限不得低于12个月

解析 本题考查员工持股计划。A 错误，单个员工所获股份权益对应的股票总数累计不得超过公司股本总额的1%。B 错误，上市公司应当在员工持股计划届满前6个月公告到期计划持有的股票数量。选项 C 错误，上市公司全部有效的员工持股计划所持有的股票总数累计不得超过公司股本总额的10%。　　**答案** D

7.(2018年)关于我国股票期权的说法，正确的是(　)。

A. 激励对象可以同时参加两个上市公司的股权激励计划

B. 激励对象包括独立董事、监事

C. 股票期权只适用于上市公司

D. 激励对象数量可以超过员工总数的10%

解析 本题考查股票期权。选项 A 错误：激励对象不能同时参加两个或两个以上上市公司的股权激励计划。选项 B 和 D 错误：激励对象包括上市公司的董事、高级管理人员、核心技术(业务)人员(不能超过总员工的10%)，以及公司认为应当激励的其他员工，但不应当包括独立董事和监事。　　　　　　　**答案** C

8.(2018年)关于职位评价方法的说法，正确的是(　)。

A. 分类法属于定量方法

B. 要素计点法属于职位尺度比较法

C. 要素计点法属于定性方法

D. 分类法属于直接职位比较法

解析 本题考查职位评价方法。职位评价的方法主要有四种，即排序法、分类法、要素计点法和因素比较法。　**答案** B

9.(2018年)关于不同企业竞争战略下的薪酬管理特征的说法，正确的是(　)。

A. 企业若采用成本领先战略，薪酬水平应当比竞争对手相对更高

B. 企业若采用创新战略，基本薪酬应略低于劳动力市场通行工资水平

C. 企业若采用客户中心战略，应根据员工的工作年限支付报酬

D. 企业若采用成本领先战略，奖金在薪酬结构中所占比例应相对较大

解析 本题考查适用于不同竞争战略下的薪酬管理。选项 A 错误：成本领先战略，

在薪酬水平方面，这类组织会密切关注竞争对手的薪酬状况，以确保本组织的薪酬水平既不低于竞争对手，最好也不要高于竞争对手。选项B错误：创新战略，其基本薪酬以劳动力市场的通行水平为准且略高于市场水平。选项C错误：采取客户中心战略的企业强调的是客户满意度，因此相对应的薪酬体系往往会根据员工向客户所提供服务的数量和质量来支付薪酬，或者根据客户对员工或员工群体所提供服务的评价来支付奖金。 **答案▶D**

10. (2017年)关于不同公司战略下的薪酬管理特征的说法，正确的是( )。

   A. 采取成长战略的企业往往在短期内提供较高水平的基本薪酬

   B. 采取稳定战略的企业薪酬结构中的基本薪酬和福利，所占比重通常较低

   C. 采取稳定战略的企业一般采取市场跟随或略高于市场水平的薪酬

   D. 采取收缩战略的企业薪酬结构中的基本薪酬所占比例通常较高

   解析▶ 本题考查薪酬管理概述。稳定战略，在薪酬水平来说，一般采取市场跟随或略高于市场水平的薪酬，但长期内不会有太大的增长。 **答案▶C**

11. (2017年)关于股票期权的说法，错误的是( )。

   A. 股票期权是一种权利而不是一种义务

   B. 收益人既可以购买股票也可以选择不购买股票

   C. 股票期权只有行权价格高于股票价格才有价值

   D. 股票期权是无偿拥有的

   解析▶ 本题考查股权激励。股票期权的特征包括：股票期权是一种权利而不是义务，收益人可以买公司股票也可以不买；股票期权只有在行权价低于行权时，本企业股票的市场价格才有价值；股票期权是公司无偿给予经营者的。 **答案▶C**

12. (2017年)关于股票增值权的说法，错误的是( )。

   A. 股票增值权的行权期一般超过任期

   B. 股票增值权的激励对象既可以拥有股票股价上升所带来的收益，也可以拥有这些股票的所有权

   C. 实施股票增值权时可以全额兑现，也可以部分兑现

   D. 实施股票增值权时可以用现金，也可以折合成股票，或者两者的某种组合

   解析▶ 本题考查上市公司股权激励。股票增值权的激励对象拥有规定数量的股票股价上升所带来的收益，但不拥有这些股票的所有权，也不拥有表决权、配股权。所以B选项错误。 **答案▶B**

13. (2017年)关于我国员工持股计划的说法，正确的是( )。

   A. 每期员工持股计划的持股期限不得低于24个月

   B. 以非公开发行方式实施的员工持股计划的持股期限不得低于40个月

   C. 上市公司全部有效的员工持股计划持有的股票总数累计不得超过公司总股本的15%

   D. 单个员工所获取股份权益对应的股票总数累计不得超过公司股本总额的1%

   解析▶ 本题考查员工持股计划。每期员工持股计划的持股期限不得低于12个月，A选项错误；以非公开发行方式实施的员工持股计划的持股期限不得低于36个月，B选项错误；上市公司全部有效的员工持股计划持有的股票总数累计不得超过公司股本总额的10%，C选项错误。 **答案▶D**

二、多项选择题

1. (2019年)关于经营者年薪制的说法，正确的有( )。

   A. 年薪制确定了经营者的最低业绩目标，当经营者未完成最低计划指标时会受到惩罚

B. 年薪制确定了经营者的封顶奖金，当计划指标超额完成时经营者会有更多奖励

C. 在年薪制结构中加大风险收入的比例，有利于在责任、风险和收入对等的基础上加大激励力度

D. 企业可以根据经营者在一个年度或任期内的经营管理业绩，确定与其贡献相当的薪酬水平及薪酬支付方式

E. 年薪制是一种高风险的薪酬制度，体现约束和激励相互制衡的机制

解析 本题考查年薪制。年薪制是一种高风险的薪酬制度，依靠的是约束和激励互相制衡的机制。年薪制的优势有：（1）可根据企业经营者一个年度以及任期内的经营管理业绩，相应确定与其贡献相当的年度和长期薪酬水平及薪酬支付方式。（2）年薪结构中加大了风险收入的比例，有利于在责任、风险和收入对等的基础上加大激励力度。（3）可以把年薪收入的一部分直接转化为股权激励形式，从而把经营者薪酬与资产所有者利益及企业发展前景紧密结合。 **答案** CDE

2. (2018年)关于员工持股计划的股份设置及持股比例的说法，正确的有( )。

A. 参与员工持股计划的员工不得高于企业员工总数的90%

B. 只有本企业正式聘用的员工才能参与员工持股

C. 参与员工持股计划的员工能够购买的企业股票数量由本人工资在员工全体薪金总额的比例确定

D. 员工持股占企业总股本的比例应超过20%

E. 一般企业高管人员与一般职工在员工持股中的认购比例不得低于10∶1

解析 本题考查员工持股计划的主要内容。一般来说，参与员工持股计划的员工能够购买的企业的股票数量由他的工资在员工全体薪金总额的比例确定。应该把员工持股严格限定在本企业正式聘用的员工的范围以内；同时还应强调员工持股的广泛参与性，原则上要求企业正式聘用的员工都参与员工持股计划，明确规定参与员工持股计划的员工不得低于员工总数的90%。对于员工持股的比例，主要涉及两个层次的含义：一是要明确界定员工持股占企业总股本的比例，一般不宜超过20%；二是要明确界定企业内部员工持股额度的分配比例，一般企业高管人员与一般职工的认购比例不宜拉得太大，原则上控制在4∶1的范围之内。 **答案** BC

3. (2018年)关于销售人员薪酬的说法，正确的有( )。

A. 销售人员的薪酬应主要以行为为导向

B. 单纯佣金制因将销售人员的薪酬收入与其工作业绩直接挂钩而使薪酬管理成本较低

C. 产品具有较高技术含量的企业会对销售人员采用高佣金加低基本薪酬的薪酬制度

D. 单纯佣金制会导致销售人员的薪酬缺乏稳定性

E. 单纯佣金制不利于培养销售人员对企业的归属感

解析 本题考查销售人员薪酬。选项A错误：销售人员的薪酬方案是多种多样的，主要以行为为导向的说法是错误的。选项B正确：单纯佣金制的优点是把销售人员的薪酬收入与销售人员的工作绩效直接挂钩，同时薪酬管理的成本也较低。选项C错误：对于一些技术含量较高，市场较为狭窄，销售周期较长的产品来说，其销售人员的素质及稳定性要求都很高，因此采取"高基本薪酬加低佣金或奖金"的薪酬制度比较适合。选项D和E正确：单纯佣金制度使得销售人员的薪酬往往缺乏稳定性，易受外部环境因素的影响而引起大幅的波动。同时这种制度还有可能造成上下级之间、新老员工之间的较大薪酬差距，不利于培养销售人员对企业的归属感。 **答案** BDE

4. （2017年）关于员工持股计划的说法正确的有（　　）。
   A. 员工持股计划既能激励员工努力工作，也能吸引人才
   B. 员工持股计划可以使企业获得低成本的资金来源
   C. 持股人和认购者可以是本企业员工，也可以是外部人员
   D. 认购者认购的股份在转让和交易方面不受限制
   E. 员工持股计划可以为企业提供稳定、长期且能够减轻企业税务负担的资金

解析 ▶ 本题考查员工持股计划。员工持股计划的持股人或者认购者必须是本企业的员工，C选项错误；员工所认购的股份在转让、交易等方面受到一定的限制，D选项错误。
答案 ▶ ABE

同步系统训练

一、单项选择题

1. 基本薪酬和福利所占比重较大的薪酬结构适用的企业发展战略类型是（　　）。
   A. 成长战略　　B. 收缩战略
   C. 集中战略　　D. 精简战略

2. 对于采用（　　）的企业来说，其薪酬管理的指导思想是企业与员工共担风险，共享收益。
   A. 成长战略　　B. 稳定战略
   C. 集中战略　　D. 创新战略

3. 对于采用创新战略的企业而言，薪酬管理最突出的特点是（　　）。
   A. 对于产品和技术方面的创新给予足够的奖励
   B. 将企业的经营业绩与员工收入挂钩，鼓励员工与企业共担风险
   C. 基本薪酬比市场平均水平略低
   D. 在薪酬结构方面，基本薪酬和福利所占比重相对较高

4. 薪酬调查一般常用的调查方式不包括（　　）。
   A. 企业间相互调查　B. 委托调查
   C. 抽查　　　　　　D. 问卷调查

5. 确保薪酬内部公平性的手段是（　　）。
   A. 心理测评　　B. 职位评价
   C. 薪酬控制　　D. 薪酬调查

6. 下列职位评价方法中，主要适用于大规模企业中管理类职位的是（　　）。
   A. 排序法　　B. 分类法
   C. 因素比较法　D. 要素计点法

7. 进行职位评价时，因素比较法主要适用于（　　）。
   A. 大规模企业中的管理类职位
   B. 职位类别较为简单的小型企业
   C. 规模较小、结构简单的企业
   D. 处在劳动力市场相对稳定环境下的规模较大的企业

8. 职位评价方法中，（　　）也称点数法、评分法或计分法，是一种比较复杂的量化评价方法。
   A. 排序法　　B. 分类法
   C. 要素计点法　D. 因素比较法

9. 下列适用于成长性较好、股价呈强势上涨的上市公司的是（　　）。
   A. 股票增值权　　B. 限制性股票
   C. 股份期权　　　D. 股票期权

10. 股票期权的有效期，即从股票期权授予之日起至所有股票期权行权或注销完毕之日止，从授权日计算不得超过（　　），在股票期权有效期内，上市公司应当规定激励对象分期行权。
    A. 5年　　B. 6年
    C. 8年　　D. 10年

11. 个人决定对部分或全部可行权的股票期权行权并立刻出售，以获取行权价与市场价的差价带来的利润，这种股票期权

的执行方式是（　）。
　A. 现金行权
　B. 无现金行权
　C. 现金行权并出售
　D. 无现金行权并出售

12. 我国《管理办法》对股权激励额度的最高上限进行了规定，上市公司全部有效的股权激励计划所涉及的标的股票总数累积不得超过公司股本总额的（　）。
　A. 3%　　　　　B. 5%
　C. 10%　　　　D. 12%

13. 公司员工取得限制性股票后不得通过二级市场或其他方式进行转让的期限称为（　）。
　A. 禁售期　　　B. 等待期
　C. 有效期　　　D. 授权期

14. 在解锁期内，如果公司业绩满足计划规定的条件，员工取得的限制性股票可以按计划分期解锁，解锁期不得低于（　）。
　A. 1年　　　　B. 2年
　C. 3年　　　　D. 5年

15. 下列股权激励模式中，（　）适用于现金流量比较充裕且股价比较稳定的上市公司及境外上市公司。
　A. 股票期权　　B. 限制性股票
　C. 股指期权　　D. 股票增值权

16. 公司给予计划参与人一种权利，不实际买卖股票，仅通过模拟股票市场价格变化的方式，在规定时段内，获得由公司支付的行权价格与行权日市场价格之间的差额，这种股权激励方式是（　）。
　A. 股票期权　　B. 限制性股票
　C. 股票增值权　D. 业绩股份

17. 股份期权行权价的确定方法不包括（　）。
　A. 年值法　　　B. 现值有利法
　C. 等现值法　　D. 现值不利法

18. 每期员工持股计划的持股期限不得低于（　）个月，以非公开发行方式实施员工持股计划的持股期限不得低于（　）个月。
　A. 6，12　　　B. 12，12

C. 12，36　　　D. 36，12

19. 下列适用于餐饮销售人员的薪酬制度是（　）。
　A. 高基本薪酬加低佣金
　B. 纯基薪制
　C. 低基本薪酬加高佣金
　D. 纯奖金制

20. 有一些产品的技术含量高，市场较为狭窄，销售周期较长，对于这类产品的销售人员，适宜采用的薪酬制度是（　）。
　A. 单纯佣金制
　B. 低基本薪酬加高佣金
　C. 单纯基薪制
　D. 高基本薪酬加低佣金或者奖金

21. 有关驻外人员薪酬的描述，错误的是（　）。
　A. 驻外人员的基本薪酬一般采用本国薪酬、东道国薪酬以及总部薪酬三种方法来确定
　B. 驻外人员薪酬的主要组成部分包括基本薪酬、激励薪酬和福利
　C. 驻外人员的激励薪酬主要包括驻外津贴、困难补助和流动津贴
　D. 驻外人员的额外福利包括保障计划和带薪休假

22. 下列能够显示本企业员工平均收入的高低，也能作为企业向劳动力市场提供的劳动力价格信号的人力成本分析指标是（　）。
　A. 人工成本结算指标
　B. 人工成本结构指标
　C. 人工成本分析比率型指标
　D. 人工成本总量指标

23. 人工成本结构指标反映了（　）。
　A. 企业员工平均收入的高低
　B. 企业人工成本的构成情况与合理性
　C. 企业的劳动生产率
　D. 一定时期内企业人工成本的变动幅度

二、**多项选择题**

1. 实行成本领先战略的企业在制定薪酬方案

时通常会( )。
A. 提高奖金在整体薪酬中所占的比例
B. 实施高于市场水平的基本薪酬
C. 使薪酬水平不超过竞争对手
D. 追求效率最大化、成本最小化
E. 对于创新给予足够的报酬和奖励

2. 当企业采取不同战略时企业的薪酬管理是不同的,下列说法中正确的有( )。
A. 采用稳定战略的企业在薪酬结构上基本薪酬所占的比例相对较低
B. 采取收缩战略的企业在薪酬结构上基本薪酬和福利所占的比重较大
C. 采取创新战略的企业其基本薪酬以劳动力市场的通行水平为准且略高于市场水平
D. 采取成本领先战略的企业在薪酬结构方面奖金部分所占的比例相对较大
E. 采取客户中心战略的企业其薪酬体系会根据员工向客户所提供服务的数量和质量来支付薪酬

3. 与传统薪酬管理相比全面薪酬战略更强调( )。
A. 灵活性   B. 激励性
C. 战略性   D. 沟通性
E. 敏感性

4. 职位评价的方法主要有( )。
A. 分类法   B. 排序法
C. 配对法   D. 要素计点法
E. 因素比较法

5. 职位评价方法中的排序法具有的优点有( )。
A. 简单易行   B. 主观成分小
C. 成本较低   D. 易于与员工沟通
E. 能确定所排序的职位之间的相对价值

6. 出现下列( )情形之一的人员,不得成为股票期权的激励对象。
A. 最近3年内被证券交易所公开谴责的
B. 最近3年内因重大违法违规行为被中国证监会予以行政处罚的
C. 最近3年所从事工作的原公司发生破产的
D. 最近3年内被证券交易所宣布为不适当人选的
E. 具有我国《公司法》规定的不得担任公司董事、监事、高级管理人员情形的

7. 股票期权作为股权激励模式,具有的优点包括( )。
A. 降低委托代理成本
B. 激励对象无须现金付出
C. 激励力度比较大,具有长期激励效果
D. 降低企业激励成本,并且企业有现金流入
E. 可以锁定激励对象的风险,股票期权持有人不行权就没有任何额外损失

8. 根据我国有关政策规定,允许参与员工持股计划的人员通常包括( )。
A. 在企业工作满一定时间的正式员工
B. 公司的董事、监事、经理
C. 长期在本企业工作的兼职人员
D. 企业在册管理的离退休人员
E. 企业派往投资企业、代表处工作,劳动人事关系仍在本企业的外派人员

9. 下列属于非上市公司股权激励模式的有( )。
A. 股票期权   B. 股份期权
C. 业绩股份   D. 限制性股票
E. 股票增值权

10. 员工持股计划中,股份认购形式有( )。
A. 以现金认购
B. 以实物认购
C. 通过员工持股专项贷款资金贷款认购
D. 将企业的奖励或红利转换成员工持股
E. 将历年累计的公益金转为员工股份

11. 中国证监会发布的《指导意见》规定,员工持股计划的基本原则包括( )。
A. 依法合规原则   B. 风险共担原则
C. 风险自担原则   D. 自愿参与原则
E. 集合理财原则

12. 专业技术人员的薪酬结构主要包括( )。
A. 奖金   B. 佣金
C. 福利与服务   D. 基本薪酬加佣金

E. 基本薪酬与加薪
13. 下列关于销售人员薪酬的说法，正确的有（ ）。
   A. 企业在进行销售人员薪酬制度的选择时，一般取决于企业自身所处行业及产品特点
   B. 销售人员的工作结果比较容易衡量
   C. 很容易对销售人员的工作过程进行监督
   D. 销售人员的薪酬主要是以结果为向导
   E. 单纯佣金制最利于培养销售人员对企业的归属感
14. 薪酬成本控制的方法有（ ）。
   A. 控制雇佣量
   B. 控制基本薪酬
   C. 控制差旅支出
   D. 控制福利支出
   E. 控制奖金

三、案例分析题

A公司是一家生产制造型企业，随着业务的迅速发展，企业的经济实力近几年有了很大的提高，为了更好地留住关键员工、调动员工的工作积极性，同时吸引更多高素质的人才进入企业，公司决定在原有基础上大幅度提高员工的薪资水平。公司修改了原有的薪酬制度，并对所有职位的薪资按比例进行了提高，工资总额大大提高了，但是效果并不理想：人才流失的情况并没有减少，员工工作积极性并没有得到预期的提高，人才引进缺乏进展。

1. A公司正确的企业薪酬发展战略应当是（ ）。
   A. 成长战略   B. 集中战略
   C. 精简战略   D. 收缩战略
2. 为了解决薪酬的内部公平性，应进行（ ）。
   A. 工作分析
   B. 职位评价
   C. 市场薪酬调查
   D. 薪酬预算
3. 若A公司采用稳定战略，则其薪酬制度的特征应当有（ ）。
   A. 薪酬管理的指导思想是企业与员工共担风险、共享收益
   B. 薪酬决策的集中度比较高
   C. 薪酬的确定基础主要是员工从事的职位本身
   D. 在薪酬结构上，基本薪酬和福利所占的比重较大
4. A公司计划以提高客户服务质量、服务效率等来赢得竞争优势，则A公司采取的竞争策略属于（ ）。
   A. 创新战略   B. 成本领先战略
   C. 客户中心战略 D. 集中战略

同步系统训练参考答案及解析

一、单项选择题

1. C 【解析】本题考查战略性薪酬管理。稳定战略或集中战略，在薪酬结构上基本薪酬和福利所占的比重较大，从薪酬水平来说，一般采取市场跟随或略高于市场水平的薪酬，但长期内不会有太大的增长。
2. A 【解析】本题考查战略性薪酬管理。对于追求成长战略的企业来说，其薪酬管理的指导思想是企业与员工共担风险、共享收益。
3. A 【解析】本题考查战略性薪酬管理。创新战略的薪酬体系非常注重对产品创新、技术创新和新的生产方法给予足够的报酬或奖励，其基本薪酬以劳动力市场的通行水平为准且略高于市场水平。
4. C 【解析】本题考查薪酬体系设计的基本步骤。薪酬调查一般常用的调查方式有企业之间相互调查、委托调查、收集公开的信息和问卷调查。
5. B 【解析】本题考查职位评价。职位评价

主要是为了解决薪酬的内部公平性问题。

6. D 【解析】 本题考查职位评价方法。要素计点法对管理水平要求较高，主要适用于大规模企业中的管理类职位。

7. D 【解析】 本题考查职位评价方法。因素比较法主要适用于处在劳动力市场相对稳定环境下的规模较大的企业。

8. C 【解析】 本题考查职位评价方法。要素计点法也称点数法、评分法或计分法，是一种比较复杂的量化评价方法。

9. D 【解析】 本题考查股票期权。股票期权适用于成长性较好、股价呈强势上涨的上市公司。

10. D 【解析】 本题考查股票期权的有效期。股票期权的有效期，即从股票期权授予之日起至所有股票期权行权或注销完毕之日止，从授权日计算不得超过10年，在股票期权有效期内，上市公司应当规定激励对象分期行权。

11. D 【解析】 本题考查无现金行权并出售。无现金行权并出售是指个人决定对部分或全部可行权的股票期权行权并立刻出售，以获取行权价与市场价的差价带来的利润。

12. C 【解析】 本题考查股票期权的激励额度。我国《上市公司股权激励管理办法》对股权激励额度的最高上限进行了规定，上市公司全部有效的股权激励计划所涉及的标的股票总数累积不得超过公司股本总额的10%。

13. A 【解析】 本题考查限制性股票。限制性股票的禁售期，是指公司员工取得限制性股票后不得通过二级市场或其他方式进行转让的期限。

14. C 【解析】 本题考查限制性股票。在解锁期内，如果公司业绩满足计划规定的条件，员工取得的限制性股票可以按计划分期解锁，解锁期不得低于3年，解锁期内原则上采取匀速解锁办法。

15. D 【解析】 本题考查股票增值权。股票增值权适用于现金流量比较充裕且股价比较稳定的上市公司及境外上市公司。

16. C 【解析】 本题考查股票增值权。股票增值权实质上是一种虚拟的股票期权，是公司给予计划参与人一种权利，不实际买卖股票，仅通过模拟股票市场价格变化的方式，在规定时段内，获得由公司支付的行权价格与行权日市场价格之间的差额。

17. A 【解析】 本题考查股份期权行权价的确定。股份期权行权价的确定方法有现值有利法、等现值法和现值不利法。

18. C 【解析】 本题考查员工持股计划的持股期限。每期员工持股计划的持股期限不得低于12个月，以非公开发行方式实施员工持股计划的持股期限不得低于36个月。

19. C 【解析】 本题考查销售人员的薪酬。企业在进行销售人员薪酬制度的选择时，一般取决于企业自身所处的行业及产品特点，如保险行业、饮食行业等对销售人员的薪酬设计大多是"高佣金加低基本薪酬"的薪酬制度，所以本题选C。

20. D 【解析】 本题考查特殊群体的薪酬管理。对于一些技术含量高，市场较为狭窄，销售周期较长的产品来说，其销售人员的素质及其稳定性要求都很高，因此"高基本薪酬加低佣金或奖金"的薪酬制度比较适合。

21. D 【解析】 本题考查驻外人员薪酬的相关内容。驻外人员的福利由标准福利和额外福利组成，其中标准福利包括保障计划和带薪休假。所以选项D错误。

22. D 【解析】 本题考查企业人工成本。人工成本总量指标能够显示本企业员工的平均收入的高低，也能作为企业向劳动力市场提供的劳动力价格信号。

23. B 【解析】 本题考查企业人工成本。人工成本结构指标反映了企业人工成本投入构成的情况与合理性。

二、多项选择题

1. ACD 【解析】 本题考查战略性薪酬管理。

成本领先战略即成本最低战略,在产品本身的质量大体相同的情况下,以低于竞争对手的价格向客户提供产品。采取这一战略的企业往往追求的是效率最大化、成本最小化。在薪酬水平方面比竞争对手的薪酬相对较低,在薪酬结构方面奖金部分所占的比例相对较大。

2. CDE 【解析】本题考查战略性薪酬管理。采用收缩战略的企业,在薪酬结构上基本薪酬所占的比例相对较低。采取稳定战略的企业在薪酬结构上基本薪酬和福利所占的比重较大。所以选项A、B错误。

3. ABCD 【解析】本题考查全面薪酬战略。与传统薪酬管理相比全面薪酬战略更强调战略性、激励性、灵活性、创新性和沟通性。

4. ABDE 【解析】本题考查职位评价方法。职位评价的方法主要有四种,即排序法、分类法、要素计点法和因素比较法。

5. ACD 【解析】本题考查职位评价方法。排序法的最大优点就在于其简单易行,成本较低,而且易于与员工沟通。然而由于没有详细具体的评价标准,因此主观成分很大。同时排序法只能确定职位的序列,不能确定所排序的职位之间的相对价值。

6. ABDE 【解析】本题考查上市公司股权激励。下列人员不得成为激励对象:(1)最近3年内被证券交易所公开谴责或宣布为不适当人选的;(2)最近3年内因重大违法违规行为被中国证监会予以行政处罚的;(3)具有我国《公司法》规定的不得担任公司董事、监事、高级管理人员情形的。

7. ACDE 【解析】本题考查股票期权作为股权激励模式的优点。选项B是股票增值权的优点。

8. ABDE 【解析】本题考查员工持股计划的激励对象。根据我国有关政策规定,允许参与员工持股计划的人员通常包括四类人员:在企业工作满一定时间的正式员工;公司的董事、监事、经理;企业派往投资企业、代表处工作,劳动人事关系仍在本企业的

外派人员;企业在册管理的离退休人员。

9. BC 【解析】本题考查非上市公司的股权激励模式。非上市公司的股权激励模式包括股份期权、业绩股份和虚拟股票期权。

10. ACDE 【解析】本题考查员工持股计划。股份认购形式可以有四种,分别是员工以现金认购;通过员工持股专项贷款资金贷款认购;将企业的奖励或红利转换成员工持股;企业将历年累计的公益金转为员工股份。

11. ACD 【解析】本题考查员工持股计划。员工持股计划的基本原则包括:依法合规原则、自愿参与原则和风险自担原则。

12. ACE 【解析】本题考查专业技术人员薪酬。专业技术人员的薪酬结构主要包括基本薪酬与加薪、奖金、福利与服务。

13. ABD 【解析】本题考查销售人员薪酬的相关内容。与其他职位相比,很难对销售人员工作过程进行监督。单纯佣金制不利于培养销售人员对企业的归属感。所以选项CE错误。

14. ABDE 【解析】本题考查薪酬成本的控制。企业薪酬成本控制的基本方法有:(1)控制雇佣量;(2)控制基本薪酬;(3)控制奖金;(4)控制福利支出;(5)利用适当的薪酬技术手段。

三、案例分析题

1. A 【解析】本题考查企业薪酬战略的类型。从案例中可知A公司还处在一种不断成长的时期,所以其对应的薪酬战略应该是成长战略。

2. B 【解析】本题考查薪酬体系的设计。职位评价主要是为了解决薪酬的内部公平性问题。因此选B。

3. BCD 【解析】本题考查稳定战略薪酬制度的特征。选项A属于成长战略薪酬制度的特征。

4. C 【解析】本题考查企业的竞争战略。所谓客户中心战略,是一种以提高客户服务质量、服务效率等来赢得竞争优势的战略。

本章思维导图

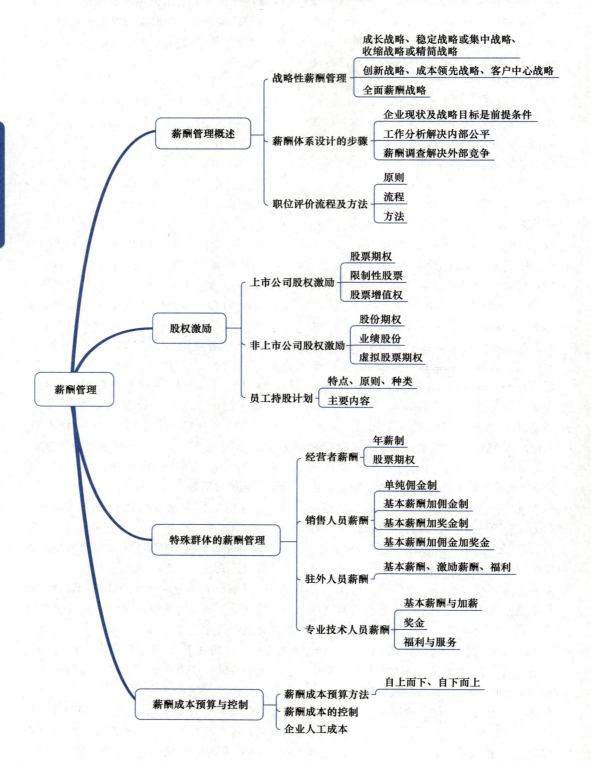

第9章 培训与开发

考情分析

本章主要讲述有关培训与开发的相关知识。本章的重点是培训与开发的决策分析，培训与开发的效果评估，职业生涯管理的方法及效果评估，职业生涯发展阶段、职业生涯锚。从近三年的考题来看，以单项选择题、多项选择题为主。

最近三年本章考试题型、分值分布

年份	单项选择题	多项选择题	案例分析题	合计
2019 年	—	1 题 2 分	—	1 题 2 分
2018 年	1 题 1 分	1 题 2 分	—	2 题 3 分
2017 年	2 题 2 分	1 题 2 分	—	3 题 4 分

本章主要考点

1. 培训与开发的决策分析、组织体系。
2. 培训与开发效果的评估。
3. 职业生涯管理的方法及效果评估。
4. 职业生涯发展阶段、职业生涯锚。

重点、难点讲解及典型例题

▶ **考点一 培训与开发的决策分析及组织体系**（见表 9-1）

（1）培训与开发是一种人力资源投资。
（2）组织在设立培训与开发机构时，要考虑两方面的因素：①组织的规模；②人力资源管理在组织中的地位和作用。
（3）对员工进行培训与开发的责任最终落实到直线经理身上。

表 9-1 培训与开发的决策分析及组织体系

项目	内容
决策分析	（1）考虑因素：支出 C、收益 B、加薪 S； （2）只有 B-S>C 时，才会提高组织的收益； （3）影响培训与开发利润的因素：受训员工可能的服务年数、受训员工技能可能提高的程度、受训员工的努力程度和对组织的忠诚度

续表

项目		内容
决策误区		（1）对人力资源投资的回报难以量化，容易遭到管理层的反对； （2）效果评估存在滞后性，导致管理层不愿意做难以衡量或反馈周期长的培训与开发投资，更愿意投资那些容易衡量或反馈时间短的培训与开发课程； （3）将培训开发视为开支或员工福利，而不是投资，其预算经常落后于经营战略计划
组织体系	中小型组织	由于员工规模不大不需要设置专门的机构，培训与开发工作通常是某个人力资源管理岗位的一项职责
	大型组织 （员工数量多）	（1）一般设置专门的机构； （2）设置模式： ①隶属于人力资源部，是其中的一个部门； ②与人力资源部并列，是一个独立的部门。 （3）两种模式各有利弊：前者把培训与开发看作整个人力资源管理系统的一部分，便于形成一个协调、统一的培训与开发计划；但无法体现培训与开发在组织中的战略位置，而且会受到其他工作的影响，难以保证培训与开发的力度和连续性。后者刚好相反，由于两个部门并列还需要在两个部门之上设置一个领导充当组织和协调的角色
	大型的实行分权化管理的组织	（1）**组建企业大学**； （2）企业大学是独立的培训与开发机构的一种扩大发展的模式

【例1·单选题】关于培训与开发的说法，错误的是（　　）。
A．培训与开发是对人力资源的投资
B．大型组织通常会设置专门的培训与开发部门
C．效果评估是培训与开发体系中比较容易实施的一个环节
D．培训与开发效果评估方法包括控制实验法和问卷调查法

解析 本题考查培训与开发效果的评估。由于培训与开发效果的滞后性，以及员工个体的差异性，要客观、科学地评估培训与开发的效果相当困难，因此，效果评估是培训与开发体系中最难实现的一个环节，所以本题选C。　　　　　　　　　　　　　　　　　　　　**答案** C

▶ 考点二　培训与开发效果的评估（见表9-2）

效果评估是培训与开发体系中**最难实现的一个环节**。

表9-2　培训与开发效果的评估

评估内容	反应评估	（1）重点：评估受训人员对培训与开发的主观感受和看法； （2）易于进行，也是**最基本**、**最常用**的评估方式； （3）通常采用访谈、问卷调查等方法，其中问卷调查法的应用最为普遍
	学习评估	（1）主要内容：在知识、技能或态度方面是否有了提高或改变； （2）测试方式：知识一般采用笔试、技能一般采用实际操作、态度采用自我评价的态度量表

评估内容	工作行为评估	(1)重点：评价是否带来了受训人员行为上的改变，以及受训人员是否把所学的运用到工作上的程度； (2)是效果评估中一项重要的内容，可以直接反映培训与开发的效果，也是组织高管层和直接主管特别关心的； (3)方法：面谈、直接观察、绩效监测、行为评价量表等，其中**行为评价量表是最常用的方法**
	结果评估	(1)目标：评估受训人员工作行为改变对其所服务的组织或部门绩效的影响作用； (2)结果如何是组织进行培训与开发效果评估的最重要内容，是最具说服力的评价指标，也是组织高管层最关心的评估内容； (3)指标： ①**硬指标**：产出、质量、成本、时间等四大类，易被衡量和量化，容易被转化为货币价值，而且评价也更为客观； ②**软指标**：工作习惯、工作满意度、主动性、顾客服务等，难以被衡量和量化，也难以被转化为货币价值，而且评价具有主观性
	投资收益评估	(1)目标：确定或比较组织进行培训与开发的成本收益； (2)该评估组织很少进行，因为它是一个**困难且昂贵的过程**
评估方法	控制实验法	(1)是一种最规范化的评估方法； (2)可以确定员工绩效的提高是否确实是由培训与开发所引发的； (3)不适用于那些难以找到量化绩效指标的培训与开发项目或活动
	问卷调查法	常用的培训与开发效果的评估方法

【例2·多选题】在培训与开发效果的评估中，结果评估的硬指标包括( )。

A. 质量
B. 产出
C. 成本
D. 工作满意度
E. 时间

解析 本题考查培训与开发效果的评估。结果评估指标包括硬指标和软指标。硬指标包括产出、质量、成本和时间四大类，易被衡量和量化，容易被转化为货币价值，而且评价也更为客观。软指标包括工作习惯、工作满意度、主动性、顾客服务等方面，难以被衡量和量化，也难以被转化为货币价值，而且评价具有主观性。 **答案** ABCE

▶ 考点三 职业生涯管理(见表9-3)

表9-3 职业生涯管理

内涵	(1)组织和员工个人共同对员工职业生涯进行设计、规划、执行、评估和反馈的一个综合性过程； (2)包括组织职业生涯管理和个体职业生涯管理； (3)两者相互匹配才会提高员工的满意度，降低离职率

方法	组织层次	提供职业生涯信息	(1)公布职位空缺信息； (2)介绍组织内的职业生涯通道①： ①横向通道：员工在同一个管理层级或同一个技术、技能等级上不同岗位或不同工种之间的变动路径； ②纵向通道：员工在不同管理层级、技术等级、技能等级上下之间的变动路径； ③双通道：员工同时承担管理工作和技术工作，俗称"双肩挑"，主要是为技术人员或专业人员设计的，也是组织培养高层管理人员的主要方式之一。 (3)建立职业生涯信息中心
		成立潜能评价中心②	(1)评价中心：确定管理者候选人； (2)心理测验：对个人职业潜能、兴趣、价值观、职业生涯锚等测查； (3)替换或继任规划
		实施培训与发展项目	(1)工作轮换； (2)利用公司内、外人力资源发展项目对员工进行培训； (3)参加组织内部或外部的专题研讨会； (4)专门对管理者进行培训或实行双通道职业生涯设计
	个人层次	给个人提供自我评估工具和机会	(1)职业生涯讨论会； (2)提供职业生涯手册； (3)退休前讨论会
		职业生涯指导与咨询	实施人员：人力资源部的专业人员或具体负责人、员工的直接主管、组织外的专业指导师或咨询师
效果评估标准			(1)是否达到个人或组织目标及程度； (2)具体活动的完成情况； (3)绩效指数变化； (4)态度或心理的变化(包括对工作的认同度、满意度和对组织的忠诚度)
注意事项			(1)职业生涯管理活动要与组织的人力资源战略、招聘、绩效评估等人力资源管理环节相互配合，统筹考虑； (2)得到组织高层的支持，尤其是在政策、经费等方面； (3)鼓励直线经理参与职业生涯发展活动； (4)要考虑员工的个体差异

注：①职业生涯通道，也称为职业生涯路线或职业生涯道路，是指个体在职业生涯过程中所经历的一系列岗位和层级所形成的链条，是个体一生的职业生涯轨迹。
②潜能评价中心主要用于专业人员、管理人员、技术人员提升的可能性评价。

【例3·单选题】 在典型的职业生涯通道类型中，员工在不同技能等级之间的变动路径属于职业生涯通道中的(　　)。

A．横向通道　　　　　　　　　　B．纵向通道
C．双通道　　　　　　　　　　　D．职业生涯锚

解析 ▶ 本题考查组织内的职业生涯通道。纵向通道是员工在不同管理层级、技术等级、技能等级上下之间的变动路径。因此选B。

答案 ▶ B

考点四　职业生涯发展阶段、职业生涯锚

(一)职业生涯发展阶段(见表9-4)

表9-4　职业生涯发展阶段

	探索期	建立期	维持期	衰退期
发展任务	确定兴趣、能力，让自我与工作匹配	晋升、成长、安全感，生涯类型的确立	维持成就感，更新技能	退休计划，改变工作与非工作之间的平衡
活动	协助、学习、遵循方向	独自做出贡献	训练、帮助、政策制定	退出工作
身份	学徒	同事	导师	顾问
年龄	30岁以下	30~45岁	45~60岁	60岁以上
专业资历	2年以下	2~10年	多于10年	多于10年

(二)职业生涯锚(见表9-5)

表9-5　职业生涯锚

概念		个人不得不做出选择的时候，无论如何都不会放弃的职业生涯中的那种至关重要的东西或价值观
特点		(1)产生于早期职业生涯阶段，以个体习得的工作经验为基础； (2)强调**个人能力、动机和价值观**三方面的相互作用与整合； (3)不可能根据各种测试提前进行预测； (4)不是完全固定不变的
类型	技术/职能能力型	(1)拒绝一般性管理工作，但愿意在其技术/职能领域管理他人； (2)大多从事工程技术、营销、财务分析、系统分析等工作
	管理能力型	(1)追求一般性管理工作，且**责任越大越好**； (2)具有分析能力、人际沟通能力和情绪控制能力的强强组合特点； (3)具有强烈的升迁动机，以提升等级和收入作为衡量成功的标准； (4)对组织有很强的依赖性
	安全稳定型	(1)驱动力和价值观：追求安全、稳定的职业前途； (2)安全取向：追求职业安全；注重情感的安全稳定
	自主独立型	(1)选择职业时绝不放弃自身的自由，且**视自主为第一需要**； (2)总是希望随心所欲地安排自己的工作和生活方式，追求能够施展个人能力的工作环境，最大限度摆脱组织的束缚，但有很强的职业承诺
	创造型	有强烈的创造需求和欲望，发明创造是他们工作的强大驱动力；具有冒险精神
作用		(1)有助于识别个人的职业生涯目标和职业生涯成功的标准； (2)能够促进员工预期心理契约的发展，有利于个人与组织稳固地相互接纳； (3)有助于增强个人职业技能和工作经验，提高个人和组织的绩效； (4)为个人中后期职业生涯发展奠定基础

【例4·单选题】下列职业生涯锚类型中，具有明显的冒险精神特征的是(　　)。
A. 技术/职能能力型　　　　　　　　B. 管理能力型
C. 安全稳定型　　　　　　　　　　D. 创造型

解析　本题考查职业生涯锚。职业生涯锚的五种基本类型中，创造型职业锚的人具有独特的特征：有强烈的创造需求和欲望，发明创造是他们工作的强大驱动力；冒险精神是创造型

职业锚具有的另一个非常明显的特征。立志于创造的人，所具有的创造欲望使他们追求标新立异，并为此做好了冒险的准备。

答案 D

历年考题解析

一、单项选择题

1. (2018年)具有分析能力、人际沟通能力和情绪控制能力的强强组合特点的职业生涯锚，属于(　　)。
   A. 自主独立型
   B. 创造型
   C. 管理能力型
   D. 技术/职能能力型

   解析 本题考查职业生涯锚。管理能力型的特点是追求一般性管理工作，且责任越大越好；具有强烈的升迁动机，以提升等级和收入作为衡量成功的标准；具有分析能力、人际沟通能力和情绪控制能力的强强组合特点，但对组织有很强的依赖性。

   答案 C

2. (2017年)关于培训与开发评估方法中的控制实验法的说法，错误的是(　　)。
   A. 它是一种最为规范的培训与开发效果评估方法
   B. 它可以提高培训与开发评估的准确性和有效性
   C. 它操作起来比较复杂，且费用比较高
   D. 它适用于管理技能培训与开发项目

   解析 本题考查培训与开发的效果评估。控制实验法不适用于那些难以找到量化绩效指标的培训与开发项目或活动，如管理技能培训与开发等。

   答案 D

3. (2017年)关于管理能力型职业生涯锚的说法，错误的是(　　)。
   A. 它追求一般性的管理工作，且责任越大越好
   B. 它强调实际技术/职能等业务工作
   C. 它具有强烈的升迁动机
   D. 它具有分析能力、人际沟通能力和情绪控制能力的强强组合特点

   解析 本题考查职业生涯管理的注意事项。技术/职能能力型，拒绝一般性管理工作，但愿意在其技术/职能领域管理他人。所以B选项错误。

   答案 B

4. (2016年)下列职业生涯锚类型中，具有明显的冒险精神特征的是(　　)。
   A. 技术/职能能力型
   B. 管理能力型
   C. 安全稳定型
   D. 创造型

   解析 本题考查职业生涯锚。职业生涯锚的五种基本类型中，创造型职业锚的人具有独特的特征：有强烈的创造需求和欲望，发明创造是他们工作的强大驱动力；冒险精神是创造型职业锚具有的另一个非常明显的特征。立志于创造的人，所具有的创造欲望使他们追求标新立异，并为此做好了冒险的准备。

   答案 D

二、多项选择题

1. (2019年)关于培训与开发效果评估中的结果评估的说法，正确的有(　　)。
   A. 它的评估软指标包括工作满意度、时间与成本等
   B. 它是组织高管层最关心的评估内容
   C. 它的评估硬指标包括产出、质量等
   D. 它是培训与开发效果评估中最具有说服力的评价指标
   E. 它是培训与开发效果评估中最重要内容

   解析 本题考查培训与开发效果评估。在培训与开发效果评估中，结果评估的硬指标包括产出、质量、成本和时间。软指标包括工作习惯、工作满意度、主动性、顾客服务等方面。

   答案 BCDE

2. (2018年)关于职业生涯锚的说法，正确的有(　　)。

A. 它是可以通过各种测试提前预得出来的
B. 它并非完全固定不变的
C. 他强调个人能力、动机和价值观三方面的相互作用与整合
D. 它产生于个人的早期职业生涯阶段，以个体习得的工作经验为基础
E. 它是一个人无论如何都不会放弃的职业生涯中的某种至关重要的东西或价值观

解析 本题考查职业生涯锚。职业生涯锚不可能根据各种测试提前进行预测。职业生涯锚，是指个人不得不做出选择的时候，无论如何都不会放弃的职业生涯中的那种至关重要的东西或价值观。职业生涯锚具有以下四个特点：（1）产生于早期职业生涯阶段，以个体习得的工作经验为基础；（2）强调个人能力、动机和价值观三方面的相互作用与整合；（3）不可能根据各种测试提前进行预测；（4）并不是完全固定不变的。选项B、C、D、E都是正确的。

答案 BCDE

3.（2017年）在对培训与开发效果进行评估时，属于结果评估指标中的硬指标的有（　　）。
A. 质量　　　　B. 产出
C. 工作习惯　　D. 成本
E. 时间

解析 本题考查培训与开发效果的评估。硬指标包括产出、质量、成本和时间四大类。

答案 ABDE

同步系统训练

一、单项选择题

1. 从投资的成本—收益角度分析，培训开发会提高组织收益的条件是（　　）。（B：培训可带来的收益，C：培训的支出，S：员工受训后要求的加薪。）
   A. C-S>B　　　B. B-S>C
   C. S-B>C　　　D. B>C

2. 关于培训与开发组织体系的陈述，错误的是（　　）。
   A. 在设立培训与开发机构时，需要考虑组织规模和人力资源管理在组织中的地位和作用
   B. 培训与开发机构隶属于人力资源部的优点是有利于形成协调统一的培训开发计划
   C. 培训与开发机构作为独立部门的优点是不易受其他工作干扰，保证培训与开发的力度和连续性
   D. 企业大学是非独立的培训与开发机构的一种扩展模式

3. 影响组织培训与开发利润的因素不包括（　　）。
   A. 受训员工的努力程度
   B. 受训员工技能可能提高的程度
   C. 受训员工参加工会活动的积极性
   D. 受训员工对组织的忠诚度

4. 培训与开发员工的责任最终落实到（　　）身上。
   A. 直线经理
   B. 职能经理
   C. 培训与开发专家和培训师
   D. 过去接受过培训开发的人员

5. 培训与开发效果的反应评估的方法有多种，其中最为普遍的是（　　）。
   A. 访谈　　　　B. 实际操作
   C. 笔试　　　　D. 问卷调查

6. 评估培训与开发效果时，最重要的评估是（　　）。
   A. 反应评估　　B. 学习评估
   C. 投资收益评估　D. 结果评估

7. 在培训与开发效果的学习评估中，测试态度常采用（　　）。
   A. 行为评价量表　B. 直接观察
   C. 自我评价量表　D. 面谈

8. 在评估培训与开发效果时，能够排除非培

训开发因素对员工绩效提高所产生的影响的方法是( )。
A. 问卷调查法
B. 自我评价的态度量表
C. 面谈
D. 控制实验法

9. 个体在职业生涯过程中所经历的一系列岗位和层级所形成的链条指的是( )。
A. 职业生涯发展阶段
B. 职业生涯管理
C. 职业生涯通道
D. 职业生涯锚

10. 在职业生涯通道中,( )主要是为组织中的技术人员或专业人员设计的,也是组织培养高层管理人员的主要方式之一。
A. 双通道   B. 横向通道
C. 评价中心   D. 纵向通道

11. 在典型的职业生涯通道类型中,描述员工在同一管理层级或技术、技能等级上不同岗位或不同工种之间变动路径的是( )。
A. 横向通道   B. 纵向通道
C. 双通道   D. 职业生涯锚

12. 在职业生涯发展过程中,个体的任务是确定兴趣和能力,让自我与工作匹配,这一阶段属于( )。
A. 探索期   B. 建立期
C. 维持期   D. 衰退期

13. 处于职业发展维持阶段的个体,在组织中的主要身份是( )。
A. 学徒   B. 同事
C. 导师   D. 顾问

14. 下列具有分析能力、人际沟通能力和情绪控制能力的强强组合特点的职业生涯锚是( )。
A. 技术/职能能力型
B. 管理能力型
C. 自主独立型
D. 创造型

15. 一个人不得不做出选择的时候,无论如何都不会放弃的职业生涯中的那种至关重要的东西和价值观称为( )。
A. 职业生涯管理
B. 职业生涯通道
C. 职业生涯发展阶段
D. 职业生涯锚

二、多项选择题

1. 组织在培训与开发的决策中出现的误区表现在( )。
A. 容易遭到管理层的反对
B. 不愿意做任何的培训与开发投资
C. 培训与开发的预算经常落后于经营战略计划
D. 不愿意做那些难以衡量或反馈周期长的培训与开发投资
E. 视培训开发为一种开支,而不是一项投资

2. 关于培训与开发效果评估的说法,正确的有( )。
A. 反应评估是最基本、最常用的方法
B. 工作行为评估是企业最高层和直接主管特别关心的方面
C. 结果评估指标包括硬指标和软指标
D. 组织通常会进行投资收益评估
E. 行为评价量表是行为评估中最常用的方法

3. 下列属于培训与开发评估内容的有( )。
A. 反应评估   B. 学习评估
C. 成本评估   D. 结果评估
E. 工作行为评估

4. 关于培训与开发效果评估中的结果评估的说法,正确的有( )。
A. 结果评估是培训与开发效果评估的最重要内容
B. 结果评估是培训与开发效果评估的最具有说服力的评价指标
C. 结果评估是组织高管层最关心的评估内容
D. 结果评估包括硬指标和软指标
E. 结果评估中的软指标易于衡量和量化

5. 关于职业生涯管理的说法，正确的有（　　）。
   A. 职业生涯管理包括组织职业生涯管理和个体职业生涯管理两个方面
   B. 组织职业生涯管理有利于员工进行个体职业生涯管理
   C. 积极进行个体职业生涯管理的员工，通常会获得更多的来自组织的职业发展支持
   D. 只有组织职业生涯管理与个体职业生涯管理相匹配，才能提高员工的满意度，降低离职率
   E. 职业生涯管理是员工个人的事情，不需要直线经理人员参与其中

6. 组织层次的职业生涯管理方法包括（　　）。
   A. 公布空缺职位信息
   B. 建立职业生涯信息中心
   C. 成立潜能评价中心
   D. 工作轮换
   E. 实行利润分享

7. 为了使职业生涯管理活动取得成功，应注意的事项有（　　）。
   A. 员工参加组织内部或外部的专题研讨会
   B. 得到组织高层的支持，特别是政策、经费等方面
   C. 鼓励直线经理参与职业生涯发展活动
   D. 要充分考虑员工的个体差异
   E. 职业生涯管理活动要与组织的人力战略、招聘、绩效评估等人力资源管理环节相互配合，统筹考虑

8. 职业生涯管理是组织进行培训与开发的重要内容，评估其效果的标准有（　　）。
   A. 劳动力市场就业率
   B. 劳动力市场平均工资水平
   C. 组织的绩效指数变化
   D. 员工态度或知觉到的心理变化
   E. 个人或组织目标的达成程度

9. 关于职业生涯锚的陈述，正确的有（　　）。
   A. 它产生于职业生涯中期阶段，以个体习得的工作经验为基础
   B. 它由个人能力、动机和价值观相互作用与整合而成
   C. 它可以根据各种测试提前进行预测
   D. 它并不是完全固定不变的
   E. 它清楚地反映个人的职业追求与抱负

10. 在个人职业发展或组织的职业生涯管理中，职业生涯锚发挥着重要作用，表现在（　　）。
    A. 有助于识别个体的职业生涯目标和职业生涯成功的标准
    B. 能够促进员工预期心理契约的发展，有利于个体与组织稳固地相互接纳
    C. 有助于增强个体职业技能和工作经验，提高个体和组织的绩效
    D. 强调个人能力、动机和价值观三方面的相互作用与整合
    E. 为个体中后期职业生涯发展奠定基础

三、案例分析题

小王、小李与小马共同毕业于某名牌大学人力资源管理专业，毕业后，他们一同被一家外资企业聘用。小王喜欢观察、学习、研究、分析、评估和解决问题；小李则喜欢和人互动，自信，有支配能力，追求权力和地位；而小马喜欢从事资料工作，有写作或数理分析能力，能够听从指示完成琐细的工作。工作半年后发现，小王体现出很强的职业承诺，追求能够施展个人能力的工作环境；小李追求一般性管理工作，愿意承担更多的责任和义务，有较强的升迁动机，以提升等级和收入作为衡量成功的标准；小马则追求安全且稳定的职业前途。

1. 根据霍兰德职业兴趣理论，小王、小李与小马三人的职业兴趣类型分别是（　　）。
   A. 小王属于艺术型；小李属于社会型；小马属于现实型
   B. 小王属于研究型；小李属于企业型；小马属于常规型
   C. 小王的职业兴趣类型与小李完全对立，

但与小马相邻

D. 小李的职业兴趣类型与小王完全对立，但与小马相邻

2. 根据施恩的职业生涯锚类型，小王、小李与小马三人的职业生涯锚类型分别是( )。

A. 小王属于管理能力型，小李属于自主独立型，小马属于安全稳定型

B. 小王属于技术/职能能力型，小李属于管理能力型，小马属于安全稳定型

C. 小王属于自主独立型，小李属于管理能力型，小马属于安全稳定型

D. 小王属于技术/职能能力型，小李属于创造型，小马属于安全稳定型

3. 具有分析能力、人际沟通能力和情绪控制能力强强组合特点的潜在人选是( )。

A. 小王
B. 小李
C. 小马
D. 上述三人都不是

4. 下列有关职业生涯锚作用的阐述正确的有( )。

A. 有助于识别个体的职业生涯目标和职业生涯成功的标准

B. 能够促进员工预期心理契约的发展，有利于个体与组织稳固地相互接纳

C. 有助于增强个体职业技能和工作经验，提高个体和组织的绩效

D. 为个体早期职业生涯发展奠定基础

同步系统训练参考答案及解析

一、单项选择题

1. B 【解析】本题考查培训与开发的决策分析。只有 B-S>C 时，培训与开发才会提高组织的收益。因此选 B。

2. D 【解析】本题考查培训与开发的组织体系。企业大学是独立的培训与开发机构的一种扩大发展的模式。因此选 D。

3. C 【解析】本题考查培训与开发的决策分析。影响组织培训与开发利润的因素有：受训员工可能的服务年数、受训员工技能可能提高的程度、受训员工的努力程度和对组织的忠诚度。

4. A 【解析】本题考查培训与开发工作的组织管理。尽管各级管理层需要对培训与开发承担不同程度的管理责任，但对员工进行培训与开发的责任最终落实到直线经理身上。

5. D 【解析】本题考查培训与开发效果的评估内容。反应评估通常采用访谈、问卷调查等方法，其中问卷调查法的应用最为普遍。

6. D 【解析】本题考查培训与开发效果的评估。结果如何是组织进行培训与开发效果评估的最重要内容，是最具说服力的评价指标，也是组织高管层最关心的评估内容。因此选 D。

7. C 【解析】本题考查培训与开发效果的评估。学习评估的测试方式：知识通过笔试测试、技能通过实际操作、态度采用自我评价的态度量表。

8. D 【解析】本题考查培训与开发效果的评估。控制实验法可以确定员工绩效的提高是否确实是由培训与开发所引发的，而不是企业的其他方面变化引起的。

9. C 【解析】本题考查职业生涯通道的含义。职业生涯通道，也称为职业生涯路线或职业生涯道路，是指个体在职业生涯过程中所经历的一系列岗位和层级所形成的链条，是个体一生的事业生涯轨迹。

10. A 【解析】本题考查职业生涯通道的类型。双通道指员工同时承担管理工作和技术工作，俗称"双肩挑"，主要是为组织中技术人员或专业人员设计的，也是组织培养高层管理人员的主要方式之一。

11. A 【解析】本题考查职业生涯通道的类型。横向通道即员工在同一管理层级或同一技术、技能等级上不同岗位或不同工种之间的变动路径。

12. A 【解析】本题考查职业生涯的发展阶段。职业生涯发展阶段探索期的发展任务是确定兴趣和能力，让自我与工作匹配。

13. C 【解析】本题考查职业生涯发展阶段。处于职业发展维持阶段的个体，在组织中的主要身份是导师。

14. B 【解析】本题考查职业生涯锚的类型。管理能力型的职业生涯锚具有的特点是：(1)追求一般性管理工作，且责任越大越好；(2)具有强烈的升迁动机，以提升等级和收入作为衡量成功的标准；(3)具有分析能力、人际沟通能力和情绪控制能力的强强组合特点；(4)对组织有很强的依赖性。

15. D 【解析】本题考查职业生涯锚的含义。职业生涯锚是个人不得不做出选择的时候，无论如何都不会放弃的职业生涯中的那种至关重要的东西或价值观。

二、多项选择题

1. ACDE 【解析】本题考查培训与开发的决策误区。管理者更愿意投资那些容易衡量或反馈时间短的培训与开发课程，而不是不愿意做任何的培训与开发投资。所以选项 B 错误。

2. ABCE 【解析】本题考查培训与开发效果的评估。在实际工作中，组织很少进行投资收益评估，因为对其进行评估是一个困难且昂贵的过程。所以选项 D 错误。

3. ABDE 【解析】本题考查培训与开发评估的内容。培训与开发评估的内容包括反应评估、学习评估、工作行为评估、结果评估、投资收益评估等五个方面。

4. ABCD 【解析】本题考查培训与开发效果的评估。结果评估包括硬指标和软指标，其中硬指标易于衡量和量化，所以 E 的说法有误。

5. ABCD 【解析】本题考查职业生涯管理的相关内容。职业生涯管理是指组织和员工个人共同对员工职业生涯进行设计、规划、执行、评估和反馈的一个综合性过程。所以选项 E 错误。

6. ABCD 【解析】本题考查职业生涯管理的方法。组织层次的职业生涯管理方法包括：(1)提供职业生涯信息，主要采取的方法有公布职位空缺信息；介绍组织内的职业生涯通道；建立职业生涯信息中心。(2)成立潜能评价中心，常用的方法有评价中心、心理测验、替换或继任规划。(3)实施培训与发展项目，这些培训与发展项目具体包括工作轮换；利用公司内、外人力资源发展项目对员工进行培训；参加组织内部或外部的专题研讨会；专门对管理者进行培训或实行双通道职业生涯设计。

7. BCDE 【解析】本题考查职业生涯管理的注意事项。为了使职业生涯管理活动取得成功，应注意的事项有：(1)职业生涯管理活动要与组织的人力资源战略、招聘、绩效评估等人力资源管理环节相互配合，统筹考虑；(2)得到组织高层的支持，特别是在政策、经费等方面；(3)鼓励直线经理参与职业生涯发展活动；(4)要充分考虑员工的个体差异。选项 A 属于职业生涯管理方法中的内容。

8. CDE 【解析】本题考查职业生涯管理效果的评估。一般认为，可以用下面的标准来衡量职业生涯管理的有效性：是否达到个人或组织目标及其程度、具体活动的完成情况、绩效指数变化、态度或知觉到的心理的变化。所以本题选 C、D、E。

9. BDE 【解析】本题考查职业生涯锚的相关内容。职业生涯锚产生于早期职业生涯阶段，不可能根据各种测试提前进行预测，所以选项 AC 错误。

10. ABCE 【解析】本题考查职业生涯锚的

作用。职业生涯锚的作用有：(1)有助于识别个人的职业生涯目标和职业生涯成功的标准；(2)能够促进员工预期心理契约的发展，有利于个人与组织稳固地相互接纳；(3)有助于增强个人职业技能和工作经验，提高个人和组织的绩效；(4)为个人中后期职业生涯发展奠定基础。选项 D 是职业生涯锚的特点。

三、案例分析题

1. BD 【解析】本题考查霍兰德的职业兴趣类型。结合案例可知，小王属于研究型，小李属于企业型，小马属于常规型。企业型与研究型对立，与常规型相邻。因此选 BD。

2. C 【解析】本题考查职业生涯锚的类型。结合案例及职业生涯锚的类型特点可知：小王属于自主独立型，小李属于管理能力型，小马属于安全稳定型。

3. B 【解析】本题考查职业生涯锚的类型特点。管理能力型具有分析能力、人际沟通能力和情绪控制能力强强组合的特点，小李属于此类型。

4. ABC 【解析】本题考查职业生涯锚的作用。职业生涯锚的作用之一是为个体中后期职业生涯发展奠定基础。所以不选 D。

本章思维导图

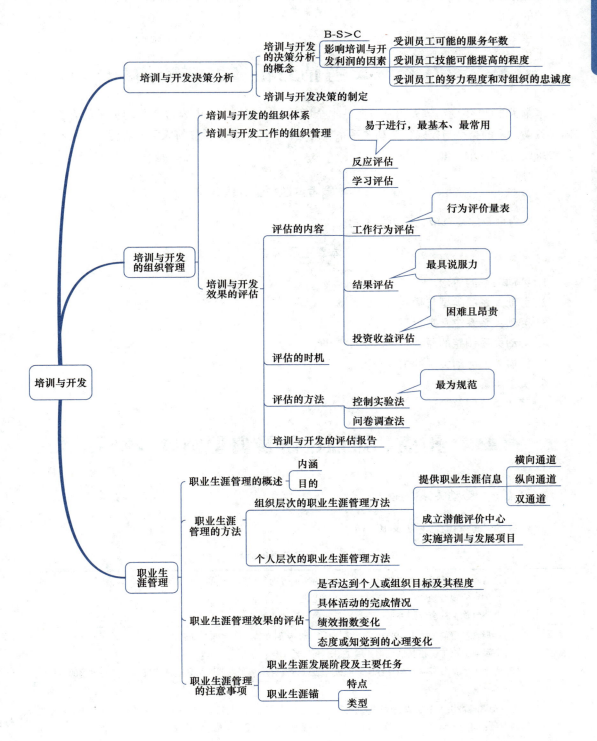

第10章 劳动关系

考情分析

本章为2020年变动较大的章节，基本全新编写。本章主要内容包括劳动关系的含义、主体，劳动关系的类型与模式，劳动关系系统的运行，劳动关系调整的原则、制度，发展和谐劳动关系，员工申诉管理。

最近三年本章考试题型、分值分布

本章为全新编写章节，无历年考题。

本章主要考点

1. 劳动关系的概念。
2. 劳动关系的类型与模式。
3. 劳动关系系统及其运行。
4. 劳动关系调整的原则。
5. 发展和谐劳动关系的主要任务。
6. 员工申诉管理。
7. 劳动争议调解管理。

重点、难点讲解及典型例题

▶ 考点一　劳动关系概述

（一）劳动关系的概念（见表10-1）

表10-1　劳动关系的概念

含义	(1)指劳动者与劳动力使用者以及相关组织为实现劳动过程所构成的社会关系； (2)目的：实现劳动者与生产资料相结合并完成劳动过程； (3)**基本性质**：社会经济关系；**本质**：是一种经济利益关系
特征	(1)**从属性**：市场经济下的劳动者，是一种具有"从属性特点的雇佣劳动者"； (2)**劳动者**追求工资福利最大化，**雇主**追求利润最大化； (3)劳动关系是劳资双方相互合作的前提，通过劳资合作来实现劳资两利应是劳资双方共同追求的目标
主体	(1)**劳动者**： ①劳动者是被用人单位依法雇用（录用）的人员，不包括自雇用者；②劳动者是在用人单位管理下从事劳动的人员；③劳动者是以工资收入为主要生活来源的人员；④劳动者仅限定在国家劳动法律所规定的范围之内

主体	(2) **工会**： ①按组织结构形式分为：职业工会、产业工会、总工会； ②按工会的层级划分为：企业工会、区域性（或地方性）工会、全国性工会； ③我国唯一合法的工会组织：中华全国总工会（简称"全总"）及其下工会体系。 (3) **用人单位**：企业、个体经济组织、民办非企业单位、国家机关、事业组织、社会团体。 (4) **雇主组织**：主要有行业协会、地区协会、国家级雇主联合会。 作用：参与劳动立法和政策制定、参与集体谈判、在劳动争议处理过程中向其成员提供法律服务、通过雇主组织的培训机构为会员企业提供培训服务。 (5) **政府**： 作用：劳动关系的规制者；劳动关系运行的监督者；劳动争议的重要调解仲裁者；劳动关系重大冲突的控制者；协调劳动关系制度和机制建设的推动者

(二) 劳动关系的类型与模式

1. 类型

(1) 按劳动关系双方利益关系的性质和处理原则分类：

① **利益冲突型**：典型代表国家为英国。

② **利益协调型**：典型代表国家为德国。

③ **利益一体型**：典型代表为亚洲国家，如日本、新加坡。

(2) 按劳动关系双方力量对比等因素分类：

① **均衡型**；② **倾斜型**；③ **政府主导型**。

2. 模式

(1) 自由多元化模式：美国；

(2) 劳资协议自治式：德国；

(3) 家族式：日本。

(三) 劳动关系系统及其运行（见表10-2）

表10-2 劳动关系系统及其运行

含义	指现代社会系统中以劳动关系为基本关系所构成的包括劳动关系的内部构成和外部环境因素交流互动的有机整合体
特点	(1) 劳动关系系统是社会大系统中的一个子系统； (2) 基本要素是以个体或群体身份出现的，劳动关系系统的运行是能动的； (3) 环境因素是劳动关系构成的基本内容之一； (4) 劳动关系系统存在的**社会条件**：政治和社会环境； (5) **直接参与者**：劳动者与工会、雇主与雇主组织、政府
运行	(1) 内容：组织机构与相互关系、关系处理的规则和程序。 (2) 阶段： 第一阶段，劳动关系的构成；第二阶段，劳动标准的确定和实施；第三阶段，劳动争议的处理和解决。 (3) 形式：**冲突和合作**。 (4) 功能：动力功能和约束功能。 (5) **发展状态**：良性运行和谐发展、中性运行常态发展、恶性运行畸形发展

程序规则	(1)**个别劳动关系处理规则**，即劳动者个人与雇主之间关系处理的规则； (2)**集体劳动关系处理规则**，即劳动者集体与雇主或雇主组织之间关系处理的规则； (3)劳动争议处理规则实际上是劳动关系系统运行中的救济规则，是对于前两个规则的补充
实体规则	(1)**劳动者个人权利**（即个别劳权）： 劳动就业权、工资报酬权、休息休假权、社会保障权、职业安全卫生权、职业培训权、劳动争议提请处理权 (2)**劳动基本权**（即集体劳权）： 劳动三权：团结权、集体谈判权和集体行动权； 集体劳权是以个别劳权为基础形成的，其实现程度反映了劳资关系法制化和规范化的发展程度

【例1·单选题】劳动关系最主要的特点是( )。
A. 独立性　　　　　　　　　　B. 从属性
C. 合作性　　　　　　　　　　D. 冲突性

解析 ▶ 本题考查劳动关系概述。市场经济下的劳动者是一种具有"从属性特点的雇佣劳动者"。从属性是劳动关系最主要的特点。
答案 ▶ B

▶ **考点二　我国劳动关系调整机制**

(一)劳动关系调整的原则(见表10-3)

表10-3　劳动关系调整的原则

原则	内容
劳动关系主体权利义务统一的原则	(1)劳动者负有将其劳动力交付给用人单位使用的义务； (2)劳动者在让渡劳动力使用权给用人单位的同时，保留劳动力的所有权，因此要求用人单位在享有使用劳动力权利时，对劳动者承担保障劳动力再生产和提供必要的劳动条件的义务； (3)一方权利的实现要以另一方义务的履行为保证，一方的义务又是对另一方权利的体现
保护劳动关系主体权益的原则	(1)全面保护； ①双维护：劳动者和用人单位； ②劳动关系双方的所有权益，都要置于保护范围内。 (2)平等保护； (3)优先保护和特殊保护
以劳动关系双方自主协调为基础的原则	劳动关系的建立、存续和终止以及劳动关系双方的纠纷处理，主要是由劳动关系双方依法自主协商决定
促进经济发展和社会进步的原则	(1)妥善处理好企业发展和维护职工合法权益的关系，妥善处理好保护职工利益长远目标与现阶段目标的关系； (2)调整劳动关系要遵循依法调整和三方协调的原则

(二)我国调整劳动关系的制度和机制(见表10-4)

表10-4　我国调整劳动关系的制度和机制

劳动合同制度	市场经济条件下**调整个别劳动关系**的基本制度
集体合同制度	**调整集体劳动关系**的基本制度

续表

劳动规章制度	用人单位依法制定并在本单位实施的组织劳动过程和进行劳动管理的规则和制度的总和
职工民主管理制度	体现形式：**职工代表大会制度**； 公有制企业实行职工民主管理的一种法定必要形式
劳动争议处理制度	调整劳动关系的重要手段；指由法定的机构依法对劳动关系主体双方因劳动权利和义务发生的纠纷进行处理的一项制度
协调劳动关系三方机制	三方机制包括：政府、工会、企业组织
劳动监察制度	劳动监察是指劳动行政管理机关依法对用人单位遵守劳动法律法规情况进行监督检查，发现和纠正违法行为，并对违法行为依法进行行政处理或行政处罚的行政执法活动

【例 2 · 单选题】（　　）是市场经济条件下调整个别劳动关系的一项基本制度。
A. 劳动合同制度　　　　　　　　　　B. 集体合同制度
C. 职工民主管理制度　　　　　　　　D. 劳动争议处理制度

解析▶ 本题考查我国调整劳动关系的制度和机制。劳动合同制度是市场经济条件下调整个别劳动关系的一项基本制度。
答案▶ A

▶ 考点三　发展和谐劳动关系

(一) 发展和谐劳动关系的重要意义
(1) 劳动关系是最基本和最重要的社会关系；
(2) 发展和谐劳动关系是构建和谐社会的重要内容；
(3) 发展和谐劳动关系是保持经济又好又快发展的重要前提。

(二) 发展和谐劳动关系的**主要任务**
(1) 进一步完善劳动合同制度；
(2) 积极推进集体合同制度实施；
(3) 健全国家劳动标准体系；
(4) 完善协调劳动关系三方机制；
(5) 加强企业工资收入分配制度改革；
(6) 完善劳动争议处理体制；
(7) 加大劳动保障执法监察力度。

▶ 考点四　企业解决劳动争议的制度和方法

(一) 员工申诉管理(见表 10-5)

表 10-5　员工申诉管理

定义	组织成员以口头或书面等正式方式，表达**对组织有关事项的不满**
范围	(1) 因现行制度、规章、办法或措施未尽事宜或执行的疏忽，损害其合法权益的； (2) 对绩效考评及奖惩的决定有异议，且有具体证明的； (3) 对培训、薪酬、福利等方面有异议的； (4) 对劳动合同的签订、续签、变更、解除、终止等方面有异议的； (5) 认为受到上级或同事的违法、滥用职权或不当行为对待，侵犯其权益或影响其正常工作的； (6) 认为职务升迁或工作调派处置不当而影响其权益的； (7) 申诉人有证据证明自己权益受到侵犯的其他事项

管理原则	(1)明晰原则； (2)合法原则； (3)公平原则； (4)及时原则； (5)保密原则； (6)反馈原则
处理程序	(1)非正式的申诉处理程序：依靠**第三方调解**实现； (2)正式的申诉处理程序：向申诉受理人提交员工申诉表、申诉受理、查明事实、解决问题
解决方法	调查矛盾发生有关的原因； 迅速了解事实真相，做出解释； 尊重申诉人，对其困境和苦恼表示理解和同情； 对员工进行与申诉相关的辅导，让员工了解申诉制度建立的目的和意义； 帮助员工消除顾虑，解决问题

(二)劳动争议调解管理(见表10-6)

表10-6 劳动争议调解管理

概念	广义：包括各种组织以各种方式对劳动争议案件进行调解； 狭义：指企业劳动争议调解委员会对本企业发生的劳动争议案件进行的调解
调解委员会的设立	《企业劳动争议协商调解规定》第十三条、第十四条规定，大中型企业应当依法设立劳动争议调解委员会，并配备专职或者兼职工作人员
调解委员会职责	(1)宣传劳动保障法律、法规和政策； (2)对本企业发生的劳动争议进行调解； (3)监督和解协议、调解协议的履行； (4)聘任、解聘和管理调解员； (5)参与协调履行劳动合同、集体合同、执行企业劳动规章制度等方面出现的问题； (6)参与研究涉及劳动者切身利益的重大方案； (7)协助企业建立劳动争议预防预警机制
调解员的职责	(1)关注本企业劳动关系状况，及时向企业劳动争议调解委员会报告； (2)接受企业劳动争议调解委员会指派，调解劳动争议案件； (3)监督和解协议、调解协议的履行； (4)完成企业劳动争议调解委员会交办的其他工作
调解劳动争议前应做的准备工作	(1)审查调解申请； (2)通知被申请人； (3)告知与征询； (4)弄清案件的基本情况，掌握相关的法律依据； (5)进一步调查事实； (6)分析证据； (7)做好当事人的思想工作

【例3·多选题】下列属于员工申诉管理原则的有(　　)。

A. 明晰原则　　　　　　　　　　B. 合法原则
C. 公平原则　　　　　　　　　　D. 公开原则
E. 反馈原则

解析 本题考查员工申诉管理。员工申诉管理的原则包括：（1）明晰原则；（2）合法原则；（3）公平原则；（4）及时原则；（5）保密原则；（6）反馈原则。 **答案** ABCE

历年考题解析

本章无历年考题。

同步系统训练

一、单项选择题

1. 劳动关系是指劳动者与劳动力使用者以及相关组织为实现劳动过程所构成的（　　）。
   A. 法律关系　　B. 社会关系
   C. 雇佣关系　　D. 经济关系

2. 在劳动关系中，雇主追求的是（　　）。
   A. 利润最大化　　B. 福利最大化
   C. 权力最大化　　D. 分工最大化

3. 下列不属于按工会的组织结构分类的是（　　）。
   A. 职业工会　　B. 产业工会
   C. 总工会　　　D. 全国性工会

4. 劳动关系的类型中，下列属于利益协调型国家的是（　　）。
   A. 英国　　B. 日本
   C. 德国　　D. 新加坡

5. 劳动关系系统理论中，（　　）的投入是劳动关系系统存在的社会条件。
   A. 劳动者与工会
   B. 雇主与雇主组织
   C. 政治和社会环境
   D. 国际关系

6. 劳动关系运行的规则网络中，（　　）是最为基本和一般的规范手段。
   A. 法律　　B. 权力
   C. 传统　　D. 道德

7. 下列不属于劳动关系主体权益保护原则的是（　　）。
   A. 全面保护　　B. 平等保护
   C. 优先保护　　D. 一般保护

8. （　　）是公有制企业实行职工民主管理的一种法定必要形式。
   A. 劳动合同制度
   B. 集体合同制度
   C. 职工代表大会制度
   D. 劳动争议处理制度

9. 员工申诉管理原则中，（　　）体现了要明确界定员工的申诉范围，避免员工将本可以通过正常管理渠道解决的问题也通过申诉方式提出。
   A. 合法原则　　B. 公平原则
   C. 明晰原则　　D. 反馈原则

10. 下列不属于员工正式申诉处理程序的是（　　）。
    A. 向申诉受理人提交员工申诉表
    B. 双方提交理由
    C. 申诉受理
    D. 解决问题

二、多项选择题

1. 劳动关系的基本主体包括（　　）。
   A. 劳动者　　B. 工会
   C. 用人单位　　D. 雇主组织
   E. 政府

2. 在劳动关系中，政府的作用包括（　　）。
   A. 劳动关系运行的监督者
   B. 劳动合同的制定者
   C. 劳动争议的重要调解仲裁者
   D. 劳动关系重大冲突的控制者
   E. 协调劳动关系制度和机制建设的推动者

3. 下列选项中，属于劳动关系系统运行功能的有（　　）。
   A. 合作功能　　B. 冲突功能

C. 动力功能　　D. 约束功能
E. 发展功能

4. 劳动关系系统的运行和发展的状态包括( )。
   A. 优性运行和谐发展
   B. 良性运行和谐发展
   C. 中性运行常态发展
   D. 恶性运行畸形发展
   E. 平稳运行畸形发展

5. 下列属于劳动争议调解委员会调解员职责的有( )。
   A. 关注本企业劳动关系状况
   B. 接受企业劳动争议调解委员会指派，调解劳动争议案件
   C. 监督和解协议、调解协议的履行
   D. 协助企业建立劳动争议预防预警机制
   E. 参与研究涉及劳动者切身利益的重大方案

同步系统训练参考答案及解析

一、单项选择题

1. **B** 【解析】本题考查劳动关系的概念。劳动关系是指劳动者与劳动力使用者以及相关组织为实现劳动过程所构成的社会关系。

2. **A** 【解析】本题考查劳动关系的概念。在劳动关系中，雇主追求利润最大化，劳动者追求工资福利最大化。

3. **D** 【解析】本题考查劳动关系的主体。按工会的组织结构形式划分为职业工会、产业工会、总工会；按工会的层级划分为企业工会、区域性(或地方性)工会、全国性工会。

4. **C** 【解析】本题考查劳动关系的主体。利益协调型：以德国的劳动关系为典型代表。

5. **C** 【解析】本题考查劳动关系系统的运行。政治和社会环境的投入是劳动关系系统存在的社会条件。

6. **A** 【解析】本题考查劳动关系系统的运行。劳动关系运行的规则网络是由法律、权力、传统和道德四个方面所构成的。其中法律是最为基本和一般的规范手段，权力是政治领域的规范手段，传统是社会领域的规范手段，道德是一种价值理念的规范手段。

7. **D** 【解析】本题考查劳动关系调整的原则。在劳动关系调整中，实施劳动关系主体权益保护原则的具体要求包括：全面保护、平等保护、优先保护和特殊保护。

8. **C** 【解析】本题考查我国调整劳动关系的制度和机制。职工代表大会制度是公有制企业实行职工民主管理的一种法定必要形式。

9. **C** 【解析】本题考查员工申诉管理。明晰原则体现了要明确界定员工的申诉范围，避免员工将本可以通过正常管理渠道解决的问题也通过申诉方式提出。

10. **B** 【解析】本题考查员工申诉管理。员工正式申诉处理程序包括：向申诉受理人提交员工申诉表、申诉受理、查明事实、解决问题。

二、多项选择题

1. **AC** 【解析】本题考查劳动关系的主体。劳动关系是以雇员和雇主(劳动者和用人单位)为基本主体构成的，但为了实现劳动过程，作为社会生产过程的组织协调者的政府、作为劳动者利益代表的工会组织以及作为雇主利益代表的雇主组织也是不可或缺的。

2. **ACDE** 【解析】本题考查劳动关系的概念。政府的作用包括：劳动关系的规制者；劳动关系运行的监督者；劳动争议的重要调解仲裁者；劳动关系重大冲突的控制者；协调劳动关系制度和机制建设的推动者。

3. CD 【解析】本题考查劳动关系系统运行。劳动关系系统的运行有两种功能，即动力功能和约束功能。

4. BCD 【解析】本题考查劳动关系系统运行。劳动关系系统的运行和发展，一般分为三种状态，即良性运行和谐发展、中性运行常态发展、恶性运行畸形发展。

5. ABC 【解析】本题考查劳动争议调解管理。根据《企业劳动争议协商调解规定》，企业劳动争议调解委员会调解员履行下列职责：（1）关注本企业劳动关系状况，及时向企业劳动争议调解委员会报告；（2）接受企业劳动争议调解委员会指派，调解劳动争议案件；（3）监督和解协议、调解协议的履行；（4）完成企业劳动争议调解委员会交办的其他工作。

本章思维导图

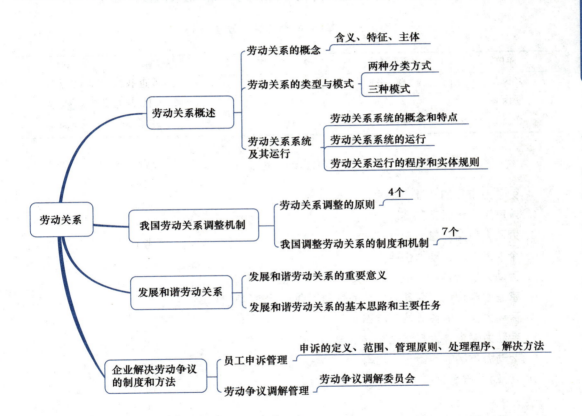

第11章 劳动力市场

考情分析

本章主要讲述劳动力市场概论、劳动力的供给与需求。本章的重点是劳动力市场的特征、结构,劳动力供给曲线与供给弹性,家庭生产理论,经济周期中的劳动力供给,劳动力需求弹性,劳动力市场的均衡与非均衡。从近三年的考题来看涉及单项选择题和多项选择题。

最近三年本章考试题型、分值分布

年份	单项选择题	多项选择题	案例分析题	合计
2019年	2题2分	2题4分	—	4题6分
2018年	4题4分	1题2分	—	5题6分
2017年	5题5分	2题4分	—	7题9分

本章主要考点

1. 劳动力市场的特征、结构。
2. 效率工资和晋升竞赛。
3. 劳动力供给总量。
4. 个人及市场劳动力供给。
5. 劳动力供给弹性。
6. 家庭生产理论、劳动力供给的生命周期、经济周期。
7. 劳动力需求的性质及影响因素。
8. 劳动力需求弹性与派生需求定理。
9. 劳动力市场的均衡与非均衡。
10. 劳动力市场政策。

重点、难点讲解及典型例题

▶ **考点一 劳动力市场的概念、特征、结构**(见表11-1)

表11-1 劳动力市场的概念、特征、结构

概念	(1)劳动力市场是进行劳动力交易的一种要素市场; (2)宏观:劳动力市场是由各种各样的局部性或单一性劳动力市场构成的一个总劳动力市场体系; (3)微观:劳动力市场是指特定的劳动力供求双方在通过自由谈判达成劳动力使用权转让的合约时所处的市场环境

续表

特征	(1)特殊性； (2)多样性； (3)不确定性； (4)交易对象的难以衡量性； (5)交易的延续性； (6)交易条件的复杂性； (7)劳动力出售者地位的不利性	
结构	(1)**全国性劳动力市场**：指劳动力供求双方在全国范围内彼此搜寻而形成的劳动力市场； (2)**地区性劳动力市场**：指劳动力供求双方仅在某一局部地区范围内彼此搜寻而形成的区域性劳动力市场	
	(1)外部劳动力市场：即一般性劳动力市场，它是指处于组织外部、不受单个企业的人力资源管理政策与实践的影响，由大量的企业和劳动者共同参与的市场； (2)内部劳动力市场：指在大型组织内部存在的，由一系列规则和程序指导组织内部的雇用关系调整形成的一种有序的管理体系	
	(1)**优等劳动力市场**：即一级劳动力市场，就业条件较好，工资福利水平较高，工作环境良好，工作保障性较强，对劳动力供给者的要求较高； (2)次等劳动力市场：即二级劳动力市场，就业不稳定，工资率较低，工作条件较差，工作的社会地位相对较低	

【例1·多选题】 关于劳动力市场的说法，正确的有( )。

A. 劳动力市场是一种有形的市场
B. 在劳动力市场的交易中转移的是劳动力所有权
C. 劳动力市场交易的决定因素并非仅仅工资这一个条件
D. 当劳动力市场上存在供小于求的情况时，劳动者的议价能力更强
E. 对劳动力市场的交易对象进行测量并不困难

解析 本题考查劳动力市场。在劳动力市场中，尽管也存在一些有形机构，但大量的雇用合同是通过无形市场达成的。在劳动力交易中，劳动力这种特殊商品的所有权并没有转移，转移的只是其使用权。在除工资之外的劳动力市场的交易条件中，工作条件和工作环境的好坏也是交易能否达成的一个重要决定因素。在劳动力供大于求的情况下，劳动者的议价能力就相对较差，反之则较强。劳动力市场交易对象具有难以衡量性。

答案 CD

▶ 考点二 效率工资和晋升竞赛（见表11-2）

表11-2 效率工资、晋升竞赛

项目	内容
效率工资	概念：指企业提供的一种高于市场均衡水平的工资
	基本假设：高工资往往能够带来高生产率
	支付理由： (1)高工资能够帮助组织吸引到更为优秀的、生产率更高的员工； (2)高工资有利于降低员工的离职率，强化员工实际生产率； (3)高工资能够更容易让人产生公平感
	适用企业： (1)从降低员工流动性中所能够获得的收益最大的企业； (2)很难通过基于产出的工资制度来激励员工，或者是对员工进行监督的难度很大的企业
	作用条件：劳动者期望与企业保持长期雇佣关系

续表

项目	内容
晋升竞赛	特点： (1)在企业中，更高一级的职位通常是事先设计好的，而与每个职位对应的则是一个确定的工资率或一个工资浮动区间，职位级别越高，对应的工资率也就越高； (2)与同事相比，一位员工之所以晋升到更高职位，往往仅仅是因为他们比其他人更有优势一些，至于这种优势是大还是小，则不会影响到他们被晋升后得到的工资水平高低； (3)被晋升者将得到更高一级新职位对应的全部报酬即工资水平上涨，而失败者将不会因为参加竞赛而得到任何报酬
	设计要点： (1)必须使参与晋升竞赛的候选人之间在知识、能力或经验等方面具有较高的可比性； (2)在参与晋升竞赛者当前的职位和拟晋升职位之间创造出一种合理的工资差距
	晋升风险： (1)员工得到晋升后能得到的实际价值有多大； (2)一位候选人最终获得晋升到底是因为实力和绩效原因，还是因为运气因素

【例2·单选题】企业之所以愿意支付高工资的理由不包括( )。
A. 高工资有利于降低员工的离职率，强化他们的实际生产率
B. 高工资往往能够更容易让人产生公平感
C. 高工资可以提高员工的工作技能
D. 高工资能够帮助组织吸引到更为优秀的、生产率更高的员工

解析 ▶ 本题考查效率工资。企业之所以愿意支付高工资，理由主要有三点：第一，高工资能够帮助组织吸引到更为优秀的、生产率更高的员工。第二，高工资有利于降低员工的离职率，强化他们的实际生产率。第三，高工资往往能够更容易让人产生公平感。 **答案** ▶ C

▶ **考点三 劳动力供给总量**(见表11-3)

表11-3 劳动力供给总量

项目		内容
质量		(1)主要是指劳动力队伍的身体健康状况以及受教育和训练的程度； (2)主要表现为劳动者的知识、技能和经验等的水平
数量	人口总量	(1)取决于<u>人口出生率、死亡率以及净流入率</u>三个因素； (2)对于一个国家或地区的劳动力供给总量而言，人口规模固然重要，更重要的是人口的构成； (3)关于劳动年龄的界定，我国目前是指女性16~55周岁和男性16~60周岁
		劳动年龄内人口： (1)劳动适龄就业人口； (2)失业人口； (3)就学人口或在校人口； (4)家务劳动人口； (5)现役军人； (6)处于劳动年龄之内，有劳动能力，但未参加社会劳动，也没有在劳动力市场上寻找工作人口

续表

项目		内容
数量	人口总量	**劳动年龄外人口：** (1)未成年就业人口； (2)老年就业人口； (3)处于劳动年龄之外且未就业的其他人口(老人和孩子)
	劳动力参与率	(1)就业人口与失业人口之和在一个国家或地区的16岁以上人口中所占的百分比； (2)劳动力参与率为实际劳动力人口与潜在劳动力人口之比
		劳动力参与率(%)= $\dfrac{就业人口+失业人口}{16岁以上总人口}\times 100\%$ = $\dfrac{经济活动人口或劳动力人口}{16岁以上总人口}\times 100\%$
		与劳动者个人的保留工资有很大关系，保留工资即为了使一位劳动者愿意到市场上来工作，而不是待在家里所必须达到的最低工资水平
	劳动者周平均工作时间	指劳动者平均每周在劳动力市场上愿意提供的工作小时数的总和

【例3·单选题】 某地区的人口总数为100万人，其中16岁以上的总人数为80万人，16岁以下的总人数为20万人，就业人口50万人，失业人口10万人，则该地区的劳动力参与率为（　）。

A. 50% 　　　　　　　　　　　　B. 60%
C. 75% 　　　　　　　　　　　　D. 80%

解析 ▶ 本题考查劳动力参与率。劳动力参与率(%)=(就业人口+失业人口)/16岁以上总人口=(50+10)/80=75%。

答案 ▶ C

▶ 考点四　个人及市场劳动力供给

(一)个人劳动力供给决定的基本原理

(1)个人劳动力供给指在某一特定的工资水平或工资率下，一位劳动者愿意提供的工作小时数量。

(2)个人劳动力供给的最主要影响因素是工资率或工资水平，在经济学中一般指小时工资率或小时工资水平。

(3)收入效应与替代效应(见表11-4)。

表11-4　收入效应与替代效应

工资率变化	收入效应	替代效应	结果
工资率上升	劳动力供给时间减少	劳动力供给时间增加	(1)收入效应>替代效应，劳动力供给时间减少； (2)收入效应<替代效应，劳动力供给时间增加
工资率下降	劳动力供给时间增加	劳动力供给时间减少	(1)收入效应>替代效应，劳动力供给时间增加； (2)收入效应<替代效应，劳动力供给时间减少

(二)个人及市场劳动力供给曲线(见表11-5)

表11-5 个人及市场劳动力供给曲线

个人劳动力供给曲线	图形	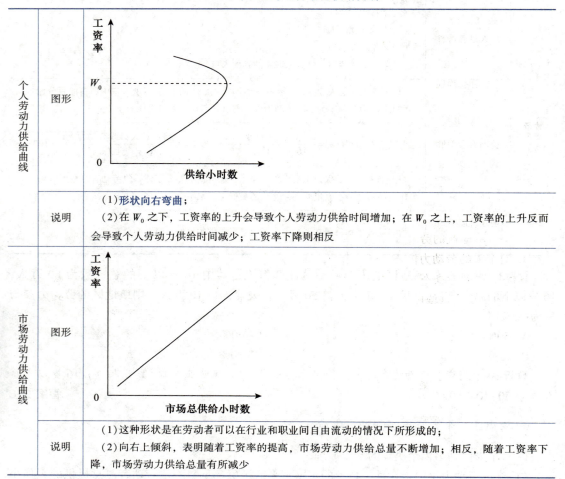
	说明	(1)**形状向右弯曲**; (2)在 W_0 之下,工资率的上升会导致个人劳动力供给时间增加;在 W_0 之上,工资率的上升反而会导致个人劳动力供给时间减少;工资率下降则相反
市场劳动力供给曲线	图形	
	说明	(1)这种形状是在劳动者可以在行业和职业间自由流动的情况下所形成的; (2)向右上倾斜,表明随着工资率的提高,市场劳动力供给总量不断增加;相反,随着工资率下降,市场劳动力供给总量有所减少

(三)劳动力供给弹性(见表11-6)

表11-6 劳动力供给弹性

概念	劳动力供给的数量随着工资率变动而发生变动的灵敏程度,一般可以用劳动工时变动百分比同工资率变动百分比之间的比率来显示
公式	**供给弹性** $= \dfrac{劳动工时变动百分比}{工资率变动百分比}$ $= \dfrac{\dfrac{工时增加或减少绝对数量}{初始工时} \times 100\%}{\dfrac{工资率上升或下降绝对数量}{初始工资率} \times 100\%}$
数值	通常工资率的上升带来劳动力供给数量增加的情况更为常见,因而**劳动力的供给弹性通常为正**

续表

类型		
	富有弹性	(1)弹性>1； (2)工时变动百分比大于工资率变动百分比
	缺乏弹性	(1)弹性<1； (2)工时变动百分比小于工资率变动百分比
	单位弹性	(1)弹性=1； (2)工时变动百分比等于工资率变动百分比
	无弹性	工资率变动不会带来劳动供给时间的任何变动(垂直供给曲线)
	无限弹性	在某工资率下可获得任意数量的劳动力(水平供给曲线)

【例4·单选题】个人劳动力供给曲线的形状表明，工资率上涨（ ）。
A. 必然导致个人的劳动力供给时间增加
B. 必然导致个人的劳动力供给时间减少
C. 会导致个人的劳动力供给时间先增加后减少
D. 对个人的劳动力供给时间没有影响

解析 ▶ 本题考查个人劳动力供给曲线。个人劳动力供给曲线的形状表明，工资率上涨会导致个人的劳动力供给时间先增加后减少。 答案 ▶ C

▶ 考点五 家庭劳动力供给与周期性劳动力供给（见表11-7）

表11-7 家庭劳动力供给与周期性劳动力供给

家庭生产理论	效用来源	一个家庭会把它生产出来的家庭物品看成是效用的直接来源
	家庭时间分配	(1)市场工作时间； (2)家庭生产时间：在家里做家务或放松的时间
	家庭物品的生产方式	时间密集型、商品密集型
	时间分配原则	采用比较优势原理：每个家庭成员都应当去从事生产率相对效率最高(或最擅长)的工作
经济周期中的劳动力供给	附加的劳动者效应	(1)当家庭中的主要收入获取者失去工作或工资被削减以后，其他的家庭成员(带孩子的女性或年轻人)将临时性地进入劳动力队伍，希望通过找到工作来增加家庭收入，保持家庭原先的效用水平不变； (2)类似于收入效应
	灰心丧气的劳动者效应	(1)在经济衰退时期，一些本来可以寻找工作的劳动者由于对在某一可行的工资率水平下找到工作变得非常悲观而停止寻找工作，临时成为非劳动力参与者的情况； (2)类似于替代效应
	作用结果	灰心丧气的劳动者效应比较强，并且占据着主导地位

		续表
生命周期中的劳动力供给	总体趋势	(1)女性(尤其是已婚女性)的劳动力参与率大幅度上升; (2)男性尤其是青年男性和老年男性的劳动力参与率出现了下降
	女性劳动力参与率变化的原因	(1)女性的相对工资率上升; (2)女性的劳动力市场工作偏好和态度发生了改变; (3)家庭生产活动的生产率提高; (4)出生率的下降; (5)离婚率的上升; (6)工作机会的增加
	老年人劳动力参与率变化的原因	(1)老年人的工资率不断提高; (2)养老金福利增加

【例5·单选题】下列关于家庭生产理论的表述错误的是( )。
A. 家庭的可能时间分为市场工作时间和家庭生产时间两大类
B. 一个家庭会把它生产出来的市场商品看成是效用的间接来源
C. 家庭在确定每个成员的时间利用方式时,会依据比较优势原理来进行决策
D. 家庭产品的生产方式既可以是时间密集型的,也可以是商品密集型的

解析 ▶ 本题考查家庭生产理论的相关内容。家庭生产理论认为,一个家庭会把它生产出来的家庭物品看成是效用的直接来源。

答案 ▶ B

▶ **考点六 劳动力需求及其影响因素**

(一)劳动力需求的性质与劳动力需求曲线(见表11-8)

表11-8 劳动力需求的性质与劳动力需求曲线

含义	有两个层面的含义:一个是单个企业的劳动力需求,另外一个是行业或市场层面的劳动力需求
性质	属于间接需求或派生需求
曲线	(1)<u>自左上方向右下方倾斜的一条曲线,斜率为负</u>; (2)当工资率上升时,劳动力需求数量会有所减少,反过来,当工资率下降时,劳动力需求数量就会有所增加; (3)无论是在短期,还是在长期,劳动力需求曲线的这种自左上方向右下方倾斜的形状都是不变的,只不过长期来看,工资率变化对于劳动力需求数量产生的影响会更大一些

(二)劳动力需求的影响因素(见表11-9)

表11-9 劳动力需求的影响因素

影响因素	规模效应	替代效应	结果
工资率	其他条件不变: (1)工资率上升导致劳动力需求量减少; (2)工资率下降导致劳动力需求量增加	其他条件不变: (1)工资率上升导致劳动力需求量减少; (2)工资率下降导致劳动力需求量增加	其他条件不变: (1)工资率上升的规模效应和替代效应都导致劳动力需求量减少; (2)工资率下降的规模效应和替代效应都导致劳动力需求量的增加
产品需求	其他条件不变: (1)产品需求上升,劳动力需求增加; (2)产品需求下降,劳动力需求减少	不会产生替代效应	其他条件不变: (1)产品需求上升,劳动力需求增加; (2)产品需求下降,劳动力需求减少
资本价格	其他条件不变: (1)资本价格上升,劳动力需求减少; (2)资本价格下降,劳动力需求增加	其他条件不变: (1)资本价格上升,劳动力需求增加; (2)资本价格下降,劳动力需求减少	其他条件不变: (1)如果资本价格上升的规模效应大于替代效应,则最终的劳动力需求数量将下降;反之则上升; (2)如果资本价格下降的规模效应大于替代效应,则最终的劳动力需求数量将上升;反之则下降

【例6·单选题】 在其他条件一定的情况下,关于劳动力需求的说法,正确的是(　　)。

A. 在工资率上升时,劳动力需求量会下降

B. 在劳动力供给增加时,劳动力需求数量下降

C. 在产品需求增加时,劳动力需求数量会下降

D. 资本的价格对于劳动力需求数量不会产生影响

解析 本题考查劳动力需求及其影响因素。对劳动力需求量产生影响的因素有工资率、产品需求和资本价格,不包括劳动力供给。在其他条件不变的情况下,产品需求上升带来的规模效应会导致在工资率不变的情况下,企业的或市场总体的劳动力需求数量增加。资本价格变化对于劳动力需求数量的最终影响将取决于哪种效应的力量更大。如果资本价格上升的规模效应大于替代效应,则最终的劳动力需求数量将下降;反之则上升;如果资本价格下降的规模效应大于替代效应,则最终的劳动力需求数量将上升;反之则下降。 **答案** A

▶ 考点七 劳动力需求弹性与派生需求定理

(一)劳动力需求弹性(见表11-10)

表 11-10 劳动力需求弹性

自身工资弹性	概念	某种劳动力的工资率(W)变化1%所引起的自身劳动力的需求量(L)发生变化的百分比
	公式	自身工资弹性(η) $= \dfrac{\text{劳动力需求量变动}}{\text{工资率变动}} \times 100\%$ $= (\Delta L/L)/(\Delta W/W) \times 100\%$
	数值	工资率变动方向与劳动力需求数量的变动方向是**相反**的,因而劳动力需求的自身工资弹性为**负值**
自身工资弹性	类型	富有弹性	(1)｜弹性｜>1; (2)工资率上升1%引起劳动力需求量下降的幅度大于1%; (3)工资率上升时,工资总量下降,反之亦然
		缺乏弹性	(1)｜弹性｜<1; (2)工资率上升1%引起劳动力需求量下降的幅度小于1%; (3)工资率上升时,工资总量也上升,反之亦然
		单位弹性	(1)｜弹性｜=1; (2)工资率上升1%引起劳动力需求量下降的幅度等于1%; (3)无论工资率上升还是下降,工资总量不会发生变化
交叉工资弹性	概念	指一种劳动力的工资率变化**1%**引起的另一类劳动力需求量变化的百分比
	弹性正负情况	正值	总替代关系:意味着一种劳动力的工资率提高会导致另一种劳动力的需求量增加
		负值	总互补关系:意味着一种劳动力的工资率提高会促使另一种劳动力的需求量减少

(二)派生需求定理(见表 11-11)

表 11-11 派生需求定理

影响因素	条件	变化情况	自身工资弹性
最终产品的需求价格弹性	其他条件相同	越大	越大
要素替代的难易度	其他条件相同	越容易	越大
其他生产要素的供给弹性	其他条件相同	越大	越大
产品总成本中劳动力成本所占的比重	其他条件相同	越大	越大

【例7·多选题】关于劳动力需求的自身工资弹性,下列说法正确的有( )。
A. 劳动力需求的自身工资弹性为负
B. 劳动力需求的自身工资弹性为正
C. 反映的是劳动力需求变动对工资率变动的敏感性
D. 指的是劳动力工资率变动1%所引起的劳动力需求量发生变化的百分比
E. 其公式为 η=工资率变动%/劳动力需求量变动%

解析 ▶ 本题考查劳动力需求弹性。劳动力需求的自身工资弹性为负。η=劳动力需求量变动%/工资率变动%。所以选项B、E错误。

答案 ▶ ACD

▶ 考点八　劳动力市场的均衡与非均衡

(一)劳动力市场的均衡及其变动(见表11-12)

表11-12　劳动力市场的均衡及其变动

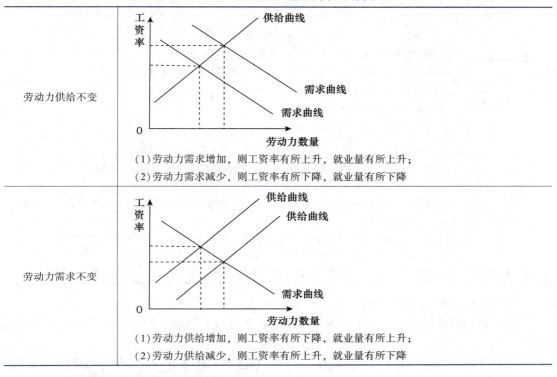

劳动力供给不变	(1)劳动力需求增加，则工资率有所上升，就业量有所上升； (2)劳动力需求减少，则工资率有所下降，就业量有所下降
劳动力需求不变	(1)劳动力供给增加，则工资率有所下降，就业量有所上升； (2)劳动力供给减少，则工资率有所上升，就业量有所下降

(二)劳动力市场非均衡及其影响因素(见表11-13)

表11-13　劳动力市场非均衡及其影响因素

项目	内容
需求方	(1)企业并非必须支付市场通行的工资率；(2)企业并非可以自由调整雇用量
供给方	(1)劳动者并非可以零成本自由流动；(2)劳动者对工资率的反应并非极其敏感

【例8·单选题】如果在沿海地区就业的大量内地农村劳动力返还家乡，而沿海地区的劳动力需求没有发生变化，则此时沿海地区的劳动力市场状况会表现为(　　)。

A. 均衡工资率上升，均衡就业量下降

B. 均衡工资率下降，均衡就业量上升

C. 均衡工资率和均衡就业量均下降

D. 均衡工资率和均衡就业量均上升

解析　本题考查劳动力市场均衡。由题干可知，该地区劳动力供给减少，劳动力需求不变，当劳动力需求曲线不变而劳动力供给曲线左移时，会导致均衡工资率上升，均衡就业量下降。

答案　A

▶ 考点九　劳动力市场政策

(一)政府促进就业的宏观经济政策(见表11-14)

表 11-14　政府促进就业的宏观经济政策

宏观政策	内容
货币政策	（1）扩张性货币政策的要点是通过提高货币供应增长速度来刺激总需求的增长； （2）紧缩性货币政策的要点是通过削减货币供应的增长率来降低总需求水平； （3）主要通过法定准备金制度、贴现率调整以及公开市场业务来施行货币政策
财政政策	（1）**扩张性**财政政策：降低税率、增加转移支付、扩大政府支出； （2）**紧缩性**财政政策：提高税率、减少转移支付、降低政府支出； （3）紧缩性的财政政策对降低通货膨胀率有积极的作用，但不利于就业水平的提高
收入政策	（1）政府力劝劳动者约束自己提高工资以及企业提高价格的动机； （2）**采取工资—价格指导的方针**； （3）最极端的做法是实行工资、物价管制
人力政策	主要是针对劳动力市场的结构性失业而提出的一种扩大就业的政策
产业政策	（1）以产品的生产、销售、服务过程为序来划分，即三次产业划分法，第一产业是初级产业，第二产业是制造业，第三产业为服务业； （2）以各产业所使用的投入组合的特点划分为劳动密集型产业、资本密集型产业、技术密集型产业以及知识密集型产业； （3）就业弹性高的国家或地区，一般劳动密集型产业的比重较大；就业弹性低的国家或地区则可能实行偏重于资本或技术密集型产业的产业政策； （4）**发展就业弹性高的产业**对提高就业水平这一目标来说无疑是一条重要出路

（二）最低工资立法及其影响

（1）政府的最低工资立法对于收入分配的不平等程度有可能会同时产生压缩效应和扩大效应。

（2）如果压缩效应的力量更大，则最低工资立法削弱了社会上的收入不平等程度；如果扩大效应的力量更大，则最低工资立法加剧了社会上的不平等程度。

【例9·单选题】在经济不景气时期，某国的一些产业受到严重打击，裁员现象严重，为此该国政府拿出专项财政拨款，建立了一些针对失业人员的再就业培训计划，政府采取的这种政策称为（　　）。

A. 财政政策　　　　　　　　　B. 货币政策
C. 产业政策　　　　　　　　　D. 人力政策

解析　本题考查劳动力市场政策。人力政策，就是政府通过对劳动力进行重新训练与教育，把非熟练的劳动力训练成技术熟练程度达到一定水平的劳动者，以缓和因劳动力市场所需要的技能与劳动者实际供给的技能不匹配而造成的失业问题。

答案　D

历年考题解析

一、单项选择题

1.（2019年）在劳动力市场均衡分析图形中，假定劳动力需求曲线不变，而劳动力供给却由于退休人口增加和新成长劳动力不足而出现了下降，则可能出现的情况是（　　）。

A. 均衡工资率和均衡就业量同时下降
B. 均衡工资率上升，均衡就业量下降
C. 均衡工资率和均衡就业量同时上升
D. 均衡工资率下降，均衡就业量上升

解析 本题考查劳动力市场均衡。劳动力供给下降会导致劳动力供给曲线左移。当劳动力需求曲线不变而劳动力供给曲线左移时，会导致均衡工资率上升和均衡就业量下降。

答案 B

2．（2019 年）关于工资率上涨对个人劳动力供给产生的影响的说法，正确的是（　　）。

A．工资率上涨的收入效应和替代效应都导致个人劳动力供给时间减少

B．工资率上涨的替代效应导致个人劳动力供给时间减少

C．工资率上涨的收入效应和替代效应都导致个人劳动力供给时间增加

D．工资率上涨的收入效应导致个人劳动力供给时间减少

解析 本题考查收入效应与替代效应。工资率上涨的收入效应导致个人劳动力供给时间减少。工资率上涨的替代效应导致个人劳动力供给时间增加。

答案 D

3．（2018 年）当某地家政服务人员的工资率为每小时 20 元时，此类人员的供给人数为 50 万人，家政服务人员的工资率上升到每小时 25 元后，此类人员的月供给量为 60 万人，家政服务人员的劳动力供给是（　　）。

A．单位弹性的　　B．无弹性的
C．富有弹性的　　D．缺乏弹性的

解析 本题考查劳动力供给弹性。劳动力供给弹性＝（工时增加或减少绝对数量÷初始工时）÷（工资率上升或下降绝对数量／初始工资率）＝0.8，当工时变动百分比小于工资率变动百分比时，劳动力供给弹性小于 1，这种情形被称为劳动力供给曲线缺乏弹性。

答案 D

4．（2018 年）在劳动力交易中，劳动者只是将劳动力所有权转移给企业，这种情况说明了劳动力市场（　　）。

A．多样性　　B．不确定性
C．特殊性　　D．交易延续性

解析 本题考查劳动力市场的特征。劳动力市场的特殊性劳动力不可能脱离劳动者独立存在，它与一般商品的买卖性质不同。在劳动力交易中，劳动力这种特殊商品的所有权并没有转移，转移的只是其使用权，劳动者将自己的劳动力租借给企业使用一段时间，然后借此获得劳动报酬。

答案 C

5．（2018 年）关于劳动力需求的说法，错误的是（　　）。

A．劳动力需求是一种派生需求

B．其他条件一定，工资率上升必然导致劳动力需求数量下降

C．劳动力需求与资本价格无关

D．在长期中，工资率变动会对劳动力需求同时产生规模效应和替代效应

解析 本题考查产品需求与资本价格对劳动力需求量的影响。在产品需求、生产技术以及劳动力价格即工资率不变的情况下，资本价格的变化也同样会对劳动力需求产生规模效应和替代效应。

答案 C

6．（2018 年）劳动力市场上的摩擦力会导致劳动力市场非均衡，这种摩擦力不包括（　　）。

A．企业调整雇佣人数会产生成本

B．市场工资水平会发生变化

C．有些企业支付超出市场通行水平的高工资率

D．劳动力流动会产生成本

解析 本题考查劳动力市场的摩擦力。劳动力需求方遇到的摩擦力：企业并非必须支付市场通行的工资率；企业并非可以自由调整雇用量。劳动力供给方遇到的摩擦力：劳动者并非可以零成本自由流动；劳动者对工资率的反应并非极其敏感。

答案 B

7．（2017 年）能够在市场经济条件下对劳动力这种生产性资源进行有效配置的是（　　）。

A．政府

B．企业

C．劳动力市场

D. 政府和劳动力市场

解析 本题考查劳动力市场的概念。在市场经济条件下，劳动力市场是对劳动力这种生产性资源进行有效配置的根本手段。

答案 C

8. (2017年)附加的劳动者效应和灰心丧气的劳动者效应都是在( )中可能发生的促使劳动者进入和退出劳动力市场的因素。
   A. 经济周期 B. 生命周期
   C. 家庭 D. 企业

解析 本题考查经济周期中的劳动力供给。在现实中，无论是家庭的劳动力供给决策，还是劳动者个人的劳动力供给决策，都有可能会受到经济周期的影响。经济周期中的劳动者供给产生附加的劳动者效应和灰心丧气的劳动者效应。

答案 A

9. (2017年)导致女性劳动力参与率下降的因素是( )。
   A. 女性的相对工资率上升
   B. 家庭生产活动的生产率提高
   C. 出生率上升
   D. 离婚率上升

解析 本题考查生命周期中的劳动力供给。出生率的下降使得女性劳动力参与率上升，出生率的上升使得女性劳动力参与率下降。

答案 C

10. (2017年)某类劳动力的工资率为每小时10元时，某城市对这类劳动力的需求总量为10万小时，已知该市对这类劳动力的需求弹性为单位弹性，则当这种劳动力的工资率上涨到每小时15元时，该市对此类劳动力的需求总量会变成( )万小时。
    A. 2 B. 4
    C. 5 D. 15

解析 本题考查劳动力的需求弹性。劳动力需求弹性=劳动力需求量变动/工资率变动×100%，本题中，劳动力需求弹性为1，劳动力需求量变动/工资率变动×100%=1，$(\Delta L/10)/(5/10) \times 100\% = 1$，$\Delta L = 5$，由于工资率变动方向与劳动力需求数量的变动方向是相反的，因此，劳动力的需求总量减少5万小时，该市对此类劳动力的需求总量变成5万小时。

答案 C

11. (2017年)在劳动力市场均衡分布图形中，如果劳动力供给曲线不变，出口下降导致劳动力需求曲线向右移动，可能出现的情况是( )。
    A. 均衡工资率下降，均衡就业率上升
    B. 均衡工资率上升，均衡就业率下降
    C. 均衡工资率和均衡就业率同时上升
    D. 均衡工资率和均衡就业率同时下降

解析 本题考查劳动力市场均衡及其变动。劳动力供给曲线不变时，劳动力需求曲线向右移动，均衡工资率和就业量均上升。

答案 C

二、多项选择题

1. (2019年)关于晋升竞赛的说法，正确的有( )。
   A. 晋升竞赛获胜者与失败者会共享奖金，只不过获胜者得到的比例更大
   B. 若其他条件相同，晋升竞赛获胜者能得到的奖励越多，在竞赛中就会越努力
   C. 晋升竞赛通常出现在内部劳动力市场存在的情况下
   D. 晋升竞赛获胜者的成绩超过失败者的越多，可获得的奖金越多
   E. 在晋升竞赛中要尽可能减少运气等不确定因素对竞赛结果产生的影响

解析 本题考查晋升竞赛。选项A、D错误，被晋升者将得到更高一级新职位对应的全部报酬，即工资水平上涨；而失败者将不会因为参加竞赛而得到任何报酬。

答案 BCE

2. (2019年)关于劳动力市场的说法，正确的有( )。
   A. 它能够以一定的工资率将劳动力有效分配到不同的行业、职业、地区和企业之中

B. 它是由各种局部性劳动力市场构成的一个总劳动力市场体系

C. 它是特定的劳动力供求双方通过自由谈判达成劳动力使用权转让合约时所处的市场环境

D. 它是在市场经济条件下对劳动力这种生产性资源进行有效配置的根本手段

E. 它是一种特殊的产品市场

解析 本题考查劳动力市场的概念。选项E错误,劳动力市场是进行劳动力交易的一种要素市场,而不是产品市场。

答案 ABCD

3. (2018年)家庭生产理论认为( )。

A. 家庭可以用时间密集型和商品密集型两种方式生产家庭物品

B. 家庭的可支配时间可以划分为市场工作时间和家庭生产时间两大类

C. 家庭的直接效用的来源是整个家庭获得的总劳动收入

D. 家庭需要决定消费哪些家庭物品

E. 家庭的劳动力供给行为是家庭成员劳动力供给行为的简单加总

解析 本题考查家庭劳动力供给与周期性劳动力供给。选项A正确:家庭物品的生产方式可以划分为两类,即时间密集型的和商品密集型的。选项B正确:家庭生产理论把家庭的可支配时间划分为两大类:一类是市场工作时间,另外一类是家庭生产时间,即在家里做家务或在放松的时间。选项C错误:在家庭生产理论中,一个家庭会把它生产出来的家庭物品看成是效用的直接来源。选项D正确:家庭需要消费什么样的家庭物品。例如,要不要一家人在一起吃顿晚饭?夫妻要不要生一个或几个孩子等?对需要何种家庭物品的回答主要取决于消费什么样的家庭物品给这个家庭带来的效用是最大的。选项E错误:家庭内部分工决策:采用比较优势的原理。

答案 ABD

4. (2017年)为了应对劳动力市场交易对象的难以衡量性问题,企业通常可以采用的做法包括( )。

A. 提供高于市场水平的工资

B. 利用受教育程度、工作经验等对求职者进行筛选

C. 加强对新员工的培训

D. 利用面试、笔试和心理测试等手段对求职者进行筛选

E. 通过试用期来对求职者进行考察

解析 本题考查劳动力市场概论。人力资源部门除了利用劳动者的受教育程度、工作经历以及在职训练等客观指标来作为筛选员工的依据之外,往往还不得不利用面试、笔试、心理测验等多种甄选手段来对求职者进行筛选。通常情况下,企业还要利用试用期来最后决定是否最终雇用某位求职者。

答案 BDE

5. (2017年)决定一个国家或地区的劳动力供给数量的因素包括( )。

A. 人口性别

B. 人口总量

C. 劳动力参与率

D. 劳动者周平均工作时间

E. 人力资本投资水平

解析 本题考查劳动力供给。影响劳动力供给数量的因素主要有:人口总量、劳动力参与率、劳动者周平均工作时间。

答案 ABCD

同步系统训练

一、单项选择题

1. 关于劳动力市场的基本概念，下列说法错误的是( )。
   A. 劳动力市场是进行劳动力交易的一种资本市场
   B. 劳动力市场是对劳动力这种生产性资源进行有效配置的根本手段
   C. 宏观上，劳动力市场是由各种各样的局部性或单一性劳动力市场构成的一个总劳动力市场体系
   D. 微观上，劳动力市场是指特定的劳动力供求双方在通过自由谈判达成劳动力使用权转让的合约时所处的市场环境

2. 劳动力供求双方之间的接触是非常分散的，因而很难看到像一般商品市场那样可以清晰地辨认出的劳动力市场，这反映了劳动力市场的( )。
   A. 特殊性   B. 不确定性
   C. 难以衡量性   D. 多样性

3. 劳动力市场的( )决定了企业通常需要利用受教育程度、工作经验等多种标准，以及面试、笔试、心理测试等多种手段甄选员工。
   A. 特殊性
   B. 交易延续性
   C. 不确定性
   D. 交易对象难以衡量性

4. 关于内部劳动力市场，下列说法错误的是( )。
   A. 企业通常从内部调动填补较低级别岗位的劳动者
   B. 采用内部劳动力市场做法也会存在较高的成本
   C. 内部的中高层职位一般都是通过内部晋升来实现
   D. 内部劳动力市场不能脱离外部劳动力市场而独立存在

5. 效率工资是指企业提供的一种高于( )的工资。
   A. 基本薪酬
   B. 绩效工资
   C. 市场均衡水平
   D. 市场最高水平

6. 实际劳动力人口与潜在劳动力人口之比称为( )。
   A. 劳动力参与率
   B. 失业率
   C. 就业率
   D. 净人口流入率

7. 其他条件不变时，工资率上升的( )效应会导致个人劳动力供给下降。
   A. 收入   B. 替代
   C. 规模   D. 产出

8. 对个人劳动力供给而言，工资率下降的替代效应会导致劳动者( )。
   A. 增加劳动收入
   B. 减少享受闲暇
   C. 减少劳动力供给时间
   D. 增加劳动力供给时间

9. 下列劳动力供给曲线所反映的是比较常见的行业市场劳动力供给状况的是( )。
   A. 向后弯曲的劳动力供给曲线
   B. 向上倾斜的劳动力供给曲线
   C. 垂直形状的劳动力供给曲线
   D. 水平形状的劳动力供给曲线

10. 一国的平均工资率从10元/小时上升到15元/小时，该国总的劳动工时供给数量上升了40%，则该国的劳动力供给曲线是( )。
    A. 缺乏弹性的   B. 富有弹性的
    C. 单位弹性的   D. 无弹性的

11. 某行业所面临的劳动力供给弹性为0.6，如果该行业的市场工资率上涨2%，则该行业的劳动力供给工时总量会( )。

A. 增加3%   B. 减少3%
C. 增加1.2%   D. 减少1.2%

12. 如果某市汽车生产工人的劳动力供给弹性为0.5，由于工资水平上涨，这类劳动者的劳动力供给时间增加了10%，他们原来的工资水平是每小时20元，现在一定是上升到了（ ）。
A. 20元   B. 24元
C. 30元   D. 35元

13. 家庭生产理论认为，家庭效用的直接来源是（ ）。
A. 闲暇时间
B. 通过市场工作获得的工资收入
C. 用工资收入购买的产品或服务
D. 产品或服务与家庭时间相结合生产出来的家庭物品

14. 经济衰退时期，在劳动力供给方面占主导地位的效应是（ ）。
A. 收入效应
B. 附加的劳动者效应
C. 替代效应
D. 灰心丧气的劳动者效应

15. 某国外经济学家指责本国政府不仅未能促进经济繁荣，而且在一定程度上掩盖了该国的真实失业水平，因为一部分劳动者由于找不到工作而不得不退出了劳动力市场。因此，尽管官方公布的失业率为6%，但如果将隐性失业者考虑在内，真实的失业率将达到10%，这位经济学家实际上指出了（ ）。
A. 在经济衰退时期会出现附加的劳动者效应
B. 在经济繁荣期会出现附加的劳动者效应
C. 在经济衰退时期会出现灰心丧气的劳动者效应
D. 在经济繁荣期会出现灰心丧气的劳动者效应

16. 关于长期劳动力需求的说法，正确的是（ ）。

A. 长期来看，工资率变化对劳动力需求数量的影响是通过规模效应和替代效应反映出来的
B. 工资率上升所产生的规模效应导致长期劳动力需求数量的增加
C. 工资率上升所产生的替代效应导致长期劳动力需求数量的增加
D. 在长期中，工资率变动只会对劳动力需求产生规模效应，不会产生替代效应

17. 根据目前的劳动力市场判断，如果纺织工人的工资率上涨4%，则其劳动力需求会下降5%，那么纺织工人的劳动力需求曲线是（ ）。
A. 富有弹性的   B. 缺乏弹性的
C. 单位单性的   D. 无弹性的

18. 某地区汽车生产工人工资率从每小时30元上升到33元，该地区汽车制造商对汽车生产工人的劳动力需求将会从原来的10 000人减少到8 000人，则该地区汽车生产工人的劳动力需求自身工资弹性属于（ ）。
A. 缺乏弹性   B. 富有弹性
C. 单位弹性   D. 无弹性

19. 如果某地男性生产工人的工资率上涨2%会导致该地区女性生产工人的就业人数减少1%，则该地区男性生产工人和女性生产工人之间存在一种（ ）关系。
A. 互补   B. 总互补
C. 替代   D. 总替代

20. 某地劳动力市场原来处于均衡状态，市场工资率为20元/小时，但由于外商投资建厂，导致当地的劳动力需求出现了较大规模的增长，而本地劳动力供给短期内保持不变，则可能会出现的情况是（ ）。
A. 企业为了获得足够的劳动力，就必须支付20元/小时以上的工资
B. 企业仍然支付20元/小时的工资，就能够得到自己需要的劳动力
C. 劳动力市场上的均衡就业量将会出现

大规模下降

D. 劳动力市场上的均衡工资水平会出现大幅度下降

21. 若劳动力供给曲线不变，劳动力需求曲线向右移动，则（　）。

A. 新的均衡点左移

B. 均衡工资率和均衡就业量均提高

C. 均衡工资率提高，均衡就业量降低

D. 均衡工资率降低，均衡就业量提高

二、多项选择题

1. 通常情况下，劳动力市场分别可以被划分为（　）。

A. 全国性劳动力市场

B. 外部劳动力市场

C. 优等劳动力市场

D. 地区性劳动力市场

E. 中等劳动力市场

2. 下列说法属于晋升竞赛的特点的有（　）。

A. 更高一级的职位通常都是事先设计好的，而与每个职位对应的是一个确定的工资率或一个工资浮动区间

B. 员工之所以能够被晋升到某个更高的职位上，往往是因为他们比其他候选人更有优势一些

C. 员工具有的优势越大，他们晋升到更高职位之后所得到的工资水平就越高

D. 得到晋升者将得到更高一级的新职位所带来的全部报酬

E. 失败者会因为参加竞赛而得到一些报酬

3. 劳动力的供给数量主要取决于（　）因素。

A. 知识水平　　B. 技能水平

C. 人口总量　　D. 劳动力参与率

E. 平均周工作时间

4. 劳动力供给质量主要表现为（　）。

A. 知识水平　　B. 技能水平

C. 经验水平　　D. 劳动力参与率

E. 平均周工作时间

5. 向上倾斜的行业的劳动力供给曲线表明（　）。

A. 随着工资率的提高，劳动力供给量必然增加

B. 随着工资率的提高，劳动力供给量必然下降

C. 随着工资率的下降，劳动力供给量必然增加

D. 随着工资率的下降，劳动力供给量必然下降

E. 工资率的变化未必会导致劳动力供给量的变化

6. 下列关于生命周期中劳动力供给的表述，正确的有（　）。

A. 一个人在生命的不同时期所面临的市场工资率不同，其劳动力供给水平也不同

B. 时间密集型的闲暇活动消费通常主要发生在一个人成长的早期阶段以及晚年阶段

C. 一般中年阶段工资率较高

D. 已婚妇女的劳动力参与率下降

E. 在人们刚刚成年的阶段，把大部分时间用于工作

7. 关于家庭生产理论的说法，正确的有（　）。

A. 家庭生产理论认为劳动力供给决策的主体是家庭而不是单个的劳动者

B. 家庭生产理论将生产出来的家庭物品视为家庭的直接效用来源

C. 家庭生产理论认为家庭会根据比较优势原理来决定家庭成员的时间利用方式

D. 家庭生产理论认为一个家庭需要做出的重要决策之一是家庭成员需要将多少时间用于市场工作，多少时间用于家庭生产

E. 家庭生产理论是一种劳动力需求理论

8. 关于个人劳动力供给曲线的说法，正确的有（　）。

A. 它揭示的是劳动力供给意愿随着工资率的上升而上升的变动规律

B. 它揭示的是劳动力供给意愿随着工资率的下降而下降的变动规律

C. 个人劳动率供给曲线的形状是向后弯曲的

D. 它反映了个人劳动力供给意愿随工资

率的变动而变化的规律

E. 它表明工资率上升未必导致个人劳动力供给时间增加

9. 关于劳动力供给弹性，说法正确的有（ ）。

A. 可用工时变动量与工资率变动量的比率来表示

B. 劳动力供给弹性大于 1 时，称为富有弹性

C. 劳动力供给弹性一般为负

D. 劳动力供给弹性一般为正

E. 水平的劳动力供给曲线具有无限弹性

10. 劳动力需求的派生需求定理认为，若其他条件相同，满足（ ）条件下，某种劳动力需求具有较高的自身工资弹性。

A. 其他生产要素的需求缺乏弹性

B. 其他生产要素的需求富有弹性

C. 以其他生产要素替代该种劳动力很容易

D. 使用该类劳动力进行生产的产品富有价格弹性

E. 该种劳动力成本占产品总成本的比重很大

11. 当劳动力需求曲线不变，而劳动力供给曲线右移，则（ ）。

A. 均衡工资率下降

B. 均衡工资率上升

C. 均衡就业量下降

D. 均衡就业量上升

E. 均衡工资率和均衡就业量不变

12. 关于长期劳动力需求的说法，正确的有（ ）。

A. 工资率上升的收入效应导致劳动力需求量的上升

B. 工资率下降的替代效应导致劳动力需求量的上升

C. 工资率和劳动力需求量是同方向变化

D. 工资率上升的替代效应和规模效应都会导致劳动力需求量下降

E. 工资率下降的替代效应和规模效应都会导致劳动力需求量上升

13. 政府的最低工资立法对于收入分配的不平等程度有可能会同时产生（ ）。

A. 收入效应　　B. 压缩效应

C. 替代效应　　D. 扩大效应

E. 财富效应

同步系统训练参考答案及解析

一、单项选择题

1. A 【解析】本题考查劳动力市场的基本概念。劳动力市场是进行劳动力交易的一种要素市场。

2. B 【解析】本题考查劳动力市场的特征。劳动力供求双方之间的接触非常分散，很难看到像一般商品市场那样可以被清晰地辨认出的劳动力市场。这反映了劳动力市场的不确定性特点。

3. D 【解析】本题考查劳动力市场的特征。劳动力市场交易对象的难以衡量性，决定了人力资源部门除了利用劳动者的受教育程度、工作经历以及在职训练等客观指标来作为筛选员工的依据之外，往往还不得不利用面试、笔试、心理测验等多种甄选手段来对求职者进行筛选。

4. A 【解析】本题考查内部劳动力市场。内部劳动力市场的重要特征之一是，企业通常只从外部雇用填补较低级别岗位的劳动者，内部的中高层职位一般都是通过内部晋升来实现。

5. C 【解析】本题考查效率工资的概念。效率工资是指企业提供的一种高于市场均衡水平的工资。

6. A 【解析】本题考查劳动力参与率。劳动力参与率为实际劳动人口与潜在劳动力人口之比。

7. A 【解析】本题考查收入效应。工资率的

提高可能导致劳动者减少工作时间而增加闲暇时间的消费，这种由于工资率上升而带来的个人劳动力供给时间减少，我们称为工资率上升的收入效应。

8. C 【解析】本题考查工资率的替代效应。对个人劳动力供给而言，工资率下降的替代效应会导致劳动者减少劳动力供给时间。

9. B 【解析】本题考查个人及市场劳动力供给。自左下方向右上方倾斜的劳动力供给曲线所反映的是比较常见的行业市场劳动力供给状况。

10. A 【解析】本题考查劳动力供给弹性的相关内容。该国工资率变动百分比是（15−10）÷10×100% = 50%，则供给弹性 = 40%/50% = 0.8，劳动力供给弹性小于1，所以应该是劳动力供给曲线缺乏弹性。

11. C 【解析】本题考查劳动力供给弹性的计算。劳动力供给弹性 = 劳动工时变动/工资率变动×100%，由于工资率是上涨的，所以劳动力供给是增加的，代入已知数据可求得本题选 C。

12. B 【解析】本题考查劳动力供给弹性。劳动力供给弹性 = 劳动工时变动/工资率变动×100%，假设工资率变动绝对数量是 X，则 $0.5 = 0.1/(X÷20)$，计算得出 $X = 4$（元），由于是工资水平上涨，所以现在增加到 24 元。

13. D 【解析】本题考查家庭生产理论。家庭生产理论中，一个家庭会把它生产出来的家庭物品看成效用的直接来源，即一个家庭必须用收入购买商品或服务，再加上一些家庭时间，才能生产出可供家庭消费并产生效用的家庭物品。

14. D 【解析】本题考查灰心丧气的劳动者效应。在经济衰退时期，灰心丧气的劳动者效应比较强，并且占据着主导地位。

15. C 【解析】本题考查灰心丧气的劳动者效应。在经济衰退时期，一些本来可以寻找工作的劳动者由于对在某一可行

工资率水平下找到工作变得非常悲观，因而停止寻找工作，临时成为非劳动力参与者，这便是灰心丧气的劳动者效应。灰心丧气的劳动者效应会导致所谓的隐性失业现象的存在，因为这些停止寻找工作的劳动力在政府的统计数据当中不再被计算为失业者了。

16. A 【解析】本题考查长期劳动力需求。工资率上升的规模效应导致劳动力需求数量下降；其替代效应导致劳动力需求数量下降。

17. A 【解析】本题考查劳动力需求弹性。劳动力需求的自身工资弹性 = 劳动力需求量变动%/工资率变动% = −5%/4% = −1.25。其绝对值大于1，因此劳动力需求曲线是富有弹性的。

18. B 【解析】本题考查劳动力需求的自身工资弹性。劳动力需求的自身工资弹性 = 劳动力需求量变动/工资率变动×100%，带入公式求得劳动力需求的自身工资弹性为 2，大于1，说明富有弹性。

19. B 【解析】本题考查劳动力需求的交叉工资弹性。简易判断方法，同类型变化（如果都是增加或减少）则一定是总替代关系；反之，一升一降（或一降一升）则一定是总互补关系。显然本题选 B。

20. A 【解析】本题考查劳动力市场均衡。根据题目意思，供给不变，需求增大，这样需求曲线将向右移动，这时均衡工资率和均衡就业量都将上升。因此选 A。

21. B 【解析】本题考查劳动力需求曲线的移动对均衡位置的影响。当供给曲线不变而需求曲线右移时，均衡工资率和就业量均随需求曲线右移而上升。反之，当供给曲线不变而需求曲线左移时，均衡工资率和均衡就业量同时下降。

二、多项选择题

1. ABCD 【解析】本题考查劳动力市场的结构。通常情况下，劳动力市场分别可以划分为全国性劳动力市场和地区性劳动力市

场、外部劳动力市场和内部劳动力市场以及优等劳动力市场和次等劳动力市场。

2. ABD 【解析】本题考查效率工资和晋升竞赛。员工之所以能够被晋升到某个更高的职位上，往往是因为他们比其他候选人更有优势一些，至于这种优势是大还是小，并不会影响到他们晋升到更高职位之后所得到的工资水平。选项 C 错误。得到晋升者将得到更高一级的新职位所带来的全部报酬，失败者将不会因为参加竞赛而得到任何报酬。选项 E 错误。

3. CDE 【解析】本题考查劳动力供给总量。劳动力供给数量的取决因素：人口总量、劳动力参与率、劳动者的平均周工作时间。选项 A、B 属于劳动力供给质量的表现。

4. ABC 【解析】本题考查劳动力供给总量。劳动力供给质量表现为劳动者的知识、技能和经验等方面的水平。选项 D、E 属于影响劳动力供给数量的因素。

5. AD 【解析】本题考查行业的劳动力供给曲线。向上倾斜的行业的劳动力供给曲线，工资率和劳动力供给量成正相关关系。

6. ABC 【解析】本题考查家庭劳动力供给与周期性劳动力供给。已婚妇女的劳动参与率呈稳定上升的总趋势，D 选项错误。在刚成年阶段，人们会把大部分时间用于接受正规教育，用于工作的时间较少，E 选项错误。

7. ABCD 【解析】本题考查家庭生产理论的相关知识。选项 A、B、C、D 的表述都是正确的。家庭生产理论是一种劳动力供给理论，所以选项 E 错误。

8. CDE 【解析】本题考查个人劳动力供给曲线。个人劳动力供给曲线揭示的是劳动者个人劳动力供给意愿随工资率变动而变动的规律。其形状是向后弯曲的。它表明，在某一工资率水平之下，工资率的上升会导致个人劳动力供给时间的增加；而在此工资率水平之上，工资率的上升反而会导致个人劳动力供给时间的减少。

9. BDE 【解析】本题考查劳动力供给弹性。劳动力供给弹性一般用工时变动百分比同工资率变动百分比之间的比率来表示，所以选项 A 错误。劳动力供给弹性一般为正，所以选项 C 错误。

10. BCDE 【解析】本题考查劳动力需求的派生需求定理。选项 B、C、D、E 可以使某种劳动力需求具有较高的自身工资弹性。

11. AD 【解析】本题考查劳动力市场的均衡与非均衡。当劳动力需求曲线不变，而劳动力供给曲线右移时，均衡工资率下降，均衡就业量上升。

12. BDE 【解析】本题考查长期劳动力需求。工资率变动的替代效应和规模效应对劳动力需求的影响方向是相同的，即在长期内，工资率上升的替代效应和规模效应都使劳动力需求减少，工资率下降的替代效应和规模效应都使劳动力需求增加。

13. BD 【解析】本题考查最低工资立法的影响。政府的最低工资立法对收入分配的不平等程度有可能会同时产生压缩效应和扩大效应。

本章思维导图

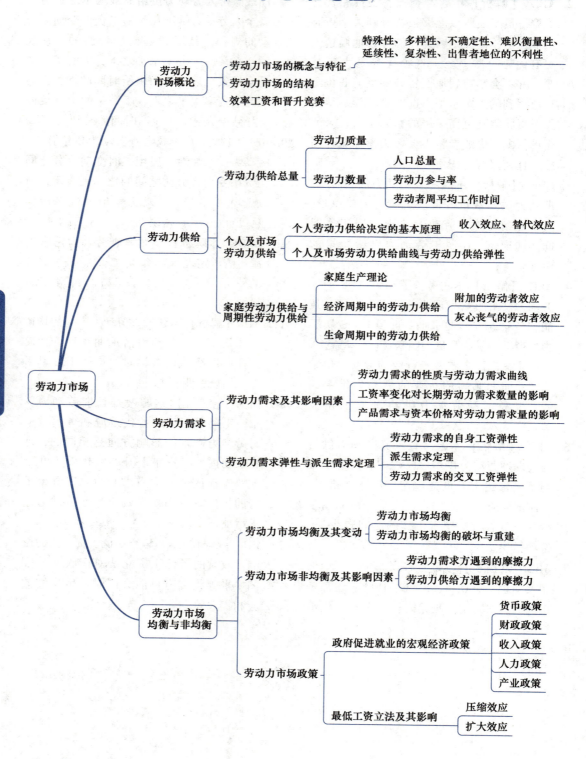

第12章 工资与就业

考情分析

本章主要讲述工资与就业、失业的内容。本章的重点是工资水平、工资差别、工资性报酬差别与劳动力市场歧视、失业的类型等内容。从近三年的考题来看,单项选择题、多项选择题和案例分析题都有涉及。

最近三年本章考试题型、分值分布

年份	单项选择题	多项选择题	案例分析题	合计
2019 年	2题2分	1题2分	4题8分	7题12分
2018 年	5题5分	2题4分	—	7题9分
2017 年	4题4分	—	—	4题4分

本章主要考点

1. 工资水平。
2. 工资差别。
3. 工资性报酬差别与劳动力市场歧视。
4. 就业与就业统计、失业与失业统计。
5. 失业率统计与劳动力市场的存量—流量模型。
6. 失业的类型及其成因与对策。

重点、难点讲解及典型例题

▶ 考点一 工资水平

(一)货币工资与实际工资

实际工资①=货币工资②/物价指数③

注:①实际工资是指货币工资所能购买到的商品和服务量。它可用来说明货币工资的购买能力。
②货币工资又称名义工资,是指雇主以货币形式支付给员工的劳动报酬。
③物价指数一般用消费品价格指数来表示。

在现实中,货币工资水平总是高于实际工资水平。货币工资≠实际工资,二者的差别取决于物价水平。

(二)确定工资水平的实际因素(见图12-1,表12-1)

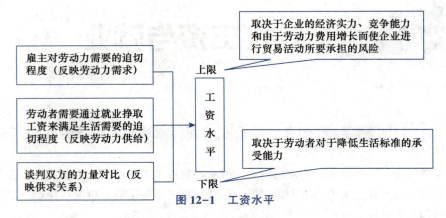

图 12-1 工资水平

表 12-1 影响工资水平确定的因素

影响因素	内容
劳动者个人及其家庭所需的生活费用	生活工资一般是针对全勤、满时的工作而言，经受季节性失业或没有全勤的劳动者并不包括在内
同工同酬的原则	同工同酬往往只能在同一部门或单位内部得到较好的贯彻
企业或部门的工资支付能力	在竞争性经济中，如果产品需要是稳定的，那么决定一个部门或企业的工资支付能力的主要因素是该部门或企业的生产率

(三)工资水平与生产率和企业规模的关系(见表 12-2)

表 12-2 工资水平与生产率和企业规模的关系

项目	关系	解释
工资水平与生产率	正比	(1)与员工对企业的认同感有很大关系； (2)企业支付的工资水平越高，员工就越倾向于认为他们的企业对待自己的方式是公平的； (3)**最为客观的衡量**：员工们通常会通过与自己能够在别处获得的工资进行比较，来判断当前工资水平的公平性
工资水平与企业规模	正比	(1)大企业为员工提供了更多的特殊培训机会，因此它们有更强的动力去培训员工，并鼓励员工与企业建立长期的雇佣关系； (2)大企业通常更多地使用具有较高相互依赖性的生产过程，而这种生产过程要求员工高度地相互依赖和遵守纪律； (3)大企业可以为员工提供一个在职业晋升"工作阶梯"中得到多层次晋升的机会，因此员工和企业之间保持长期雇佣关系的做法在大企业中比在小企业中更富有吸引力； (4)空缺岗位对大企业而言成本较高

【例 1·单选题】货币工资并不等于实际工资，两者之间的差别取决于( )。
A. 消费水平　　　　　　　　　　B. 恩格尔系数
C. 物价水平　　　　　　　　　　D. 劳动报酬

解析 ▶ 本题考查工资水平。货币工资并不等于实际工资，这两者之间的差别取决于物价水平。物价水平变化越大，货币工资和实际工资之间的差别越大。　　　　答案 ▶ C

▶ **考点二 工资差别**(见表12-3)

表12-3 工资差别

项目	内容
工资差别	概念：是指各类人员的工资在水平上的差异
	成因： (1)工资差别从**本质**上讲是同劳动相联系，而劳动者的素质和技能不能完全相同； (2)工资差别会激励劳动者从低生产率的工作岗位、企业、职业、行业或产业部门甚至国家向高生产率的地方转移，从而优化劳动力资源配置效率
不同产业部门间工资差别形成的原因	**熟练劳动力所占比重**： (1)建筑业工人报酬高； (2)零售业的报酬低
	技术经济特点： (1)规模大、人均占有资本投资比例高的产业部门，人均工资水平较高； (2)对资本投资的要求低、新企业易于进入以竞争性市场结构为特征的行业，其人工成本占总成本的比例较高，属于低工资产业部门
	发展阶段： (1)兴盛期工资高，衰退期难增长； (2)劳动力转移，经济结构逐步达成新的协调，各部门的工资水平相似
	工会化程度： 工会化程度高，工资高
	地理位置： (1)制造业的工资水平一般较高，而制造业通常也是比较集中地位于工资水平高的地区； (2)工资水平较低的产业(如纺织业)，多集中在低工资地区
不同职业之间工资差别形成的原因	亚当·斯密的观点： (1)不同职业在劳动强度和劳动条件方面的差别； (2)不同职业引起的愉快或不愉快程度有差别； (3)不同职业具备从业能力的难易程度有差别； (4)不同职业所具有的社会安全程度即工作保障和职业稳定程度不同； (5)不同职业要求从业者所承担的责任程度是有差别的
	现代经济学家的研究： (1)**补偿性工资差别**： ①补偿性工资差别是指在知识技能上无质的差别的劳动者，因从事职业的工作条件和社会环境的不同而产生的工资差别； ②为了补偿那些在工作条件和社会环境方面处于不利地位的劳动者。 (2)**竞争性工资差别**： ①竞争性工资差别，指的是在劳动力和生产资料可以充分流动的竞争条件下，劳动者之间所存在的工资差别； ②竞争既是使不同质的劳动者产生工资收入差别的原因，也是导致不同质劳动者之间流动的原因。 (3)**垄断性工资差别**： ①原因在于不同质劳动者之间的流动受到了自然的或者非自然的力量的限制； ②发生情况：非自然性垄断所造成的收入差别；自然性垄断所造成的工资差别

【例2·单选题】由于不同的职业在工作保障和职业稳定程度方面存在差异而形成的工资差别称为( )工资差别。

A. 补偿性

B. 竞争性

C. 技能性

D. 垄断性

解析 本题考查补偿性工资差别。补偿性工资差别揭示了由于工作条件和社会环境原因而导致的收入差异。所谓补偿性工资差别，是指在知识技能上无质的差别的劳动者，因从事职业的工作条件和社会环境的不同而产生的工资差别。

答案 A

考点三　工资性报酬差别与劳动力市场歧视

(一)不同群体间的工资性报酬差别与歧视

男性和女性工资性报酬差距的形成原因：

(1)年龄和受教育程度。

(2)职业。

(3)工时和工作经验。

(二)歧视的界定及其分类

1. 劳动力市场歧视(见表12-4)

表12-4　劳动力市场歧视

概念	具有相同生产率特征的劳动者仅仅因为所属的人口群体的不同而受到区别对待
类型	(1)工资歧视：雇主针对既定的生产率特征支付的价格因劳动者所属的人口群体不同而呈现系统性的差别； (2)职业歧视：对具有相同的受教育水平和其他生产率特征的不同类型的劳动者加以区别对待，将其中某一类或某些类别的劳动者有意安排到那些低工资的职业当中，或者是有意让这些类别的劳动者去承担工作责任要求较低的工作岗位，而把那些高工资岗位留给某些特定类型的劳动者

2. 职业隔离(见表12-5)

表12-5　职业隔离

概念		一个人口群体内部的职业分布与其他人口群体内部的职业分布存在很大差异的情况
衡量指标	差异指数	所要考察的是，假定某一种性别的劳动者继续留在现有工作岗位上，那么，为了使男女劳动者在各种职业中具有相同的职业分布，另外一种性别的劳动者中有多大比例的人将不得不改变职业
		差异指数=100：所有的职业都完全隔离； **差异指数=0**：两种性别的劳动力在各种职业中的分布完全相同

(三)关于歧视来源的市场歧视理论(见表12-6)

表12-6 劳动力市场歧视来源

歧视来源	内容
个人歧视	(1)指雇主、客户或者员工当中至少有一方是对员工存在有偏见的,进而言之,他们具有不与某一特定人口群体中的人打交道的偏好; (2)来源: ①雇主歧视:雇主追求**效用**的最大化;具有垄断地位的企业实施可能性大; ②客户歧视:企业需支付高工资; ③员工歧视
统计性歧视	与雇主的招募和甄选过程有关
非竞争性歧视	劳动力市场处于非竞争状态下产生的歧视

【例3·单选题】企业常常会利用不同劳动者的历史绩效水平,来预测求职者的未来生产率,这种做法很容易产生(　)歧视。

A. 统计性　　　　　　　　　　　B. 雇主
C. 工资　　　　　　　　　　　　D. 职业

解析　本题考查劳动力市场歧视。统计性歧视与雇主的招募和甄选过程有关。企业经常会利用一些历史经验来帮助自己作出判断,雇主曾经雇用过的各种不同类型的劳动者的总体绩效表现等很可能会成为这种历史经验,企业经常会用这些信息来帮助自己预测属于这些群体的求职者的未来生产率状况。所以本题选A。　　　　　　　　　　　　　　　　答案　A

▶ 考点四　就业与就业统计

(一)就业与就业统计的国际标准

1. 就业

就业是指有劳动能力的劳动者参加某种能够获得劳动报酬的社会劳动。

三层基本含义:

(1)劳动者必须要同时具备劳动能力和劳动意愿。
(2)劳动者所参加的劳动必须是某种形式的社会劳动,而不能是家庭劳动。
(3)劳动必须能够获得报酬或收入,而不能是公益性或义务性的劳动。

2. 就业统计(见表12-7)

表12-7 就业统计

统计机构	内容
国际劳工组织	(1)正在工作的人,即在规定时期内正在从事有报酬的工作的人。其中包括私营企业员工以及政府雇员; (2)虽然有工作,但是却由于某种特殊原因暂时脱离了工作状态的人; (3)雇主和自雇用人员,或者是正在协助家庭经营企业或农场,但是却并不领取劳动报酬的人

统计机构	内容
美国劳工部①	(1)劳动者年满**16 岁**以上,并且必须在被调查的前一周为了获得工资性报酬而工作了 1 个小时以上,或者是尽管没有得到工资性报酬,但是却在家庭企业中至少工作了 15 个小时; (2)由于疾病、休假或天气恶劣等原因而暂时脱离工作的人; (3)在界定是否属于就业时,劳动者所从事的是全日制工作还是非全日制工作并不重要,重要的是劳动者**是否进入市场工作**

注:①根据美国劳工部对就业人口界定的标准,家务劳动者不属于就业人口。

(二)中国的就业统计(见表 12-8)

表 12-8 中国的就业统计

阶段	内容
计划经济体制	(1)不承认失业; (2)社会劳动者:从事一定的社会劳动并取得报酬或经营收入的全部劳动力,包括: ①全民所有制单位、城镇集体所有制单位、其他各种所有制单位的全部职工; ②城镇中的所有个体劳动者; ③从事家庭副业、其收入相当于当地一个社会劳动者最低收入水平或参加社会劳动累计超过三个月以上的乡村劳动者
1995~2003 年	(1)就业人员也称从业人员,是指从事一定社会经济活动并取得劳动报酬或经营收入的人员; (2)包括已办理离休、退休、退职手续,但又再次从业(以有酬或自营等各种方式)的人员; (3)不包括从事经济活动的在读学生
2003~2005 年	就业人员指在**男 16~60 岁,女 16~55 岁**的法定劳动年龄内,从事一定的社会经济活动,并取得合法劳动报酬或经营收入的人员
2005 年 11 月及以后	(1)启动城乡劳动力调查制度; (2)界定就业人口,与国际劳工组织定义相似; (3)就业人口:在一定年龄以上,有劳动能力从事一定社会劳动并取得劳动报酬或经营收入的人员; (4)在 1%人口调查中,将具有劳动能力并符合以下条件之一的 16 岁及以上城镇人口定义为就业人口: ①为取得报酬或经营利润,在调查周内从事了 1 小时以上(含 1 小时)的劳动的人; ②由于学习、休假等原因在调查周内暂时处于未工作状态,但有工作单位或场所的人

▶ 考点五 失业与失业统计

国际劳工组织:失业者或失业人口是指那些在参照期内无工作,但目前能够工作并且正在寻找工作的某一特定年龄以上(通常是 16 岁及以上)的所有人员。

(一)美国对失业者界定以及失业统计(见表 12-9)

表 12-9 美国对失业者界定以及失业统计

失业人口	凡是在被调查的周中已经年满 16 周岁,属于非被管制人口,没有工作,但是具有劳动能力的以下人口均属于失业人口: (1)在过去的 4 周中从事过专门的求职活动的人; (2)被临时解雇并且正在等待被原雇主招回的人; (3)本来能够寻找工作,但是目前却正处于疾病状态的人; (4)已经找到了工作,并且在 30 天以内就能够去报到的人

	续表
失业统计	(1)美国人口普查局每月进行人口调查； (2)美国失业统计的特点： ①抽样技术全国一致，连续多年，具有很强的可比性，这样得到的大量数据就为经济学家进行相关的劳动力市场研究提供了很大方便； ②在开展调查和发表数据报告之间的时间间隔短，信息的时效性强，而且公众很容易通过政府的各种公开出版物获得数据； ③失业率数据非常详细

(二)中国对失业人员的界定与失业统计(见表12-10)

表12-10 中国对失业人员的界定与失业统计

阶段	内容
计划经济时期	(1)无失业概念，只有待业； (2)在劳动年龄之内，有劳动能力的人要求就业而无任何职业的人为待业人员。待业的概念只适用于城镇人口，主要包括城镇待业青年和社会闲散劳动力
1994~2003年	(1)我国从1994年起正式使用"失业"和"失业率"的概念，同时公开发布城镇登记失业率和城镇登记失业者人数； (2)失业人员是指在规定的劳动年龄内，具有劳动能力，但在调查期内无职业并以某种方式寻找工作的人
2003~2005年	(1)失业人员：在法定劳动年龄内，有工作能力，无业且要求就业而未能就业的人员； (2)视同失业：虽然从事一定社会劳动，但劳动报酬低于当地城市居民最低生活保障标准的情况
2005年①	(1)失业人口被界定为在一定年龄以上，有劳动能力，在调查期间无工作，当前有就业的可能并以某种方式寻找工作的人员； (2)在1%人口调查中，将具有劳动能力并同时符合以下各项条件的16岁及以上人员列为失业人员： ①在调查周内未从事为取得报酬或经营利润的劳动，也没有处于就业定义中的暂时未工作状态； ②在某一特定期间内采取了某种方式寻找工作； ③当前如有工作机会可以在一个特定期间内应聘就业或从事自营职业

注：①2005年关于失业的定义已经在相当大程度上与国际开始接轨。

【例4·多选题】 在我国关于失业人员的统计中，失业人员必须满足的条件包括(　　)。

A. 在法定劳动年龄之内
B. 有工作能力
C. 有工作意愿
D. 尚未实现就业
E. 正在领取失业保险金

解析 ▶ 本题考查中国对失业的界定。在我国关于失业人员的统计中，失业人员是指在法定劳动年龄内，有工作能力，无业且要求就业而未能就业的人员。另外一个很重要的规定则是，虽然从事一定社会劳动，但劳动报酬低于当地城市居民最低生活保障标准的情况视同失业。

答案 ▶ ABCD

考点六 失业率与劳动力市场存量—流量模型

(一)失业率
1. 社会总人口分为就业者、失业者、非劳动力。
2. 失业率公式：

$$失业率 = \frac{失业人数}{劳动力人数} \times 100\% = \frac{失业人数}{失业人数 + 就业人数} \times 100\%$$

(二)就业者、失业者、非劳动力三种存量之间的三对流量
EU：就业者→失业者
UE：失业者→就业者
NE：非劳动力→就业者
NU：非劳动力→失业者
EN：就业者→非劳动力
UN：失业者→非劳动力

(三)城镇登记失业率(见表12-11)

表 12-11 城镇登记失业率

概念	在报告期末城镇登记失业人数占期末城镇从业人员总数与期末实有城镇登记失业人数之和的比重
公式	城镇登记失业率 = $\dfrac{城镇登记失业人数}{城镇从业人数 + 城镇登记失业人数} \times 100\%$
相关内容	城镇单位从业人员：不包括使用的农村劳动力、聘用的离退休人员、港澳台及外方人员 城镇登记失业人员：指有非农业户口，在一定的劳动年龄内，有劳动能力、无业而要求就业，并在当地就业服务机构进行求职登记的人员

考点七 失业的类型及其成因与对策

(一)摩擦性失业(见表12-12)

表 12-12 摩擦性失业

概念	因劳动力市场运转存在"摩擦"或"不完善"而形成的失业
成因	(1)劳动力市场的**动态属性**——基本原因； (2)信息不完善性
解决	(1)它是一种正常性的失业，它的存在与充分就业并不矛盾； (2)注意加强劳动力市场的情报工作，加快劳动力市场的信息传递速度和加大其扩散范围，疏通信息渠道，就可以在某种程度上减少劳动者寻找工作的时间，使其尽快就业

(二)结构性失业
1. 技术性失业(见表12-13)

表 12-13 技术性失业

概念	(1)结构性失业的主要部分； (2)由于**生产技术变化**引起的，即在生产中采用了节省劳动力的新技术后所造成的失业

续表

成因	先进的科学技术(包括先进的机器设备、生产方法)以及经营管理方式等通过提高劳动生产率取代了一部分劳动力
影响	(1)局部或个别企业:部分人失业; (2)全局或长远:先进的科学技术会促进劳动生产率的极大提高,促进生产力的发展

其他结构性失业:在专业结构或产品结构调整过程中,因衰落部门的失业者与扩展部门的工作要求不相符合,或现有的职位空缺同失业者在地理位置上失调而造成的失业。如国际竞争、消费习惯的改变、因原材料缺乏而不得不削减某些产品的产量。

2. 决定结构性失业严重程度的因素

(1)对劳动力需求转变的快慢。
(2)人们重新学会另一种技术或职业的速度快慢。
(3)技术替代的灵活性大小。
(4)劳动力供给能否适应需求的变化。
(5)地理状况的差异。

3. 缓和结构性失业的措施

(1)加强劳动力市场的情报工作,使求职人员及时了解劳动力市场的供求情况。
(2)由政府提供资金,向愿意从劳动力过剩地区迁到劳动力短缺地区的失业工人提供安置费。
(3)制订各种培训计划,使工人的知识更新与技术发展同步进行,以适应新职业的需要。
(4)提供更好的职业指导和职业供求预测。

(三)季节性失业(见表12-14)

表 12-14 季节性失业

概念	由于季节变化而导致的定期性的劳动者就业岗位的丧失
成因	(1)一些部门或行业对劳动力的需求随季节的变化而波动,如农业、旅游业、建筑业、航运业等; (2)一些行业会随季节的不同而遇到购买的高峰和低谷,如服装业、制鞋业、汽车业等,从而造成季节性失业
影响	(1)工人由于就业时间短,因而收入受到影响,不利于劳动者生活的稳定; (2)工人的季性失业不利于劳动力资源的有效利用,造成了一定的人力浪费
措施	经济学家的建议: (1)政府加强对季节性失业期的预测工作,以利于季节性工人尽早做出就业淡季的安排; (2)政府规定一个合理的失业补助期限,以减少季节工人的生活困难

(1)摩擦性失业、结构性失业、季节性失业均属于正常的失业,即弗里德曼所说的"自然失业率"。
(2)自然失业率(劳动力市场处于均衡状态时的失业率)在4%~6%之间,不影响充分就业的实现。

(四)周期性失业

(1)周期性失业,是指由于经济周期或经济波动引起劳动力市场供求失衡所造成的失业。
(2)产生周期性失业的基本原因是总量需求不足。
(3)一个产业经受周期性波动的程度主要依赖于其产品需求的收入弹性。

(4)投资性商品生产行业、耐用消费品制造业的周期性波动大。非耐用消费品制造业的周期性波动较小。

【例5·单选题】 关于失业的说法，正确的是( )。
A. 季节性失业是竞争性劳动市场的一个自然特征
B. 互联网的发展有助于减少摩擦性失业
C. 政府提供公共就业服务是解决结构性失业的最有效措施
D. 周期性失业是最容易解决的一种失业

解析 本题考查失业的类型。摩擦性失业是竞争性劳动力市场的一个自然特征。经济学家一般主张采取下列措施以缓和结构性失业：(1)加强劳动力市场的情报工作，使求职人员及时了解劳动力市场的供求情况；(2)由政府提供资金，向愿意从劳动力过剩地区迁到劳动力短缺地区的失业工人提供安置费；(3)制订各种培训计划，使工人的知识更新与技术发展同步进行，以适应新职业的需要；(4)提供更好的职业指导和职业供求预测。在周期性经济波动不能得到克服的情况下，周期性失业就在所难免。

答案 B

【例6·多选题】 关于失业的说法，正确的有( )。
A. 结构性失业容易通过劳动力市场信息传递得到缓解
B. 季节性失业主要源自一些行业或部门的劳动力需求具有季节性
C. 耐用消费品行业的劳动者受到周期性失业打击的可能性更大
D. 政府通过提供更好的职业指导和职业供求预测有助于缓解结构性失业
E. 失业和职位空缺并存的情况下存在的失业都是技术性失业

解析 本题考查失业的类型及其成因与对策。形成季节性失业的原因主要有两个：(1)一些部门或行业对劳动力的需求随季节的变化而波动；(2)一些行业会随季节的不同而遇到购买的高峰和低谷。选项B正确。对于耐用消费品制造业而言，由于其产品可以延期购买，所以周期性的波动较大，选项C正确。经济学家一般采用提供更好的职业指导和职业供求预测来缓和结构性失业，选项D正确。

答案 BCD

历年考题解析

一、单项选择题

1.(2019年)关于技术性失业的说法，错误的是( )。
A. 政府为失业者提供培训有助于应对技术性失业
B. 政府为失业者提供企业用工需求信息是解决技术性失业的有效手段
C. 技术性失业经常出现在产业结构调整时期
D. 技术性失业属于一种结构性失业

解析 本题考查结构性失业。选项B错误，技术性失业是由于劳动力需求方需要的技术和劳动力供给方能够提供的技术之间存在差异或错位而导致的失业。政府提供企业用工信息不能有效解决技术性失业。

答案 B

2.(2019年)关于工资差别的说法，错误的是( )。
A. 人们不仅关心工资水平，也关心公司差别
B. 工资差别具有重新配置人力资源的功能
C. 工资差别的形成，原因之一在于劳动者的素质和技能并不完全相同
D. 政府应努力消除不同企业的同类劳动者之间存在的工资差别

解析 本题考查工资差别。工资差别具有

在整个社会范围内不断重新配置资源的功能，它会激励劳动者从低生产率的工作岗位、企业、职业、行业或产业部门甚至国家向高生产率的地方转移，从而优化劳动力资源配置，对社会经济发展具有积极作用。

答案 ▶ D

3. （2018年）关于职业歧视的说法正确的是（　　）。

A. 职业歧视属于一种统计性歧视

B. 不同性别劳动者之间的工资差别是职业歧视造成的

C. 职业歧视是指针对具有不同生产率特征的不同劳动者群体支付不同的工资

D. 对职业歧视进行衡量比较困难

解析 ▶ 本题考查职业歧视。职业歧视是指对具有相同的受教育水平和其他生产率特征的不同类型的劳动者加以区别对待，将其中某一类或某些类别的劳动者有意安排到那些低工资的职业当中，或者是有意让这些类别的劳动者去承担工作责任要求较低的工作岗位，而把那些高工资岗位留给某些特定类型的劳动者。在现实中，女性和男性的职业分布存在很多差别，但是在这种差别中，到底有多少是因为劳动者在进入劳动力市场之前所做的职业准备、接受的正规学校教育、职业培训等原因导致的，有多少是由于职业歧视的原因导致的，则很难衡量。所以，经济学家转而考察职业隔离的情况。

答案 ▶ D

4. （2018年）关于不同产业部门间工资差别的说法，错误的是（　　）。

A. 熟练劳动力所占比重高的产业通常工资水平更高

B. 人均资本投资比例高的产业部门，人均工资水平通常也高

C. 产业的工会化程度越高，则工资水平一定越高

D. 工资水平较低的产业更多地集中在低工资地区

解析 ▶ 本题考查不同产业部门间工资差别形成的原因。随着知识经济和信息时代的来临，新兴的高工资行业（如计算机、通信等行业）本身的工会化程度却很低，这也导致工会化程度与工资水平之间的关系越来越松散。

答案 ▶ C

5. （2018年）在竞争性经济中，如果市场对企业的产品需求是稳定的，则决定一家企业工资支付能力的最主要因素是（　　）。

A. 市场工资水平高低

B. 企业的劳动生产率

C. 同工同酬的要求

D. 劳动者个人及其家庭的生活费用需求

解析 ▶ 本题考查部门或企业的工资支付能力。在竞争性经济中，如果产品需要是稳定的，那么决定一个部门或企业的工资支付能力的主要因素是该部门或企业的生产率。

答案 ▶ B

6. （2018年）在劳动力均衡状态下存在的正常性失业，不包括（　　）。

A. 季节性失业　　B. 摩擦性失业

C. 周期性失业　　D. 结构性失业

解析 ▶ 本题考查失业的类型。摩擦性失业、技术性失业、结构性失业以及季节性失业均属于竞争性劳动力市场上的一种不可避免的较低水平的失业，即是正常性失业。

答案 ▶ C

7. （2018年）关于工资差别的说法，错误的是（　　）。

A. 因劳动能力和劳动效率不同形式的工资差别属于技能性工资差别

B. 高收入文体明星与一般劳动者之间的工资差别属于竞争性工资差别

C. 因工作条件不同引起的工资差别属于补偿性工资差别

D. 因城乡分割就业政策造成的工资差别属于垄断性工资差别

解析 ▶ 本题考查不同职业之间工资差别形成的原因。竞争性工资差别，指的是在劳动力和生产资料可以充分流动的竞争条件下，劳动者之间所存在的工资差别。

答案 ▶ B

8. (2017年)同工同酬原则要求,对( )的劳动者支付同等水平的工资。
   A. 工作年限相同
   B. 完成同等价值工作
   C. 具有相同人力资本
   D. 具有相同工龄

   解析 本题考查工资水平。同工同酬原则指对完成同等价值工作的劳动者应支付同等水平的工资。 答案 B

9. (2017年)关于我国在就业和失业方面规定的说法,错误的是( )。
   A. 虽然从事一定社会劳动,但劳动报酬低于当地城市居民最低生活保障标准的情况视同失业
   B. 超出法定劳动年龄的劳动者外出找工作,但没找到的情况,不属于失业
   C. 16周岁以上各类学校毕业或肄业的学生,初次寻找工作但未找到,不属于失业人员
   D. 劳动者获得的劳动报酬达到和超过当地最低工资标准的,属于充分就业

   解析 本题考查失业与失业统计。选项C错误,16周岁以上各类学校毕业或肄业的学生中,初次寻找工作但未找到的,属于失业人员。 答案 C

10. (2017年)在某地区劳动力市场上出现的下列情况中,有助于失业率下降的是( )。
    A. 一大批到达退休年龄的劳动者退出劳动力市场
    B. 很多刚毕业的大学生找不到工作
    C. 很多企业因为经济不景气而不得不裁员
    D. 一部分失业者在经过相关技能培训后重新就业

    解析 本题考查失业率统计。失业率=失业人数/(失业人数+就业人数),一部分失业者在经过相关技能培训后重新就业,相当于就业人数增加,所以会使失业率下降。 答案 D

11. (2017年)如果劳动力市场上出现职位空缺和失业者并存的状态,且失业者没有填补职位空缺的能力,则表明存在( )失业。
    A. 摩擦性　　　　B. 结构性
    C. 季节性　　　　D. 周期性

    解析 本题考查失业的类型。结构性失业是指空缺职位所需要的技能与失业工人所具有的技能不相符,或空缺职位不在失业工人所居住的地区所造成的失业。 答案 B

二、多项选择题

1. (2019年)补偿性工资差别是由于不同的职业在( )方面存在差异造成的。
   A. 劳动强度
   B. 从业者需要具备的从业能力
   C. 劳动条件
   D. 令人愉快程度
   E. 从业者需承担的责任

   解析 本题考查补偿性工资差别。因劳动强度和劳动条件、从业时的不愉快程度、工作保障和职业稳定程度、承担的责任程度而引起的工资差别都属于补偿性工资差别。 答案 ACDE

2. (2018年)在我国的城镇失业率统计中,失业人员需要满足的条件包括( )。
   A. 在当地就业服务机构进行登记
   B. 在城镇中居住
   C. 有劳动能力和劳动意愿
   D. 目前没有就业
   E. 在一定劳动年龄内

   解析 本题考查中国的失业率统计问题。城镇单位从业人员不包括使用的农村劳动力、聘用的离退休人员、港澳台及外方人员。同时,城镇登记失业人员是指有非农业户口,在一定的劳动年龄内,有劳动能力,无业而要求就业,并在当地就业服务机构进行求职登记的人员。 答案 ACDE

3. (2018年)关于工资水平的说法正确的有( )。

A. 实际工资就是指员工实际拿到手的货币工资

B. 实际工资就是指名义工资

C. 企业在确定工资水平时必须了解实际工资水平

D. 货币工资上涨时，实际工资有可能是下降的

E. 物价指数越高，相同的货币工资代表的实际工资水平越低

解析 本题考查工资水平。选项 A 错误：实际工资则是指货币工资所能购买到的商品和服务量。它可用来说明货币工资的购买能力。选项 B 错误：货币工资又称名义工资，是指雇主以货币形式支付给员工的劳动报酬。**答案** CDE

三、案例分析题

（2019 年）某市去年年底人口总量为 120 万人，其中就业人口为 95 万人，非劳动力人口为 20 万人。今年，该市正在按照人力资源和社会保障部门的要求开展城乡劳动力调查。在调查中发现，该市目前的人口总量和结构基本稳定，但非劳动力人口实现就业以及失业者退出劳动力市场的流量却明显增大。此外，调查还发现，由于机器人和人工智能等新技术的发展以及人工成本的不断上升，该市的很多制造业正在准备大规模引起自动生产设备，这种情况很可能会在未来几年中造成相当一批制造业工人失业。

1. 该市去年年底的失业率为（　）。

A. 2%   B. 4.17%
C. 5%   D. 1.67%

解析 本题考查失业率的计算。失业率 = $\frac{\text{失业人数}}{\text{劳动力人数}} \times 100\% = \frac{120-20-95}{120-20} \times 100\% = 5\%$。**答案** C

2. 根据我国关于城乡劳动力调查的规定，被列为失业者的劳动者应当满足的条件是（　）。

A. 在近 3 个月中采取某种方式找工作并且在调查周内可以应聘的人

B. 工资水平低于社会平均工资

C. 年龄在 16 岁及其以上

D. 在调查周内工作时间未达到 1 个小时

解析 本题考查失业统计。选项 B 错误，工资水平低于社会平均工资，说明处于就业状态，所以不属于失业者。**答案** ACD

3. 其他条件不变，该市在调查中发现的劳动力市场流量变动情况对其失业率可能产生的影响是（　）。

A. 失业者退出劳动力市场的流量增大会导致该市未来的失业率上升

B. 非劳动力实现就业和失业者退出劳动力市场的流量增大都会导致该市未来的失业率上升

C. 非劳动力实现就业和失业者退出劳动力市场的流量增大都会导致该市未来的失业率下降

D. 非劳动力实现就业的流量增大会导致该市未来的失业率下降

解析 本题考查失业率统计。$\frac{\text{失业人数}}{\text{劳动力人数}} \times 100\% = \frac{\text{失业人数}}{\text{失业人数}+\text{就业人数}} \times 100\%$。当非劳动力实现就业时，就业人数增加，分母变大，分数值变小，所以失业率下降。当失业者退出劳动力市场时，失业人数减少，分子分母同时减去同一个数，分数值变小，所以失业率下降。**答案** CD

4. 由于该市生产企业大批引入自动生产设备而在未来可能引发的失业属于（　）。

A. 摩擦性失业   B. 周期性失业
C. 结构性失业   D. 季节性失业

解析 本题考查失业的类型。结构性失业中最主要的是技术性失业，技术性失业是由于生产技术变化引起的，在生产中采用了节省劳动力的新技术后所造成的失业。**答案** C

同步系统训练

一、单项选择题

1. 企业在制定自己的工资政策、确定企业工资水平时，必须要对(　)有正确的了解。
   A. 货币工资　　　　B. 实际工资
   C. 物价指数　　　　D. 恩格尔系数

2. 关于货币工资与实际工资，下列说法错误的是(　)。
   A. 区分货币工资和实际工资，有利于我们把握真正的工资水平
   B. 物价水平变化越大，货币工资和实际工资之间的差别越大
   C. 劳动者的劳动供给决策是根据实际工资的变动做出的
   D. 政府在制定其宏观经济政策时，更重要的是要了解货币工资水平

3. 激励劳动者从低生产率的岗位、企业向高生产率的岗位、企业转移，从而在整个社会范围内不断重新配置劳动力资源的是(　)。
   A. 劳动条件　　　　B. 工资差别
   C. 劳动力供给　　　D. 劳动力需求

4. 演艺明星的工资水平远超普通劳动者，这种工资差别是(　)工资差别。
   A. 补偿性　　　　　B. 竞争性
   C. 技能型　　　　　D. 垄断性

5. 在劳动力和生产资料可以充分流动的竞争条件下，劳动者之间所存在的工资差别指的是(　)。
   A. 竞争性工资差别
   B. 补偿性工资差别
   C. 垄断性工资差别
   D. 职位性工资差别

6. 某种职业所需要的劳动力出现短缺，但受外力限制，其他劳动者又无法转入这个职业就业，从而使从事这一职业的原有劳动者保持了垄断地位，这种情况产生的工资差别是(　)。
   A. 竞争性工资差别
   B. 补偿性工资差别
   C. 非自然性垄断所造成的收入差别
   D. 自然性垄断所造成的收入差别

7. 下列关于垄断性工资差别的说法错误的是(　)。
   A. 垄断性工资差别出现的主要原因是不同质劳动者之间的流动受到自然或非自然的力量的限制
   B. 导致垄断性工资收入的制度性原因无法归结到市场发育不全和市场失败
   C. 采取城乡分隔的就业政策可以在相当大程度上消除垄断性工资收入来源
   D. 自然性垄断工资收入也可以叫作租金性工资收入，因为这种收入相当于经济活动中的租金

8. 在我国很多企业、事业单位中依然存在基于身份的用工制度，正式员工和合同员工(或外聘员工或派遣员工)即使从事同样的工作，所得的工资福利水平以及其他方面的待遇也存在很大的差距，这些属于(　)。
   A. 雇主歧视　　　　B. 竞争性歧视
   C. 非竞争性歧视　　D. 统计性歧视

9. 如果雇主存在歧视行为，下列各项中最有可能实施歧视的雇主是(　)。
   A. 具有垄断地位的企业
   B. 完全竞争市场上的企业
   C. 合伙企业
   D. 外商投资企业

10. 雇主支付给女性员工的工资要低于从事同种职业、具有相同工作经验以及在相同条件下工作的男性员工的工资，这属于(　)。
    A. 职业歧视　　　　B. 统计性歧视
    C. 工资歧视　　　　D. 非竞争性歧视

11. 从理论上说，如果雇主存在歧视行为，

则说明雇主追求的是( )。
A. 利润最大化　　B. 收益最大化
C. 效用最大化　　D. 成本最小化

12. 根据国际劳工组织的定义，因为疾病、工伤、休假、旷工或因气候不良、机器损坏等原因而临时停工的劳动者属于( )。
A. 就业人口　　B. 失业人口
C. 非劳动力　　D. 准就业人口

13. 美国对就业人口的界定，规定劳动者尽管没有得到工资性报酬，但是在家庭企业中至少工作了( )小时的也是就业人口。
A. 10　　B. 12
C. 15　　D. 24

14. 下列不属于美国失业统计具有的特点的是( )。
A. 抽样技术全国一致
B. 信息的时效性很强
C. 失业率数据非常详细
D. 统计机构繁多

15. 我国传统计划经济时期存在的与失业类似的概念是( )。
A. 休业　　B. 待业
C. 候业　　D. 无业

16. 关于就业者、失业者以及非劳动力三种存量之间存在的流动方向，描述错误的是( )。
A. 就业者很可能因为被解雇，又没有马上找到工作而变成失业者
B. 失业者也可能因为找到工作或重新找到工作而变成就业者
C. 非劳动力会在某个时点上到劳动力市场上开始供给自己的劳动力
D. 就业者由于退休等原因而决定退出劳动力市场，则他们就从就业者变成失业者

17. 在其他条件相同的情况下，会导致失业率上升的情形是( )。
A. 因退休而退出劳动力市场的人数增加
B. 找到工作的失业者人数迅速上升
C. 绝大部分应届大中专毕业生都找到工作
D. 一部分长时间找不到工作的失业者决定放弃寻找工作

18. 摩擦性失业是由( )产生的。
A. 劳动力市场的动态属性和信息的不完善性
B. 劳动力市场的静态属性和信息的不完善性
C. 劳动力市场的动态属性和信息的不准确性
D. 劳动力市场的静态属性和信息的不准确性

19. 结构性失业中，最主要的是( )。
A. 摩擦性失业　　B. 技术性失业
C. 季节性失业　　D. 周期性失业

20. 自然失业率在( )，并不影响充分就业的实现。
A. 1%~2%　　B. 1%~5%
C. 2%~5%　　D. 4%~6%

21. 产生周期性失业的基本原因是( )。
A. 总量需求不足
B. 总供给不足
C. 经济季节性波动
D. 物价指数偏高

22. ( )是指由于经济周期或经济波动引起劳动力市场供求失衡所造成的失业。
A. 结构性失业　　B. 季节形失业
C. 周期性失业　　D. 摩擦性失业

二、多项选择题

1. 在工资谈判的过程中，工资水平存在上限和下限，实际工资水平的上限和下限由( )共同决定。
A. 雇主对劳动力需要的迫切程度
B. 劳动者需要通过就业挣取工资来满足生活需要的迫切程度
C. 谈判双方的人数对比
D. 雇主规模的大小
E. 政府介入的程度

2. 在任何讨价还价的场合下，雇主所能支付的最高工资水平可以被估算出来，它取决于（　　）。
   A. 企业的经济实力
   B. 企业的竞争能力
   C. 劳动力费用增长使企业承担的风险
   D. 劳动者对降低生活标准的承受能力
   E. 工会谈判力量的大小

3. 下列关于工资水平与生产率的描述正确的有（　　）。
   A. 较高的工资有利于提高员工的生产率
   B. 较高的工资有利于吸引较好的员工
   C. 较高的工资能够从既定的员工身上攫取较高的生产率
   D. 与员工对企业的认同感无关
   E. 较高的工资促使员工偷懒懈怠

4. 不同产业部门之间工资差别形成的原因有（　　）。
   A. 熟练劳动力所占比重
   B. 技术经济特点
   C. 工会化程度
   D. 发展的目标
   E. 地理位置

5. 亚当·斯密认为不同职业之间工资差别形成的原因包括（　　）。
   A. 工会化程度高低不同
   B. 不同职业在劳动强度和劳动条件方面的差别
   C. 不同职业引起的愉快或不愉快程度有差别
   D. 不同职业具备从业能力的难易程度有差别
   E. 不同职业所具有的社会安全程度即工作保障和职业稳定程度不同

6. 现代经济学家对职业间工资差别的研究主要反映于（　　）工资差别的形成。
   A. 责任性   B. 补偿性
   C. 竞争性   D. 垄断性
   E. 报酬性

7. 下列属于男性和女性之间工资性报酬差别的原因的有（　　）。
   A. 年龄   B. 受教育程度
   C. 职业   D. 婚姻状况
   E. 工时和工作经验

8. 从歧视产生的根源的角度来看，经济学家提出的可能的劳动力市场歧视来源有（　　）。
   A. 工资歧视   B. 个人歧视
   C. 统计性歧视   D. 职业歧视
   E. 非竞争性歧视

9. 企业具有某种垄断力量，那么，企业不仅有能力制造出职业隔离的局面，而且可以控制支付给员工的工资水平，这些企业就会同时产生（　　）。
   A. 个人歧视   B. 雇主歧视
   C. 职业歧视   D. 工资歧视
   E. 统计性歧视

10. 下列各项中，属于美国对所界定的失业人口的有（　　）。
    A. 在过去的四周内从事过专门的求职活动的人
    B. 被临时解雇并且正在等待被原雇主招回的人
    C. 本来能够寻找工作，但是目前却正处于疾病状态的人
    D. 因病暂时脱离工作的人
    E. 已经找到了工作，并且在30天以内就能够去报到的人

11. 下列属于决定结构性失业严重程度的因素有（　　）。
    A. 对劳动者需求转变的快慢
    B. 劳动者学历的高低
    C. 劳动力供给能否适应需求的变化
    D. 技术替代的灵活性
    E. 地理状况的差异

12. 经济学家认为可缓和结构性失业的措施有（　　）。
    A. 政府规定合理的失业补助期限
    B. 加强劳动力市场的情报工作，使求职人员及时了解劳动力市场的供求情况

C. 由政府提供资金，向愿意从劳动力过剩地区迁到劳动力短缺地区的失业工人提供安置费
D. 制订各种培训计划，使工人的知识更新与技术发展同步进行，以适应新职业的需要
E. 提供更好的职业指导和职业供求预测

13. 下列各项中，容易发生季节性失业的有（ ）。
   A. 旅游业　　　　B. 建筑业
   C. 高新技术行业　D. 服装业
   E. 汽车业

同步系统训练参考答案及解析

一、单项选择题

1. B 【解析】本题考查工资水平。企业在制定自己的工资政策、确定企业工资水平时，必须要对实际工资有正确的了解。

2. D 【解析】本题考查货币工资与实际工资。政府在制定其宏观经济政策时，不能停留在对货币工资的掌握上，更重要的是要了解市场实际工资水平。

3. B 【解析】本题考查工资差别。工资差别的存在同市场经济中价格差别的存在一样，具有在整个社会范围内不断重新配置资源的功能，它会激励劳动者从低生产率的工作岗位、企业、职业、行业或产业部门甚至国家向高生产率的地方转移，从而优化劳动力资源配置效率，这对于社会经济的发展具有积极的作用。所以本题选 B。

4. D 【解析】本题考查工资差别。自然性垄断所造成的工资差别是指从事某职业的劳动力非常稀缺或较为稀缺，但由于这种劳动力在质量上的自然特征或其质量要求，使得对这种劳动力的补充很难实现或很难马上实现，即其他职业中的劳动者或新增劳动者很难通过短期的学习和训练迅速转移到这种职业的劳动岗位上来，从而使从事这一职业的劳动者保持了垄断地位，获得了垄断性工资收入。这种垄断性工资收入也可以叫作租金性工资收入，最典型的例子是文体影视"明星"们的收入。

5. A 【解析】本题考查不同职业之间工资差别形成的原因。竞争性工资差别指的是在劳动力和生产资料可以充分流动的竞争条件下，劳动者之间所存在的工资差别。

6. C 【解析】本题考查不同职业之间工资差别形成的原因。某种职业所需要的劳动力出现短缺，但受外力限制（如工会、国家行政权力甚至社会经济体制的限制），其他劳动者又无法转入这个职业就业，从而使从事这一职业的原有劳动者保持了垄断地位，获得了垄断性工资收入。这种情况导致的工资差别是非自然性垄断所造成的收入差别。

7. B 【解析】本题考查不同职业之间工资差别形成的原因。导致垄断性工资收入的制度性原因都可以归结到市场发育不全和市场失败。

8. C 【解析】本题考查劳动力市场歧视。非竞争歧视是指劳动力市场处于非竞争状态下产生的歧视。在我国很多企业、事业单位中依然存在基于身份的用工制度，正式员工和合同员工（或外聘员工或派遣员工）即使从事同样的工作，所得的工资福利水平以及其他方面的待遇也存在很大的差距，这些都属于歧视。

9. A 【解析】本题考查工资性报酬差别与劳动力市场歧视。在雇主歧视下，最有可能实施歧视的雇主往往是具有垄断地位的企业。

10. C 【解析】本题考查劳动力市场歧视。工资歧视是指雇主针对既定的生产率特征支付的价格因劳动者所属的人口群体不同而呈现系统性的差别。例如，雇主支付给女性员工的工资要低于从事同种

职业、具有相同工作经验以及在相同条件下工作的男性员工的工资，这就是对不同性别的劳动者实施的工资歧视。

11. C 【解析】本题考查工资性报酬差别与劳动力市场歧视。从理论上来说，如果雇主存在歧视行为，则说明雇主追求的是效用的最大化，即满足他们带有偏见的个人偏好，而不是利润最大化。

12. A 【解析】本题考查就业与就业统计。根据国际劳工组织的定义，因为疾病、工伤、休假、劳资争议、旷工或因气候不良、机器损坏等原因而临时停工的劳动者属于就业人口。

13. C 【解析】本题考查就业与就业统计。美国对关于就业人口的界定与国际劳工组织很接近，它主要强调三个条件：其中一个是劳动者年满16岁以上，并且必须在被调查的前一周为了获得工资性报酬而工作了1个小时以上，或者是尽管没有得到工资性报酬，但是却在家庭企业中至少工作了15个小时。

14. D 【解析】本题考查美国的失业统计具有的特点。美国的失业统计具有的特点包括：（1）抽样技术全国一致，连续多年，具有很强的可比性；（2）在开展调查和发表数据报告之间的时间间隔很短，信息的时效性很强；（3）失业率数据非常详细。

15. B 【解析】本题考查失业与失业统计的内容。我国传统计划经济时期没有失业的概念，只有一个名为待业的类似概念。

16. D 【解析】本题考查失业率统计。就业者由于退休等原因而决定退出劳动力市场，则他们就从就业者变成非劳动力。

17. A 【解析】本题考查失业率的统计。失业率=失业人数/（失业人数+就业人数）×100%，"因退休而退出劳动力市场的人数增加"将使就业人数减少，所以会使失业率上升，所以本题选A。

18. A 【解析】本题考查失业的类型及其成因与对策。摩擦性失业是由两个原因产生的：劳动力市场的动态属性、信息的不完善性。

19. B 【解析】本题考查结构性失业。结构性失业中，最主要的是技术性失业。

20. D 【解析】本题考查失业的类型。自然失业率在4%~6%，它的存在并不影响充分就业的实现。

21. A 【解析】本题考查周期性失业。产生周期性失业的基本原因是总量需求不足。

22. C 【解析】本题考查失业的类型及其成因与对策。周期性失业是指由于经济周期或经济波动引起劳动力市场供求失衡所造成的失业。

二、多项选择题

1. AB 【解析】本题考查确定工资水平的实际因素。雇主对劳动力需要的迫切程度（反映劳动力需求）、劳动者需要通过就业挣取工资来满足生活需要的迫切程度将共同决定实际工资水平的上限和下限。

2. ABC 【解析】本题考查工资水平。在任何讨价还价的场合下，雇主所能支付的最高工资水平可以被估算出来，它取决于企业的经济实力、竞争能力和由于劳动力费用增长而使企业进行贸易活动所要承担的风险。

3. ABC 【解析】本题考查工资水平。较高的工资之所以能够从既定的员工那里获得较高生产率，大都与员工对企业的认同感有很大的关系。

4. ABCE 【解析】本题考查工资差别。不同产业部门之间工资差别形成的原因有：熟练劳动力所占比重、技术经济特点、发展阶段、工会化程度、地理位置。

5. BCDE 【解析】本题考查不同职业之间工资差别形成的原因。亚当·斯密认为，不同职业之间工资差别形成的原因包括五点，除了选项B、C、D、E外，还包括"不同职业要求从业者所承担的责任程度是有差别的"。

6. **BCD** 【解析】本题考查工资差别及部门间和职业间工资差别。现代经济学家对职业间工资差别主要反映于：补偿性工资差别、竞争性工资差别、垄断性工资差别。

7. **ABCE** 【解析】本题考查工资性报酬差别。男性和女性之间工资性报酬差别的原因包括：年龄和受教育程度；职业；工时和工作经验。

8. **BCE** 【解析】本题考查工资性报酬差别与劳动力市场歧视。从歧视根源的角度来看，经济学家提出了三种可能的劳动力市场歧视来源：个人歧视、统计性歧视、非竞争性歧视。

9. **CD** 【解析】本题考查劳动力市场歧视。非竞争歧视是指劳动力市场处于非竞争状态下产生的歧视。如果由于企业具有某种垄断力量，那么，企业不仅有能力制造出职业隔离的局面，而且可以控制支付给员工的工资水平，这样，这些企业就会同时产生职业歧视和工资歧视。

10. **ABCE** 【解析】本题考查美国对失业人口的定义。D 选项属于就业人口。

11. **ACDE** 【解析】本题考查失业的类型及其成因与对策。决定结构性失业严重程度的因素有：对劳动者需求转变的快慢、劳动力供给能否适应需求的变化、技术替代的灵活性、人们重新学会另一种技术或职业的速度快慢、地理状况的差异。

12. **BCDE** 【解析】本题考查结构性失业的解决措施。经济学家主张采取以下措施来缓和结构性失业：加强劳动力市场的情报工作，使求职人员及时了解劳动力市场的供求情况；由政府提供资金，向愿意从劳动力过剩地区迁到劳动力短缺地区的失业工人提供安置费；制订各种培训计划，使工人的知识更新与技术发展同步进行，以适应新职业的需要；提供更好的职业指导和职业供求预测。

13. **ABDE** 【解析】本题考查季节性失业。农业、旅游业、建筑业、航运业、服装业、制鞋业、汽车业，容易造成季节性失业。

本章思维导图

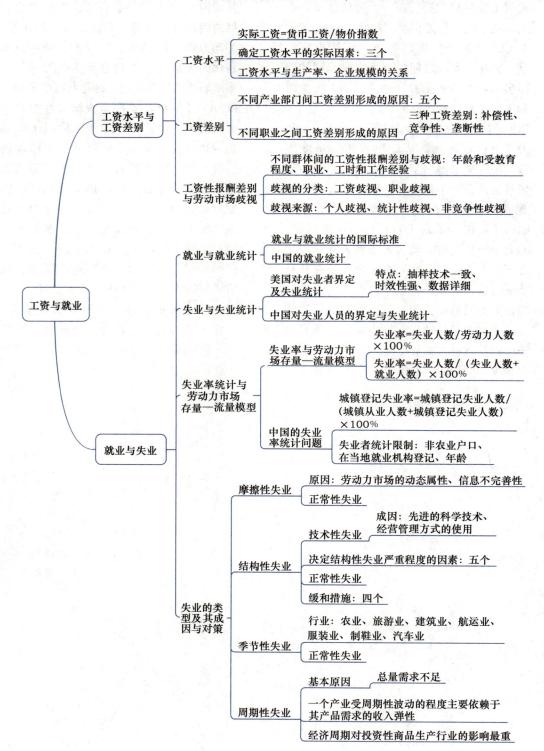

第13章 人力资本投资理论

考情分析

本章主要讲述人力资本投资、在职培训、劳动力流动。本章的重点是人力资本投资的基本模型、高等教育投资决策模型、教育投资的收益估计、高等教育信号模型、在职培训、劳动力流动。从近三年的考题来看,单项选择题、多项选择题和案例分析题都有涉及。

最近三年本章考试题型、分值分布

年份	单项选择题	多项选择题	案例分析题	合计
2019 年	6 题 6 分	1 题 2 分	4 题 8 分	11 题 16 分
2018 年	6 题 6 分	1 题 2 分	—	7 题 8 分
2017 年	4 题 4 分	1 题 2 分	4 题 8 分	9 题 14 分

本章主要考点

1. 人力资本投资理论的产生、发展及基本模型。
2. 高等教育投资的成本收益分析及结论。
3. 教育投资的社会收益及高等教育信号模型。
4. 在职培训的基本类型及成本收益安排。
5. 在职培训对企业及员工行为的影响。
6. 劳动力流动的利弊及影响因素。

重点、难点讲解及典型例题

▶ 考点一 人力资本投资的一般原理

(一)人力资本投资(见表 13-1)

表 13-1 人力资本投资

理论发展	(1)否定了一个假设:所有的劳动者都是同质的; (2)人力资本投资的重点在于它的**未来导向性**:人力资本投资的利益就如同任何投资一样发生在未来,这些利益要持续一段时间,而其成本则产生在目前
概念	任何就人力资本投资本身来说是用来提高人的生产能力从而提高人在劳动力市场上的收益能力的初始性投资

续表

投资活动范畴	(1)各级正规教育和在职培训活动所花费的支出； (2)增进健康、加强学龄前儿童营养、寻找工作、工作流动等活动

(二)人力资本投资的基本模型(见表 13-2)

将未来的货币折算为现在的价值，即为现值，这一过程称作贴现。

公式：$B_0 = B_n / (1+r)^n$

其中，B_0 表示货币的当前价值，B_n 表示当前货币在 n 年后的价值，r 为利率(也称贴现率)。

表 13-2 人力资本投资的基本模型

假设	人们在进行教育和培训选择时都是以终身收入为依据来对近期的投资成本和未来的收益现值之间进行的比较
公式	$B_1/(1+r)^1 + B_2/(1+r)^2 + B_3/(1+r)^3 + \cdots + B_n/(1+r)^n > C$ 其中，C 为人力资本投资总成本
结论	(1)只要 r 为正值，未来收入就会被进行累进贴现； (2)r 越大，则未来收入的现值就越低
衡量方法	**现值法**：首先规定利率或贴现率 r 的值，然后再比较等式两端的数值是否能够使公式成立
	内部收益率法：(1)实际上要回答的问题是"如果要想使投资有利可图，那么可以承受的最高贴现率是多少"； (2)在计算时，通常是通过使收益现值与成本相等来求出 r 的值，然后再将这种收益率去与其他投资的报酬率(如银行利率)加以比较。如果最高贴现率大于其他投资的报酬率，则人力资本投资计划是可行的，否则，就是不可行的

【例 1 · 单选题】人力资本投资的(　　)越高，则投资价值越大。
A. 直接成本　　　　　　　　　　　　B. 机会成本
C. 收益率　　　　　　　　　　　　　D. 边际成本

解析▶ 本题考查人力资本投资。人力资本投资的收益率越高，则投资价值越大；人力资本投资的成本越高，则投资价值越小。

答案▶ C

▶考点二　人力资本投资与高等教育

(一)高等教育投资的决策模型(见表 13-3)

表 13-3 高等教育投资的决策模型

重要结论	在其他条件相同的情况下： (1)投资后的收入增量流越长(即收益时间越长)，则上大学的净现值越可能为正； (2)上大学的成本越低，则愿意上大学的人相对就越多； (3)大学毕业生与高中毕业生之间的收入差距越大，愿意投资于大学教育的人就越多； (4)在折算上大学的未来收益时所使用的贴现率越高，则上大学的可能性就越小

续表

模型	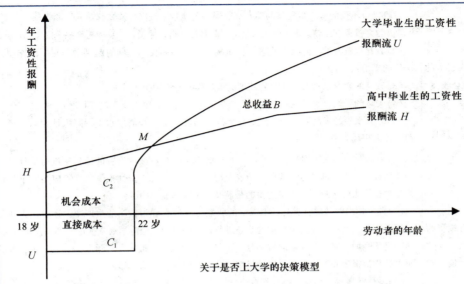
	关于是否上大学的决策模型
	其中： 曲线 H：代表18岁高中毕业后不去上大学而立即进入劳动力市场就业情况下的终身工资性报酬曲线； 曲线 U：代表高中毕业后先去上四年大学然后再就业情况下终身工资性报酬曲线； 在 M 点之后出现的大学毕业生的工资性报酬超过高中毕业生的那个区域就构成了大学毕业生接受高等教育所产生的总收益； 图中的 B 部分面积大于 (C_1+C_2) 部分的面积，则一个人上大学就是值当的，否则，从经济上来说，就是没有意义的

（二）最佳受教育年限、教育投资的社会收益、教育投资的私人收益估计偏差、高等教育信号模型（见表13-4）

表13-4 最佳受教育年限、教育投资的社会收益、教育投资的私人收益估计偏差、高等教育信号模型

最佳受教育年限	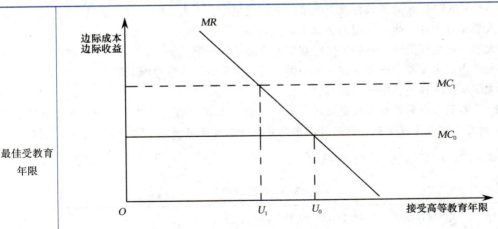
	其中： MR：边际收益； MC：边际成本； 对于任何人来说，能够达到效用最大化的高等教育投资数量都是在边际收益等于边际成本的那个点上取得的

	续表
教育投资的社会收益	教育投资不仅能够产生较高的**私人收益率**，还能带来较高的**社会收益或外部收益**，主要表现在： (1) 教育投资直接导致国民收入水平的提高和社会财富的增长，从而提高整个国家和社会的福利水平； (2) 教育投资有助于降低失业率，从而减少失业福利支出，同时起到预防犯罪的作用，减少了执行法律的支出； (3) 较高的教育水平有助于提高政策决策过程的质量和决策效率； (4) 父母的受教育水平在很大程度上会影响下一代的健康以及受教育状况； (5) 教育水平的提高还有助于提高整个社会的道德水平和信用水平，降低社会以及经济中的交易费用，提高市场效率
教育投资的私人收益估计偏差	(1) **高估偏差**：也被称为能力偏差。即经济学家们在对教育投资的回报率进行估计时，很可能会过高地估计一个人能够从教育投资中所能获得的收益，将把工资性报酬当中不应当归于教育的部分也认为是教育做出的贡献。这里最主要的是涉及一个人的能力问题； (2) **低估偏差的观点**：首先，上大学的收益并不仅表现为较高的生产率，还表现为心理上的收益或非货币收益；其次，在对上大学的收益进行估计的时候，经济学通常使用的都仅仅是工资性报酬数据，即固定薪酬加上奖金等浮动薪酬部分，这些都是货币性的报酬，实际上，上大学所获得的超过高中毕业生的货币报酬并不仅包括工资性报酬部分，还应该包括福利部分； (3) **选择性偏差**：传统的高等教育收益率研究实际上一方面高估了那些实际没有上大学的人因为没上大学而放弃的收益，同时又低估了大学毕业生们从上大学中实际获得的收益。实证研究发现，这种在对正规学校教育的收益率进行估计时可能存在的选择性偏差实际上是很小的。但是，它还是能够提醒我们，在进行受教育年限以及职业选择时，遵循比较优势的原理是非常重要的
高等教育信号模型	(1) 企业常常根据他们认为与生产率之间存在某种联系的、同时又是可以被观察到的标志或特征来进行人员的筛选。这些标志或特征包括年龄、经验、受教育程度等。其中有些标志是劳动者本人可以争取去获得的，这些能够获得的标记就被称为信号； (2) 一部分人认为高等教育只不过是一种高生产率的信号，它表明能够完成高等教育的人通常是生产率较高的人； (3) 高等教育的信号模型认为，由于高等教育文凭与高生产率之间存在一定的联系，因此，企业可以利用文凭作为筛选员工的工具

【例2·单选题】在高等教育投资决策的基本模型中，上大学的总收益是指（　　）。

A. 大学毕业生在一生中获得的全部工资性报酬

B. 大学毕业生在劳动年龄内工作时获得的全部工资报酬

C. 大学毕业生比高中毕业生在一生中多获得的那部分工资性报酬

D. 大学毕业生在一生中获得的总收入

解析 本题考查高等教育投资决策的基本推论。上大学的总收益是指一个人在接受大学教育之后的终身职业生涯中获得的超过高中毕业生的工资性报酬。　　**答案** C

考点三　在职培训（见表13-5）

表13-5　在职培训

含义		在职培训是除正规教育以外的另一种重要的人力资本投资形式 对于工人的技能学习来说，**在职培训是最普遍、最主要的方式**
类型	一般培训	指培训所带来的技能对所有的行业和企业都有用
	特殊培训	指培训所产生的技能只对提供培训的企业有用，而对其他企业没有用处

续表

成本	直接成本	(1)支付受训者的工资及教师的讲课费； (2)支付租用培训场地和培训设备的费用； (3)即使所使用的是本企业的师资、场地、设备，也应该将其计入培训成本
	机会成本	受训者参加培训的机会成本： 在职员工参加培训均需花费一定的时间，可能需要提前下班或请假。另外，参加培训的员工常常不能全力工作。这些都会给企业的生产和工作带来一定的损失
		利用机器或有经验的职工从事培训活动的机会成本： 在师傅带学徒的培训中，有经验的师傅要给学徒讲授技能，其工作效率必然会降低或受到影响。这种损失应计入培训的成本之中
成本及收益安排	一般培训	(1)由<u>员工自己负担</u>接受一般培训的成本并享有其收益，这种成本和收益安排方式是最有效率的； (2)员工在接受培训期间接受一种与较低的生产率相对应的较低工资率(低于不接受培训时的市场工资率)，同时在培训以后又获得与较高的生产率相对应的较高工资率(高于不接受培训情况下所可能获得的市场工资率)
	特殊培训	(1)培训期间，企业向员工支付一种位于市场工资率和低生产率工资率之间的工资率。这实际上是企业和员工共同分摊了特殊培训的成本； (2)培训完成后，企业会向员工支付一种介于不接受培训时的低生产率工资率和接受完培训后达到的高生产率的工资率之间的工资率，从而使得双方都获利
对企业及员工行为的影响		(1)企业通过各种人力资源管理实践来尽力降低受过特殊培训的这些员工的流动率或辞职率； (2)大多数接受过特殊培训的员工可能都比较愿意在本企业中工作较长的时间，这样，他们的流动倾向就会受到削弱。因此，特殊培训是使企业将劳动力从可变投入要素变成半固定生产要素的重要原因之一； (3)企业中资格越老的工人失业的可能性越小，在企业迫不得已裁减工人时，通常都是先解雇进企业时间短的那些人员； (4)接受正规学校教育数量越多(即上学时间越长)的人，越有可能接受更多的在职培训； (5)随着员工的年龄越来越大，他们进行在职培训投资的意愿也就越来越低

【例3·单选题】根据人力资本投资理论，关于在职培训的说法，正确的是(　　)。
A. 在职培训的成本应当由企业承担，收益应当由企业和员工共享
B. 在职培训的成本应当由企业和员工分摊
C. 一般在职培训的成本应当由员工承担，收益也归员工
D. 特殊在职培训的成本应当由企业承担，收益也归企业

解析 ▶ 本题考查在职培训投资的成本及收益安排。对于员工来说，获得的一般技能无论如何都能给他带来收益，因此，合理的情况是，由员工自己负担接受一般培训的成本并享有其收益。

答案 ▶ C

▶ 考点四　劳动力流动(见表13-6)

表13-6　劳动力流动

意义	(1)劳动力得到更有效的运用，从而增加收入； (2)纠正地区间就业不平衡； (3)减轻与经济结构变化相联系的失业问题

		续表
意义		(4)减少由技术变化而引起的人力问题； (5)有利于劳动力市场根据其他市场形势的变化做出快速的调整
影响因素	企业因素	(1)企业的规模越大，员工的流动率越低； (2)企业所处的地理位置； (3)企业的组织文化以及领导风格
	劳动者因素	(1)劳动者的年龄； (2)劳动者的性别； (3)劳动者的任职年限
	市场周期因素	(1)当劳动力市场处于宽松状态时，已经就业的劳动者的流动机会受到削弱； (2)当劳动力市场处于紧张状态时，已经就业的劳动者可以利用跳槽的机会要求新雇主增加工资，劳动力的流动率自然会上升； (3)衡量劳动力市场松紧程度的指标是失业率和临时解雇率，两者都与离职率存在负相关关系
	社会因素	(1)整个社会对于劳动者流动的态度以及流动的传统习惯会影响劳动力的流动率； (2)不同国家的社会制度也会使劳动者的直接流动成本不同
类型	跨地区流动	存在地区之间经济发展的不平衡。劳动力的流动总是向着经济增长最快、投资扩大最迅速的地区
	跨职业流动	(1)职业流动既是劳动力市场上劳动力供给的调整过程，也是劳动者的职业选择过程； (2)劳动力市场上最需要的职业，其报酬水平会大大高于劳动力市场平均工资水平，这会吸引其他职业的劳动力改换职业； (3)劳动力职业流动的方向可按照职业等级分为向上流动、向下流动和水平流动； (4)家庭两代人之间的职业转移，也是职业流动的一种**特殊形式**
	跨产业流动及产业内流动	(1)农业劳动力向工业部门的流动； 蓝领阶层和农业劳动者都从事体力劳动，具有同一性，所以农业劳动者首先进入蓝领阶层； (2)非农产业部门内部的劳动力流动

【例4·单选题】 关于劳动力在产业间流动和产业内部流动的说法，正确的是( )。

A. 劳动者因工厂倒闭而回乡务农的情况不属于劳动力跨产业流动

B. 从农业部门流入工业部门的劳动者通常一开始只能从事蓝领工作

C. 在劳动力跨产业流动中，相对工资水平高的产业往往呈现人员净流出状态

D. 失业率较高的产业部门往往面临更低的劳动力流动率

解析 本题考查劳动力的跨产业流动及产业内流动。劳动者因工厂倒闭而回乡务农的情况属于劳动力跨产业流动。工资水平与劳动力流出呈相反方向变化，与劳动力流入呈相同方向变化。高失业率部门劳动力流动率也较高。 **答案** B

历年考题解析

一、单项选择题

1.（2019年）关于劳动力流动的说法，错误的是( )。

A. 劳动力流动是劳动者实现个人就业选

择自由的重要手段

B. 劳动力流动是同等质量，劳动力的转移不属于人力资本投资

C. 劳动力流动可以发生在不同的企业、职业、产业和地区之间

D. 劳动力流动有助于劳动力得到更有效的利用

解析 ▶ 本题考查劳动力流动。选项 B 错误，由于劳动力的流动通常能使劳动力得到更有效的利用，从而增加收入，所以人们为劳动力流动所垫支的费用也被视为一种投资。

答案 ▶ B

2. (2019 年)高等教育的信号模型认为( )。

A. 企业利用大学文凭对求职者进行筛选是没有意义的

B. 即使没有高等教育投资信号，企业也能判断出求职者的实际生产率

C. 高等教育投资是证明劳动者具有高生产率的信号

D. 从社会角度来说，高等教育投资是没有意义的

解析 ▶ 本题考查高等教育的信号模型。高等教育是一种高生产率的信号，它表明能够完成高等教育的人通常是生产率较高的人。

答案 ▶ C

3. (2019 年)关于教育投资产生的社会收益的说法，错误的是( )。

A. 它有助于提高受教育者的终身工资性报酬

B. 它有助于国民收入水平提高和社会财富增长

C. 它有助于降低失业率和减少国家的失业福利支出

D. 它有助于提高政策决策过程的质量和决策效率

解析 ▶ 本题考查教育投资的社会收益。教育投资的社会收益主要表现在：(1)直接导致国民收入的提高和社会财富增长，从而提高整个国家和社会的福利水平。(2)有助于降低失业率，从而减少失业福利支出，同时起到预防犯罪的作用，减少了执行法律的支出。(3)有助于提高政策决策过程的质量和决策效率。(4)父母的受教育水平在很大程度上会影响下一代的健康以及受教育状况。(5)有助于提高整个社会的道德水平和信用水平，降低社会以及经济中的交易费用，提高市场效率。

答案 ▶ A

4. (2019 年)关于在职培训对企业和员工产生的影响的说法，错误的是( )。

A. 接受特殊在职培训较多的员工通常离职动机更强

B. 企业在经济衰退时期也会尽可能避免解雇受过大量特殊在职培训的员工

C. 接受一般在职培训较多的员工更容易在其他企业中找到工作，因为流动更容易

D. 劳动者年龄越大，对在职培训进行投资的意愿往往越弱

解析 ▶ 本题考查在职培训。大多数接受过特殊培训的员工可能愿意在本企业中工作较长的时间，他们的流动倾向会受到削弱。

答案 ▶ A

5. (2019 年)关于人力资本投资模型的说法，错误的是( )。

A. 人力资本投资的收益等于未来若干年中获得的货币收益之和

B. 在人力资本投资模型中，通常把利率作为贴现率

C. 利率越高，相同人力资本投资收益的实际价值越小

D. 内部收益率越高，人力资本投资有利可图的可能性越大

解析 ▶ 本题考查人力资本投资的基本模型。选项 A 错误，人力资本投资的收益包括经济收益和心里收益。

答案 ▶ A

6. (2019 年)关于在职培训的说法，正确的是( )。

A. 特殊在职培训有助于提高劳动者在任何企业中的劳动生产率

B. 绝大多数在职培训既包括一般在职培训

因素，也包括特殊在职培训因素

C. 一般在职培训只对劳动者有用，对企业没用

D. 在职培训的成本就是指企业因提供培训而直接支出的全部费用

解析 本题考查在职培训。选项 A 错误，特殊在职培训只使劳动者对提供培训的企业的劳动生产率有所提高。选项 C 错误，一般在职培训所带来的技能对所有的行业和企业都有用。选项 D 错误，在职培训的成本包括：在职培训所需要的直接成本开支、受训者参加培训的机会成本、利用机器或有经验的职工从事培训活动的机会成本。 **答案** B

7.（2018年）通常规模越大的企业劳动力流动率越低，关于产生这种现象原因的说法，错误的是（ ）。

A. 大企业提供的大多是特殊在职培训，这使员工流动到其他企业无利可图

B. 大企业往往提供较高水平的工资，导致员工流动到其他企业的成本较高

C. 大企业能够为劳动者提供较多的工作轮换机会

D. 大企业能够为劳动者提供较多的垂直晋升机会

解析 本题考查影响劳动力流动的企业因素。大企业更有动力对员工进行培训，原因之一是培训本身可能也具有规模经济的特点，大企业对员工进行培训的平均成本反而可能更低；原因之二是员工和雇主之间保持长期雇佣关系的做法在大企业中更有意义，而这种雇佣关系长期化有利于企业的培训投资比较可靠地得到回收，这样，大企业不仅有更大的动力去对自己的员工进行培训，而且会有更大的动力去吸引那些愿意接受培训的劳动者，从而使他们变得更富有生产率，而高生产率显然是与高工资联系在一起的。 **答案** A

8.（2018年）关于影响劳动力流动的市场周期因素的说法，错误的是（ ）。

A. 一个国家的住房制度是影响劳动力流动的市场周期因素

B. 解雇率高时往往离职率低

C. 失业率高时往往离职率低

D. 大多数时候劳动力市场周期是与经济周期同步的

解析 本题考查影响劳动力流动的社会因素。不同国家的社会制度也会使劳动者的直接流动成本不同，这反映的是社会因素对劳动力流动的影响。 **答案** A

9.（2018年）关于劳动力流动对企业和劳动者产生的影响的说法，错误的是（ ）。

A. 有经验员工的离职通常导致企业增加培训新员工的成本

B. 有自愿离职的情况下，员工的劳动力流失是没有成本的

C. 劳动力流动对于企业和劳动者都有利有弊

D. 资深员工离职会导致企业的一部分培训成本无法回收

解析 本题考查劳动力流动对企业和员工的影响。劳动力过度流动同劳动力流动不足一样，都会产生不好的效果。这是因为流动是有代价的，在追求利益的过程中同时也要付出成本，这一点正如其他类人力资本投资一样。自愿离职的员工不仅要放弃已积累的资历、工作等级的提升机会，而且还要放弃已经培养起来的较为亲密的同事关系等。 **答案** B

10.（2018年）衡量劳动力市场松紧程度的重要指标是（ ）。

A. 工资率　　B. 失业率
C. 就业人数　　D. 失业人数

解析 本题考查劳动力流动的主要影响因素。衡量劳动力市场松紧程度的一个重要指标就是失业率，而实证研究表明，在离职率和失业率之间确实存在着一种负相关关系。 **答案** B

11.（2018年）关于在职培训的说法，错误的是（ ）。

A. 企业承担在职培训的全部成本，并获得全部收益
B. 在职培训属于人力资本投资的一种
C. 在职培训对企业和劳动者的行为都会产生影响
D. 大多数在职培训都是以非正式的形式完成的

解析 本题考查在职培训投资的成本及收益安排。通常情况下，一般培训的成本要由员工来承担，而企业负担特殊培训的成本。 **答案** A

12. (2018年)大学毕业生的工资性报酬超过高中毕业生的工资性报酬的部分，被视为高等教育投资的( )。
    A. 成本　　　　B. 收益
    C. 总收益　　　D. 总成本

解析 本题考查高等交易教育投资决策的基本模型。大学毕业生的工资性报酬超过高中毕业生的构成了大学毕业生接受高等教育所产生的总收益。 **答案** C

13. (2017年)关于人力资本投资的说法，正确的是( )。
    A. 人力资本投资决策的基本要求是投资成本等于各年度获得的货币收益总和
    B. 贴现率越高，则同等人力资本投资越有利可图
    C. 内部收益率越高的人力资本投资的价值越大
    D. 人力资本投资越多则获得的收益越大

解析 本题考查人力资本投资的基本模型。人力资本投资决策的基本要求是投资成本小于各年度获得的货币收益总和，选项 A 错误。贴现率越高，则未来收入的现值就越低，选项 B 错误。人力资本投资同物质资本投资一样，并不是投资越多越好，选项 D 错误。 **答案** C

14. (2017年)关于能力差的人和能力强的人在上大学成本方面的说法，错误的是( )。
    A. 能力强的人比能力差的人上大学的心理成本更低
    B. 能力强的人有精力在上学时勤工俭学，这有助于降低他们上大学的机会成本
    C. 能力强的人比能力差的人上大学的直接成本更高
    D. 能力强的人与能力差的人在上大学的机会成本方面存在的差异，主要取决于他们不上大学去工作时能够挣到的工资差异

解析 本题考查高等教育投资决策的基本模型。能力强者不仅有可能用更少的时间完成高等教育，而且有可能在上大学期间从事一些勤工俭学活动，从而降低上大学的机会成本。 **答案** C

15. (2017年)关于高等教育投资私人收益估计中存在的选择性偏差的说法，错误的是( )。
    A. 大学毕业生不上大学而是高中毕业就工作，他们的终身工资性报酬也会比那些实际没上大学的高中毕业生更高
    B. 那些高中毕业就参加工作的人即使上了大学，所获得终身工资性报酬也不大可能像实际上大学的那些人那样多
    C. 人们在决定是否上大学以及选择何种职业都是基于比较优势原理做决策的
    D. 对上大学的私人收益进行的评估可能同时存在高估偏差和低估偏差

解析 本题考查教育投资的私人收益估计偏差。选项 A 错误，一个在从事具有较高的知识技能要求工作方面有优势的人，可能在从事低技能工作方面反而能力不足。换言之，上大学的人之所以选择上大学，是因为他们"不得不"去上大学，因为如果他们不上大学，而是在高中毕业之后就去工作的话，他们所得到的工资性报酬可能还不如那些实际上没有上大学的高中毕业生。 **答案** A

16. (2017年)关于产业之间及其产业内部劳动力流动的说法，正确的是( )。
    A. 劳动力从工业部门流动到农业部门大

多会首先进入蓝领阶层

B. 产业内部的劳动力流动是企业选择员工的结果

C. 产业内部的劳动力流动是员工选择企业的结果

D. 劳动力在产业内部及产业之间流动时，通常会向就业机会更多，工资水平更高的方向流动

解析 本题考查劳动力的跨产业流动及产业内流动。从农业部门流入到工业部门的劳动者大多数首先进入所谓的蓝领阶层，A 选项描述错误；产业内部的劳动力流动是企业选择员工和劳动者选择受雇单位两方面行为共同作用的结果，B、C 选项描述错误。 **答案** D

二、多项选择题

1. （2019 年）关于人力资本投资理论的说法，正确的有（ ）。

   A. 它认可一个国家的资本在一定程度上包括社会全体成员的能力

   B. 它将人的劳动能力储备视为一种资本

   C. 它认为人力资本投资的成本和收益都产生在未来长期中

   D. 它假定劳动者都是同质的

   E. 它认为人力资本投资的重点在于其未来导向性

   解析 本题考查人力资本投资理论的发展。选项 A 错误，亚当·斯密认为一个国家的资本在一定程度上包括社会全体成员的能力。但这个观点被后来追随他的经济学家们忽视了。选项 C 错误，人力资本投资的利益发生在未来，而其成本产生在目前。 **答案** BDE

2. （2018 年）在其他条件相同的情况下，使高等教育投资的价值变得越高的情形包括（ ）。

   A. 上大学的心理成本越低

   B. 大学毕业生比高中毕业生的工资性报酬高出越多

   C. 上大学期间的劳动力市场工资水平越高

   D. 上大学的学费越低

   E. 大学毕业后工作的年限越长

   解析 本题考查高等教育投资决策的模型。上大学的成本越低，上大学的人相对就会越多；A、D 正确。大学毕业生与高中毕业生之间的工资性报酬差距越大，上大学的人越多；B 正确。投资后的收入增量流越长，从而上大学的可能性更大；E 正确。 **答案** ABDE

3. （2017 年）在其他条件相同的情况下，促使高中毕业生愿意上大学的情况包括（ ）。

   A. 国家法定退休时间延迟

   B. 国家针对需要上大学的高中毕业生推出了一项无息贷款计划

   C. 大学毕业生和高中毕业生之间的工资差距缩小

   D. 经济不景气，导致大学毕业生和高中毕业生找工作的难度都增加

   E. 大学生中延期毕业或拿不到学位的学生比例上升

   解析 本题考查人力资本投资与高等教育。在其他条件相同的情况下，投资后的收入增量流越长，则上大学的净现值越可能为正，从而上大学的可能性更大；上大学的成本越低，则愿意上大学的人相对就会越多。 **答案** ABD

三、案例分析题

（一）

（2019 年）小马上高中时，父亲让他退学回家务农，理由是上大学没用，因为村里有些孩子虽然上了大学，也没有找到好工作，还不如早早出去打工的同龄人挣钱多。小马听从父亲安排，在家里干了一年多农活，但收入实在太低。于是，他跟随同村大姐小李从湖南老家来到广东一家电子装配厂工作，虽然工作辛苦，但收入比在农村务农高很多。

几年后，小李惦记家中多病父母没人照顾，于是从广东回到了湖南老家，边干农活边经营一家小超市。而继续留在广东的

小马则应聘到了一家集装箱货运公司的工作。这家公司有一种自行设计的非常规集装箱吊车，小马经过半年的培训开始独立工作。虽然在培训期间他的工资比在原来的电子厂还少，但独立操作集装箱吊车后，工资水平就比过去高了很多，小马觉得自己的选择是正确的。

1. 从经济学的角度来看，小马的父亲不让他在高中阶段继续读书考大学的理由是错误的，可以说服他父亲的道理有( )。

   A. 上大学的收益体现为大学毕业生的终身工资性报酬超过高中毕业生的那部分

   B. 任何人上大学的收益都会超过成本

   C. 如果大学给小马免掉学费，则上大学的收益都会超过成本

   D. 上大学的收益并不仅仅体现在刚毕业的那段时间

   解析 本题考查人力资本投资理论。上大学的总收益是指一个人在接受大学教育之后的终身职业生涯中获得的超过高中毕业生的工资性报酬，因此如果仅仅根据大学刚刚毕业的几年中所得到的工资性报酬状况来判断上大学是否值得就会出现误差。所以选项A、D正确。 **答案** AD

2. 小马从湖南农村到广东电子装配厂工作的情况表明( )。

   A. 离乡不离土是农村劳动力流动的一种重要形式

   B. 农业部门的低工资是推动劳动者从农业部门向工业部门流动的重要原因

   C. 就业机会多和收入高的地区往往是劳动力流入的地方

   D. 跨地区流动和跨产业流动可能同时发生

   解析 本题考查劳动力流动。小马离开湖南农村老家，来到广东电子装配厂工作，属于"离土又离乡"的情况，即与农业生产断绝联系，所以选项A错误。 **答案** BCD

3. 关于小李在广东打工一段时间后又回到老家的说法，正确的是( )。

   A. 这种现象称为回归迁移

   B. 这也属于一种跨部门劳动力流动

   C. 这种情况表明，劳动力跨地区流动存在心理成本

   D. 地区间的人均收入差异是导致劳动力流动的最主要原因

   解析 本题考查劳动力流动。选项B错误，回归迁移属于劳动力的跨地区流动。选项D错误，地区间的人均收入差异不能解释小李从广东回到老家的原因。 **答案** AC

4. 关于小马在集装箱货运公司工作期间的说法，正确的是( )。

   A. 作为一种人力资本投资形式，在职培训有助于提高劳动者的工资水平

   B. 小马接受培训期间的工作比正常工作时低，说明小马个人实际上对培训进行了投资

   C. 小马接受的是特殊在职培训

   D. 特殊在职培训的培训成本都是由企业承担的

   解析 本题考查在职培训。选项D错误，小马因接受培训会导致生产率比不接受培训时要低，但是这时货运公司向小马支付的工资也较低。这意味着企业和员工共同分摊了特殊培训的成本。 **答案** ABC

(二)

(2017年)最近一段时间，北京某软件公司人力资源总监罗明感到压力很大，特别是一些业务骨干提出辞职，影响了公司正常业务。公司总裁约谈了罗明，要求尽快找出员工辞职的真实原因，并提出解决政策。罗明带领人力资源部经过一个月紧张工作，基本搞清楚了问题的原因，具体原因：

第一，有些新招来的年轻员工由于入职前对公司和工作了解不够，进来之后发现工作内容与想象不太一样，在尝试工作一段时间后仍然无法适应，因而选择离职。

第二，有部分员工离职是因为与直接上级

关系比较紧张，对上级的工作方式不认同，工作中无法与上级进行有效沟通。

第三，有一批员工离职则是因为北京房价过高，员工感觉在北京买房难度太大，将来抚养孩子的压力也大，因而选择到软件开发就业机会较多的二线城市定居。

第四，有些员工流动则是因为有规模更大的企业来挖他们，这些企业支付的工资相对于本公司更高。

1. 关于第一种情况的说法，正确的有( )。
   A. 劳动力流动是一个企业和员工之间相互匹配的过程
   B. 工作经验少，任职年限短的员工与企业和岗位之间的匹配性往往更不稳定
   C. 员工离职不会给企业带来成本
   D. 年轻的新员工流动对他们个人而言成本比较低

   解析 本题考查劳动力流动。劳动力流动对于企业和整个经济可能会带来较高的代价。
   答案 ABD

2. 第二种情况表明，( )是造成员工流动的重要原因。
   A. 工资水平   B. 工作机会
   C. 领导风格   D. 工作性质

   解析 本题考查领导风格。领导风格是指领导者在实际领导中表现出的习惯化行为特点。第二种情况主要是上下级关系紧张，所以选领导风格。
   答案 C

3. 关于第三种情况的说法，正确的有( )。
   A. 造成企业员工流动的一些原因不在企业的可控范围之内
   B. 经济周期对劳动力流动也会产生影响
   C. 企业所处的地理位置对劳动力流动也会产生影响
   D. 社会方面的原因也有可能会导致员工流动

   解析 本题考查影响劳动力流动的因素。该材料中并未体现经济周期的内容。
   答案 ACD

4. 一般来说，规模大的企业能够支付更高水平的工资，主要原因在于( )。
   A. 规模大的企业更有可能通过规模经济增加利润
   B. 规模大的企业要求员工之间高度依赖和相互协作倾向于通过支付高工资来降低员工流动率
   C. 大企业对员工的纪律约束通常比较严格，因此，高工资中有一部分属于技能性工资差别
   D. 大企业为员工提供更多的工作轮换和额外机会，员工流动率较低，生产率较高

   解析 本题考查工资水平。高度相互依赖的生产环境下工作的员工会受到较大的约束，独立行动的能力大大削弱，员工接受严格的纪律约束，高工资可以被看成一种补偿性工资差别，C选项错误。
   答案 ABD

同步系统训练

一、单项选择题

1. 人力资本投资的一个重要特征是( )。
   A. 投资者与获益者是同一主体
   B. 具有未来导向性
   C. 具有低成本性
   D. 当前投资、当前获益

2. 假如 r 表示利息率，为正值，那么 r 越大，则未来收入的现值就( )。
   A. 越高   B. 越低
   C. 不变   D. 不确定

3. 首先规定利率或贴现率 r 的值，然后再比较等式两端的数值是否能够使公式成立，这种确定人力资本投资计划是否可行的方法称为( )。
   A. 现值法   B. 成本预测法
   C. 社会收益率法   D. 内部收益率法

4. 通过计算能够使人力资本投资有利可图的最高贴现率来考察人力资本投资的合理性，这种方法是（ ）。
   A. 现值法　　　　B. 成本预测法
   C. 社会收益率法　D. 内部收益率法

5. 某人因为上了四年大学而没有就业，所受损失大约为 5 万元，这笔损失可以被视为此人上大学的（ ）。
   A. 机会成本　　　B. 非经济成本
   C. 外部成本　　　D. 社会成本

6. 在美国等一些国家，公立大学的学费往往低于私立大学。从这方面来说，如果高中毕业生选择上公立大学，则会降低上大学的（ ）。
   A. 直接成本　　　B. 机会成本
   C. 心理成本　　　D. 心理收益

7. 上大学的总收益是指（ ）。
   A. 大学生在上大学期间因兼职工作而获得的工资性报酬
   B. 大学生在大学毕业后到退休前获得的全部工资性报酬
   C. 大学毕业生比高中毕业生在一生中多获得的那部分工资性报酬
   D. 大学毕业生和高中毕业生获得的工资性报酬的总和

8. 在其他条件一定的情况下，在折算上大学的未来收益时所使用的（ ）越高，则上大学的可能性就越小。
   A. 心理收益　　　B. 收益率
   C. 贴现率　　　　D. 总收益

9. 关于教育投资的说法，错误的是（ ）。
   A. 教育投资有助于提高劳动生产率
   B. 教育投资的全部收益应当归投资者个人所有
   C. 教育投资会带来国民收入和社会财富的增长
   D. 教育投资的主体包括国家、劳动者个人及其家庭等多个方面

10. 很多高中毕业生由于对大学毕业以后的就业前景感到担忧，放弃了参加高考，对此，正确的观点是（ ）。
    A. 这些人不去上大学一定是错误的
    B. 这些人本来就不应该去上大学
    C. 如果大学毕业时找不到工作，确实不该去上大学
    D. 上大学的收益并不仅仅发生在刚毕业时，而是长期的，如果仅仅根据大学毕业时能否找到工作来做出决策，可能会是错误的

11. 年轻人都愿意上大学这种现象背后的原因是，在其他条件相同的情况下，人力资本投资进行的越早，则（ ）。
    A. 其净现值越高
    B. 机会成本越低
    C. 收入增量流越短
    D. 收益时间越短

12. 教育投资的私人收益表现在（ ）。
    A. 教育投资能够带来整个社会财富的增长
    B. 教育投资有助于降低失业率和预防犯罪
    C. 教育投资有助于提高政策决策的质量和效率
    D. 教育投资能够提高被投资者在未来的收入能力

13. 高等教育的信号模型认为（ ）。
    A. 高等教育不仅提高了受教育者的生产率，而且向雇主证明了受教育者具有高生产率
    B. 高等教育并没有提高受教育者的生产率，但是向客户证明了受教育者具有高生产率
    C. 高等教育并没有提高受教育者的生产率，但是向雇主证明了受教育者具有高生产率
    D. 高等教育不仅提高了受教育者的生产率，而且向客户证明了受教育者具有高生产率

14. 下列有关在职培训的陈述正确的是（ ）。
    A. 大多数接受过特殊培训的员工可能更

倾向于工作流动

B. 对于工人的技能学习来说，一般培训是最普遍、最主要的方式

C. 随着雇员的年龄越来越大，他们进行在职培训投资的意愿也就越来越低

D. 接受正规学校教育数量越多的人，越可能接受更少的在职培训

15. ( )使劳动者对于所有企业的劳动生产率都有所提高。
   A. 一般培训　　B. 特殊培训
   C. 在职培训　　D. 脱岗培训

16. 人力资本投资成本在企业和员工之间共同分摊，而收益由双方共同分享，这种做法常见于( )时。
   A. 企业实施一般培训
   B. 企业实施特殊培训
   C. 劳动者在企业间流动
   D. 劳动者在企业内流动

17. 关于在职培训与企业行为和员工行为的说法，正确的是( )。
   A. 在职培训对于企业行为和员工行为没有影响
   B. 在职培训对企业行为有影响，但是对员工个人的行为没有影响
   C. 在职培训中包含的特殊培训内容有助于抑制员工的离职倾向
   D. 在职培训中包含的一般培训内容有助于抑制员工的离职倾向

18. 在师傅带学徒的培训中，有经验的师傅要给学徒讲授技能，其工作效率必然会降低或受到影响。这种损失应计入( )。
   A. 在职培训所需要的直接成本开支
   B. 在职培训所需要的间接成本开支
   C. 利用机器或有经验的职工从事培训活动的机会成本
   D. 受训者参加培训的机会成本

19. 关于一般在职培训和特殊在职培训的说法，正确的是( )。
   A. 一般在职培训需要离岗完成
   B. 特殊在职培训需要离岗完成

C. 一般在职培训和特殊在职培训都能带来员工生产率提高

D. 一般在职培训和特殊在职培训不可能同时发生在一次培训中

20. 培训的机会成本包括( )。
   A. 支付给外部培训师的讲课费
   B. 因在郊区度假村租用培训场地而支付的租金
   C. 受训者因为参加培训而不能全力以赴工作引起的损失
   D. 在培训中由于需要实战演练而耗费的原材料

21. 关于在职培训收益的说法，正确的是( )。
   A. 在职培训的收益不仅仅体现在受训者的生产提高方面
   B. 在职培训的收益应当在培训后马上体现出来
   C. 在职培训的收益只能归企业或员工中的一方所有
   D. 在职培训的收益总能超过其成本

22. 在现实中我们经常可以看到，受教育程度较高的员工往往能够获得较多的在职培训，其主要原因是( )。
   A. 受教育程度较高的员工流动率往往更低
   B. 受教育程度较高的员工接受培训内容的速度较快
   C. 在职培训只适用于受教育程度较高的员工
   D. 受教育程度较高的员工所接受的大多是一般培训

23. 如果劳动者从单位离职，不是由于该单位提供的工资报酬过低，而是因为对该单位的文化或领导风格不满意，这种情况表明( )。
   A. 劳动力流动的主要目的是获得工资福利的增加
   B. 劳动力流动的唯一目的是获得心理收益或降低心理成本

C. 劳动力流动的原因之一是在一个组织中的工资很高但福利过低

D. 劳动力流动的原因之一是在一个组织中的心理成本过高或心理收益过低

24. 关于劳动力职业流动的说法，正确的是（   ）。

A. 经济不景气时期，一些劳动者失去了原来较好的职业，不得不接受条件较差的职业，这属于跨职业流动中的水平流动

B. 家庭两代人之间的职业相似性越高，则表明竞争对于职业选择的作用越大

C. 劳动者进行跨职业流动的主要目的在于获得更多的报酬以及更高的职业地位

D. 只有职业收入高于或接近中值水平的职业才会有劳动力的净流入

25. 关于劳动力跨地区流动的说法，错误的是（   ）。

A. 跨地区劳动力流动的主要原因在于地区之间存在经济发展不均衡的情况

B. 跨地区劳动力流动会受到迁移距离和迁移成本的影响

C. 跨地区劳动力流动对劳动力流入地有好处，对劳动力流出地没有好处

D. 跨地区劳动力流动并非单向的，流出的劳动力也可能会重新流动回原居住地

二、多项选择题

1. 关于人力资本投资的陈述，正确的有（   ）。

A. 人力资本投资理论认为，所有的劳动者都是同质的

B. 人力资本投资的成本发生在当前，收益发生在未来

C. 正规学校教育、在职培训、寻找工作、工作流动等都属于人力资本投资

D. 人力资本投资的重点在于它的未来导向性

E. 增进健康、加强学龄前儿童营养等活动也属于人力资本投资活动

2. 人力资本投资的活动包括（   ）。

A. 各级正规教育和在职培训

B. 加强学龄前儿童营养

C. 增进健康

D. 工作流动

E. 丰富生活

3. 下列关于教育投资的说法正确的有（   ）。

A. 教育投资仅可以使个人收益

B. 教育投资不能产生私人收益，所以私人不愿意进行投资

C. 教育投资能够带来较高的社会收益

D. 教育投资只产生社会收益，因而只能有政府投资

E. 由于无法将教育投资的收益完全私人化，所以各国政府都极为重视教育

4. 在其他条件相同的情况下，若（   ），则进行人力资本投资的合理性越强。

A. 人力资本投资后获得收益的时间越长

B. 人力资本投资的成本越低

C. 人力资本投资后收入增加值越大

D. 人力资本投资完成后获得收益的风险越高

E. 人力资本投资的机会成本越高

5. 关于上大学的合理年限决策，下列说法正确的有（   ）。

A. 对于任何人来说，能够达到效用最大化的高等教育投资数量都是在边际收益大于边际成本的那个点上取得的

B. 对于不同的人来说，上大学的边际成本不可能是完全相同的

C. 在边际收益一定的情况下，边际成本较高的人愿意上大学的年限会更少一些

D. 对于学习特别费劲的学生来说，他们完成高等教育所付出的边际成本实际上会更高一些

E. 多上一年大学的边际收益会因人而异

6. 在其他条件相同的情况下，若（   ），则进行人力资本投资的合理性越强。

A. 人力资本投资后获得收益的时间越长

B. 人力资本投资的成本越低

C. 人力资本投资后收入增加值越大

D. 人力资本投资完成后获得收益的风险

越高

E. 人力资本投资的机会成本越高

7. 对于高等教育的私人收益情况进行估算，存在着（　）方面的争论。
   A. 地域性偏差　　B. 高估偏差
   C. 低估偏差　　D. 专业性偏差
   E. 选择性偏差

8. 大多数接受过特殊培训的员工通常（　）。
   A. 在本企业获得的工资率高于市场工资率
   B. 愿意在本企业工作较长的时间
   C. 被企业解雇的可能性比较小
   D. 流动的倾向会比较强
   E. 不可能被企业解雇

9. 下面有关特殊培训的成本与收益安排的陈述，正确的有（　）。
   A. 特殊培训的成本全部要由企业来承担
   B. 提供特殊培训的企业，不会面临投资无价值回报的风险
   C. 培训投资的成本和收益是运用先分摊成本然后再分享收益这种双赢的安排方式
   D. 企业和员工双方以一种共同保险的方式完成企业的特殊培训投资
   E. 特殊培训期间，企业向员工支付一种介于市场工资率和低生产率工资率之间的工资率

10. 下列关于一般培训和特殊培训的表述，正确的有（　）。

A. 企业更愿意投资于一般培训
B. 一般培训所培养的技能对所有企业都有用
C. 一般培训不一定提高受训者在所有企业中的劳动生产率
D. 特殊培训也可以使受训者在其他企业中的劳动生产率提高
E. 特殊培训所产生的技能只对提供培训的企业有用

11. 下列属于影响劳动力流动的因素的有（　）。
    A. 企业的规模
    B. 劳动者的年龄
    C. 企业的组织文化
    D. 企业所处的位置
    E. 企业的产品

12. 关于劳动力流动的说法，正确的有（　）。
    A. 在劳动力市场宽松时，劳动力流动更为频繁
    B. 适度的劳动力流动有助于劳动力资源的有效配置
    C. 大企业工资水平较高是导致其劳动力流动率较低的主要原因之一
    D. 自愿的劳动力流动可以被视为一种人力资本投资行为
    E. 社会制度对劳动力流动的成本没有影响

同步系统训练参考答案及解析

一、单项选择题

1. **B**　【解析】本题考查人力资本投资的特征。人力资本投资的重点在于它的未来导向性：人力资本投资的利益就如同任何投资一样发生在未来，并且通常情况下，这些投资所产生的利益会在相当一段时期内持续不断地出现，而其成本则产生在目前。

2. **B**　【解析】本题考查贴现率的相关内容。假如 r 表示利息率，为正值，那么 r 越大，则未来收入的现值就越低。

3. **A**　【解析】本题考查现值法。现值法是首先规定利率或贴现率 r 的值，然后再比较等式两端的数值是否能够使公式成立。

4. **D**　【解析】本题考查内部收益率法。衡量人力资本投资是否值得，可采用两种方法：一是现值法；二是内部收益率法。第二种方法实际上要回答一个问题，即"如果要想使投资有利可图，那么可以承受的最高贴现率是多少"。

5. A 【解析】本题考查高等教育投资的成本收益分析框架。大学毕业生由于接受高等教育，一方面导致在最初的四年中因无法工作而损失了四年的工资性报酬，另一方面，还有可能因为刚开始工作时继续接受培训等原因而导致工资性报酬在最初的一年或几年中低于已经有几年工作经验的高中毕业生。严格说来，这两部分成本都属于接受高等教育的机会成本。

6. A 【解析】本题考查上大学的成本。在美国，公立大学的学费往往低于私立大学，选择上公立大学有助于降低上大学的直接成本。

7. C 【解析】本题考查高等教育投资决策的几个基本推论。上大学的总收益是指一个人在接受大学教育之后的终身职业生涯中获得的超过高中毕业生的工资性报酬。

8. C 【解析】本题考查高等教育投资决策的几个基本推论。在其他条件一定的情况下，在折算上大学的未来收益时所使用的贴现率越高，则上大学的可能性就越小。

9. B 【解析】本题考查教育投资的收益估计。教育不仅能够产生较高的私人收益率，还能带来较高的社会收益或外部收益，这种收益也许是被投资者本人没有直接获益但是整个社会却能够获得的利益。所以选项 B 错误。

10. D 【解析】本题考查高等教育投资的决策。从经济利益的角度来看，一个人上大学好还是不上大学好，取决于此人上大学的成本和收益之间的对比。如果收益现值大于成本，则上大学就是值得的，否则就是不值得的，不能根据主观判断。

11. A 【解析】本题考查高等教育投资决策。从人的一生看，某项人力资本投资进行的越晚，则其净现值会越低，因为投资后受益的年会比较短。

12. D 【解析】本题考查教育投资的私人收益。选项 A、B、C 都属于教育投资的社会收益。

13. C 【解析】本题考查高等教育信号模型。高等教育本身并没有导致生产率的提高，但是它却表明了一个受过高等教育的人是一个具有较高生产率的人，即高等教育只不过是一种高生产率的信号而已，它表明，能够完成高等教育的人通常是生产率比较高的人。

14. C 【解析】本题考查在职培训的相关内容。大多数接受过特殊培训的员工，他们的流动倾向会受到削弱，选项 A 错误。对于工人的技能学习来说，在职培训是最普遍、最主要的方式，选项 B 错误。接受正规学校教育数量越多的人，越可能接受更多的在职培训，选项 D 错误。

15. A 【解析】本题考查在职培训的类型。一般培训使劳动者对于所有企业的劳动生产率都有所提高，即那些没有提供培训的企业如果得到受到一般培训的员工，那么这些企业的生产率也同样能够得到提高。

16. B 【解析】本题考查在职培训投资的成本及收益安排。在特殊培训的情况下，培训投资的成本和收益安排往往是这样的：在培训期间，受训者因接受培训会导致其生产率比不接受培训时要低，但是这时企业既不完全按员工在接受培训时的较低生产率来支付工资，也不完全按员工不接受培训时的生产率来支付与市场工资率相同的工资率，而是向员工支付一种位于市场工资率和低生产率工资率之间的工资率。这实际上意味着企业和员工共同分摊了特殊培训的成本。

17. C 【解析】本题考查在职培训对企业及员工行为的影响。特殊培训指培训所产生的技能只对提供培训的企业有用，而对其他企业则没有用处的情况。大多数接受过特殊培训的员工可能愿意在本企业中工作较长的时间，这样，他们的流动倾向就会受到削弱。

18. C 【解析】本题考查在职培训的成本。

题干中的这种损失应计入利用机器或有经验的职工从事培训活动的机会成本。

19. C 【解析】本题考查在职培训。在职培训包括一般培训和特殊培训。一般培训使劳动者对于所有企业的劳动生产率都有所提高，而特殊培训只使劳动者对提供培训的企业的劳动生产率有所提高。在实际中，很难将两种训练内容严格区分开来，选项 D 错误。在职员工参加培训，有的需要全脱产，有的需要半脱产，还有一些培训是业余时间进行的，选项 A、B 错误。所以本题中只有选项 C 说法正确。

20. C 【解析】本题考查在职培训的机会成本。机会成本包括两方面：（1）受训者参加培训的机会成本：在职员工参加培训均需花费一定的时间，往往要提前下班或请假。另外，参加培训的员工常常不能全力工作。这些都会给企业的生产和工作带来一定的损失。（2）利用机器或有经验的职工从事培训活动的机会成本：在师傅带学徒的培训中，有经验的师傅要给学徒讲授技能，其工作效率必然会降低或受到影响。选项 A、B、D 属于直接成本。

21. A 【解析】本题考查在职培训的收益。在职培训的收益主要表现在受训者生产率的提高上，然而这种收益有时是比较明显，有时则需要经过一定时间才能表现出来。受训者生产率的提高还可以通过工作思路的开阔、思维能力的增强而逐步提高。选项 A 正确，选项 B 错误。在职培训的收益归劳动者和企业双方所有，在职培训的收益不一定总是超过其成本，选项 C、D 错误。

22. B 【解析】本题考查在职培训的相关内容。大学毕业生实际上通过其过去的高等教育经历证明自己具有接受训练的能力，而对于同样内容的培训，接受能力强的人可以在较短的时间掌握培训的内容，达到培训的要求，从而减少了成本支出。

23. D 【解析】本题考查影响劳动力流动的企业因素。从经济学的角度来说，劳动者在一个组织中的心理成本过高或者是心理收益太低，也会成为导致员工流失的一个重要因素。

24. C 【解析】本题考查劳动力的跨职业流动。自愿性职业流动基本上属于向上流动，而非自愿性职业流动也会追求向上的目标或要求水平流动，但是会有向下流动的情况，如在经济萧条时期或个人劳动技能相对下降的情况下。所以选项 A 错误。两代人职业差异越明显，竞争对职业选择的作用越大，劳动力资源配置则越趋于合理。所以选项 B 错误。通常情况下，收入高于或接近中值水平的职业，都有劳动力净流入；收入低于中值水平的职业，劳动力净流出，不过，服务业是个例外，其收入低于中值收入，但劳动力却净流入。所以选项 D 错误。

25. C 【解析】本题考查劳动力的跨地区流动。选项 C 错误，跨地区劳动力流动对劳动力流入地、劳动力流出地都有好处。

二、多项选择题

1. BCDE 【解析】本题考查人力资本投资理论。人力资本投资理论认为，劳动者并不都是同质的。

2. ABCD 【解析】本题考查人力资本投资的一般原理。人力资本投资可以被定义为任何就其本身来说是用来提高人的生产能力从而提高人在劳动力市场上的收益能力的初始性投资。这样，不仅各级正规教育和在职培训活动所花费的支出属于人力资本投资，而且增进健康、加强学龄前儿童营养、寻找工作、工作流动等活动也同样属于人力资本投资活动。

3. CE 【解析】本题考查教育投资的相关内容。教育投资不仅能够产生较高的私人收益率，还能带来较高的社会收益或外部收益。从社会的角度来说，教育的私人投资水平总会是不足的，所以世界各国政府以及各种社会组织对教育都极为重视。所以选项A、B、D错误。

4. ABC 【解析】本题考查关于人力资本投资及高等教育的几个重要结论，主要体现在选项A、B、C。选项D"获得收益的风险越高"，人们更不愿意进行人力资本投资。选项E机会成本越高，意味着成本越大，人们也不愿意进行人力资本投资。

5. BCDE 【解析】本题考查人力资本投资与高等教育。对于任何人来说，能够达到效用最大化的高等教育投资数量都是在边际收益等于边际成本的那个点上取得的。所以A选项描述错误。

6. ABC 【解析】本题考查关于人力资本投资及高等教育的几个重要结论。选项D"获得收益的风险越高"，人们更不愿意进行人力资本投资。选项E机会成本越高，意味着成本越大，人们也不愿意进行人力资本投资。

7. BCE 【解析】本题考查高等教育收益的估计偏差。对高等教育的私人收益情况进行估算，存在着高估偏差、低估偏差、选择性偏差三个方面的争论。

8. ABC 【解析】本题考查特殊培训对于员工行为的影响。大多数接受过特殊培训的员工通常流动的倾向会比较弱，失业的可能性也比较小。

9. CDE 【解析】本题考查特殊培训的成本与收益安排。特殊培训的成本不会全部都由企业来承担，因为企业自身的投资也会面临投资无价值回报的风险。所以选项A、B错误。

10. BE 【解析】本题考查在职培训。一般培训是指培训所带来的技能对所有的行业和企业都有用。特殊培训是指培训所产生的技能只对提供培训的企业有用，而对其他企业没有用处的情况。企业一般不愿意投资于一般培训。所以选项A、C、D错误。

11. ABCD 【解析】本题考查劳动力流动的影响因素。选项A、C、D属于影响劳动力流动的企业因素；选项B属于影响劳动力流动的劳动者因素。

12. BCD 【解析】本题考查劳动力流动。劳动力市场处于宽松状态时，劳动者的流动动机会受到削弱，选项A错误。不同国家的社会制度也会使劳动者的直接流动成本不同，选项E错误。

本章思维导图

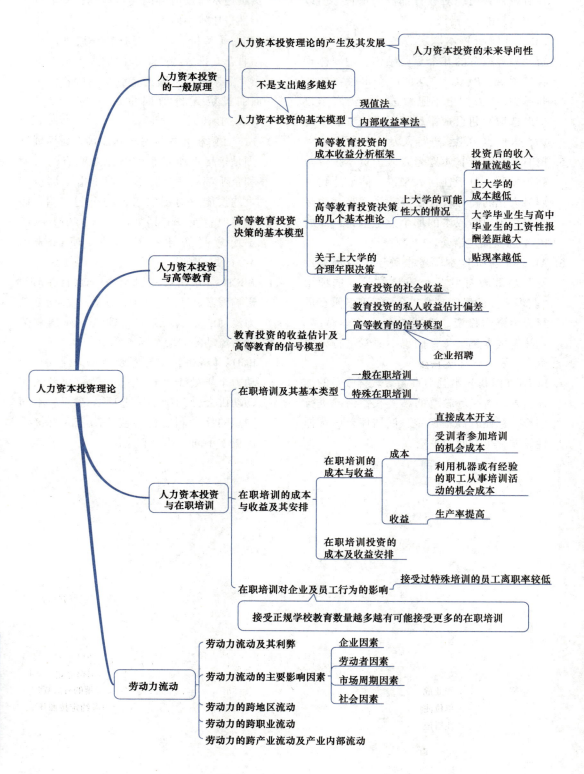

第 14 章 劳动合同管理与特殊用工

考情分析

本章主要讲述劳动合同管理和特殊用工。本章的重点是劳动合同的履行、变更、解除、终止，劳动规章制度，劳务派遣，非全日制用工。从近三年的考题来看，单项选择题、多项选择题和案例分析题都有涉及。

最近三年本章考试题型、分值分布

年份	单项选择题	多项选择题	案例分析题	合计
2019 年	1 题 1 分	1 题 2 分	4 题 8 分	6 题 11 分
2018 年	2 题 2 分	1 题 2 分	—	1 题 1 分
2017 年	3 题 3 分	1 题 2 分	4 题 8 分	8 题 13 分

本章主要考点

1. 劳动合同履行与变更。
2. 劳动合同解除与终止。
3. 用人单位劳动规章制度。
4. 劳务派遣。
5. 非全日制用工。

重点、难点讲解及典型例题

▶ 考点一　劳动合同履行与变更

（一）劳动合同履行（见表 14-1）

表 14-1　劳动合同履行

含义	指劳动合同的双方当事人按照生效后的劳动合同约定履行各自的义务、享受各自权利的行为
原则	（1）全面履行原则； （2）合法原则； 注意： 劳动合同履行地与用人单位注册地不一致的，有关劳动者的最低工资标准、劳动保护、劳动条件、职业危害防护和本地区上年度职工月平均工资标准等事项，执行劳动合同履行地的有关规定用人单位注册地的有关标准高于劳动合同履行地的有关标准，且用人单位与劳动者约定按照用人单位注册地的有关规定执行的，从其约定

续表

用人单位义务	(1)按照劳动合同约定和国家规定，向劳动者及时足额支付劳动报酬； (2)严格执行劳动定额标准，不得强迫或者变相强迫劳动者加班； (3)保护劳动者的生命安全和身体健康
劳动者义务	(1)遵守国家法律法规，遵守用人单位的规章制度； (2)完成劳动合同约定的工作内容，如果从事兼职，不能影响本单位的工作任务； (3)遵守劳动合同中约定的特定事项的义务。主要包括约定服务期和约定保守用人单位的商业秘密和与知识产权相关的保密事项
特殊情形	(1)用人单位变更名称、法定代表人、主要负责人或者投资人等事项，不影响劳动合同的履行； (2)用人单位发生合并或者分立等情况，原劳动合同继续有效，劳动合同由承继其权利义务的用人单位继续履行

(二)劳动合同变更(见表14-2)

表14-2 劳动合同变更

含义	指劳动合同双方对已生效的劳动合同条款达成修改或补充协议的行为
形式	**书面形式**
情形	(1)双方当事人协商，达成一致变更劳动合同； (2)订立劳动合同时所依据的法律法规已经修改或废止； (3)受有关产业政策影响或根据市场变化决定转产或调整生产任务； (4)劳动合同订立时所依据的客观情况发生重大变化； (5)劳动者患病或者非因工负伤，在规定的医疗期满后不能从事原工作，由用人单位另行安排工作； (6)劳动者不能胜任工作，被调整了工作岗位
其他	变更劳动合同未采用书面形式，但已经实际履行了口头变更的劳动合同超过一个月，且变更后的劳动合同内容不违反法律、行政法规、国家政策以及公序良俗，当事人以未采用书面形式为由主张劳动合同变更无效的，人民法院不予支持

【例1·多选题】关于用人单位义务的说法，正确的有( )。
A. 用人单位安排劳动者加班应当向劳动者支付餐费
B. 用人单位应当保护劳动者的安全和身体健康
C. 用人单位应当按照劳动合同的约定和国家规定，向劳动者及时支付劳动报酬
D. 用人单位应当严格执行劳动定额标准
E. 用人单位应当按照劳动者的要求提供劳动条件和劳动用具

解析 ▶ 本题考查用人单位的义务。用人单位的义务包括：(1)用人单位应当按照劳动合同约定和国家规定，向劳动者及时足额支付劳动报酬。(2)用人单位应当严格执行劳动定额标准，不得强迫或者变相强迫劳动者加班。用人单位安排加班的，应当按照国家有关规定向劳动者支付加班费。(3)用人单位应当保护劳动者的生命安全和身体健康。 答案 ▶ BCD

▶ **考点二 劳动合同解除与终止**

(一)劳动合同解除(见表14-3)

表14-3 劳动合同解除

含义	指劳动合同签订以后，没有履行完毕之前，由于某种因素导致双方提前终止合同效力的法律行为

协商解除		劳动合同当事人双方对解除劳动合同达成一致意见时，劳动合同可以协商解除
法定解除	用人单位解除	因劳动者过失可以随时解除劳动合同的情况： （1）在试用期间被证明不符合录用条件的； （2）严重违反用人单位的规章制度的； （3）严重失职、营私舞弊，对用人单位造成重大损害的； （4）劳动者同时与其他用人单位建立劳动关系，对完成本单位的工作任务造成严重影响，或者经用人单位提出，拒不改正的； （5）因劳动者以欺诈、胁迫的手段或者乘人之危，使用人单位在违背真实意思的情况下订立或者变更劳动合同致使劳动合同无效的； （6）被依法追究刑事责任的。 用人单位**提前30日以书面形式**通知劳动者本人或者额外支付劳动者一个月工资后解除劳动合同的情形： （1）劳动者患病或者非因工负伤，在规定的医疗期满后不能从事原工作，也不能从事由用人单位另行安排的工作的； （2）劳动者不能胜任工作，经过培训或者调整工作岗位，仍不能胜任工作的； （3）劳动合同订立时所依据的客观情况发生重大变化，致使劳动合同无法履行，经用人单位与劳动者协商，未能就变更劳动合同内容达成协议的。 提前30日向工会或者全体职工说明情况并听取意见后，裁减人员方案经向劳动行政部门报告，可以裁减人员①： （1）依照企业破产法规定进行重整的； （2）生产经营发生严重困难的； （3）企业转产、重大技术革新或者经营方式调整，经变更劳动合同后，仍需裁减人员的； （4）其他因劳动合同订立时所依据的客观经济情况发生重大变化，致使劳动合同无法履行的
	劳动者解除	（1）劳动者提前30日以书面形式通知用人单位，可以解除劳动合同。劳动者在试用期内提前3日通知用人单位，可以解除劳动合同； （2）用人单位有下列情形之一的，劳动者可以解除劳动合同：①未按照劳动合同约定提供劳动保护或者劳动条件的；②未及时足额支付劳动报酬的；③未依法为劳动者缴纳社会保险费的；④用人单位的规章制度违反法律法规的规定，损害劳动者权益的；⑤因用人单位以欺诈、胁迫的手段或者乘人之危，使劳动者在违背真实意思的情况下订立或者变更劳动合同致使劳动合同无效的；⑥法律、行政法规规定劳动者可以解除劳动合同的其他情形。用人单位以暴力、威胁或者非法限制人身自由的手段强迫劳动者劳动的，或者用人单位违章指挥、强令冒险作业危及劳动者人身安全的，劳动者可以立即解除劳动合同，不需事先告知用人单位
用人单位解除劳动合同的限制		（1）从事接触职业病危害作业的劳动者未进行离岗前职业健康检查，或者疑似职业病病人在诊断或者医学观察期间的； （2）在本单位患职业病或者因工负伤并被确认丧失或者部分丧失劳动能力的； （3）患病或者非因工负伤，在规定的医疗期内的； （4）女职工在孕期、产期、哺乳期的； （5）在本单位连续工作满十五年，且**距法定退休年龄不足五年的**； （6）法律、行政法规规定的其他情形

续表

用人单位解除劳动合同的要求	建立了工会的，用人单位单方解除劳动合同，应当事先将理由通知工会

注：①用人单位裁减人员时，应当优先留用下列人员：
  A. 与本单位订立较长期限的固定期限劳动合同的；
  B. 与本单位订立无固定期限劳动合同的；
  C. 家庭无其他就业人员，有需要扶养的老人或者未成年人的。
用人单位裁减人员后，在6个月内重新招用人员的，应当通知被裁减的人员，并在同等条件下优先招用被裁减的人员。

（二）劳动合同终止及解除、终止劳动合同的附随义务、培训服务期、竞业限制、经济补偿（见表14-4）

表14-4 劳动合同终止及解除、终止劳动合同的附随义务、培训服务期、竞业限制和经济补偿

劳动合同终止	含义：指劳动合同双方当事人在劳动合同中约定的合同期限届满或达到其他法定终止条件的情形 情形： （1）劳动合同期满的； （2）劳动者开始依法享受基本养老保险待遇的； （3）劳动者死亡，或者被人民法院宣告死亡或者宣告失踪的； （4）用人单位被依法宣告破产的； （5）用人单位被吊销营业执照、责令关闭、撤销或者用人单位决定提前解散的； （6）法律、行政法规规定的其他情形
附随义务	（1）用人单位出具解除或者终止劳动合同的证明，并在15日内为劳动者办理档案和社会保险关系转移手续； （2）用人单位对已经解除或终止的劳动合同的文本，至少**保存2年备查**
培训服务期	（1）用人单位为劳动者提供专项培训费用，对其进行专业技术培训的，可以与该劳动者订立协议，约定服务期； （2）劳动者违反服务期约定，应当按照约定向用人单位支付违约金。违约金数额不得超过用人单位提供的培训费用； （3）劳动合同期满，但约定的服务期尚未到期的，劳动合同应当续延至服务期满
竞业限制	（1）竞业限制的人员限于用人单位的高级管理人员、高级技术人员和其他负有保密义务的人员； （2）在竞业限制期限内用人单位按月给予劳动者经济补偿
经济补偿标准	（1）每满1年支付1个月工资；6个月以上不满1年的，按1年计算；不满6个月的，向劳动者支付半个月工资； （2）劳动者在劳动合同解除或者终止前12个月的平均工资，高于用人单位所在直辖市、设区的市级人民政府公布的本地区上年度职工月平均工资3倍的，按职工月平均工资3倍的数额支付，向其支付经济补偿的年限最高不超过12年； （3）劳动者在劳动合同解除或者终止前12个月的平均工资低于当地最低工资标准的，按照当地最低工资标准计算

【例2·单选题】用人单位实施裁员时，应当依据劳动合同法优先留用的人员是（　　）。
  A. 用人单位使用的劳务派遣人员
  B. 与用人单位订立了短期劳动合同的职工
  C. 在用人单位工作时间长且学历高的职工
  D. 家庭无其他就业人员且有需要扶养的老人的职工

解析 本题考查用人单位解除劳动合同。用人单位裁减人员时,应当优先留用下列人员:(1)与本单位订立较长期限的固定期限劳动合同的;(2)与本单位订立无固定期限劳动合同的;(3)家庭无其他就业人员,有需要扶养的老人或者未成年人的。　　　　　　**答案** D

▶ 考点三　劳动规章制度(见表14-5)

表14-5　劳动规章制度

制定程序	(1)用人单位在制定、修改或者决定有关劳动方面的直接涉及劳动者切身利益的规章制度或者重大事项时,应当经职工代表大会或者全体职工讨论,提出方案和意见,与工会或者职工代表平等协商确定; (2)《全民所有制工业企业法》《全民所有制工业企业职工代表大会条例》等均规定,国有企业制定劳动规章应当经职代会讨论通过;非国有企业制定劳动规章制度,法律没有强制必须经职代会讨论通过; (3)在规章制度和重大事项决定实施过程中,工会或者职工认为不适当的,有权向用人单位提出,通过协商予以修改完善
公示	《劳动合同法》规定:用人单位应当将直接涉及劳动者切身利益的规章制度和重大事项决定公示,或者告知劳动者
效力	**具有法律效力应满足3个条件:** (1)内容合法,不违背有关法律法规及政策; (2)经过民主程序制定; (3)要向劳动者公示
违法的处理	(1)允许劳动者以此为由随时提出解除劳动合同,并有获得经济补偿的权利。用人单位的规章制度违反法律、法规的规定,损害劳动者权益的,劳动者可以解除劳动合同,用人单位应当向劳动者支付经济补偿; (2)由劳动行政部门责令改正。用人单位直接涉及劳动者切身利益的规章制度违反法律、法规规定的,由劳动行政部门责令改正,给予警告;给劳动者造成损害的,应当承担赔偿责任

▶ 考点四　劳务派遣和非全日制用工

(一)劳务派遣(见表14-6)

表14-6　劳务派遣

含义	劳务派遣是指劳动派遣单位与被派遣劳动者建立劳动关系后,将该劳动者派遣到用工单位从事劳动的一种特殊用工形式。在这种特殊用工形式下,劳务派遣单位与劳动者建立劳动关系,但不使用劳动者,而由用工单位直接管理和指挥劳动者
经营条件	(1)经营劳务派遣业务,应当向劳动行政部门依法申请行政许可,劳务派遣经营许可证有效期为3年;经许可的,依法办理相应的公司登记。未经许可,任何单位和个人不得经营劳务派遣业务; (2)具备条件之一:**注册资本不得少于人民币200万元**; (3)用人单位不得设立劳务派遣单位向本单位或者所属单位派遣劳动者; (4)用人单位或者其所属单位出资或者合伙设立的劳务派遣单位,向本单位或所属单位派遣劳动者的,也属于《劳动合同法》规定的不得设立劳务派遣单位的范围; (5)《劳务派遣行政许可实施办法》规定,劳务派遣单位名称、住所、法定代表人或者注册资本等改变的,符合法定条件的,许可机关应当自收到变更申请之日起**10个工作日**内依法办理变更手续; (6)劳务派遣单位需要延续行政许可有效期的,应当在有效期届满**60日前**向许可机关提出延续行政许可的书面申请,并提交**3年**以来的基本经营情况

续表

劳动合同	（1）劳务派遣单位与劳动者应签订2年以上的固定期限劳动合同，按月支付劳动报酬； （2）被派遣劳动者在无工作期间，劳务派遣单位应当按照所在地人民政府规定的最低工资标准，向其按月支付报酬； （3）劳动合同中应当载明用工单位、派遣期限、工作岗位等； （4）劳务派遣单位可以依法与被派遣劳动者约定试用期，劳务派遣单位与同一被派遣劳动者只能约定一次试用期
派遣协议①	派遣协议应载明下列内容： （1）派遣的工作岗位名称和岗位性质； （2）工作地点； （3）派遣人员数量和派遣期限； （4）按照同工同酬原则确定的劳动报酬数额和支付方式； （5）社会保险费的数额和支付方式； （6）工作时间和休息休假事项； （7）被派遣劳动者工伤、生育或者患病期间的相关待遇； （8）劳动安全卫生以及培训事项； （9）经济补偿等费用； （10）劳务派遣协议期限； （11）劳务派遣服务费的支付方式和标准； （12）违反劳务派遣协议的责任； （13）法律、法规、规章规定应当纳入劳务派遣协议的其他事项
劳务派遣单位的义务	（1）应当将劳务派遣协议的内容告知被派遣劳动者； （2）建立培训制度，对被派遣劳动者进行上岗知识、安全教育培训； （3）按照国家规定和劳务派遣协议约定，依法支付被派遣劳动者的劳动报酬和相关待遇； （4）按照国家规定和劳务派遣协议约定，依法为被派遣劳动者缴纳社会保险费，并办理社会保险相关手续； （5）督促用工单位依法为被派遣劳动者提供劳动保护和劳动安全卫生条件； （6）依法出具解除或者终止劳动合同的证明； （7）协助处理被派遣劳动者与用工单位的纠纷； （8）不得克扣用工单位按照劳务派遣协议支付给被派遣劳动者的劳动报酬； （9）不得向被派遣劳动者收取费用； （10）在跨地区派遣劳动者时，劳务派遣单位应当保证被派遣劳动者享有的劳动报酬和劳动条件，符合用工单位所在地规定的标准； （11）因劳务派遣单位存在违法行为，给被派遣劳动者造成损害的，劳务派遣单位与用工单位承担连带赔偿责任； （12）派遣单位不得以非全日制用工形式招用被派遣劳动者
被派遣劳动者的权利	（1）享有与用工单位的劳动者同工同酬的权利； （2）有权在劳务派遣单位或用工单位依法参加或组织工会，维护自身的合法权益； （3）可以与劳务派遣单位协商一致解除劳动合同，也可以在劳务派遣单位存在《劳动合同法》第38条规定的情形下，与其解除劳动合同； （4）被派遣劳动者提前**30日以书面形式**通知劳务派遣单位，可以解除劳动合同。被派遣劳动者在试用期内提前3日通知劳务派遣单位，可以解除劳动合同
派遣岗位的范围和比例	（1）范围：临时性(存续时间不超过六个月)、辅助性或者替代性的工作岗位； （2）比例：用工单位应当严格控制劳务派遣用工数量，使用的被派遣劳动者数量不得超过其用工总量的10%

续表

过渡事项规定	修改《劳动合同法》决定施行前经营劳务派遣业务的单位，应当在本决定施行之日起一年内依法取得行政许可并办理公司变更登记，方可经营新的劳务派遣业务
法律责任	（1）违反规定，未经许可擅自经营劳务派遣业务的，由劳动行政部门责令停止违法行为，没收违法所得，并处违法所得一倍以上五倍以下的罚款；没有违法所得的，可以处50 000元以下的罚款； （2）劳务派遣单位、用工单位违反有关劳务派遣规定的，由劳动行政部门责令限期改正；逾期不改正的，以每人5 000元以上10 000元以下的标准处以罚款，对劳务派遣单位，吊销其劳务派遣业务经营许可证。用工单位给被派遣劳动者造成损害的，劳务派遣单位与用工单位承担连带赔偿责任

注：①用工单位不得将连续用工期限分割订立数个短期劳务派遣协议。

（二）非全日制用工（见表14-7）

表14-7 非全日制用工

概念	以小时计酬为主，劳动者在同一用人单位一般平均每日工作时间不超过4小时，每周工作时间累计不超过24小时的用工形式
特征	（1）以小时计酬为主； （2）周工作时间累计不能超过24小时
规定	（1）劳动者可以与一个或一个以上用人单位订立劳动合同；后订立的劳动合同不得影响先订立的劳动合同的履行； （2）双方当事人可以订立口头协议； （3）双方当事人不得约定试用期； （4）双方当事人任何一方都可以随时通知对方终止用工，用人单位不向劳动者支付经济补偿； （5）小时计酬标准不得低于用人单位所在地人民政府规定的最低小时工资标准； （6）劳动报酬结算支付周期最长不得超过15日； （7）从事非全日制工作的劳动者发生工伤，依法享受工伤保险待遇；被鉴定为伤残五至十级的，经劳动者与用人单位协商一致，可以一次性结算伤残待遇及有关费用； （8）按照目前的现行法律规定，工伤保险是国家**唯一强制用人单位**为非全日制从业人员缴纳的社会保险

【例3·多选题】关于劳务派遣的说法，正确的有（ ）。

A. 劳务派遣单位属于劳动合同法调整的用人单位
B. 劳务派遣单位与同一被派遣劳动者每派遣一次可以约定一次试用期
C. 用人单位可以合资设立劳务派遣单位向本单位派遣劳动者
D. 劳务派遣单位不得向被派遣劳动者收取费用
E. 劳务派遣用工是我国企业基本用工形式

解析 ▶ 本题考查劳务派遣。选项B错误，劳务派遣单位与同一被派遣劳动者只能约定一次试用期。选项C错误，用人单位不得设立劳务派遣单位向本单位或者所属单位派遣劳动者。选项E错误，劳动合同用工是我国企业的基本用工形式，劳务派遣用工是补充形式。

答案 ▶ AD

【例4·单选题】关于非全日制用工的说法，错误的是（ ）。

A. 非全日制用工终止时，用人单位不向劳动者支付经济补偿
B. 从事非全日制用工的劳动者与多个用人单位订立劳动合同时，后订立的劳动合同不得

影响先订立的劳动合同的履行

C. 非全日制用工双方可以订立口头协议

D. 用人单位应该按月向从事非全日制用工劳动者支付劳动报酬

解析 本题考查非全日制用工。非全日制用工劳动报酬结算支付周期最长不得超过15日。

答案 D

历年考题解析

一、单项选择题

1.（2019年）关于协商一致解除劳动合同的说法，正确的是（ ）。

A. 只需要当事人达成合意，无需法定原因

B. 用人单位应支付经济补偿

C. 应采取书面形式

D. 用人单位无需支付经济补偿

解析 本题考查劳动合同解除。选项A错误，协商一致解除劳动合同可以是当事人达成合意，也可以是法定原因。选项B、D错误，在解除劳动合同时，用人单位是否支付经济补偿，视具体情况而定。

答案 C

2.（2018年）用人单位规章具有法律效力的前提条件不包括（ ）。

A. 经过民主程序

B. 经劳动者同意

C. 公示或者公告劳动者

D. 不违反法律、行政法规及政策

解析 本题考查劳动规章制度的效力。劳动规章制度要具有法律效力，应满足三个条件：一是内容合法，不违背有关法律法规及政策；二是经过民主程序制定；三是要向劳动者公示。

答案 B

3.（2018年）关于劳务派遣的说法，正确的是（ ）。

A. 被派遣劳动者的社会保险费应由用工单位缴纳

B. 被派遣劳动者被退回后，无工作期间，劳务派遣单位可暂停支付工资待遇

C. 设立劳务派遣公司注册资本不得少于20万元

D. 被派遣劳动者有权在派遣单位或用工单位参加或组织工会

解析 本题考查被派遣劳动者的权利。被派遣劳动者有权在劳务派遣单位或者用工单位依法参加或者组织工会，维护自身的合法权益。

答案 D

4.（2017年）符合法律规定的劳动合同处理方式是（ ）。

A. 甲公司更改名称为乙公司，甲公司为劳动者签订的劳动合同不再有效

B. 甲公司分立为乙公司和丙公司，甲公司与劳动者签订的劳动合同不受分立影响继续履行

C. 甲公司更换法定代表人后，新的法定代表人应与劳动者重新签订劳动合同

D. 甲公司和乙公司合并为丙公司后，丙公司应与甲乙公司的劳动者重新签订劳动合同

解析 本题考查劳动合同履行与变更。《劳动合同法》规定：用人单位变更名称、法定代表人、主要负责人或者投资人等事项，不影响劳动合同的履行；用人单位发生合并或者分立等情况，原劳动合同继续有效，劳动合同由承继其权利义务的用人单位继续履行。

答案 B

5.（2017年）劳动者因（ ）而解除劳动合同是不符合法律规定的。

A. 用人单位没有在劳动者加班后立即支付加班费

B. 用人单位未及时足额向劳动者支付工资

C. 用人单位以威胁手段强迫劳动者劳动

D. 用人单位没有为劳动者缴纳社保

险费

解析 本题考查劳动合同解除。《劳动合同法》规定：用人单位有下列情形之一的，劳动者可以解除劳动合同：（1）未按照劳动合同约定提供劳动保护或者劳动条件的；（2）未及时足额支付劳动报酬的；（3）未依法为劳动者缴纳社会保险费的；（4）用人单位的规章制度违反法律法规的规定，损害劳动者权益的；（5）因用人单位以欺诈、胁迫的手段或者乘人之危，使劳动者在违背真实意思的情况下订立或者变更劳动合同致使劳动合同无效的；（6）法律、行政法规规定劳动者可以解除劳动合同的其他情形。　**答案** A

6.（2017年）关于非全日制用工的说法正确的是（　）。

A. 用人单位使用非全日制用工劳动者应当按月支付劳动薪酬

B. 非全日制用工劳动者的小时计酬标准可以低于当地最低小时工资标准

C. 非全日制用工双方当事人不得约定试用期

D. 非全日制用工终止用工时，用人单位应当向劳动者支付终止用工经济补偿

解析 本题考查非全日制用工。非全日制用工劳动报酬结算支付周期最长不得超过十五日，A选项错误；非全日制用工小时计酬标准不得低于用人单位所在地人民政府规定的最低小时工资标准，B选项错误；任何一方可随时通知对方终止用工，不支付经济补偿，D选项错误。　**答案** C

二、多项选择题

1.（2019年）劳动者可以立即通知用人单位解除劳动合同的情形有（　）。

A. 用人单位未及时足额支付劳动报酬的

B. 用人单位规章制度违反法律法规的规定，损害劳动者权益的

C. 用人单位未按合同约定提供劳动保护的

D. 用人单位合并或者分立的

E. 用人单位安排劳动者加班未与工会协商的

解析 本题考查劳动者解除劳动合同。用人单位有下列情形之一的，劳动者可以解除劳动合同，且无须提前通知用人单位：（1）未按照劳动合同约定提供劳动保护或者劳动条件的；（2）未及时足额支付劳动报酬的；（3）未依法为劳动者缴纳社会保险费的；（4）用人单位的规章制度违反法律、法规的规定，损害劳动者权益的；（5）因用人单位以欺诈、胁迫的手段或者乘人之危，使劳动者在违背真实意思的情况下订立或变更劳动合同致使劳动合同无效的；（6）法律、行政法规规定劳动者可以解除劳动合同的其他情形。　**答案** ABC

2.（2018年）可以约定竞业限制的人员包括（　）。

A. 保洁员

B. 高级管理人员

C. 高级技术人员

D. 门卫

E. 负有保密义务的人员

解析 本题考查竞业限制。竞业限制的人员限于用人单位的高级管理人员、高级技术人员和其他负有保密义务的人员。　**答案** BCE

3.（2017年）劳动派遣单位的法定义务包括（　）。

A. 依法支付被派遣劳动者的劳动报酬

B. 依法向被派遣劳动者提供相应的劳动条件

C. 依法为被派遣劳动者缴纳社会保险费

D. 不得向被派遣劳动者收取费用

E. 依法向被派遣劳动者支付加班费

解析 本题考查特殊用工。B选项错误，应该是：督促用工单位依法为被派遣劳动者提供劳动保护和劳动安全卫生条件。选项E错误，用工单位支付加班费、绩效奖金，提供与工作岗位相关的福利待遇。　**答案** ACD

三、案例分析题

（一）

（2019年）女职工甲与某公司依法签订无固定期限劳动合同。2017年7月，甲怀孕，由于年龄较大，需要保胎，甲多次迟到或者不上班，2018年7月至12月累积15天没有上班。某公司的规章规定，累计旷工10天以上构成严重违反用人单位规章。据此，公司与甲解除了劳动合同。甲认为公司违法解除，要求其承担违法解除的法律责任。

1. 关于该公司解除劳动合同行为的说法，正确的是（ ）。

    A. 因为甲处于孕期，公司无权解除劳动合同

    B. 公司解除劳动合同应通知工会，并经工会书面同意

    C. 作为解除依据的公司规章制度，应当内容合法、经过民主程序，并向劳动者公示或告知

    D. 因为甲签订的是无固定期限劳动合同，所以公司无权单方解除劳动合同

    解析 本题考查劳动合同解除。选项A、D错误，由于甲累计旷工10天以上，严重违反用人单位规章，用人单位可随时与甲解除劳动合同。 **答案** BC

2. 关于该公司解除劳动合同后的义务的说法，正确的是（ ）。

    A. 因为甲是孕妇，公司应为其支付经济补偿

    B. 因为甲是孕妇，公司应为其支付赔偿金

    C. 公司应当保存已解除的合同文本至少2年备查

    D. 公司应在2个月内为劳动者办理社会保险和档案转接手续

    解析 本题考查劳动合同解除。选项A、B错误，由于甲严重违反用人单位规章，用人单位可随时与甲解除劳动合同，不需要支付经济补偿。选项D错误，用人单位应当在解除或者终止劳动合同15日内为劳动者办理档案和社会保险关系转移手续。 **答案** C

3. 如果甲以公司未为其缴纳社会保险为由解除劳动合同，下列判断中，正确的是（ ）。

    A. 如需支付经济补偿，则经济补偿按甲在公司的工作年限，每满1年支付1个月工资的标准支付

    B. 甲只能采取书面形式通知公司

    C. 甲需提前30天通知公司

    D. 公司无需支付经济补偿

    解析 本题考查劳动合同解除。选项B错误，甲可以采取口头形式或者书面形式通知公司。选项C、D错误，用人单位未依法为劳动者缴纳社会保险费的，劳动者可以解除劳动合同，且无须提前通知用人单位。用人单位需要支付经济补偿。 **答案** A

4. 如果甲对该公司的解除劳动合同行为不服，可以采取的救济途径是（ ）。

    A. 甲可以请求工会协助其与企业进行协商

    B. 甲可以直接向劳动仲裁机构申请仲裁

    C. 甲可以直接向人民法院提起诉讼

    D. 甲可以向劳动行政部门申请行政复议

    解析 本题考查劳动争议的处理。劳动争议当事人解决劳动争议的基本方法是申请调解、仲裁和提起诉讼，也可以自行协商解决劳动争议。 **答案** ABC

（二）

（2017年）2016年甲公司生产经营发生重大困难，准备裁减人员，同年6月1日，甲公司向职工公布了裁减人员方案，并宣布一周后解除50名职工劳动合同。6月2日，甲公司将方案送给本公司工会征求意见。当地劳动行政部门指出，甲公司裁减人员方案没有向该部门报告，存在程序问题，公司工会也提出，公司应当在裁员前30日向工会说明情况。

同时，公司工会反映，在收集职工意见

时，职工表示，公司在既没有破产也没有转产的情况下，不应当实施裁员；还有职工表示希望公司遵守劳动合同法，优先留用签订较长期限劳动合同，无固定期限劳动合同家庭无其他就业人员且有未成年人需要抚养和被评过先进的职工。

于是甲公司重新制定了裁员方案，在经过规定程序后公布的裁员方案中，将裁员被解除劳动合同职工的经济补偿金标准定为在本公司工作每满1年支付半个月工资。

1. 以下公司裁减人员的方案的说法，正确的有(   )。

   A. 甲公司应当在裁减人员前30日向工会全体职工说明情况，听取工会或职工的意见

   B. 甲公司应当向当地劳动行政部门报告裁减人员方案后，再裁减人员

   C. 甲公司裁员人数未达到职工总人数的10%，可以随时实施裁员

   D. 甲公司裁减人员方案应当经当地劳动行政部门批准方能实施

   解析 本题考查劳动合同解除。《劳动合同法》第四十一条规定，需要裁减人员二十人以上或者裁减不足二十人但占企业职工总数百分之十以上的，用人单位提前三十日向工会或者全体职工说明情况，听取工会或者职工的意见后，裁减人员方案经劳动行政部门报告，可以裁减人员。

   答案 AB

2. 甲公司依法可以实施裁员的情形包括(   )。

   A. 甲公司生产经营发生严重困难

   B. 甲公司可能破产

   C. 甲公司决定转产

   D. 甲公司富余的职工较多

   解析 本题考查劳动合同解除。企业可以依法裁员的情况：(1)依照企业破产法规定进行重整的；(2)生产经营发生严重困难的；(3)企业转产、重大技术革新或者经营方式调整，变更劳动合同后，仍需裁减人员的；(4)其他因劳动合同订立时所依据的客观经济情况发生重大变化，致使劳动合同无法履行的。

   答案 AC

3. 甲公司裁员时应优先留用的职工有(   )。

   A. 与甲公司签订较长期限劳动合同的职工

   B. 与甲公司签订无固定期限劳动合同的职工

   C. 家庭无其他就业人员且有需要抚养未成年人的职工

   D. 曾被评为先进的职工

   解析 本题考查劳动合同解除与终止。用人单位裁减人员时，应当优先留用下列人员：(1)与本单位订立较长期限的固定期限劳动合同的；(2)与本单位订立无固定期限劳动合同的；(3)家庭无其他就业人员，有需要扶养的老人或者未成年人的。

   答案 ABC

4. 关于甲公司支付经济补偿，说法正确的是(   )。

   A. 甲公司因生产经营严重困难实施裁员，可以不支付经济补偿金

   B. 甲公司应当支付的经济补偿标准为在本公司工作每满1年支付半个月工资

   C. 甲公司应当支付的经济补偿标准为在本公司工作每满1年支付1个月工资

   D. 甲公司应当按本地区上年度职工月平均工资3倍的标准支付经济补偿金

   解析 本题考查解除与终止劳动合同的经济补偿。经济补偿按劳动者在本单位工作的年限，每满一年支付一个月的工资的标准向劳动者支付；6个月以上不满1年的，按1年计算；不满6个月的，向劳动者支付半个月工资。

   答案 C

同步系统训练

一、单项选择题

1. 下列不属于用人单位履行劳动合同应承担的义务的是(　　)。
   A. 向劳动者及时足额支付劳动报酬
   B. 不得强迫或者变相强迫劳动者加班
   C. 向劳动者提供福利
   D. 应当保护劳动者的生命安全和身体健康

2. 关于执行劳动条件和最低工资标准的说法，正确的是(　　)。
   A. 劳动合同履行地与用人单位注册地不一致时，涉及劳动条件的内容，执行用人单位注册地的有关规定
   B. 劳动合同履行地与用人单位注册地不一致时，涉及最低工资标准的内容，执行劳动合同履行地的标准
   C. 劳动合同履行地与用人单位注册地不一致时，涉及劳动条件内容，由用人单位决定是执行用人单位注册地还是劳动合同履行地有关规定
   D. 劳动合同履行地与用人单位注册地不一致时，涉及最低工资标准的内容，由劳动者决定是执行用人单位注册地还是劳动合同履行地标准

3. 变更劳动合同应当采用(　　)。
   A. 口头形式　　　B. 书面形式
   C. 电子形式　　　D. 录音形式

4. 合同双方当事人因某种原因，在完全自愿的情况下，互相协商，在彼此达成一致的基础上提前解除劳动合同的情形是(　　)。
   A. 协商解除　　　B. 法定解除
   C. 单方解除　　　D. 自动解除

5. 用人单位因客观原因提前(　　)日以书面形式通知劳动者或者额外支付劳动者一个月工资后，可以解除劳动合同。
   A. 10　　　　　　B. 15
   C. 20　　　　　　D. 30

6. 关于解除与终止劳动合同的经济补偿的计算标准，说法正确的是(　　)。
   A. 劳动者工作不满六个月的，用人单位不向劳动者支付经济补偿
   B. 劳动者工作在六个月以上不满一年的，支付劳动者半个月工资补偿
   C. 劳动者工作每满一年支付劳动者一个月工资补偿
   D. 劳动者工作每满一年支付劳动者两个月工资补偿

7. 用人单位的规章制度和重大事项决定在实施过程中，如工会或者职工认为不适当的，(　　)。
   A. 应当提请职工代表大会或者全体职工讨论，形成方案和意见后再与用人单位平等协商修改
   B. 用人单位应将修改完善的方案提交工会讨论通过
   C. 有权向用人单位提出，通过协商予以修改完善
   D. 可以向劳动争议仲裁委员会申请仲裁

8. 关于制定劳动规章制度的说法，正确的是(　　)。
   A. 劳动规章制度应当由工会制定
   B. 劳动规章制度应当经过民主程序制定
   C. 劳动规章制度应当在劳动行政部门领导下制定
   D. 劳动规章制度必须经劳动者同意方可制定

9. 关于用人单位劳动规章制度的说法，正确的是(　　)。
   A. 用人单位制定的劳动规章制度公布后，即对职工具有法律约束力
   B. 用人单位制定的劳动规章制度公布后，无需告知职工即可实施
   C. 在劳动规章制度实施过程中，工会认为不适当的内容，用人单位应当按工会要求

予以修改

D. 用人单位制定的劳动规章制度违反法律规定，应当由劳动行政部门责令改正

10. 《劳动合同法》规定：用人单位的规章制度违反法律、法规规定的，（ ）。

　　A. 由劳动行政部门责令改正，给予公示；给劳动者造成损害的，应当承担民事责任

　　B. 由劳动监察部门责令改正，给予警告；给劳动者造成损害的，应当承担赔偿责任

　　C. 由劳动监察部门责令改正，给予行政处罚；给劳动者造成损害的，应承担赔偿责任

　　D. 损害劳动者权益的，劳动者可以解除劳动合同，用人单位应当向劳动者支付经济补偿

11. 劳务派遣单位在跨地区派遣劳动者时，被派遣劳动者享有的劳动报酬和劳动条件应当按照（ ）规定的标准执行。

　　A. 用工单位所在地
　　B. 劳务派遣单位所在地
　　C. 用工单位职工代表大会
　　D. 劳务派遣单位规章制度

12. 关于劳务派遣劳动合同的表述，错误的是（ ）。

　　A. 劳务派遣单位与被派遣劳动者订立的劳动合同应当载明被派遣劳动者的用工单位以及派遣期限和工作岗位

　　B. 劳务派遣单位应当与被派遣劳动者订立二年以上的固定期限劳动合同，按月支付劳动报酬

　　C. 被派遣劳动者在无工作期间，劳务派遣单位应当按照全国社会平均工资标准，向其按月支付报酬

　　D. 劳务派遣单位可以依法与被派遣劳动者约定试用期

13. 下列关于劳务派遣的表述错误的是（ ）。

　　A. 用工单位应当按照同工同酬原则，对被派遣劳动者与本单位同类岗位的劳动者实行相同的劳动报酬分配办法

　　B. 经营劳务派遣业务，应当向劳动行政部门依法申请行政许可

　　C. 劳务派遣单位的注册资本不得少于人民币 50 万元

　　D. 违反规定，未经许可擅自经营劳务派遣业务的，由劳动行政部门责令停止违法行为，没收违法所得，并处违法所得一倍以上五倍以下的罚款

14. 非全日制用工的劳动报酬结算支付周期最长不得超过（ ）日。
　　A. 7　　　　　　　B. 10
　　C. 15　　　　　　D. 30

15. 非全日制用工双方当事人（ ）。
　　A. 不得订立口头协议
　　B. 应提前 30 日通知对方终止用工
　　C. 不得约定试用期
　　D. 应提前 3 日通知对方终止用工

16. 从事非全日制用工的劳动者，在同一用人单位每周工作时间累计不得超过（ ）小时。
　　A. 20　　　　　　B. 24
　　C. 30　　　　　　D. 35

二、多项选择题

1. 劳动者在履行劳动合同过程中，除要执行《劳动法》《劳动合同法》相关规定外，还应当承担（ ）义务。

　　A. 遵守国家法律法规，遵守用人单位的规章制度
　　B. 无条件服从单位领导指挥
　　C. 完成劳动合同约定的工作内容
　　D. 遵守用人单位的知识产权保密事项
　　E. 保守用人单位的商业秘密

2. 劳动合同履行应遵循的原则有（ ）。
　　A. 公平原则　　　B. 平等原则
　　C. 全面履行原则　D. 自愿原则
　　E. 合法原则

3. 劳动合同解除一般包括（ ）。
　　A. 协商解除　　　B. 法定解除
　　C. 单方解除　　　D. 主动解除

E. 被动解除

4. 用人单位裁减人员时，应当优先留用的人员有（   ）。
   A. 与本单位订立较短期限的固定期限劳动合同的
   B. 与本单位订立较长期限的固定期限劳动合同的
   C. 与本单位订立无固定期限劳动合同的
   D. 家庭无其他就业人员，有需要扶养的老人或者未成年人的
   E. 单位的高级管理人员、高级技术人员

5. 下列情形中，属于劳动合同变更的有（   ）。
   A. 订立劳动合同时所依据的法律法规已经修改或废止
   B. 劳动者不能胜任工作，被调整了工作岗位
   C. 双方当事人协商达成一致变更劳动合同
   D. 劳动合同订立时所依据的客观情况发生重大变化
   E. 用人单位发生合并或者分立

6. 竞业限制的人员限于用人单位的（   ）。
   A. 高级管理人员
   B. 高级技术人员
   C. 所有职员
   D. 负有保密义务的人员
   E. 基层人员

7. 在规章制度和重大事项决定实施过程中，（   ）认为不适当的，有权向用人单位提出，通过协商予以修改完善。
   A. 劳动行政部门
   B. 工会
   C. 劳动争议仲裁委员会
   D. 职工
   E. 人民法院

8. 用人单位制定的劳动规章制度出现违法情形时，可以采取的处理方式有（   ）。
   A. 劳动者以此为由随时提出解除劳动合同，并有获得经济补偿的权利
   B. 劳动者以此为由随时提出解除劳动合同，但没有经济补偿
   C. 向人民法院起诉
   D. 由劳动行政部门责令改正
   E. 由职工代表大会责令改正

9. 根据《劳动合同法》的特别规定，下列对非全日制用工的描述正确的有（   ）。
   A. 非全日制用工双方当事人可以订立口头协议
   B. 非全日制用工双方当事人可以约定试用期
   C. 非全日制用工劳动报酬结算支付周期最长不得超过30日
   D. 非全日制用工双方当事人任何一方都可以随时通知对方终止用工
   E. 从事非全日制用工的劳动者可以与一个或一个以上用人单位订立劳动合同

三、案例分析题

（一）

某公司专门从事劳务派遣业务。最近，该公司与某培训中心签订了一份劳务派遣协议，约定向其派遣20名教学辅助人员，分为两个周期，每个周期为1年，每个周期结束前订立新的劳务派遣协议。该公司根据这份协议，招收了20名被派遣劳动者，并与他们签订了劳动合同。可此时，因招生规模的变化，培训中心只需要19名被派遣劳动者。为维护与培训中心的合作关系，该公司只好按培训中心要求派出19名被派遣劳动者。公司王经理与未被派遣到培训中心的小张协商，在其无工作期间，该公司将按当地最低生活保障标准给予生活补助。

1. 关于劳务派遣公司设立的说法，正确的有（   ）。
   A. 培训中心可以设立向本中心派遣劳动者的劳务派遣公司
   B. 劳务派遣公司必须依照《公司法》设立，注册资本不得少于人民币200万元
   C. 培训中心不可以设立向本中心所属单位

派遣劳动者的劳务派遣公司

D. 劳务派遣公司必须依照《公司法》设立，注册资本不得少于10万元人民币

2. 关于该公司与培训中心订立劳务派遣协议的说法，错误的有( )。

A. 劳务派遣协议应约定被派遣劳动者的数量

B. 劳务派遣协议中可以约定培训中心不得将劳务派遣协议内容告知被派遣劳动者

C. 劳务派遣协议可以约定违反协议的责任

D. 该公司与培训中心可将派遣期限分为两期，每个周期结束前订立新的劳务派遣协议

3. 该公司对小张采取的下列做法，符合法律规定的是( )。

A. 在小张无工作期间，该公司按当地最低生活保障标准向其支付生活补助

B. 该公司与小张订立一年期限劳动合同

C. 该公司在小张无工作期间，按当地政府规定的最低工资标准，向其按月支付报酬

D. 该公司随时解除与小张签订的劳动合同

(二)

甲公司因整理文字资料的需要招聘了李某，并与李某协商签订了一份非全日制用工劳动合同。李某工作一段时间后，觉得收入太低，又到乙公司工作，并签订了非全日制用工劳动合同。不久，李某觉得同时在两家公司工作太累，遂向甲公司提出解除劳动合同。甲公司认为李某应提前30日通知该公司解除劳动合同；而李某则向甲公司提出解除劳动合同经济补偿的要求。

1. 关于李某订立非全日制用工劳动合同的说法，正确的是( )。

A. 李某不得与甲公司以外的用人单位订立劳动合同

B. 李某与甲公司订立的非全日制用工劳动合同不得约定试用期

C. 需经甲公司同意，李某才能与乙公司订立劳动合同

D. 甲公司与李某不可以订立口头协议

2. 关于甲公司支付李某劳动报酬的说法，正确的是( )。

A. 李某所从事的非全日制用工必须按周计酬

B. 甲公司向李某支付劳动报酬的周期最长不得超过15日

C. 甲公司应按月向李某支付劳动报酬

D. 李某在甲公司的计酬标准不得低于最低生活保障标准

3. 关于李某解除劳动合同的说法，正确的有( )。

A. 李某应提前30日通知甲公司解除劳动合同

B. 甲公司可不向李某支付经济补偿

C. 李某可以随时通知甲公司终止用工

D. 甲公司应向李某支付解除劳动合同生活补助

同步系统训练参考答案及解析

一、单项选择题

1. C 【解析】本题考查劳动合同履行。用人单位的义务：向劳动者及时足额支付劳动报酬；不得强迫或者变相强迫劳动者加班；应当保护劳动者的生命安全和身体健康。

2. B 【解析】本题考查劳动合同履行的原则。劳动合同履行地与用人单位注册地不一致的，有关劳动者的最低工资标准、劳动保护、劳动条件、职业危害防护和本地区上年度职工月平均工资标准等事项，执行劳动合同履行地的标准。

3. B 【解析】本题考查劳动合同的变更。变更劳动合同应当采用书面形式。

4. A 【解析】本题考查劳动合同的解除。协商解除是指合同双方当事人因某种原因，在完全自愿的情况下，互相协商，在彼此达成一致的基础上提前解除劳动合同的情形。

5. D 【解析】本题考查劳动合同的解除。用人单位因客观原因提前30日以书面形式通知劳动者或者额外支付劳动者一个月工资后，可以解除劳动合同。

6. C 【解析】本题考查劳动合同解除与终止的内容。每满1年支付1个月工资；6个月以上不满1年的，按1年计算；不满6个月的，向劳动者支付半个月工资。

7. C 【解析】本题考查劳动规章制度的相关内容。在规章制度和重大事项决定实施过程中，工会或者职工认为不适当的，有权向用人单位提出，通过协商予以修改完善。

8. B 【解析】本题考查劳动规章制度的制定。劳动规章制度由用人单位依法制定，建立劳动规章制度既是用人单位的权利又是用人单位的义务，选项A、C错误。国有企业制定劳动规章应当经职代会讨论通过，对于非国有企业制定劳动规章制度，法律没有强制必须经职代会讨论通过，选项D错误。

9. D 【解析】本题考查用人单位劳动规章制度。劳动规章制度要具有法律效力，应满足三个条件：一是内容合法，不违背有关法律法规及政策；二是经过民主程序制定；三是要向劳动者公示。选项A错误。《劳动合同法》规定：用人单位应当将直接涉及劳动者切身利益的规章制度和重大事项决定公示，或者告知劳动者。选项B错误。在规章制度和重大事项决定实施过程中，工会或者职工认为不适当的，有权向用人单位提出，通过协商予以修改完善。选项C错误。

10. D 【解析】本题考查违反劳动规章制度的处理。《劳动合同法》规定：用人单位的规章制度违反法律、法规的规定，损害劳动者权益的，劳动者可以解除劳动合同，用人单位应当向劳动者支付经济补偿。

11. A 【解析】本题考查劳务派遣单位的法定义务。劳务派遣单位在跨地区派遣劳动者时，劳务派遣单位应当保证被派遣劳动者享有的劳动报酬和劳动条件，符合用工单位所在地规定的标准。因此选A。

12. C 【解析】本题考查劳务派遣的相关内容。被派遣劳动者在无工作期间，劳务派遣单位应当按照所在地人民政府规定的最低工资标准，向其按月支付报酬。

13. C 【解析】本题考查劳务派遣的相关内容。劳务派遣单位的注册资本不得少于人民币200万元。

14. C 【解析】本题考查非全日制用工。非全日制用工的劳动报酬结算支付周期最长不得超过15日。因此选C。

15. C 【解析】本题考查非全日制用工。非全日制用工双方当事人可以订立口头协议。非全日制用工双方当事人任何一方都可以随时通知对方终止用工。终止用工，用人单位不向劳动者支付经济补偿。

16. B 【解析】本题考查非全日制用工。从事非全日制用工的劳动者，在同一用人单位每周工作时间累计不得超过24小时。

二、多项选择题

1. ACDE 【解析】本题考查劳动者的义务。劳动者的义务：（1）遵守国家法律法规，遵守用人单位的规章制度；（2）完成劳动合同约定的工作内容，如果从事兼职，不能影响本单位的工作任务；（3）遵守劳动合同中约定的特定事项的义务。主要包括约定服务期和约定保守用人单位的商业秘密和与知识产权相关的保密事项。

2. CE 【解析】本题考查劳动合同履行的原则。劳动合同履行的原则是：全面履行原则和合法原则。

3. AB 【解析】本题考查劳动合同解除的内容。劳动合同解除一般包括协商解除和法定解除。

4. BCD 【解析】本题考查劳动合同的解除。用人单位裁减人员时，应当优先留用：(1)与本单位订立较长期限的固定期限劳动合同的；(2)与本单位订立无固定期限劳动合同的；(3)家庭无其他就业人员，有需要扶养的老人或者未成年人的。

5. ABCD 【解析】本题考查劳动合同变更。用人单位发生合并或者分立等情况，原劳动合同继续有效，劳动合同由承继其权利义务的用人单位继续履行，所以选项 E 不选。

6. ABD 【解析】本题考查竞业限制。竞业限制的人员限于用人单位的高级管理人员、高级技术人员和其他负有保密义务的人员。

7. BD 【解析】本题考查制定劳动规章制度的程序。在规章制度和重大事项决定实施过程中，工会或者职工认为不适当的，有权向用人单位提出，通过协商予以修改完善。因此选 B、D。

8. AD 【解析】本题考查违反劳动规章制度的处理方式。用人单位制定的劳动规章制度出现违法情形时，有两种处理方式：(1)允许劳动者以此为由随时提出解除劳动合同，并有获得经济补偿的权利；(2)由劳动行政部门责令改正。

9. ADE 【解析】本题考查《劳动合同法》对非全日制用工的特殊规定。非全日制用工双方当事人不得约定试用期；非全日制用工劳动报酬结算支付周期最长不得超过15日。所以选项 B、C 错误。

三、案例分析题

（一）

1. BC 【解析】本题考查劳务派遣公司的设立。劳务派遣单位应当依照《公司法》的有关规定设立，注册资本不得少于人民币200万元。用人单位不得设立劳务派遣单位向本单位或者所属单位派遣劳动者。

2. BD 【解析】本题考查订立劳务派遣协议的相关内容。劳务派遣单位应当将劳务派遣协议的内容告知被派遣劳动者。用工单位应当根据工作岗位的实际需要与劳务派遣单位确定派遣期限，不得将连续用工期限分割订立数个短期劳务派遣协议。所以选项 B、D 错误。

3. C 【解析】本题考查劳务派遣劳动合同的规定。劳务派遣单位应当与被派遣劳动者订立二年以上的固定期限劳动合同，按月支付劳动报酬；被派遣劳动者在无工作期间，劳务派遣单位应当按照所在地人民政府规定的最低工资标准，向其按月支付报酬。劳务派遣单位可以依照相关规定解除与劳动者的劳动合同。

（二）

1. B 【解析】本题考查非全日制用工的规定。从事非全日制用工的劳动者可以与一个或者一个以上用人单位订立劳动合同；但是，后订立的劳动合同不得影响先订立的劳动合同的履行。非全日制用工双方当事人可以订立口头协议。所以选项 A、C、D 错误。

2. B 【解析】本题考查非全日制用工的规定。非全日制用工以小时计酬为主。非全日制用工小时计酬标准不得低于用人单位所在地人民政府规定的最低小时工资标准。所以选项 A、C、D 错误。

3. BC 【解析】本题考查非全日制用工的规定。非全日制用工双方当事人任何一方都可以随时通知对方终止用工。终止用工，用人单位不向劳动者支付经济补偿。

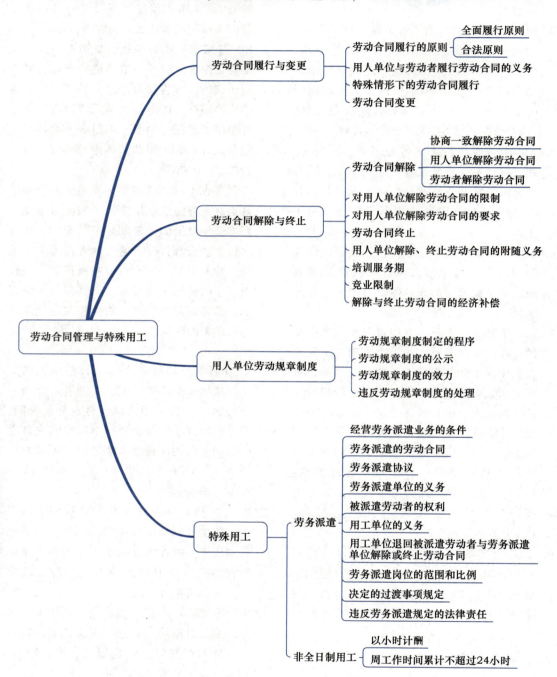

第15章 社会保险法律

考情分析

本章主要讲述社会保险法律的内容。本章的重点是社会保险法律关系、适用以及《中华人民共和国社会保险法》的基本内容。从近三年的考题来看,以单项选择题和多项选择题为主,所占分值较少。

最近三年本章考试题型、分值分布

年份	单项选择题	多项选择题	案例分析题	合计
2019 年	1 题 1 分	1 题 2 分	—	2 题 3 分
2018 年	1 题 1 分	—	—	1 题 1 分
2017 年	1 题 1 分	1 题 2 分	—	2 题 3 分

本章主要考点

1. 社会保险法律关系的概念、主体、客体。
2. 社会保险法律适用的特征、基本原则、基本规则。
3.《中华人民共和国社会保险法》的基本内容。

重点、难点讲解及典型例题

▶ 考点一 社会保险法律关系(见表 15-1)

表 15-1 社会保险法律关系

概念		社会保险各主体间,如国家与劳动者之间、社会保险经办机构与劳动者之间、社会保险经办机构之间、社会保险经办机构与用人单位之间、用人单位与劳动者之间,就社会保险的权利义务所产生的法律关系(我国社会保险方面的法律规范属于社会法)
主体	从社会保险责任分	(1)国家; (2)社会保险的管理和经办机构(目前,我国征缴社会保险费的法定机构是:税务机关、社会保险经办机构); (3)用人单位:社会保险基金的主要缴纳者; (4)劳动者及其家庭:既是社会保险的受益人,同时劳动者本人又要承担相应的缴费义务
	从保险业务分	保险人(在我国,保险人称为社会保险经办机构)、投保人、被保险人、受益人、管理人、监督人
客体		社会保险法律关系主体的权利和义务所指向的对象,包括**资金**、**物**、**服务行为**

续表

产生	主体间依照社会保险法律规定建立起社会保险法律关系,从而产生一定的权利与义务
变更	主体间已建立的社会保险法律关系,依照法律的规定,变更其内容,从而引起权利义务内容和范围的变动
消灭	主体间的社会保险法律关系依法解除或终止,即劳动权利与义务的消灭
其他	社会保险法律规定是产生、变更、消灭社会保险关系的<u>前提</u>,社会保险法律事实是引起社会保险法律关系产生、变更、消灭的原因和条件

【例1·多选题】下列法律关系中,属于社会保险法律关系的有( )。
A. 征收社会保险费的机构与劳动者因征收失业保险费产生的法律关系
B. 企业与劳动者因建立企业年金产生的法律关系
C. 社会保险经办机构与退休职工因支付基本养老金产生的法律关系
D. 社会保险行政部门与企业认定工伤产生的法律关系
E. 商业保险公司与参加意外伤害险的职工因支付住院津贴产生的法律关系

解析 本题考查社会保险法律关系的概念。社会保险法律关系是指社会保险各主体之间,如国家与劳动者之间、社会保险经办机构与劳动者之间、社会保险经办机构之间、社会保险经办机构与用人单位之间、用人单位与劳动者之间,就社会保险的权利义务所产生的法律关系。"企业年金"不是社会保险,所以选项 B 错误;选项 E 错在"商业保险"。 **答案** ACD

考点二 社会保险法律适用(见表15-2)

表15-2 社会保险法律适用

概念	社会保险行政部门和法律授权的组织根据法定职权和法定程序,规范社会保险关系,维护公民参加社会保险和享受社会保险待遇的合法权益,使公民共享发展成果,促进社会和谐稳定,用来解决具体问题的专门活动
特征	(1)具有特殊的主体(根据主体不同,可分为司法适用、行政适用、仲裁和调解); (2)具有专业性; (3)具有程序性; (4)具有国家强制性; (5)须有表明法律适用结果的法律文书
基本原则	(1)以事实为依据、以法律为准绳; (2)公民在法律面前一律平等; (3)实事求是,有错必纠
基本要求	合法、准确、及时
基本规则	(1)上位法的效力高于下位法(宪法具有最高的法律效力); (2)同位法中特别规定与一般规定不一致时,适用<u>特别规定</u>; (3)同位法中新的规定与旧的规定不一致时,适用<u>新的规定</u>; (4)原则上不溯及既往(特殊规定除外)

▶ **考点三** 《中华人民共和国社会保险法》的基本内容(见表 15-3)

表 15-3 《中华人民共和国社会保险法》的基本内容

施行时间	2011 年 7 月 1 日
颁布意义	(1)是一部着力保障和改善民生的法律; (2)是我国人力资源社会保障法制建设中的又一座里程碑; (3)对建立覆盖居民的社会保障体系,更好地维护公民参加社会保险和享受社会保险待遇的合法权益,使公民共享发展成果,促进社会主义和谐社会建设,具有十分重要的意义
立法依据	(1)贯彻落实党中央的重大决策部署; (2)使广大人民群众共享改革发展成果; (3)**公平与效率相结合,权利与义务相适应**(优先体现公平原则和普惠性原则,同时体现激励和引导原则); (4)确立框架,循序渐进
基本框架	(1)基本养老保险:职工基本养老保险、新型农村社会养老保险和城镇居民社会养老保险; (2)基本医疗保险:职工基本医疗保险、新型农村合作医疗和城镇居民基本医疗保险; (3)工伤保险; (4)失业保险; (5)生育保险
覆盖范围	(1)基本养老保险和基本医疗保险覆盖了我国城乡全体居民; (2)工伤保险、失业保险和生育保险覆盖了所有用人单位及其职工; (3)被征地农民按照国务院规定纳入相应的社会保险制度; (4)香港澳门台湾居民在内地(大陆)按照规定参加社会保险; (5)在中国境内就业的外国人,也应当参照规定参加我国的社会保险

【例 2 · 单选题】关于社会保险的说法,正确的是( )。
A. 在中国境内就业的外国人应当参照社会保险法参加社会保险
B. 社会保险法确立了企业职工参加商业养老保险的基本模式
C. 社会保险是依据 1994 年颁布的劳动法制定的
D. 职工自愿参加社会保险是社会保险法的一项立法原则

解析 ▶ 本题考查《社会保险法》。《社会保险法》确立了我国社会保险体系的基本框架。社会保险是依据《社会保险法》制定的。《社会保险法》的立法原则:一是贯彻落实党中央的重大决策部署;二是使广大人民群众共享改革发展成果;三是公平与效率相结合,权利与义务相适应;四是确立框架,循序渐进。

答案 ▶ A

历年考题解析

一、**单项选择题**

1. (2019 年)根据《社会保险法》的规定,以下选项不属于社会保险险种的是( )。
   A. 失业保险　　B. 工伤保险
   C. 生育保险　　D. 雇主责任险

解析 ▶ 本题考查社会保险法律。《社会保险法》规定,国家建立基本养老保险、基本医疗保险、工伤保险、失业保险、生育保险等社会保险制度,保障公民在年老、疾病、工伤、失业、生育等情况下依法获

得物质帮助的权利。 答案 ▶ D

2. (2018年)关于社会保险覆盖范围的说法，正确的是( )。
   A. 外国人在我国就业的可以不缴纳社会保险
   B. 劳动者在两个单位工作的，可以选择其中一家单位缴纳工伤保险费
   C. 非全日制从业人员不能缴纳职工基本医疗保险
   D. 无雇工的个体工商户可以参加职工基本养老保险

   解析 ▶ 本题考查社会保险。选项A错误：在中国境内就业的外国人，也应当参照本法规定参加我国的社会保险。基本养老保险制度和基本医疗保险制度覆盖了我国城乡全体居民。即用人单位及其职工应当参加职工基本养老保险和职工基本医疗保险；无雇工的个体工商户、未在用人单位参加社会保险的非全日制从业人员以及其他灵活就业人员可以参加职工基本养老保险和职工基本医疗保险。 答案 ▶ D

3. (2017年)社会保险法律关系主体中不包括( )。
   A. 承担社会保险费缴纳义务的用人单位
   B. 参与社会保险并履行缴纳社会保险费义务的劳务者
   C. 依法裁判社会保险争议的人民法院
   D. 向劳动者发放社会保险待遇的社会保险经办机构

   解析 ▶ 本题考查社会保险法律关系。从社会保险责任划分的社会保险法律关系主体包括：国家、社会保险的管理和经办机构、用人单位、劳动者及其家庭。从保险业务划分的社会保险法律关系主体包括：保险人、投保人、被保险人、受益人、管理人、监督人。 答案 ▶ C

二、多项选择题

1. (2019年)下列主体中，属于社会保险法律关系主体的有( )。
   A. 用人单位
   B. 劳动者
   C. 人寿保险公司
   D. 国家
   E. 社会保险的管理和经办机构

   解析 ▶ 本题考查社会保险法律关系的主体。从社会保险责任划分的社会保险法律关系主体包括：国家、社会保险的管理和经办机构、用人单位、劳动者及其家庭。 答案 ▶ ABDE

2. (2017年)下列保险中属于社会保险法规定的基本医疗保险的有( )。
   A. 工伤保险
   B. 职工基本医疗保险
   C. 新型农村合作医疗
   D. 城镇居民基本医疗保险
   E. 大病无忧健康保险

   解析 ▶ 本题考查《社会保险法》的基本内容。基本医疗保险包括职工基本医疗保险、新型农村合作医疗和城镇居民基本医疗保险。 答案 ▶ BCD

同步系统训练

一、单项选择题

1. 在我国，社会保险方面的法律规范属于( )。
   A. 社会法   B. 经济法
   C. 行政法   D. 诉讼法

2. 下列既是社会保险的受益人，同时又要承担相应的缴费义务的是( )。
   A. 国家税务机关   B. 国家
   C. 劳动者及其家庭 D. 用人单位

3. 在我国，( )称为社会保险经办机构。
   A. 监督人   B. 投保人
   C. 管理人   D. 保险人

4. 从社会保险责任看，社会保险基金的主要缴纳者是( )。

A. 用人单位　　　B. 保险公司
C. 受益人　　　　D. 国家

5. 引起社会保险法律关系产生、变更、消灭的原因和条件是(　　)。
   A. 社会保险内容
   B. 社会保险法律事实
   C. 社会保险金
   D. 社会保险法律规定

6. 社会保险法律关系的客体是社会保险法律关系主体的权利和义务所指向的对象,它不包括(　　)。
   A. 物　　　　　　B. 资金
   C. 精神财富　　　D. 服务行为

7. 下列不属于社会保险法律适用的基本原则的是(　　)。
   A. 合法、准确、及时
   B. 公民在法律面前一律平等
   C. 以事实为依据,以法律为准绳
   D. 实事求是,有错必纠

8. 《社会保险法》从我国基本国情和社会主义初级阶段的实际出发,在政府主导的社会保险制度上,优先体现(　　)和普惠性原则。
   A. 公平　　　　　B. 效率
   C. 激励　　　　　D. 引导

二、多项选择题

1. 我国征缴社会保险费的法定机构有(　　)。
   A. 税务机关
   B. 劳动保障行政部门
   C. 社会保险经办机构
   D. 人民银行
   E. 劳动局

2. 社会保险法律适用根据主体不同,可分为(　　)。
   A. 仲裁　　　　　B. 行政适用
   C. 司法适用　　　D. 调解
   E. 刑事适用

3. 从保险业务分,社会保险法律关系的主体有(　　)。
   A. 国家　　　　　B. 保险人
   C. 被保险人　　　D. 管理人
   E. 监督人

4. 社会保险法律适用的特征包括(　　)。
   A. 具有特殊的主体
   B. 具有国家强制性
   C. 具有程序性
   D. 具有非专业性
   E. 必须有表明法律适用结果的法律文书

5. 下列有关社会保险法律适用的说法,正确的有(　　)。
   A. 劳动和社会保险法律适用具有国家强制性
   B. 同位法中特别规定与一般规定不一致时,适用一般规定
   C. 同位法中新的规定与旧的规定不一致时,适用新的规定
   D. 劳动和社会保险法律适用必须有表明法律适用结果的法律文书
   E. 劳动和社会保险法律适用的基本要求是合法、准确、及时

6. 社会保险法律适用的基本要求有(　　)。
   A. 公平　　　　　B. 合法
   C. 准确　　　　　D. 及时
   E. 公正

7. 社会保险法的立法依据有(　　)。
   A. 确立框架,循序渐进
   B. 促进社会主义和谐社会建设
   C. 贯彻落实党中央的重大决策部署
   D. 使广大人民群众共享改革发展成果
   E. 公平与效率相结合,权利与义务相适应

8. 下列关于《社会保险法》内容的表述,正确的有(　　)。
   A. 基本养老保险和基本医疗保险覆盖了我国城乡全体居民
   B. 工伤保险、失业保险制度覆盖了所有用人单位及其职工
   C. 生育保险制度覆盖了我国城乡全体居民
   D. 在中国境内就业的外国人,也应当参照规定参加我国的社会保险
   E. 被征地农民按照国务院规定纳入相应的社会保险制度

同步系统训练参考答案及解析

一、单项选择题

1. A 【解析】本题考查社会保险法律关系。在我国,社会保险方面的法律规范属于社会法。

2. C 【解析】本题考查社会保险法律关系的主体。劳动者及其家庭既是社会保险的受益人,同时又要承担相应的缴费义务。

3. D 【解析】本题考查保险人的含义。保险人是指依法收取社会保险费,并按照规定支付保险待遇的主体。在我国,保险人称为社会保险经办机构。所以本题选 D。

4. A 【解析】本题考查社会保险法律关系的主体。从社会保险责任看,社会保险基金的主要缴纳者是用人单位。

5. B 【解析】本题考查社会保险法律事实。社会保险法律规定是产生、变更、消灭社会保险关系的前提,社会保险法律事实是引起社会保险法律关系产生、变更、消灭的原因和条件。

6. C 【解析】本题考查社会保险法律关系的客体。社会保险法律关系的客体是社会保险法律关系主体的权利和义务所指向的对象,包括资金、物和服务行为。

7. A 【解析】本题考查社会保险法律适用的基本原则。选项 A 属于劳动和社会保险法律适用的基本要求。

8. A 【解析】本题考查《社会保险法》的立法原则。《社会保险法》从我国基本国情和社会主义初级阶段的实际出发,在政府主导的社会保险制度上,优先体现公平原则和普惠性原则。

二、多项选择题

1. AC 【解析】本题考查社会保险法律关系。目前,我国征缴社会保险费的法定机构有两个,一是税务机关,二是社会保险经办机构。具体的征收社会保险费的机构由省级人民政府确定。

2. ABCD 【解析】本题考查社会保险法律适用。社会保险法律适用根据主体的不同,可分为司法适用、行政适用、仲裁和调解。不包括刑事适用。

3. BCDE 【解析】本题考查社会保险法律关系的主体。从保险业务分,社会保险法律关系的主体有保险人、投保人、被保险人、受益人、管理人、监督人。选项 A 是从社会保险责任角度划分的社会保险法律关系的主体之一。

4. ABCE 【解析】本题考查社会保险法律适用的特征。社会保险法律适用的特征包括:(1)具有特殊的主体;(2)具有专业性;(3)具有国家强制性;(4)具有程序性;(5)必须有表明法律适用结果的法律文书。所以选项 D 不选。

5. ACDE 【解析】本题考查社会保险法律适用的相关内容。同位法中特别规定与一般规定不一致时,适用特别规定。所以选项 B 说法错误。

6. BCD 【解析】本题考查社会保险法律适用的基本要求。社会保险法律适用的基本要求是合法、准确和及时。

7. ACDE 【解析】本题考查社会保险法的立法依据。社会保险法的立法原则包括:(1)贯彻落实党中央的重大决策部署;(2)使广大人民群众共享改革发展成果;(3)公平与效率相结合,权利与义务相适应;(4)确立框架,循序渐进。选项 B 为社会保险法颁布的意义。

8. ABDE 【解析】本题考查《社会保险法》的覆盖范围。工伤保险、失业保险和生育保险制度覆盖了所有用人单位及其职工。所以选项 C 错误。

本章思维导图

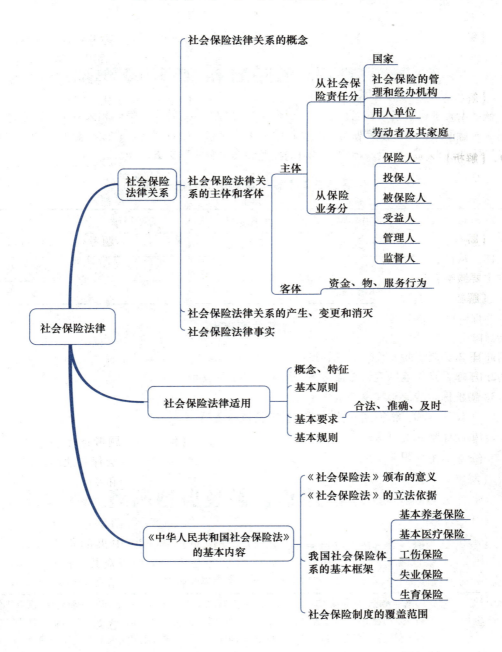

第 16 章 社会保险体系

考情分析

本章主要讲述国家对养老、医疗、工伤、失业、生育及补充保险的相关规定。本章的重点是基本养老保险、基本医疗保险、工伤保险、失业保险、生育保险、企业年金和职业年金。从近三年的考题来看，单项选择题、多项选择题和案例分析题都有涉及。

最近三年本章考试题型、分值分布

年份	单项选择题	多项选择题	案例分析题	合计
2019 年	1 题 1 分	1 题 2 分	—	2 题 3 分
2018 年	2 题 2 分	—	4 题 8 分	6 题 10 分
2017 年	1 题 1 分	1 题 2 分	—	2 题 3 分

本章主要考点

1. 基本养老保险制度、缴纳、待遇。
2. 基本医疗保险制度、覆盖范围、缴纳及基金的支付。
3. 工伤保险的原则和覆盖范围。
4. 工伤认定和工伤待遇、劳动能力鉴定及特殊情况。
5. 失业保险和生育保险。
6. 企业年金和职业年金。

重点、难点讲解及典型例题

考点一 基本养老保险（见表 16-1）

表 16-1 基本养老保险

概念	基本养老保险是国家通过立法，保障劳动者在达到法定退休年龄后，从基本养老保险基金获得一定的经济补偿、物质帮助和服务，以保证其晚年基本生活的一项社会保险制度。我国基本养老保险实行社会统筹与个人账户相结合的模式。基本养老保险基金由用人单位和个人缴费以及政府补贴等组成
保险费缴纳	用人单位应当按照国家规定的本单位职工工资总额的比例缴纳基本养老保险费，计入基本养老保险统筹基金

	续表
享受条件	享受按月领取基本养老金待遇必须具备两个条件： (1)**达到法定退休年龄**； 退休年龄的规定： ①男年满60周岁，女工人年满50周岁，女干部年满55周岁； ②从事井下、高空、高温、特别繁重体力或其他有害身体健康工作达到一定年限的，退休年龄为男满55周岁，女工人年满45周岁； ③因病或非因工致残，由医院证明并经劳动鉴定委员会确认完全丧失劳动能力的，退休年龄为男年满50周岁，女年满45周岁； (2)**累计缴纳基本养老保险费满15年**
缴费不足15年的处理	(1)参加基本养老保险的个人，达到法定退休年龄时累计缴费不足15年的，可以缴费至满15年，按月领取基本养老金；也可以转入新型农村社会养老保险或者城镇居民社会养老保险，按照国务院规定享受相应的养老保险待遇； (2)《社会保险法》实施前参保、延长缴费5年后仍不足15年的，可以一次性缴费至满15年； (3)参加职工基本养老保险的个人达到法定退休年龄后，累计缴费不足15年(含延长缴费)，且未转入新型农村社会养老保险或城镇居民社会养老保险的，个人可以书面申请终止职工基本养老保险关系； (4)参加职工基本养老保险的个人跨省流动就业，达到法定年龄时累计缴费不足15年的，按照有关待遇领取地的规定确定继续缴费地后，可按照规定延长缴费
发放方式	**委托银行发放、通过邮局寄发、社会保险机构直接发放、依托社区发放、设立派出机构发放**
保险关系的转接	《社会保险法》规定，个人跨统筹地区就业的，其基本养老保险关系随本人转移，缴费年限累计计算。个人达到法定退休年龄时，基本养老金分段计算、统一支付
近年来养老保险制度改革	(1)城乡居民养老保险制度： ①覆盖范围：年满16周岁(不含在校学生)，非国家机关和事业单位工作人员及不属于职工基本养老保险制度覆盖范围的城乡居民； ②基金筹集构成：个人缴费、集体补助、政府补贴； ③待遇及领取条件：个人账户养老金的月计发标准，目前为个人账户全部储存额除以139；参加城乡居民养老保险的个人，年满60周岁、累计缴费满15年，且未领取国家规定的基本养老保障待遇的，可以按月领取城乡居民养老保险待遇； (2)机关事业单位工作人员养老保险： ①覆盖范围：按照公务员法管理的单位、参照公务员法管理的机关(单位)、事业单位及其编制内的工作人员； ②基金筹资模式：社会统筹与个人账户相结合； ③养老金计发办法：按月发放；退休时的基础养老金月标准以当地上年度在岗职工月平均工资和本人指数化月平均缴费工资的平均值为基数，缴费每满1年发给1%； (3)降低社会保险费率内容： ①降低养老保险单位缴费比例：各省养老保险单位缴费比例高于16%的，可降至16%；目前低于16%的，要研究提出过渡办法； ②调整社会保险缴费基数政策

【例1·单选题】下列情形中，属于领取基本养老保险病残津贴条件的是(　　)。

A．因工伤部分丧失劳动能力　　　　B．因工伤完全丧失劳动能力

C．因病部分丧失劳动能力　　　　　D．因病完全丧失劳动能力

解析 本题考查基本养老保险待遇。参加基本养老保险的个人，因病或者非因工死亡的，其遗属可以领取丧葬补助金和抚恤金；在未达到法定退休年龄时因病或者非因工致残完全丧失

劳动能力的,可以领取病残津贴,所需资金从基本养老保险基金中支付。

答案 ▶ D

▶ **考点二　基本医疗保险**(见表16-2)

表16-2　基本医疗保险

概念	基本医疗保险是为了抗御疾病风险而建立的一种社会保险,被保险人患病就诊发生医疗费用后,由医疗保险机构对其给予一定的经济补偿
保费缴纳	基本医疗保险费由用人单位和个人共同缴纳。用人单位缴费水平按照当地工资总额的**6%**左右,个人缴费一般为本人工资收入的**2%**
支付	医疗费用依法应当由第三人负担,第三人不支付或无法确定第三人的,由基本医疗保险基金先行支付。基本医疗保险基金先行支付后,有权向第三人追偿
不纳入基本医疗支付的范围	(1)应当从工伤保险基金中支付的; (2)应当由第三人负担的; (3)应当由公共卫生负担的; (4)在境外就医的
保险关系的转移	《社会保险法》规定,个人跨统筹地区就业的,其基本医疗保险关系随本人转移,缴费年限累计计算

【例2·单选题】下列医疗费用中,纳入基本医疗保险基金支付范围的是(　　)。
A. 应当由第三人负担的医疗费用　　　　B. 抢救的医疗费用
C. 治疗工伤的医疗费用　　　　　　　　D. 在境外就医的费用

解析 ▶ 本题考查基本医疗保险基金的支付。下列医疗费用不纳入基本医疗保险基金支付范围:(1)应当从工伤保险基金中支付的;(2)应当由第三人负担的;(3)应当由公共卫生负担的;(4)在境外就医的。

答案 ▶ B

▶ **考点三　工伤保险和劳动能力鉴定**

(一)工伤保险(见表16-3)

表16-3　工伤保险

概念	又称职业伤害保险,指职工在工作过程中因工作原因受到事故伤害或者患职业病,由社会保险经办机构对其或供养亲属给予物质帮助和经济补偿的一项社会保险制度
原则	(1)无过失责任原则; (2)损害补偿原则; (3)预防、补偿和康复相结合的原则
用人单位责任	(1)用人单位分立、合并、转让的,承继单位应当承担原用人单位的工伤保险责任; (2)原用人单位已经参加工伤保险的,承继单位应当到当地经办机构办理工伤保险变更登记; (3)用人单位实行承包经营的,工伤保险责任由职工劳动关系所在单位承担; (4)职工被借调期间受到工伤事故伤害的,由原用人单位承担工伤保险责任,但原用人单位与借调单位可以约定补偿办法; (5)企业破产的,在破产清算时依法拨付应当由单位支付的工伤保险待遇费用; (6)职工被派遣出境工作,依据前往国家或者地区的法律应当参加当地工伤保险的,参加当地工伤保险,其国内工伤保险关系中止;不能参加当地工伤保险的,其国内工伤保险关系不中止; (7)职工(包括非全日制从业人员)在两个或者两个以上用人单位同时就业的,各用人单位应当分别为职工缴纳工伤保险费,职工发生工伤,由职工受到伤害时工作的单位依法承担工伤保险责任

续表

保险费缴纳	（1）由用人单位缴纳工伤保险费，职工不缴纳工伤保险费； （2）统筹地区经办机构根据用人单位工伤保险费使用、工伤发生率等情况，适用所属行业内相应的费率档次确定单位缴费费率； （3）用人单位缴纳工伤保险费的数额为本单位职工工资总额乘以单位缴费费率之积
认定工伤	（1）在工作时间和工作场所内，因工作原因受到事故伤害的； （2）工作时间前后在工作场所内，从事与工作有关的预备性或收尾性工作受到事故伤害的； （3）在工作时间和工作场所内，因履行工作职责受到暴力等意外伤害的； （4）患职业病的； （5）因工外出期间，由于工作原因受到伤害或者发生事故下落不明的； （6）在上下班途中，受到非本人主要责任的交通事故伤害的； （7）法律、行政法规规定应当认定为工伤的其他情形
视同工伤	（1）在工作时间和工作岗位，突发疾病死亡或在48小时之内经抢救无效死亡的； （2）在抢险救灾等维护国家利益、公共利益活动中受到伤害的； （3）职工原在军队服役，因战、因公负伤致残，已取得革命伤残军人证，到用人单位后旧伤复发的
不得认定或视同工伤	**（1）故意犯罪的；** **（2）醉酒或者吸毒的；** **（3）自残或自杀的**
工伤认定申请	（1）职工发生事故伤害或者按照职业病防治法规定被诊断、鉴定为职业病，所在单位应当自事故伤害发生之日或被诊断、鉴定为职业病之日起30日内，向统筹地区社会保险行政部门提出工伤认定申请； （2）用人单位未按规定提出工伤认定申请的，工伤职工或其近亲属、工会组织在事故伤害发生之日或被诊断、鉴定为职业病之日起1年内，可以直接向用人单位所在地统筹地区社会保险行政部门提出工伤认定申请； （3）职工或其近亲属认为是工伤，用人单位不认为是工伤的，由用人单位承担举证责任； （4）社会保险行政部门应当自受理工伤认定申请之日起60日内作出工伤认定的决定，并书面通知申请工伤认定的职工或其近亲属和该职工所在单位
工伤保险待遇	（1）职工因工作遭受事故伤害或者患职业病需要暂停工作接受工伤医疗的，在停工留薪期内，原工资福利待遇不变，由所在单位按月支付。停工留薪期一般不超过12个月。伤情严重或情况特殊，经设区的市级劳动能力鉴定委员会确认，可适当延长，但延长不得超过12个月。 （2）工伤职工评定伤残等级后，停发原待遇，按规定享受伤残待遇； （3）工伤职工在停工留薪期满后仍需治疗的，继续享受工伤医疗待遇； （4）生活不能自理的工伤职工在停工留薪期内需要护理的，由所在单位负责； （5）工伤职工已经评定伤残等级并经劳动能力鉴定委员会确认需要生活护理的，从工伤保险基金按月支付生活护理费； （6）遗属待遇： 职工因工死亡，其近亲属可从工伤保险基金领取丧葬补偿金、供养亲属抚恤金和一次性因工死亡补助金。 ①丧葬补助金为6个月的统筹地区上年度职工月平均工资； ②供养亲属抚恤金按照职工本人工资的一定比例发放（配偶每月40%，其他亲属每人每月30%，孤寡老人或者孤儿每人每月在上述标准的基础上增加10%）； ③一次性工亡补助金标准为上一年度全国城镇居民人均可支配收入的20倍； （7）因工外出发生事故或下落不明，从事故发生当月起3个月内照发工资，从第4个月起停发工资。生活有困难的，可预支一次性工亡补助金的50%

工伤保险待遇	（8）职工被派遣出国、出境工作，依据前往国家或地区的法律应当参加当地工伤保险的，参加当地工伤保险，其国内工伤保险关系中止；不能参加当地工伤保险的，其国内工伤保险关系不中止； （9）工伤职工符合领取基本养老金条件的，停发伤残津贴，享受基本养老保险待遇。基本养老保险待遇低于伤残津贴的，从工伤保险基金中补足差额
停止享受工伤保险的情形	（1）丧失享受待遇条件的； （2）**拒不接受劳动能力鉴定的**； （3）**拒绝接受治疗的**
特殊情况	（1）由于第三人的原因造成工伤，第三人不支付工伤医疗费用或无法确定第三人的，由工伤保险基金先行支付； （2）职工所在用人单位未依法缴纳工伤保险费，发生工伤事故的，用人单位应当采取措施及时救治，并按照规定的工伤保险待遇项目和标准支付费用； （3）职工被认定工伤后，有下列情形之一的，职工或其近亲属可以持工伤认定决定书和有关材料向社会保险经办机构书面申请先行支付工伤保险待遇： ①用人单位被依法吊销营业执照或撤销登记、备案的； ②用人单位拒绝支付全部或部分费用的； ③依法经仲裁、诉讼后仍不能获得工伤保险待遇，法院出具中止执行文书的； ④职工认为用人单位不支付的其他情形； （4）《职业病防治法》规定，劳动者被诊断患有职业病，但用人单位没有依法参加工伤保险的，其医疗和生活保障由该用人单位承担

（二）劳动能力鉴定

（1）设区的市级劳动能力鉴定委员会应当自收到劳动能力鉴定申请之日起**60日内**作出劳动能力鉴定结论，必要时，劳动能力鉴定结论的期限可延长30日。

（2）如对设区的市级劳动能力鉴定结论不服，可在收到该鉴定结论之日起15日内向省、自治区、直辖市劳动能力鉴定委员会提出再次鉴定申请。

（3）省、自治区、直辖市劳动能力鉴定委员会作出的劳动能力鉴定结论为最终结论。

（4）自劳动能力鉴定结论作出之日起**1年后**，工伤职工或其近亲属、所在单位或经办机构认为伤残情况发生变化的，可以申请劳动能力复查鉴定。

【例3·多选题】下列对因工致残职工劳动关系的处理中，不符合法律规定的有（　　）。

A. 职工因工致残被鉴定为一级至六级伤残的，终止劳动关系，退出工作岗位
B. 职工因工致残被鉴定为一级至四级伤残的，保留劳动关系，退出工作岗位
C. 职工因工致残被鉴定为五级至六级伤残的，解除劳动关系，由单位支付经济补偿
D. 职工因工致残被鉴定为七级至十级伤残的，劳动合同期满可以终止
E. 职工因工致残被鉴定为五级至十级伤残的，用人单位可以随时提出解除劳动合同

解析 本题考查伤残待遇。职工因工致残被鉴定为一级至四级伤残的，保留劳动关系，退出工作岗位。职工因工致残被鉴定为五级、六级伤残的，经工伤职工本人提出，该职工可以与用人单位解除或者终止劳动关系，由工伤保险基金支付一次性工伤医疗补助金，由用人单位支付一次性伤残就业补助金。职工因工致残被鉴定为七级至十级伤残的，劳动、聘用合同期满终止，或者职工本人提出解除劳动、聘用合同的，由工伤保险基金支付一次性工伤医疗补助金，由用人单位支付一次性伤残就业补助金。

答案 ACE

考点四 失业保险（见表16-4）

表16-4 失业保险

概念	国家通过立法强制实行，由社会集中建立基金，对非因本人意愿中断就业而失去工资的劳动者提供一定时期的物质帮助和就业服务的制度
保费缴纳	（1）城镇企业事业单位职工按个人工资的1%缴纳失业保险费； （2）用人单位缴纳的失业保险费不超过本单位工资总额的**2%**
领取条件	（1）失业前用人单位和本人已经缴纳失业保险费满1年； （2）非因本人意愿中断就业； （3）已经进行失业登记，并有求职要求
停止领取的情况	（1）重新就业的； （2）应征服兵役的； （3）移居境外的； （4）享受基本养老保险待遇的； （5）无正当理由，拒不接受介绍的工作或提供的培训的
失业待遇	（1）失业前用人单位和本人累计缴费满1年不足5年的，领取保险金的期限最长为12个月； （2）累计缴费满5年不足10年的，领取保险金的期限最长为18个月； （3）累计缴费10年以上的，领取保险金的期限最长为24个月； （4）重新就业再失业，缴费时间重新算，领取期限与前次失业应当领取而尚未领取的期限合并计算，最长不超过24个月； （5）失业人员在领取失业保险金期间，参加职工基本医疗保险，享受基本医疗保险待遇。领取失业保险金人员参加职工医保应缴纳的基本医疗保险费从失业保险基金中支付，个人不缴费； （6）发生失业保险关系转移的，应缴纳的基本医疗保险费按转出地标准一次性划入转入地失业保险基金
遗属待遇	在领取失业保险金期间死亡的，参照当地对在职职工死亡的规定，向其遗属发给一次性丧葬补助金和抚恤金
失业登记	用人单位应当及时为失业人员出具终止或解除劳动关系的证明，并将失业人员的名单自终止或者解除劳动关系之日起15日内告知社会保险经办机构； 失业人员应持本单位为其出具的终止或解除劳动关系的证明，及时到指定的公共就业服务机构办理失业登记； 失业保险金领取自办理失业登记之日起计算
保险关系转接	随本人转移，缴费年限累计计算

【例4·多选题】从失业保险基金中领取失业保险金的条件包括（ ）。

A. 失业前用人单位和本人已经缴纳失业保险费满一年
B. 非因本人意愿中断就业
C. 移居境外的
D. 应征服兵役的
E. 已经进行失业登记，并有求职要求的

解析 ▶ 本题考查失业保险金的领取条件。失业保险金的领取条件有：（1）失业前用人单位和本人已经缴纳失业保险费满1年；（2）非因本人意愿中断就业；（3）已经进行失业登记，并有求职要求。选项C移居境外的和选项D应征服兵役的属于停止领取失业保险的范围。

答案 ▶ ABE

考点五　生育保险（见表 16-5）

2019 年 3 月，国务院办公厅下发《关于全面推进生育保险和职工基本医疗保险合并实施的意见》，提出两项保险要统一参保登记，统一基金征缴和管理，统一经办和信息服务，确保职工生育期间的生育保险待遇不变，确保制度可持续，并明确要求各地在 2019 年年底前实现两项保险合并实施。

表 16-5　生育保险

概念	国家通过社会保险立法，对女职工因生育子女而导致暂时丧失劳动能力和正常收入时，由国家或社会提供物质等方面帮助的一项社会保险制度
目的	为了保证生育状态的劳动妇女的身体健康，减轻其因繁衍后代而产生的经济困难，同时也是为了保证劳动力再生产的延续
补偿	(1) 生育手术费、住院费等的补偿； (2) 生育假期期间未从事劳动而不能获得工资收入的补偿
保费缴纳	**按照不超过职工工资总额的 1% 由用人单位缴纳**
保险待遇	(1) 由生育医疗费用和生育津贴构成生育保险待遇①； (2) 生育医疗费用包括：生育的医疗费用、计划生育的医疗费用、法律法规规定的其他项目费用； (3) 可以享受生育津贴的情形： ①女职工生育享受产假； ②享受计划生育手术休假； ③法律、法规规定的其他情形； (4) 生育津贴的标准是职工所在用人单位上年度职工月平均工资。对已经参加生育保险的，由生育保险基金支付；未参加的，按照女职工产假前工资的标准由用人单位支付

注：①职工未就业的配偶生育子女，可以按照国家规定享受生育医疗费用待遇，所需资金从生育保险基金中支付。但是，未就业职工的配偶不享受生育津贴待遇。

考点六　企业年金和补充医疗保险

（一）企业年金（见表 16-6）

表 16-6　企业年金

含义		又称为企业补充养老保险，指企业及其职工在依法参加基本养老保险的基础上，在国家规定的税收优惠等政策和条件下，自愿建立的补充养老保险制度，是多层次养老保险制度的重要组成部分，是一种辅助性的养老保险形式
原则		由国家宏观指导、企业内部决策执行，费用由企业和职工个人缴纳，企业缴费在工资总额 4% 以内的部分，可从成本中列支
主要政策	建立范围	(1) 依法参加基本养老保险并履行缴费义务； (2) 具有相应的经济负担能力
	建立程序	人力资源社会保障行政部门自收到企业年金方案之日起 **15 日内** 未提出异议的，该方案即行生效
	发放	(1) 职工在达到国家规定的退休年龄或者完全丧失劳动能力时，可以从本人企业年金个人账户中按月、分次或者一次性领取企业年金，也可以将本人企业年金个人账户资金全部或者部分购买商业养老保险产品，依据保险合同领取待遇并享受相应的继承权； (2) 出国（境）定居人员的企业年金个人账户资金，可以根据本人要求一次性支付给本人； (3) 职工或者退休人员死亡后，其企业年金个人账户余额可以继承

争议处理	(1)因履行企业年金合同发生争议的，当事人可以依法提请仲裁或者诉讼； (2)因订立或者履行企业年金方案发生争议的，按国家有关集体合同争议处理规定执行

(二)职业年金(见表16-7)

表16-7　职业年金

含义	是指机关事业单位及其工作人员在参加机关事业单位基本养老保险的基础上，建立的一种补充养老保险制度
缴费	(1)单位和工作人员个人共同承担； (2)单位缴纳职业年金费用的比例为本单位工资总额的8%，个人缴费比例为本人缴费工资的4%，由单位代扣； (3)构成：单位缴费、个人缴费、职业年金基金投资运营收益、国家规定的其他收入
领取	(1)工作人员在达到国家规定的退休条件并依法办理退休手续后，由本人选择按月领取职业年金的方式； (2)出国(境)定居人员的职业年金个人账户资金，可根据本人要求一次性支付给本人； (3)工作人员在职期间死亡的，其职业年金个人账户余额可以继承

(三)补充医疗保险(见表16-8)

补充医疗保险主要包括：职工大额医疗费用补助、企业补充医疗保险、社会医疗救助和商业医疗保险。

表16-8　补充医疗保险

类型	内容
职工大额医疗费用补助	一般由当地政府随同基本医疗保险的建立在参保职工中强制执行，由当地社会保险经办机构负责经办，是一种社会性的补充保险
企业补充医疗保险	(1)企业补充医疗保险是企业在参加基本医疗保险的基础上，国家给予政策鼓励，由企业自主举办或参加的一种补充性医疗保险形式； (2)建立企业补充医疗保险的形式有： ①商业医疗保险机构举办；②社会医疗保险机构经办；③大集团、大企业自办
商业医疗保险	(1)基础医疗保险； (2)大病保险； (3)伤残保险； (4)与基本医疗保险衔接的大病保险

【例5·单选题】企业补充医疗保险费在工资总额(　　)以内的部分列入成本。
A. 1%　　　　　　　　　　　　　　B. 3%
C. 2%　　　　　　　　　　　　　　D. 4%

解析　本题考查补充医疗保险。企业为职工缴纳的补充医疗保险费，按国家规定的列支渠道列支：企业补充医疗保险费在工资总额4%以内的部分列入成本；超出4%的部分由企业税后利润负担。

答案　D

历年考题解析

一、单项选择题

1. （2019年）下列费用中，属于基本医疗保险基金支付范围的是（ ）。
   A. 境外就医的费用
   B. 应当由公共卫生负担的费用
   C. 应当从工伤保险基金中支付的费用
   D. 急诊、抢救的医疗费用

   解析 本题考查基本医疗保险基金的支付。《社会保险法》规定，符合基本医疗保险药品目录、诊疗项目、医疗服务设施标准以及急诊、抢救的医疗费用，按规定从基本医疗保险基金中支付。

   答案 D

2. （2018年）关于工伤认定的说法，错误的是（ ）。
   A. 职工符合工伤认定条件，但存在醉酒情形的，不得认定为工伤
   B. 职工符合工伤认定条件，但存在犯罪情形的，不得认定为工伤
   C. 职工符合工伤认定条件，但存在吸毒情形的，不得认定为工伤
   D. 职工符合工伤认定条件，但存在自杀情形的，不得认定为工伤

   解析 本题考查不认定工伤的范围。不得认定为工伤或者视同工伤的：故意犯罪的、醉酒或吸毒的、自残或者自杀的。

   答案 B

3. （2018年）关于基本养老保险说法，正确的是（ ）。
   A. 缴纳基本养老保险的个人死亡的，其个人账户余额由其他参保人分享
   B. 发放待遇可以委托社区现有机构
   C. 参保人享受待遇的前提是年满60周岁
   D. 基金仅由用人单位缴费和个人缴费组成

   解析 本题考查养老保险。选项A错误，个人死亡的，个人账户余额可以继承。选项C错误，享受养老保险待遇的前提是达到法定退休年龄、累计缴纳养老保险费满15年。选项D错误，基本养老保险基金由用人单位和个人缴费以及政府补贴等组成。

   答案 B

4. （2017年）关于工伤保险费缴纳的说法，正确的是（ ）。
   A. 职工无须缴纳工伤保险费
   B. 用人单位和职工共同缴纳工伤保险费
   C. 用人单位代替职工缴纳工伤保险费
   D. 工伤保险费由国家承担

   解析 本题考查工伤保险。《社会保险法》规定，职工应当参加工伤保险，由用人单位缴纳工伤保险费，职工不缴纳工伤保险费。

   答案 A

二、多项选择题

1. （2019年）关于工伤保险待遇的说法，正确的有（ ）。
   A. 一次性工亡补助金按照本省城镇居民人均可支配收入来确定
   B. 劳动者因工伤住院期间，伙食补助费由用人单位承担
   C. 停工留薪期期满后，劳动者仍需治疗的，继续享受工伤医疗待遇
   D. 停工留薪期间，劳动者工资福利由所在单位按月支付
   E. 劳动者因工伤被鉴定为一至五级伤残的，退出工作岗位

   解析 本题考查工伤保险待遇。选项A错误，一次性工亡补助金标准为上一年度全国城镇居民人均可支配收入的20倍。选项B错误，劳动者因工伤住院期间，伙食补助费从工伤保险基金支付。选项E错误，职工因工致残被鉴定为一级至四级伤残的，保留劳动关系，退出工作岗位。

   答案 CD

2. （2017年）关于用人单位工伤保险责任的说法，正确的有（ ）。
   A. 职工在两个用人单位同时就业的，由

职工受到伤害时工作的单位承担工伤保险责任

B. 用人单位应当将参加工伤保险的有关情况, 在本单位内公示

C. 职工被派遣出境工作的, 其国内工伤保险关系依法终止

D. 非全日制从业人员可以自愿

E. 用人单位在转让前职工发生工伤的, 由承继的单位承担工伤保险责任

解析 本题考查工伤保险。职工被派遣出境工作, 依据前往国家或地区的法律应当参加当地工伤保险的, 参加当地工伤保险, 其国内工伤保险关系中止; 不能参加当地工伤保险的, 其国内工伤保险关系不中止, C 选项错误; 非全日制从业人员, 用人单位应当为其缴纳工伤保险, D 选项错误。

答案 ABE

三、案例分析题

(2018 年)小孙下班收工关闭车床时, 因与同事聊天, 未遵守操作规程, 导致手指被车床挤伤, 花去医疗费 2 000 元, 两个月无法上班。小孙要求所在单位承担赔偿责任, 单位认为小孙因个人过失导致受伤, 因此不愿承担赔偿责任。双方一直自行沟通, 均未向工伤认定机构申请工伤认定。8 个月后, 小孙向工伤认定机构申请工伤认定, 被认定为工伤, 单位不服。小孙伤情稳定后被鉴定为伤残 9 级, 经查明单位并未为小孙缴纳工伤保险费。

1. 关于工伤认定的说法正确的是( )。

A. 小孙是在下班收工关闭车床时受伤, 所以不能认定工伤

B. 小孙在手指受伤的事故中存在过错, 所以不应认定工伤

C. 单位未为小孙缴纳工伤保险费, 所以小孙不能认定工伤

D. 小孙符合认定工伤的条件, 应当认定工伤

解析 本题考查工伤认定。工伤保险的原则: 所谓无过失责任是指劳动者在各种伤害事故中只要不是受害者本人故意行为所致, 就应该按规定标准对其进行伤害赔偿。

答案 D

2. 关于工伤认定申请程序的说法, 错误的是( )。

A. 如果单位未按期为小孙申请工伤认定, 小孙本人可以申请工伤认定

B. 如果单位未按规定申请工伤认定, 工会组织可以申请工伤认定, 且没有申请时间限制

C. 小孙发生事故后, 单位应在 30 天内申请工伤认定

D. 本选项暂缺

解析 本题考查工伤认定。职工发生事故伤害或者职业病防治法规定被诊断、鉴定为职业病, 所在单位应当自事故伤害发生之日或被诊断、鉴定为职业病之日起 30 日内, 向统筹地区劳动保险行政部门提出工伤认定申请。用人单位未按规定提出工伤认定申请的, 工伤职工或其近亲属、工会组织在事故伤害发生之日或被诊断、鉴定为职业病之日起 1 年内, 可以直接向用人单位所在地统筹地区劳动保险行政部门提出工伤认定申请。

答案 B

3. 关于单位对工伤认定结果不服的程序的说法正确的是( )。

A. 单位可以向劳动能力鉴定委员会申请复查

B. 单位可以提起行政复议或直接向人民法院提起行政诉讼

C. 行政复议是工伤认定争议处理的前置程序

D. 单位可以向劳动争议仲裁委员会申请仲裁

解析 本题考查工伤认定。申请工伤认定的职工或者其近亲属、该职工所在单位对工伤认定申请不予受理的决定不服的, 有关单位或者个人可以依法申请行政复议, 也可以依法向人民法院提起行政诉讼。

答案 B

4. 如小孙可以享受工伤保险待遇，则下列说法中错误的是（ ）。
   A. 小孙停工留薪期内的原工资福利待遇由该单位支付
   B. 小孙提出解除劳动合同的情况下，工伤保险基金要支付一次性工伤医疗补助金
   C. 小孙可以领取9个月的本人工资作为一次性伤残补助金
   D. 劳动合同到期终止后，工伤保险基金向（缺失）

解析 ▶ 选项不全。 答案 ▶ A

同步系统训练

一、单项选择题

1. 下列关于基本养老保险费的缴纳，描述错误的是（ ）。
   A. 个人账户不得提前支取
   B. 个人死亡的，个人账户余额不可以继承
   C. 单位缴费不再划入个人账户
   D. 个人缴费为工资的8%

2. 基本养老保险金调整幅度一般为当地职工上年度平均工资增长率的（ ），并向退休时间早、待遇水平低的群体倾斜。
   A. 30%~40% B. 40%~50%
   C. 40%~60% D. 50%~60%

3. 参加基本医疗保险的职工的医疗费用依法应由第三人负担，但第三人不支付或者无法确定第三人的，由（ ）先行支付。
   A. 基本医疗保险基金
   B. 用人单位
   C. 职工个人
   D. 医疗机构

4. 下列应纳入基本医疗保险基金支付范围的医疗费用是（ ）。
   A. 应当从工伤保险基金中支付的
   B. 急诊、抢救的医疗费用
   C. 应当由第三人负担的
   D. 应当由公共卫生负担的

5. 工伤保险是指职工在工作过程中因工作原因受到事故伤害或者患职业病，由（ ）对其本人或供养亲属给予物质帮助和经济补偿的一项社会保险制度。
   A. 国家
   B. 用人单位
   C. 社会保险经办机构
   D. 个体经济组织

6. 职工被借调期间受到工伤事故伤害，由（ ）承担工伤保险责任。
   A. 借调单位
   B. 原用人单位
   C. 借调单位和原用人单位共同
   D. 职工

7. 在工作期间和工作岗位，突发疾病死亡或在（ ）小时之内经抢救无效死亡的，视同工伤。
   A. 48 B. 24
   C. 12 D. 8

8. 关于工伤保险缴费的说法，错误的是（ ）。
   A. 职工应当参加工伤保险，工伤保险费由用人单位缴纳，职工不缴纳
   B. 工伤保险费应按照本单位职工工资总额，根据社会保险经办机构确定的费率缴纳
   C. 工伤保险费的数额为本单位职工工资总额与单位缴纳费率之积
   D. 工伤保险费的缴纳实行固定费率

9. 工伤保险费由（ ）缴纳。
   A. 我国政府
   B. 我国境内的各类企业、有雇工的个体工商户
   C. 职工与企业一起
   D. 各类企业的职工和个体工商户的雇工

10. 职工受到事故伤害后，用人单位不认为是工伤，而职工或者其近亲属认为是工伤的，由（ ）承担举证责任。

A. 职工或者其近亲属
B. 用人单位
C. 劳动行政部门
D. 工会组织

11. 设区的市级劳动能力鉴定委员会应当自收到劳动能力鉴定申请之日起( )内作出劳动能力鉴定结论,必要时,劳动能力鉴定结论的期限可以延长( )。
   A. 30日,15日 B. 30日,30日
   C. 60日,15日 D. 60日,30日

12. 自劳动能力鉴定结论作出之日起( )年后,工伤职工或其直系亲属、所在单位或经办机构认为伤残情况发生变化的,可以申请劳动能力复查鉴定。
   A. 0.5 B. 1
   C. 2   D. 3

13. 下列关于工伤保险特殊情况的表述错误的是( )。
   A. 由于第三人的原因造成工伤,第三人不支付工伤医疗费用或无法确定第三人的,由用人单位先行支付
   B. 职工所在用人单位未依法缴纳工伤保险费,发生工伤事故的,用人单位应当采取措施及时救治,并按照规定的工伤保险待遇项目和标准支付费用
   C. 《工伤保险条例》规定,应当参加而未参加工伤保险的用人单位职工发生工伤的,由该用人单位按照本条例规定的工伤保险待遇项目和标准支付费用
   D. 《职业病防治法》规定,劳动者被诊断患有职业病,但用人单位没有依法参加工伤保险的,其医疗和生活保障由该用人单位承担

14. 《社会保险法》规定,职工应当参加失业保险,由( )按照国家规定缴纳失业保险费。
   A. 职工   B. 国家
   C. 用人单位 D. 用人单位和职工

15. 失业前用人单位和本人累计缴费满1年不足5年的,领取失业保险金的期限最长为( )。
   A. 6个月   B. 12个月
   C. 18个月 D. 24个月

16. 根据《失业保险条例》规定,用人单位缴纳的失业保险费不超过本单位工资总额的( )。
   A. 1% B. 2%
   C. 5% D. 3%

17. 关于生育保险的说法,错误的是( )。
   A. 生育保险待遇包括生育医疗费用和生育津贴
   B. 已经参加生育保险的职工,其未就业的配偶可以享受生育津贴待遇
   C. 生育保险费由用人单位缴纳
   D. 生育津贴按照职工所在用人单位上年度职工月平均工资支付

18. 企业年金由国家宏观指导、企业内部决策执行,费用由企业和职工个人缴纳,企业缴费在工资总额( )以内的部分,可从成本中列支。
   A. 3% B. 4%
   C. 5% D. 6%

19. 因履行企业年金合同发生争议的,当事人可以( )。
   A. 依法提请仲裁
   B. 依法提起诉讼
   C. 依法提请仲裁或诉讼
   D. 请求相关部门调解

20. 企业在参加基本医疗保险的基础上,国家给予政策鼓励,由企业自主举办或参加的一种补充性医疗保险形式,称为( )。
   A. 企业补充医疗保险
   B. 商业医疗保险
   C. 职工大额医疗费用补助
   D. 基本医疗保险

二、多项选择题

1. 基本养老保险基金由( )等组成。
   A. 用人单位缴费 B. 政府补贴
   C. 家庭缴费   D. 个人缴费
   E. 互助集资

2. 下列医疗费用不能纳入基本医疗保险基金支付的有（　　）。
   A. 境外就医医疗费
   B. 境内医保医院诊疗费
   C. 应当由公共卫生负担的
   D. 应当从工伤保险基金中支付的
   E. 应该由第三人负担的

3. 工伤保险的原则主要有（　　）。
   A. 无过失责任原则
   B. 损害补偿原则
   C. 预防、补偿和康复相结合的原则
   D. 社会救济原则
   E. 公平竞争原则

4. 应当认定为工伤或视同工伤的情形包括（　　）。
   A. 劳动者在工作时间在工作场所内，从事与工作有关的收尾性工作受到伤害的
   B. 劳动者在工作场所内受到暴力等意外伤害的
   C. 劳动者患职业病的
   D. 劳动者在抢险救灾活动中受到伤害的
   E. 劳动者在工作时间和工作岗位，突发疾病丧失劳动能力的

5. 《工伤保险条例》规定，不得认定为工伤或者视同工伤的情形有（　　）。
   A. 职工因故意犯罪遭受事故伤害的
   B. 职工因醉酒遭受事故伤害的
   C. 职工因操作失误遭受事故伤害的
   D. 职工因自残遭受事故伤害的
   E. 职工因工作疲劳遭受事故伤害的

6. 职工被认定工伤后，有下列（　　）情形的，职工或其近亲属可以持工伤认定决定书和有关材料向社会保险经办机构书面申请先行支付工伤保险待遇。
   A. 用人单位被依法吊销营业执照或撤销登记、备案的
   B. 用人单位被依法暂停营业的
   C. 用人单位拒绝支付部分费用的
   D. 依法经仲裁、诉讼后仍不能获得工伤保险待遇，法院出具中止执行文书的
   E. 用人单位拒绝支付全部费用的

7. 按照国家规定，生育保险待遇包括（　　）。
   A. 病假
   B. 哺乳假
   C. 婚假
   D. 生育津贴
   E. 生育医疗费用

8. 根据规定，可以享受生育津贴的情形包括（　　）。
   A. 女职工生育享受产假
   B. 女职工生病享受休假
   C. 享受计划生育手术休假
   D. 女职工结婚享受婚假
   E. 享受生育医疗费用

9. 建立企业年金的企业需要满足的条件有（　　）。
   A. 建立起完善的补充养老保险制度
   B. 依法参加基本养老保险并履行缴费义务
   C. 连续3年盈利
   D. 具有相应的经济负担能力
   E. 已建立集体协商机制

10. 补充医疗保险主要包括（　　）。
    A. 职工大额医疗费用补助
    B. 企业补充医疗保险
    C. 基本医疗保险
    D. 社会医疗救助
    E. 商业医疗保险

11. 下列属于我国商业医疗保险险种的有（　　）。
    A. 大病保险
    B. 伤残保险
    C. 基础医疗保险
    D. 工伤保险
    E. 与基本医疗保险衔接的大病保险

同步系统训练参考答案及解析

一、单项选择题

1. B 【解析】本题考查基本养老保险费的缴纳。个人账户不得提前支取，记账利率不得低于银行定期存款利率，免征利息税。个人死亡的，个人账户余额可以继承。

2. C 【解析】本题考查基本养老金的调整。基本养老保险金调整幅度，一般为当地职工上年度平均工资增长率的40%～60%，并向退休时间早、待遇水平低的群体倾斜。

3. A 【解析】本题考查基本医疗保险的内容。医疗费用依法应当由第三人负担，第三人不支付或者无法确定第三人的，由基本医疗保险基金先行支付。基本医疗保险基金先行支付后，有权向第三人追偿。

4. B 【解析】本题考查基本医疗保险。《社会保险法》规定，医疗费用不纳入基本医疗保险基金支付范围的有：（1）应当从工伤保险基金中支付的；（2）应当由第三人负担的；（3）应当由公共卫生负担的；（4）在境外就医的。B选项应纳入基本医疗保险基金支付范围。

5. C 【解析】本题考查工伤保险的概念。工伤保险由社会保险经办机构对职工本人或供养亲属给予物质帮助和经济补偿的一项社会保险制度。

6. B 【解析】本题考查工伤保险。职工被借调期间受到工伤事故伤害的，由原用人单位承担工伤保险责任，但原用人单位与借调单位可以约定补偿办法。

7. A 【解析】本题考查工伤认定。在工作期间和工作岗位，突发疾病死亡或在48小时之内经抢救无效死亡的，视同工伤。

8. D 【解析】本题考查工伤保险费的缴纳。工伤保险费根据以支定收、收支平衡的原则确定费率，不是实行固定费率。

9. B 【解析】本题考查工伤保险的缴费。《工伤保险条例》规定，我国境内的各类企业、事业单位等组织、有雇工的个体工商户应当参加工伤保险，为本单位全部职工或者雇工缴纳工伤保险费。职工个人不缴纳工伤保险费。

10. B 【解析】本题考查工伤认定申请。职工受到事故伤害后，用人单位不认为是工伤，而职工或者其近亲属认为是工伤的，由用人单位承担举证责任。

11. D 【解析】本题考查劳动能力鉴定。设区的市级劳动能力鉴定委员会应当自收到劳动能力鉴定申请之日起60日内做出劳动能力鉴定结论，必要时，劳动能力鉴定结论的期限可以延长30日。

12. B 【解析】本题考查劳动能力鉴定。自劳动能力鉴定结论作出之日起1年后，工伤职工或其直系亲属、所在单位或经办机构认为伤残情况发生变化的，可以申请劳动能力复查鉴定。

13. A 【解析】本题考查工伤保险的特殊情况。由于第三人的原因造成工伤，第三人不支付工伤医疗费用或无法确定第三人的，由工伤保险基金先行支付，有权向第三人追偿。

14. D 【解析】本题考查失业保险制度。《社会保险法》规定，职工应当参加失业保险，由用人单位和职工按照国家规定共同缴纳失业保险费。

15. B 【解析】本题考查失业保险的待遇。失业前用人单位和本人累计缴费满1年不足5年的，领取失业保险金的期限最长为12个月。

16. B 【解析】本题考查失业保险。《失业保险条例》规定，城镇企事业单位职工按照个人工资的1%缴纳失业保险费；用人单位缴纳的失业保险费不超过本单位工资总额的2%。

17. B　【解析】本题考查生育保险的内容。职工未就业的配偶生育子女，可以按照国家规定享受生育医疗费用待遇，所需资金从生育保险基金中支付。但是，未就业职工配偶不享受生育津贴待遇。B选项错误。

18. B　【解析】本题考查企业年金建立的原则。企业年金由国家宏观指导、企业内部决策执行，费用由企业和职工个人缴纳，企业缴费在工资总额4%以内的部分，可从成本中列支。

19. C　【解析】本题考查企业年金的争议处理。因履行企业年金合同发生争议的，当事人可以依法提请仲裁或者诉讼。

20. A　【解析】本题考查企业补充医疗保险。企业补充医疗保险是企业在参加基本医疗保险的基础上，国家给予政策鼓励，由企业自主举办或参加的一种补充性医疗保险形式。

二、多项选择题

1. ABD　【解析】本题考查基本养老保险基金的组成。基本养老保险基金由用人单位和个人缴费以及政府补贴等组成。

2. ACDE　【解析】本题考查基本医疗保险基金的支付。不能纳入基本医疗保险基金支付的有：(1)应当从工伤保险基金中支付的；(2)应当由第三人负担的；(3)应当由公共卫生负担的；(4)在境外就医的。

3. ABC　【解析】本题考查工伤保险的原则。工伤保险的原则包括：(1)无过失责任原则；(2)损害补偿原则；(3)预防、补偿和康复相结合的原则。

4. ACD　【解析】本题考查工伤认定。在工作时间和工作场所内，因履行工作职责受到暴力等意外伤害的可以认定为工伤。所以选项B错误。在工作时间和工作岗位，突发疾病死亡或者在48小时之内经抢救无效死亡的，可以视同工伤。所以选项E错误。

5. ABD　【解析】本题考查工伤认定。不得认定为工伤或者视同工伤的情形有：故意犯罪的、醉酒或吸毒的、自残或自杀的。

6. ACDE　【解析】本题考查工伤保险的特殊情况。职工被认定工伤后，有下列情形之一的，职工或其近亲属可以持工伤认定决定书和有关材料向社会保险经办机构书面申请先行支付工伤保险待遇：(1)用人单位被依法吊销营业执照或撤销登记、备案的；(2)用人单位拒绝支付全部或部分费用的；(3)依法经仲裁、诉讼后仍不能获得工伤保险待遇，法院出具中止执行文书的；(4)职工认为用人单位不支付的其他情形。

7. DE　【解析】本题考查生育保险待遇。按照国家规定，生育保险待遇包括生育津贴和生育医疗费用。

8. AC　【解析】本题考查可以享受生育津贴的情形。可以享受生育津贴的情形：(1)女职工生育享受产假；(2)享受计划生育手术休假；(3)法律、法规规定的其他情形。

9. BD　【解析】本题考查建立企业年金的条件。企业年金的建立范围：(1)依法参加基本养老保险并履行缴费义务；(2)具有相应的经济负担能力。

10. ABDE　【解析】本题考查补充医疗保险。补充医疗保险主要包括：职工大额医疗费用补助、企业补充医疗保险、社会医疗救助和商业医疗保险。

11. ABCE　【解析】本题考查商业医疗保险的险种。我国商业医疗保险的险种包括：(1)基础医疗保险；(2)大病保险；(3)伤残保险；(4)与基本医疗保险衔接的大病保险。

本章思维导图

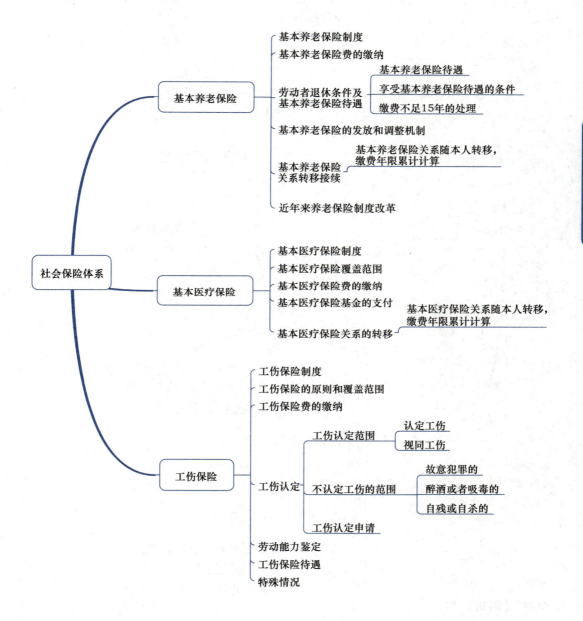

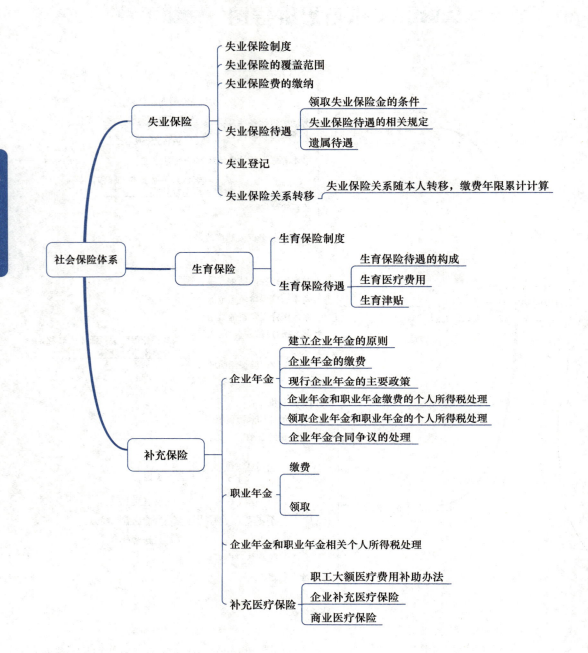

第17章 劳动争议调解仲裁

考情分析

本章主要讲述劳动争议处理的原则、范围、程序。本章的重点是劳动争议的含义、处理机制，劳动争议处理的原则、范围，劳动争议调解、仲裁，劳动争议当事人和举证责任。从近三年的考题来看，以单项选择题和多项选择题为主。

最近三年本章考试题型、分值分布

年份	单项选择题	多项选择题	案例分析题	合计
2019 年	1题1分	1题2分	—	2题3分
2018 年	1题1分	—	—	1题1分
2017 年	2题2分	—	—	2题2分

本章主要考点

1. 劳动争议的特征和处理机制。
2. 劳动争议处理的范围。
3. 劳动争议的调解。
4. 劳动争议的仲裁程序。
5. 劳动争议当事人。
6. 劳动争议诉讼的司法解释规定。

重点、难点讲解及典型例题

▶ 考点一　劳动争议（见表17-1）

表17-1　劳动争议

概念	又称为劳动纠纷，指劳动关系当事人之间因劳动权利和义务产生分歧而引起的争议； 我国境内企业、个体经济组织、民办非企业单位等组织及国家机关、事业组织、社会团体和与之建立劳动关系的劳动者，事业单位与本单位实行聘用制的工作人员，因劳动权利义务产生分歧而引起的争议属于劳动争议； 用人单位之间、劳动者之间、用人单位与没有与之建立劳动关系的劳动者、国家机关与公务员之间产生的争议不属于劳动争议
特征	（1）当事人是特定的； （2）争议主体之间必须存在劳动关系； （3）争议的内容必须与劳动权利义务有关

	续表
处理机制	(1) 协商：与用人单位协商，也可以请工会或者第三方共同与用人单位协商，达成和解； (2) 调解：不愿协商、协商不成或者达成和解协议后不履行的，可以向本企业劳动争议调解委员会申请调解； (3) 仲裁：不愿调解、调解不成或者达成调解协议后不履行的，可以向劳动人事争议仲裁委员会申请仲裁； (4) 诉讼：对仲裁裁决不服的，除法律规定仲裁裁决为终局裁决的外，还可以向人民法院提起诉讼
处理原则	(1) 合法的原则； (2) 及时的原则； (3) 公正的原则； (4) 着重调解的原则
处理范围	属于的	(1) 因确认劳动关系发生的争议； (2) 因订立、履行、变更、解除和终止劳动合同发生的争议； (3) 因除名、辞退和辞职、离职发生的争议； (4) 因工作时间、休息休假、社会保险、福利、培训以及劳动保护发生的争议； (5) 因劳动报酬、工伤医疗费、经济补偿或者赔偿金等发生的争议； (6) 劳动者与用人单位解除或终止劳动关系后，请求用人单位返还其收取的劳动合同定金、保证金、抵押金、抵押物产生的争议，或者办理劳动者的人事档案、社会保险关系等转移手续产生的争议； (7) 劳动者因为工伤、职业病，请求用人单位依法承担给予工伤保险待遇的争议； (8) 事业单位工作人员与所在单位发生人事争议的
	不属于的	(1) 劳动者请求社会保险经办机构发放社会保险金的纠纷； (2) 劳动者与用人单位因住房制度改革产生的公有住房转让纠纷； (3) 劳动者对劳动能力鉴定委员会的伤残等级鉴定结论或对职业病诊断鉴定委员会的职业病诊断鉴定结论的异议纠纷； (4) 家庭或者个人与家政服务人员之间的纠纷； (5) 个体工匠与帮工、学徒之间的纠纷； (6) 农村承包经营户与受雇人之间的纠纷

【例1·单选题】 下列争议中，属于劳动争议的是（　　）。

A. 国家机关与公务员之间因工资支付产生的争议

B. 企业与其职工因公房出租产生的争议

C. 事业单位与其工作人员工伤认定产生的争议

D. 个体经济组织与其雇工因工作时间产生的争议

解析 本题考查劳动争议的范围。用人单位之间、劳动者之间、用人单位与没有与之建立劳动关系的劳动者、国家机关与公务员之间产生的争议，都不属于劳动争议，选项A不符合题意。劳动争议的内容必须与劳动权利义务有关，引起劳动争议的内容主要是劳动就业、劳动合同、劳动报酬、工作时间和休息时间、劳动安全与卫生、社会保险与福利、培训、奖惩等方面，选项B不符合题意。工伤认定的单位是社会保险行政部门，事业单位与其工作人员工伤认定产生的争议，不属于劳动争议，选项C不符合题意。

答案 D

▶ 考点二　劳动争议的调解和仲裁

(一)劳动争议的处理机构
(1)调解组织：企业劳动争议调解委员会(由职工代表和企业代表组成)、其他调解组织。
(2)劳动人事争议仲裁委员会：
①由劳动行政部门代表、工会代表和企业方面代表组成，体现了劳动关系中的政府、劳动者和用人单位的"三方原则"。
②仲裁委员会之间并不具有行政隶属关系。
(3)人民法院
(二)劳动争议调解(见表17-2)

表17-2　劳动争议调解

原则	(1)自愿原则； (2)民主说服原则
争议协商	(1)劳动争议发生后，一方当事人可以通过与另一方当事人约见、面谈等方式协商解决； (2)一方当事人提出协商要求后，另一方当事人应当积极作出口头或书面回应。5日内不作出回应的，视为不愿协商； (3)协商的期限由当事人书面约定，在约定的期限内没有达成一致的，视为协商不成。当事人可以书面约定延长期限
争议调解	(1)企业应当依法设立企业劳动争议调解委员会； (2)劳动者代表由工会委员会成员担任或者由全体劳动者推举产生，企业代表由企业负责人指定； (3)调解委员会主任由工会委员会成员或者双方推举的人员担任； (4)调解委员会调解劳动争议，应当自受理调解申请之日起**15日内**结束
法律效力	(1)生效的调解协议对双方当事人具有约束力，当事人应当履行。双方当事人可以自调解协议生效之日起15日内共同向劳动人事争议仲裁委员会提出仲裁审查申请； (2)仅就劳动报酬争议达成调解协议，用人单位不履行调解协议确定的给付义务，劳动者直接向人民法院起诉的，人民法院可以按照普通民事纠纷受理； (3)因支付拖欠劳动报酬、工伤医疗费、经济补偿或者赔偿金事项达成调解协议，用人单位在协议约定期限内不履行的，劳动者可以持调解协议书依法向人民法院申请支付令，人民法院应当依法发出支付令

(三)劳动争议仲裁(见表17-3)

根据劳动法律法规的规定，仲裁程序是处理劳动争议法定的必经程序。劳动争议当事人只有在仲裁委员会裁决后，对裁决不服时，只有符合法定条件的，才能向人民法院起诉，否则法院不予受理。

表17-3　劳动争议仲裁

仲裁员	条件： (1)曾任审判员的； (2)从事法律研究、教学工作并具有中级以上职称的； (3)具有法律知识、从事人力资源管理或者工会等专业工作满**5年**的； (4)律师执业满**3年**的
时效期间	劳动争议申请仲裁的时效期间为1年，仲裁时效期间从当事人知道或应当知道其权利被侵害之日起计算

续表

时效中断	有下列情形之一的，时效中断，从中断时起，仲裁时效期间重新计算： (1)一方当事人通过协商、申请调解等方式向对方当事人主张权利的； (2)一方当事人通过向有关部门投诉，向劳动人事争议仲裁委员会申请仲裁，向人民法院起诉或申请支付令等方式请求权利救济的； (3)对方当事人同意履行义务的
时效中止	因不可抗力，或者有无民事行为能力或者限制民事行为能力劳动者的法定代理人未确定等其他正当理由，当事人不能在法定1年的仲裁时效期间申请仲裁的，仲裁时效中止。从中止时效的原因消除之日起，仲裁时效期间继续计算
书面仲裁申请	(1)应当提交书面仲裁申请，并按照被申请人的人数提交副本； (2)劳动者的姓名、性别、年龄、职业、工作单位和住所，用人单位的名称、住所和法定代表人或者主要负责人的姓名、职务； (3)仲裁请求和所根据的事实、理由； (4)证据和证据来源、证人姓名和住所
受理	(1)劳动人事争议仲裁委员会收到仲裁申请之日起5日内，认为符合受理条件的，应当受理，并向申请人出具受理通知书；认为不符合受理条件的，应当书面通知申请人不予受理，并说明理由； (2)对不符合规定的仲裁申请，劳动人事争议仲裁委员会不予受理，并在收到仲裁申请之日起5日内向申请人出具不予受理通知书； (3)对劳动人事争议仲裁委员会不予受理或者逾期未作出决定的，申请人可以就该劳动争议事项向人民法院提起诉讼； (4)劳动人事争议仲裁委员会受理仲裁申请后，应当在5日内将仲裁申请书副本送达被申请人。被申请人收到仲裁申请书副本后，应当在10日内向劳动争议仲裁委员会提交答辩书。劳动争议仲裁委员会收到答辩书后，应当在5日内将答辩书副本送达申请人。被申请人未提交答辩书的，不影响仲裁程序的进行； (5)劳动人事争议仲裁委员会受理案件后，发现不应当受理的，应当撤销案件，并自决定撤销案件后5日内，书面通知当事人
反申请	被申请人可以在答辩期间提出反申请，劳动人事争议仲裁委员会应当自收到被申请人反申请之日起5日内决定是否受理并通知被申请人
裁决	(1)仲裁庭裁决劳动争议案件，应当自劳动人事争议仲裁委员会受理仲裁申请之日起45日内结束； (2)案情复杂需要延期的，**延长期限不得超过15日**； (3)裁决应当按照多数仲裁员的意见作出，少数仲裁员的不同意见应当记入笔录。仲裁庭不能形成多数意见时，裁决应当按照首席仲裁员的意见作出
回避	仲裁员有下列情形之一，应当回避，当事人也有权以口头或者书面方式提出回避申请： (1)是本案当事人或者当事人、代理人的近亲属的； (2)与本案有利害关系的； (3)与本案当事人、代理人有其他关系，可能影响公正裁决的； (4)私自会见当事人、代理人，或者接受当事人、代理人的请客送礼的
终局裁决	下列劳动争议，仲裁裁决一般为终局裁决，裁决书自作出之日起发生法律效力： (1)追索劳动报酬、工伤医疗费、经济补偿或者赔偿金，不超过当地月最低工资标准12个月金额的争议； (2)因执行国家的劳动标准在工作时间、休息休假、社会保险等方面发生的争议
效力	劳动争议当事人对依法终局裁决以外的其他劳动争议案件的仲裁裁决不服的，可以自收到仲裁裁决书之日起15日内向人民法院提起诉讼；期满不起诉的，仲裁裁决书发生法律效力
费用	劳动争议仲裁不收费

仲裁管辖	(1)实行地域管辖： 劳动人事争议仲裁委员会负责管辖本区域内发生的劳动争议； (2)申请人选择： 申请人可以选择向劳动合同履行地或者用人单位所在地的劳动争议仲裁委员会中的任何一个劳动争议仲裁委员会提起仲裁申请； (3)劳动合同履行地管辖： 双方当事人分别向劳动合同履行地或者用人单位所在地的劳动争议仲裁委员会申请仲裁的，由劳动合同履行地的劳动争议仲裁委员会管辖
仲裁案卷	仲裁调解和其他方式结案的案卷，保存期不少于5年；仲裁裁决结案的案卷，保存期不少于10年

【例2·单选题】《劳动争议调解仲裁法》规定：劳动争议申请仲裁的时效期间为(　　)，仲裁时效期间从当事人知道或者应当知道其权利被侵害之日起计算。

A. 3个月　　　　　　　　　　B. 6个月
C. 1年　　　　　　　　　　　D. 2年

解析　▶　本题考查劳动争议的仲裁时效。《劳动争议调解仲裁法》规定：劳动争议申请仲裁的时效期间为1年，仲裁时效期间从当事人知道或者应当知道其权利被侵害之日起计算。

答案　▶　C

▶ 考点三　劳动争议当事人及举证责任

(一)劳动争议当事人(见表17-4)

表17-4　劳动争议当事人

当事人	(1)发生劳动争议的劳动者和用人单位为劳动争议仲裁案件双方当事人； (2)特殊情况： ①劳动者因履行劳动力派遣合同产生劳动争议而起诉，以派遣单位为被告；争议内容涉及接受单位的，以派遣单位和接受单位为共同被告； ②用人单位与其他单位合并的，合并前发生的劳动争议，由合并后的单位为当事人；用人单位分立为若干单位的，其分立前发生的劳动争议，由分立后的实际用人单位为当事人；用人单位分立为若干单位后，对承受劳动权利义务的单位不明确的，分立后的单位均为当事人； ③发生争议的用人单位被吊销营业执照、责令关闭、撤销以及用人单位决定提前解散、歇业，不能承担相关责任的，依法将其出资人、开办单位或主管部门作为共同当事人； ④劳动者与个人承包经营者发生争议，依法向仲裁委员会申请仲裁的，应当将发包的组织和个人承包经营者作为当事人
第三人	(1)与劳动争议案件的处理结果有利害关系的第三人也可以参加劳动争议处理活动； (2)具备三个条件：须在仲裁或诉讼活动已经开始、尚未终结时参加仲裁或诉讼；须与劳动争议案件的处理结果具有法律上的利害关系；须以维护自己的合法权益为目的参加仲裁或诉讼活动
代理人	(1)当事人可以委托代理人参加仲裁活动； (2)丧失或者部分丧失民事行为能力的劳动者，由其法定代理人代为参加仲裁活动；无法定代理人的，由劳动人事争议仲裁委员会为其指定代理人。劳动者死亡的，由其近亲属或者代理人参加仲裁活动

(二)劳动争议当事人的举证责任(见表17-5)

表17-5 劳动争议当事人的举证责任

原则		(1)"谁主张,谁举证"; (2)"谁作决定,谁举证"
规定	仲裁活动	(1)发生劳动争议,当事人对自己提出的主张,有责任提供证据; (2)与争议事项有关的证据属于用人单位掌握管理的,用人单位应当提供;用人单位不提供的,应当承担不利后果; (3)仲裁庭开庭中,当事人提供的证据经查证属实的,仲裁庭应将其作为认定事实的根据; (4)劳动者无法提供由用人单位掌握管理的与仲裁请求有关的证据,仲裁庭可以要求用人单位在指定期限内提供。用人单位在指定期限内不提供的,应当承担不利后果
	诉讼活动	因用人单位作出的开除、除名、辞退、解除劳动合同、减少劳动报酬、计算劳动者工作年限等决定而发生的劳动争议,用人单位负举证责任

【例3·多选题】 关于劳动争议仲裁举证责任的说法,正确的有( )。

A. 劳动争议当事人因客观原因不能自行收集的证据,劳动争议仲裁委员会认为有必要时可以依法予以收集

B. 因工资发放而发生的劳动争议,用人单位负有举证责任

C. 在劳动争议仲裁活动中,劳动者没有责任提供证据

D. 与劳动争议事项有关的证据属于用人单位掌握管理的,如果用人单位不提供,应当承担不利后果

E. 承担举证责任的当事人应当在劳动人事争议仲裁委员会指定的期限内提供证据

解析 本题考查劳动争议当事人的举证责任。在劳动争议仲裁或诉讼活动中,既实行"谁主张,谁举证"的举证责任原则,又实行"谁作决定,谁举证"的举证责任原则。也就是说,一般情况下,劳动争议双方当事人应对自己的请求事项和主张事由负有提供证据的责任。选项C说法错误。

答案 ABDE

▶ **考点四 劳动争议诉讼**(见表17-6)

表17-6 劳动争议诉讼

概念	指劳动争议当事人不服劳动争议仲裁委员会的裁决,在规定期限内向人民法院起诉,人民法院依法受理后,依法对劳动争议案件进行审理的活动
程序	人民法院的劳动争议案件管辖一般由劳动人事争议仲裁委员会所在地的人民法院受理;人民法院审理劳动争议案件,实行两审终局制
强制执行	当事人申请强制执行应当在法定的期限内以书面形式提出,应当有产生法律效力的仲裁裁决书,有强制执行的内容,有申请强制执行的原因、理由。具备这些条件,人民法院可以依法采取强制执行措施
诉讼费用	每件交纳案件受理费10元

	直接起诉的事项：劳动者以用人单位工资欠条为证据直接向人民法院起诉，诉讼请求不涉及劳动关系其他争议的，视为拖欠劳动报酬争议，不必再进行劳动仲裁程序，而按照普通民事纠纷受理
	劳动者与起有字号的个体工商户产生诉讼的处理：人民法院应当以营业执照上登记的字号为当事人，但应同时注明该字号业主的自然情况
	特殊情形下的诉讼当事人： （1）用人单位招用尚未解除劳动合同的劳动者，原用人单位与劳动者发生的劳动争议，可以列新的用人单位为第三人。原用人单位以新的用人单位侵权为由向人民法院起诉的，可以列劳动者为第三人。原用人单位以新的用人单位和劳动者共同侵权为由向人民法院起诉的，新用人单位和劳动者列为共同被告； （2）劳动者在用人单位与其他平等主体之间的承包经营期间，与发包方和承包方双方或者一方发生劳动争议，依法向人民法院起诉的，应当将承包方和发包方作为当事人； （3）劳动者与未办理营业执照、营业执照被吊销或者营业期限届满仍然继续经营的用人单位发生争议的，应当将用人单位或者其出资人列为当事人； （4）未办理营业执照、营业执照被吊销或者营业期限届满仍继续经营的用人单位，以挂靠等方式借用他人营业执照经营的，应当将用人单位和营业执照出借方列为当事人
司法解释规定	应予以受理情形： （1）劳动者以用人单位未为其办理社会保险手续，且社会保险经办机构不能补办导致其无法享受社会保险待遇为由，要求用人单位赔偿损失而发生争议的，人民法院应予受理； （2）因企业自主进行改制引发的争议，人民法院应予受理； （3）劳动者依据《劳动合同法》第85条规定，向人民法院提起诉讼，要求用人单位支付加付赔偿金的，人民法院应予受理； （4）劳动人事争议仲裁委员会以无管辖权为由对劳动争议案件不予受理，当事人提起诉讼的，人民法院按照以下情形分别处理： ①经审查认为确无管辖权的，应当告知当事人向有管辖权的劳动人事争议仲裁委员会申请仲裁； ②经审查认为有管辖权的，应当告知当事人申请仲裁，并将审查意见书面通知该劳动人事争议仲裁委员会，其仍不受理，当事人就该劳动争议事项提起诉讼的，应予以受理
	执行的特殊情形： 当事人申请人民法院执行劳动人事争议仲裁委员会作出的发生法律效力的裁决书、调解书，被申请人提出证据证明劳动争议仲裁裁决书、调解书有下列情形之一，经审查核实的，人民法院裁定不予执行： （1）裁决事项不属于劳动争议仲裁范围，或劳动争议仲裁机构无权仲裁的； （2）适用法律确有错误的； （3）仲裁员仲裁该案时，有徇私舞弊、枉法裁决行为的； （4）人民法院认定执行该劳动争议仲裁裁决违背社会公共利益的； （5）劳动人事争议仲裁委员会做出终局裁决，劳动者向人民法院申请执行，用人单位向劳动人事争议仲裁委员会所在地中级人民法院申请撤销的，人民法院应当裁定中止执行； 人民法院在不予执行的裁定书中，应当告知当事人在收到裁定书之次日起30日内，可以就该劳动争议事项向人民法院起诉

【例4·多选题】人民法院应予受理的劳动争议诉讼包括（　　）。

A．劳动者以用人单位未为其办理社会保险手续，且社会保险经办机构不能补办导致其无法享受社会保险待遇为由，要求用人单位赔偿损失而发生争议的

B. 因企业自主进行改制引发的争议

C. 劳动人事争议仲裁委员会作出的调解书已经发生法律效力，一方当事人反悔提起诉讼的

D. 劳动者依据劳动合同法第85条规定，向人民法院提起诉讼，要求用人单位支付加付赔偿金的

E. 劳动者依据调解仲裁法第48条规定向基层人民法院提起诉讼，用人单位依据调解仲裁法第49条规定向劳动人事争议仲裁委员会所在地的中级人民法院申请撤销仲裁的

解析 本题考查劳动争议诉讼。人民法院对劳动争议诉讼应予受理的情形：(1)劳动者以用人单位未为其办理社会保险手续，且社会保险经办机构不能补办导致其无法享受社会保险待遇为由，要求用人单位赔偿损失而发生争议的，人民法院应予受理；(2)因企业自主进行改制引发的争议，人民法院应予受理；(3)劳动者依据劳动合同法第85条规定，向人民法院提起诉讼，要求用人单位支付加付赔偿金的，人民法院应予受理。 **答案** ABD

历年考题解析

一、单项选择题

1. (2019年)下列纠纷中，属于《劳动争议调解仲裁法》受案范围的是( )。

A. 用人单位与劳动者因工伤医疗费发生的争议

B. 劳动者与社会保险经办机构因发放社会保险金发生的争议

C. 农村承包经营户与受雇人之间的纠纷

D. 劳动者对劳动能力鉴定委员会伤残等级鉴定结论的异议纠纷

解析 本题考查劳动争议处理。下列劳动争议适用《劳动争议调解仲裁法》：(1)因确认劳动关系发生的争议。(2)因订立、履行、变更、解除和终止劳动合同发生的争议。(3)因除名、辞退和辞职、离职发生的争议。(4)因工作时间、休息休假、社会保险、福利、培训以及劳动保护发生的争议。(5)因劳动报酬、工伤医疗费、经济补偿或者赔偿金等发生的争议。(6)法律、法规规定的其他劳动争议。 **答案** A

2. (2018年)关于劳动争议仲裁时效的说法，错误的是( )。

A. 发生不可抗力导致无法申请仲裁的，仲裁时效中止

B. 因解除劳动关系产生的争议，用人单位不能证明劳动者收到解除通知书时间的，劳动者主张权利之日即为劳动争议发生之日

C. 对方当事人同意履行义务的，仲裁时效重新起算

D. 因拖欠劳动报酬发生的争议不受仲裁时效限制

解析 本题考查劳动争议仲裁程序。劳动关系存续期间因拖欠劳动报酬发生争议的，劳动者申请仲裁不受1年仲裁时效期间的限制，劳动关系终止的，应当自劳动关系终止之日起1年内提出。 **答案** D

3. (2017年)下列争议中属于劳动争议的是( )。

A. 小王与社会保险经办机构因发放养老金引起的争议

B. 小张与用人单位因公有住房转让引起的争议

C. 小李与其雇佣的家政服务员因报酬标准引起的争议

D. 小赵与用人单位因办理人事档案转移引起的争议

解析 本题考查劳动争议。劳动者与用人单位解除或者终止劳动关系后，请求用人

单位返还其收取的劳动合同定金、保证金、抵押金、抵押物产生的争议，或者办理劳动者的人事档案、社会保险关系等移转手续产生的争议，属于劳动争议。

答案 ▶ D

4. （2017年）关于举证责任的说法，正确的是（ ）。

A. 在劳动争议诉讼中，因计算劳动者工作年限发生的争议，由劳动者承担举证责任

B. 在劳动争议诉讼中，因用人单位解除劳动合同发生的争议，由用人单位承担举证责任

C. 在劳动争议仲裁中，劳动者不承担举证责任

D. 在劳动争议仲裁中，劳动者不能举证的，由用人单位承担不利后果

解析 ▶ 本题考查劳动争议当事人和举证责任。因计算劳动者工作年限发生的争议，由用人单位承担举证责任，选项A错误。劳动争议双方当事人应对自己的请求事项和主张事由负有提供证据的责任，选项B正确，C错误。在劳动争议仲裁中，劳动者不能举证的，由用人单位提供，用人单位不提供的，用人单位承担不利后果，D错误。

答案 ▶ B

二、多项选择题

1. （2019年）下列情形中，劳动争议仲裁员应当回避的情形有（ ）。

A. 仲裁员是本案代理人的近亲属的

B. 仲裁员与本案当事人有其他关系，可能影响公正裁决的

C. 仲裁员私自会见当事人的

D. 仲裁员与本案有利害关系的

E. 仲裁员属于非本地户籍的

解析 ▶ 本题考查劳动争议仲裁。仲裁员有下列情形之一的，应当回避，当事人也有权以口头或者书面方式提出回避申请：（1）是本案当事人或者当事人、代理人的近亲属的；（2）与本案有利害关系的；（3）与本案当事人、代理人有其他关系，可能影响公正裁决的；（4）私自会见当事人、代理人，或者接受当事人、代理人的请客送礼的。

答案 ▶ ABCD

2. （2017年）关于劳动争议仲裁时效的说法，正确的有（ ）。

A. 因不可抗力当事人不能在法定时效期间申请仲裁的，仲裁时效中止

B. 劳动争议对方当事人在时效期间内同意履行义务的，仲裁时效中断

C. 申请劳动争议仲裁的时效期间为一年

D. 劳动关系存续期间因拖欠劳动报酬发生争议的，应当在劳动关系终止前提出仲裁申请

E. 仲裁时效期间从当事人申请仲裁之日起计算

解析 ▶ 本题考查劳动争议仲裁。劳动关系存续期间因拖欠劳动报酬发生争议，劳动关系终止的，应当自劳动关系终止之日起1年内提出，D选项错误；仲裁时效期间为1年，仲裁时效期间从当事人知道或者应当知道其权利被侵害之日起计算，E选项错误。

答案 ▶ ABC

同步系统训练

一、单项选择题

1. 在劳动争议中，如果一方是国家机关，则另一方是（ ）。

A. 个体经济组织

B. 用人单位

C. 与之建立劳动关系的劳动者

D. 企业

2. 下列属于劳动争议的是（ ）。

A. 劳动者请求社会保险经办机构发放社会保险金的纠纷

B. 农村承包经营户与受雇人之间的纠纷

C. 劳动者与用人单位解除或者终止劳动关系后,请求用人单位返还其收取的劳动合同定金、保证金、抵押金、抵押物产生的争议

D. 劳动者与用人单位因住房制度改革产生的公有住房转让纠纷

3. 下列不属于《劳动争议调解仲裁法》的争议是( )。

A. 因除名、辞退和辞职、离职发生的争议

B. 因工作时间、休息休假、社会保险、福利、培训以及劳动保护发生的争议

C. 办理劳动者的人事档案、社会保险关系等移转手续产生的争议

D. 劳动者与用人单位因住房制度改革产生的公有住房转让的争议

4. 劳动争议发生后,一方当事人提出协商要求,另一方当事人应当积极作出回应,( )内不作出回应的,视为不愿协商。

A. 5 日   B. 7 日
C. 10 日   D. 15 日

5. 关于劳动争议处理程序的说法,错误的是( )。

A. 劳动者与用人单位发生劳动争议,当事人可以直接向人民法院提起诉讼

B. 劳动者与用人单位发生劳动争议,双方可以协商解决

C. 劳动者与用人单位发生劳动争议,劳动者可以向调解组织申请调解

D. 劳动者与用人单位发生劳动争议,当事人可以直接向劳动争议仲裁委员会申请仲裁

6. 因支付拖欠劳动报酬、工伤医疗费、经济补偿或者赔偿金事项达成调解协议,用人单位在协议约定期限内不履行的,劳动者可以持调解协议书依法向( )申请支付令。

A. 人民法院

B. 劳动争议仲裁委员会

C. 劳动行政部门

D. 劳动监察部门

7. 根据《最高人民法院关于审理劳动争议案件适用法律若干问题的解释(二)》对申请仲裁时效的规定,如果当事人能够证明在申请仲裁期间内已向有关部门请求权利救济,人民法院应当认定申请仲裁期间( )。

A. 中止   B. 终止
C. 连续计算   D. 中断

8. 劳动者或者用人单位向劳动争议仲裁委员会申请仲裁,仲裁费( )。

A. 应由用人单位交纳

B. 无须交纳

C. 应由败诉一方交纳

D. 应由提出仲裁申请的一方交纳

9. 仲裁庭裁决劳动争议案件,应当自劳动争议仲裁委员会受理仲裁申请之日起( )日内结束。

A. 15   B. 30
C. 45   D. 60

10. 用人单位有证据证明,劳动争议仲裁委员会作出的终局裁决违反法定程序,可以自收到仲裁裁决书之日起( )日内,向劳动争议仲裁委员会所在地的中级人民法院申请撤销裁决。

A. 7   B. 10
C. 15   D. 30

11. 关于劳动争议仲裁案件当事人的说法,符合法律规定的是( )。

A. 用人单位与其他单位合并前发生的劳动争议,由合并后的单位为当事人

B. 用人单位与其他单位合并前发生的劳动争议,由合并前的单位为当事人

C. 用人单位和仲裁员为劳动争议仲裁案件的双方当事人

D. 用人单位分立为若干单位的,其分立前发生的劳动争议,由分立前的实际用人单位为当事人

12. 仲裁裁决结案的案卷,保存期不少于( )年。

A. 5 　　　　　　　　B. 8
C. 10 　　　　　　　 D. 15

13. 因用人单位作出的开除、除名、辞退、解除劳动合同、减少劳动报酬、计算劳动者工作年限等决定而发生的劳动争议，（　　）负举证责任。
    A. 用人单位
    B. 劳动者
    C. 劳动争议调解仲裁委员会
    D. 劳动监察部门

14. 关于用人单位在劳动争议仲裁中举证责任的说法，正确的是（　　）。
    A. 因用人单位作出解除劳动合同决定发生的争议，被解除劳动合同的劳动者承担举证责任
    B. 发生劳动争议时，用人单位对自己提出的主张，没有提供证据的责任
    C. 与劳动争议事项有关的证据属于用人单位管理的，用人单位应当提供，否则承担不利后果
    D. 劳动争议仲裁庭不得要求用人单位提供证据

15. 劳动争议诉讼是指劳动争议当事人不服（　　）的裁决，在规定期限内向人民法院起诉，人民法院依法受理后，依法对劳动争议案件进行审理的活动。
    A. 劳动保障部门
    B. 劳动争议仲裁委员会
    C. 劳动监察部门
    D. 劳动行政部门

二、多项选择题

1. 下列争议中，不属于劳动争议的有（　　）。
   A. 劳动者与用人单位解除劳动合同后，请求社会保险经办机构发放社会保险金的纠纷
   B. 劳动者与用人单位因住房制度改革产生的公有住房转让纠纷
   C. 未达到法定退休年龄的内退人员与新的用人单位发生的劳动报酬争议
   D. 家庭与家政服务人员发生的劳动报酬争议
   E. 个体工商户与雇工发生的劳动报酬争议

2. 劳动争议调解应遵循的原则包括（　　）。
   A. 自愿原则　　　　B. 诚实信用原则
   C. 民主说服原则　　D. 公正原则
   E. 合法原则

3. 李某与用人单位发生争议，在人民调解委员会主持下达成了调解协议。如用人单位不履行该调解协议，李某可以就（　　）事项向人民法院申请支付令。
   A. 支付经济补偿金
   B. 支付拖欠劳动报酬
   C. 承租单位宿舍
   D. 支付工伤医疗费
   E. 补签书面劳动合同

4. 劳动争议仲裁委员会由（　　）组成。
   A. 劳动行政部门代表
   B. 工会代表
   C. 企业代表
   D. 审判代表
   E. 监察代表

5. 仲裁员应当公道正派并符合下列（　　）条件之一。
   A. 曾任审判员的
   B. 从事法律研究、教学工作并具有中级以上职称的
   C. 具有法律知识、从事人力资源管理或者工会等专业工作满 5 年的
   D. 律师执业满 3 年的
   E. 具有法律知识、从事人力资源管理或者工会等专业工作满 3 年的

6. 当事人能够证明在申请仲裁期间具有（　　）情形的，人民法院应当认定申请仲裁期间中断。
   A. 不可抗力的出现
   B. 向有关部门请求权利救济
   C. 向对方当事人主张权利
   D. 对方当事人同意履行义务
   E. 无民事行为能力劳动者的法定代理人未确定

7. 劳动争议第三人须同时具备的条件有( )。
   A. 须是劳动争议双方任意一方同意的
   B. 须是劳动争议第三人自己向法院提出申请
   C. 须在仲裁或诉讼活动已经开始、尚未终结时参加仲裁或诉讼
   D. 须与劳动争议案件的处理结果具有法律上的利害关系
   E. 须以维护自己的合法权益为目的参加仲裁或诉讼活动

8. 下列关于劳动争议当事人举证责任的陈述,正确的有( )。
   A. 仲裁活动中,与争议事项有关的证据属于用人单位掌握管理的,用人单位应当提供
   B. 仲裁活动中,劳动者无法提供由用人单位掌握管理的与仲裁请求有关的证据,仲裁庭可以要求用人单位在指定期限内提供
   C. 诉讼活动中,因用人单位作出的减少劳动报酬、计算劳动者工作年限决定而发生的劳动争议,劳动者本人负举证责任
   D. 诉讼活动中,因用人单位作出的开除、除名、辞退、解除劳动合同决定而发生的劳动争议,用人单位负举证责任
   E. 在劳动争议仲裁或诉讼活动中,既主张"谁主张,谁举证"的举证责任原则,也实行"谁作决定,谁举证"的举证责任原则

同步系统训练参考答案及解析

一、单项选择题

1. C 【解析】本题考查劳动争议。《劳动合同法》等法律调整范围的规定,我国境内的企业、个体经济组织、民办非企业单位等组织及国家机关、事业组织、社会团体和与之建立劳动关系的劳动者,事业单位与本单位实行聘用制的工作人员,因劳动权利义务产生分歧而引起的争议,属于劳动争议。

2. C 【解析】本题考查劳动争议的纠纷。劳动者与用人单位解除或者终止劳动关系后,请求用人单位返还其收取的劳动合同定金、保证金、抵押金、抵押物产生的争议属于劳动争议的范围。

3. D 【解析】本题考查劳动争议处理的原则和范围。劳动者与用人单位因住房制度改革产生的公有住房转让的争议不属于劳动争议的情形。

4. A 【解析】本题考查劳动争议的协商。劳动争议发生后,一方当事人提出协商要求,另一方当事人应当积极作出口头或书面回应,5日内不作出回应的,视为不愿协商。

5. A 【解析】本题考查劳动争议处理的程序。选项A错误,对仲裁裁决不服,符合法定条件的,可以向人民法院起诉。

6. A 【解析】本题考查调解协议的法律效力。因支付拖欠劳动报酬、工伤医疗费、经济补偿或者赔偿金事项达成调解协议,用人单位在协议约定期限内不履行的,劳动者可以持调解协议书依法向人民法院申请支付令。

7. D 【解析】本题考查仲裁时效内容。根据《最高人民法院关于审理劳动争议案件适用法律若干问题的解释(二)》对申请仲裁时效的规定,如果当事人能够证明在申请仲裁期间内已向有关部门请求权利救济,人民法院应当认定申请仲裁期间中断。因此选D。

8. B 【解析】本题考查劳动争议仲裁费。《劳动争议调解仲裁法》规定:"劳动争议仲裁不收费。劳动争议仲裁委员会的经费由财政予以保障。"

9. C 【解析】本题考查劳动争议仲裁的裁决。仲裁庭裁决劳动争议案件,应当自劳动争议仲裁委员会受理仲裁申请之日起

45日内结束。

10. D 【解析】本题考查劳动争议的终局裁决。用人单位有证据证明仲裁裁决违反法定程序的，可以自收到仲裁裁决书之日起30日内向劳动争议仲裁委员会所在地的中级人民法院申请撤销裁决。

11. A 【解析】本题考查劳动争议当事人的相关内容。用人单位与其他单位合并前发生的劳动争议，由合并后的单位为当事人。所以选项B错误。发生劳动争议的劳动者和用人单位为劳动争议仲裁案件的双方当事人。所以选项C错误。用人单位分立为若干单位的，其分立前发生的劳动争议，由分立后的实际用人单位为当事人。所以选项D错误。

12. C 【解析】本题考查仲裁案卷的保存。仲裁调解和其他方式结案的案卷，保存期不少于5年；仲裁裁决结案的案卷，保存期不少于10年，国家另有规定的从其规定。

13. A 【解析】本题考查劳动争议当事人的举证责任规定。因用人单位作出的开除、除名、辞退、解除劳动合同、减少劳动报酬、计算劳动者工作年限等决定而发生的劳动争议，用人单位负举证责任。

14. C 【解析】本题考查劳动争议当事人的举证责任。"谁主张，谁举证""谁作决定，谁举证"。

15. B 【解析】本题考查劳动争议诉讼的概念。劳动争议诉讼是指劳动争议当事人不服劳动争议仲裁委员会的裁决，在规定期限内向人民法院起诉，人民法院依法受理后，依法对劳动争议案件进行审理的活动。

二、多项选择题

1. ABD 【解析】本题考查不属于劳动争议的情形。不属于劳动争议的情形有：(1)劳动者请求社会保险经办机构发放社会保险金的纠纷；(2)劳动者与用人单位因住房制度改革产生的公有住房转让纠纷；(3)劳动者对劳动能力鉴定委员会的伤残等级鉴定结论或对职业病诊断鉴定委员会的职业病诊断鉴定结论的异议纠纷；(4)家庭或者个人与家政服务人员之间的纠纷；(5)个体工匠与帮工、学徒之间的纠纷；(6)农村承包经营户与受雇人之间的纠纷。

2. AC 【解析】本题考查劳动争议处理的基本程序。劳动争议调解应遵循的原则包括：自愿原则、民主说服原则。

3. ABD 【解析】本题考查劳动争议调解协议的法律效力。因支付拖欠劳动报酬、工伤医疗费、经济补偿或者赔偿金事项达成调解协议，用人单位在协议约定期限内不履行的，劳动者可以持调解协议书依法向人民法院申请支付令，人民法院应当依法发出支付令。

4. ABC 【解析】本题考查劳动争议仲裁。劳动争议仲裁委员会由劳动行政部门代表、工会代表和企业方面代表组成。

5. ABCD 【解析】本题考查仲裁员符合的条件。仲裁员应当公道正派并符合下列条件之一：曾任审判员的；从事法律研究、教学工作并具有中级以上职称的；具有法律知识、从事人力资源管理或者工会等专业工作满5年的；律师执业满3年的。

6. BCD 【解析】本题考查劳动争议仲裁的时效期间。选项A、E属于仲裁时效中止的情形。

7. CDE 【解析】本题考查劳动争议当事人的权利和义务。劳动争议第三人须同时具备三个条件：须在仲裁或诉讼活动已经开始、尚未终结时参加仲裁或诉讼；须与劳动争议案件的处理结果具有法律上的利害关系；须以维护自己的合法权益为目的参加仲裁或诉讼活动。

8. ABDE 【解析】本题考查劳动争议当事人的举证责任。诉讼活动中，依据《最高人民法院关于审理劳动争议案件适用法律若干问题的解释》的规定，因用人单位作出的开除、除名、辞退、解除劳动合同、减少劳动报酬、计算劳动者工作年限等决定而发生的劳动争议，用人单位负举证责任。所以选项 C 不选。

本章思维导图

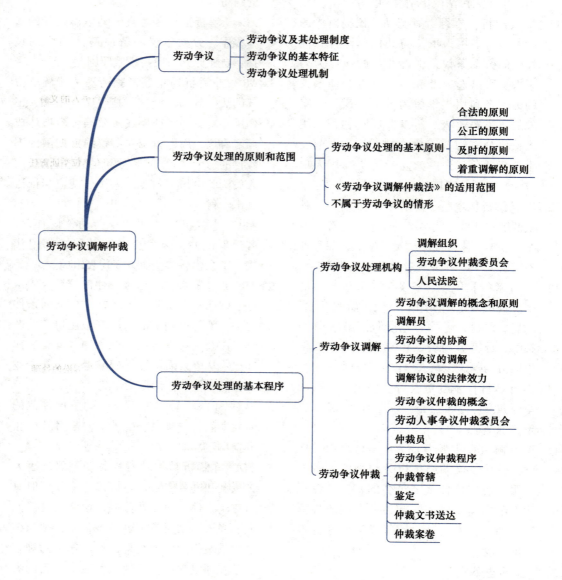

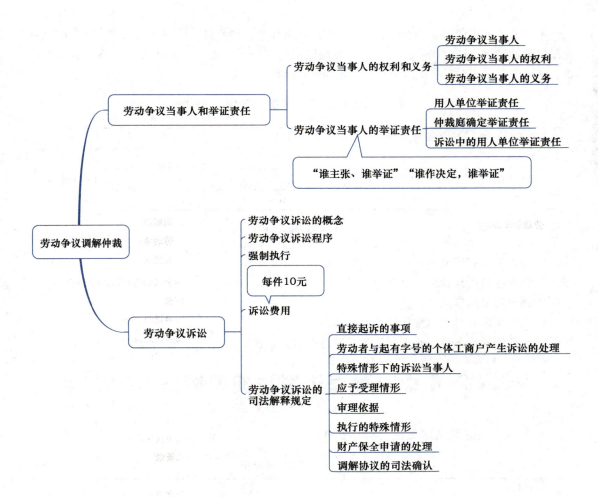

第18章 法律责任与行政执法

考情分析

本章主要讲述劳动法律责任、社会保险法律责任、劳动监察、行政争议处理。本章的重点是违反劳动法律、社会保险法的责任，劳动监察的程序，人力资源和社会保险行政争议的范围。从近年考题来看，考试以单项选择题和多项选择题为主。

最近三年本章考试题型、分值分布

年份	单项选择题	多项选择题	案例分析题	合计
2019 年	1题1分	1题2分	—	2题3分
2018 年	1题1分	—	—	1题1分
2017 年	3题3分	1题2分	—	4题5分

本章主要考点

1. 用人单位和劳动者违反劳动法律的责任。
2. 用人单位违反社会保险法律的责任。
3. 实施劳动监察的程序。
4. 人力资源和社会保险行政争议的范围。
5. 行政诉讼的条件、起诉期限和诉讼结果的法律效力。

重点、难点讲解及典型例题

▶ **考点一 劳动法律责任**（见表18-1）

表18-1 劳动法律责任

项目	内容
劳动法律责任的特点	（1）以违法行为存在为前提； （2）以法律制裁为必然后果； （3）由国家强制力保证实施； （4）由国家特别授权的机关来执行

续表

项目		内容
劳动法律责任的形式	行政责任	(1)**行政处罚**：警告、责令改正、责令停止、查封、吊销执照、行政拘留等； (2)**行政处分**：警告、记过、记大过、降级、撤职、留用察看、开除等
	民事责任	(1)违反劳动合同及有关劳动合同的法律规定所应承担的民事责任； (2)损害劳动者或用人单位权利的民事责任
	刑事责任	(1)最严厉的一种法律责任，具有强制性； (2)只能由国家司法机关追究，任何单位和个人都无权对他人实施，否则也将被追究法律责任
违反劳动法律的责任	用人单位	常考点： (1)侵害女职工及未成年工权益①的法律责任：由劳动行政部门责令改正，按照受侵害的劳动者每人 1 000 元以上 5 000 元以下的标准处以罚款； (2)未订立书面劳动合同的法律责任：自用工之日起超过 1 个月不满 1 年未与劳动者订立书面劳动合同的，应当向劳动者每月支付 2 倍的工资； (3)未依法订立无固定期限劳动合同的法律责任：自应当订立无固定期限劳动合同之日起向劳动者每月支付 2 倍的工资； (4)违法延长劳动者工作时间的法律责任：由劳动行政部门给予警告，责令限期改正，并可按照受侵害的劳动者每人 100 元以上 500 元以下的标准处以罚款
	劳动者	(1)劳动者违反《劳动合同法》规定解除劳动合同，或者违反劳动合同中约定的保密义务或者竞业限制，给用人单位造成损失的，应当承担赔偿责任； (2)劳动者应当向用人单位支付违约金的情形： ①劳动者严重违反用人单位的规章制度的； ②劳动者严重失职，营私舞弊，给用人单位造成重大损害的； ③劳动者同时与其他用人单位建立劳动关系，对完成本单位的工作任务造成严重影响，或者经用人单位提出，拒不改正的； ④劳动者以欺诈、胁迫的手段或者乘人之危，使用人单位在违背真实意思的情况下订立或者变更劳动合同的； ⑤劳动者被依法追究刑事责任的

注：①侵害女职工及未成年工权益的行为(见表 18-2)

表 18-2 侵害女职工及未成年工权益的行为

侵害女职工权益的行为	(1)安排女职工从事矿山井下、国家规定的第四级体力劳动强度的劳动和其他禁忌从事的劳动的； (2)安排女职工在经期从事高处、低温、冷水作业或者国家规定的第三级体力劳动强度的劳动的； (3)安排女职工在怀孕期间从事国家规定的第三级体力劳动强度的劳动或者孕期禁忌从事的活动的； (4)安排怀孕七个月以上的女职工延长工作时间和夜班劳动的； (5)女职工生育享受少于 98 天的产假的； (6)安排女职工在哺乳未满一周岁的婴儿期间从事国家规定的第三级体力劳动强度的劳动或者哺乳期禁忌从事的其他劳动，以及安排其延长工作时间和夜班劳动的
侵害未成年工权益的行为	(1)安排未成年工从事矿山井下、有毒有害、国家规定的第四级体力劳动强度的劳动或者其他禁忌从事的劳动的； (2)未对未成年工定期进行健康检查的

【例 1·多选题】 用人单位有下列情形之一的,由劳动行政部门责令改正,按照受侵害的劳动者每人 1 000 元以上 5 000 元以下的标准计算,处以罚款( )。

A. 安排怀孕 5 个月以上的女职工夜班劳动的
B. 安排女职工从事矿山井下劳动的
C. 未对未成年工定期进行健康检查的
D. 安排未成年工从事有毒有害劳动的
E. 女职工生育享受产假少于 98 天的

解析 ▶ 本题考查用人单位侵害女职工及未成年工权益的法律责任。选项 A 的正确表述是安排怀孕 7 个月以上的女职工夜班劳动的。 **答案** ▶ BCDE

▶ 考点二 社会保险法律责任(见表 18-3)

表 18-3 社会保险法律责任

项目	内容
用人单位违反社会保险法的责任	(1) 不办理社会保险登记的,由社会保险行政部门责令其限期改正;逾期不改正的,对用人单位处应缴社会保险费数额 1 倍以上 3 倍以下的罚款,对其直接负责的主管人员和其他直接责任人员处 500 元以上 3 000 元以下的罚款; (2) 未按时足额缴纳社会保险费的,由社会保险费征收机构责令限期缴纳或者补足,并自欠缴之日起,按日加收万分之五的滞纳金;逾期仍不缴纳的,由有关行政部门处欠缴数额 1 倍以上 3 倍以下的罚款; (3) 用人单位未依法代扣代缴的,由社会保险费征收机构责令用人单位限期代缴,并自欠缴之日起向用人单位按日加收万分之五的滞纳金。用人单位不得要求职工承担滞纳金; (4) 拒不出具终止或者解除劳动关系证明的,依照《劳动合同法》的规定处理; (5)《工伤保险条例》规定,应当参加工伤保险而未参加工伤保险的用人单位职工发生工伤的,由该用人单位按照本条例规定的工伤保险待遇项目和标准支付费用。拒不协助社会保险行政部门对事故进行调查核实的,由社会保险行政部门责令改正,处 2 000 元以上 20 000 元以下的罚款; (6)《社会保险费征缴暂行条例》规定,缴费单位违反有关财务、会计、统计的法律、行政法规和国家有关规定,伪造、变造、故意毁灭有关账册、材料,或者不设账册,致使社会保险费缴费基数无法确定的,除依照有关法律、行政法规的规定给予行政处罚、纪律处分、刑事处罚外,依照规定征缴;迟延缴纳的,由有关行政部门依照规定决定加收滞纳金,并对直接负责的主管人员和其他直接责任人员处 5 000 元以上 20 000 元以下的罚款
骗保	(1) 以欺诈、伪造证明材料或者其他手段骗取社会保险基金支出或者骗取社会保险待遇的,应当退回,并处骗取金额 2 倍以上 5 倍以下的罚款; (2)《工伤保险条例》规定,用人单位、工伤职工或者其近亲属骗取工伤保险待遇,医疗机构、辅助器具配置机构骗取工伤保险基金支出的,由社会保险行政部门责令退还,处骗取金额 2 倍以上 5 倍以下的罚款
违反社会保险基金管理的法律责任	隐匿、转移、侵占、挪用社会保险基金或者违规投资运营的,由社会保险行政部门、财政部门、审计机关责令追回;有违法所得的,没收违法所得;对直接负责的主管人员和其他直接责任人员依法给予处分

▶ 考点三　劳动监察（见表18-4）

表18-4　劳动监察

项目	内容
含义	又称劳动保障监察，是劳动行政机关依法对用人单位遵守劳动和社会保险法律法规的情况进行监督检查，发现和纠正违法行为，并对违法行为依法进行行政处理或行政处罚的行政执法活动
属性	法定性、行政性、专门性、强制性
形式	(1)主动到用人单位及其工作场所进行检查的日常巡视检查； (2)通过任何组织和个人举报、投诉对用人单位可能存在的违法行为进行的专案查处； (3)针对一定时期问题比较集中或重要的事项开展的专项大检查； (4)审查用人单位按照要求报送的遵守劳动和社会保险法律法规的书面材料
处罚方式	(1)责令用人单位改正； (2)警告； (3)罚款； (4)没收违法所得； (5)吊销许可证
措施	(1)进入用人单位的劳动场所进行检查； (2)就调查、检查事项询问有关人员； (3)要求用人单位提供与调查、检查事项相关的文件资料，并作出解释和说明，必要时可以发出调查询问书； (4)采取记录、录音、录像、照相或者复制等方式收集有关情况和资料； (5)委托会计师事务所对用人单位工资支付、缴纳社会保险费的情况进行审计； (6)法律、法规规定可以由劳动行政部门采取的其他调查、检查措施
程序	(1)立案； (2)调查：应当自立案之日起60个工作日内完成；对情况复杂的，经劳动行政部门负责人批准，可以延长30个工作日； (3)处理； (4)告知
其他规定	如果违反劳动和社会保险法律、法规或者规章的行为在两年内未被劳动行政部门发现，也未被举报、投诉的，劳动行政部门不再查处。这里所称的期限，是指自违反劳动和社会保险法律、法规或者规章的行为发生之日起计算；如违反劳动保险法律、法规或者规章的行为有连续或者继续状态的，应自行为终了之日起计算

【例2·单选题】用人单位违反劳动和社会保险法律、法规或者规章的行为，在两年内未被劳动行政部门发现，也未被举报、投诉的，劳动行政部门不再查处。如违法的行为属于连续或者继续状态的，两年的期限应自（　　）起计算。

A. 违法行为发生之日　　　　　B. 违法行为终了之日
C. 劳动者举报之日　　　　　　D. 立案之日

解析 ▶ 本题考查劳动监察的相关内容。用人单位违反劳动和社会保险法律、法规或者规章的行为，在两年内未被劳动行政部门发现，也未被举报、投诉的，劳动行政部门不再查处。如违法的行为属于连续或者继续状态的，两年的期限应自违法行为终了之日起计算。答案 ▶ B

▶ 考点四 行政争议处理

(一)行政争议的范围及规定(见表 18-5)

表 18-5 行政争议的范围及规定

项目	内容
人力资源行政争议范围	(1)对人力资源社会保障部门作出的警告、罚款、没收违法所得、依法予以关闭、吊销许可证等行政处罚决定不服的; (2)对人力资源社会保障部门作出的行政处理决定不服的; (3)对人力资源社会保障部门作出的行政许可、行政审批不服的; (4)对人力资源社会保障部门作出的行政确认不服的; (5)认为人力资源社会保障部门不履行法定职责的; (6)认为人力资源社会保障部门违法收费或者违法要求履行义务的; (7)认为人力资源社会保障部门作出的其他具体行政行为侵犯其合法权益的
社会保险行政争议范围	根据《社会保险法》规定,可以依法申请行政复议或提起行政诉讼的情况有: (1)用人单位或个人认为社会保险费征收机构的行为侵害自己合法权益的; (2)社会保险经办机构存在不依法办理社会保险登记、核定社会保险费、支付社会保险待遇、办理社会保险转移接续手续或者侵害其他社会保险权益的行为的 《工伤保险条例》规定,可以依法申请行政复议或提起行政诉讼的情况有: (1)申请工伤认定的职工或其近亲属、该职工所在单位对工伤认定申请不予受理的决定不服的; (2)申请工伤认定的职工或其近亲属、该职工所在单位对工伤认定结论不服的; (3)用人单位对经办机构确定的单位缴费率不服的; (4)签订服务协议的医疗机构、辅助器具配置机构认为经办机构未履行有关协议或规定的; (5)工伤职工或其近亲属对经办机构核定的工伤保险待遇有异议的
不能申请行政复议的范围	下列事项不能申请行政复议: (1)人力资源社会保障部门作出的行政处分或其他人事处理决定; (2)劳动者与用人单位之间发生的人力资源争议; (3)劳动能力鉴定委员会的行为; (4)劳动人事争议仲裁委员会的仲裁、调解等行为; (5)已就同一事项向其他有权受理的行政机关申请行政复议的; (6)向人民法院提起行政诉讼,人民法院已经依法受理的
基本法律规定	(1)公民、法人或其他组织对人力资源社会保障行政部门作出的具体行政行为不服,应当在知道侵害其合法权益的具体行政行为之日起 60 日内,向上一级人力资源社会保障行政部门申请复议,也可以向同级人民政府申请复议;对社会保险经办机构作出的具体行政行为不服,可以向直接管理该经办机构的人力资源社会保障行政部门申请复议,但不能向上一级人力资源社会保障行政部门申请复议; (2)申请人申请行政复议,可以采用书面方式申请,也可以采用口头方式申请; (3)人力资源社会保障复议机关在收到申请人的复议申请后,应在 5 个工作日内对申请书进行审查,并分别作出以下决定: ①对符合法定受理条件,并属于本机关受案范围的申请,作出受理决定; ②对符合法定受理条件,但不属于本机关受理范围的申请,书面告知申请人向有关机关提出申请; ③对不符合法定受理条件的申请,作出不予受理决定。申请人对行政复议机关的不予受理决定不服,可以在收到该不予受理决定之日起 15 日内,向行政复议机关所在地的人民法院提起行政诉讼; (4)行政复议机关对受理的复议案件审查后,应在受理行政复议申请之日起 60 日内,或经行政复议机关负责人批准后延长 30 日内,依法分别作出复议决定

(二)人力资源社会保障行政诉讼(见表18-6)

表18-6 人力资源社会保障行政诉讼

起诉条件	(1)起诉人合法； (2)有明确的被告； (3)有具体的诉讼请求和事实根据； (4)属于人民法院受案范围和受诉人民法院管辖
起诉期限	(1)行政复议申请人不服人力资源社会保障行政部门作出的复议决定的，可以在收到复议决定书之日起15日内向人民法院提起诉讼； (2)复议机关逾期不作决定的，申请人可以在复议期满之日起15日内向人民法院提起诉讼
行政判决的法律效力	行政诉讼结果是行政判决，其法律效力是指人民法院依法作出的关于行政争议的判决，具有国家意志的性质，其对该争议当事人及其他人有法律约束力

【例3·单选题】行政复议申请人不服劳动保障行政部门作出的复议决定的，可以在收到复议决定之日起( )日内向人民法院提起诉讼。

A. 7 B. 15
C. 30 D. 60

解析 ▶ 本题考查行政诉讼的起诉期限。行政复议申请人不服人力资源社会保障行政部门作出的复议决定的，可以在收到复议决定书之日起15日内向人民法院提起诉讼。所以本题选B。

答案 ▶ B

历年考题解析

一、单项选择题

1. (2019年)关于劳动法律责任形式的说法，正确的是( )。
   A. 吊销执照属于刑事责任
   B. 责令改正属于民事责任
   C. 开除属于民事责任
   D. 查封属于行政责任

   解析 ▶ 本题考查劳动法律责任形式。选项A、B错误，吊销执照、责令改正属于行政责任中的行政处罚。选项错误C错误，开除属于行政责任中的行政处分。

   答案 ▶ D

2. (2018年)劳动监察机构不可以采取的措施是( )。
   A. 吊销许可证   B. 警告
   C. 罚款   D. 拘留

   解析 ▶ 本题考查劳动监察的形式和处罚方式。劳动监察处罚的方式主要有五种：责令用人单位改正，警告，罚款，没收违法所得，吊销许可证。

   答案 ▶ D

3. (2017年)关于劳动者应当承担的违反劳动法律责任的说法，正确的是( )。
   A. 劳动者违法解除劳动合同，无须承担法律责任
   B. 劳动者违反劳动合同中约定的保密义务，应当承担赔偿责任
   C. 劳动者解除约定有服务期的劳动合同，应当向用人单位支付赔偿金
   D. 劳动者违反劳动合同中有关竞业限制的约定，且给用人单位造成了损失，应当承担赔偿责任

   解析 ▶ 本题考查劳动者违反劳动法律的责任。《劳动合同法》规定："劳动者违反本法规定解除劳动合同，或者违反劳动合同中约定的保密义务或者竞业限制，给用人单位造成损失的，应当承担赔偿责任。"

   答案 ▶ D

4. (2017年)申请工伤认定的用人单位对工伤

认定结论不服时，用人单位（　　）。
A. 可以依法向人民法院提起行政诉讼
B. 应当依法先申请行政复议
C. 可以申请劳动争议仲裁
D. 应当向当地人民政府举报

解析 本题考查行政争议处理。《工伤保险条例》规定，申请工伤认定的职工或者其近亲属、该职工所在单位对工伤认定结论不服的，可以依法申请行政复议，也可以依法向人民法院提起行政诉讼。

答案 A

5. （2017年）用人单位违法阻挠劳动者参加工会的，由（　　）责令改正。
A. 上级工会组织
B. 工商行政管理部门
C. 人民法院
D. 劳动行政部门

解析 本题考查劳动法律责任。用人单位违反《中华人民共和国工会法》，有下列行为的，由劳动行政部门责令改正：阻挠劳动者依法参加和组织工会，或者阻挠上级工会帮助、指导劳动者筹建工会的。

答案 D

二、多项选择题

1. （2019年）下列事项中，不能申请行政复议的事项有（　　）。
A. 人力资源社会保障部门作出的行政处分
B. 劳动能力鉴定结论
C. 工伤保险待遇审核决定
D. 劳动争议仲裁裁决
E. 工伤认定结论

解析 本题考查社会保险行政争议范围。下列事项不能申请行政复议：(1)人力资源社会保障部门作出的行政处分或者其他人事处理决定。(2)劳动者与用人单位之间发生的人力资源争议。(3)劳动能力鉴定委员会的行为。(4)劳动人事争议仲裁委员会的仲裁、调解等行为。(5)已就同一事项向其他有权受理的行政机关申请行政复议的。(6)向人民法院提起行政诉讼，人民法院已经依法受理的。

答案 ABD

2. （2017年）用人单位应当承担违反劳动法律责任的情形，包括（　　）。
A. 用人单位扣押劳动者身份证
B. 劳动者依法解除劳动合同后，用人单位扣押劳动者档案
C. 劳动者因参加工会活动而被解除劳动合同
D. 用人单位未对未成年工定期进行健康检查
E. 用人单位与劳动者订立劳动合同未约定试用期

解析 本题考查劳动法律责任。试用期的约定是因用人单位不同而定，可以不约定试用期，但是必须在法律范围内实施。

答案 ABCD

同步系统训练

一、单项选择题

1. 劳动法律责任形式中，（　　）是最严厉的一种法律责任，具有强制性。
A. 经济责任　　　B. 刑事责任
C. 行政责任　　　D. 民事责任

2. 用人单位与劳动者建立劳动关系不依法订立劳动合同的，由劳动保障行政部门责令改正，自用工之日起超过1个月不满1年未与劳动者订立书面劳动合同的，应当向劳动者每月支付（　　）倍的工资。
A. 2　　　　　　B. 3
C. 4　　　　　　D. 5

3. 用人单位强令劳动者违章冒险作业，发生重大伤亡事故，造成严重后果的，对责任人员依法追究（　　）。
A. 民事责任　　　B. 刑事责任
C. 赔偿责任　　　D. 领导责任

4. 用人单位未依法代扣代缴社会保险费的，

由社会保险费征收机构责令用人单位限期代缴,并自欠缴之日起向用人单位按日加收( )的滞纳金。

A. 万分之三　　　　B. 万分之五
C. 万分之八　　　　D. 千分之一

5. 下列有关劳动监察程序的叙述,错误的是( )。

A. 劳动行政部门认为用人单位有违反劳动保障法律、法规或者违章的行为,需要进行调查处理的,应当及时立案
B. 劳动行政部门对违反劳动保障法律、法规或者规章的行为的调查,应当自立案之日起 60 个工作日内完成
C. 如果违反劳动和社会保险法律、法规或者规章的行为在 1 年内未被劳动行政部门发现,也未被举报、投诉的,劳动行政部门不再查处
D. 劳动监察以日常巡视检查、审查用人单位按照要求报送的书面材料以及接受举报投诉等形式进行

6. 申请人对行政复议机关的不予受理决定不服,可以在收到该不予受理决定之日起( )日内,向行政复议机关所在地的人民法院提起行政诉讼。

A. 7　　　　　　　　B. 10
C. 15　　　　　　　D. 30

7. 人力资源社会保障复议机关在收到申请人的复议申请后,经审查不符合法定受理条件的,应在( )个工作日内作出不予受理决定。

A. 5　　　　　　　　B. 7
C. 10　　　　　　　D. 15

二、多项选择题

1. 劳动法律责任的特点主要有( )。

A. 以违法行为存在为前提
B. 以法律制裁为必然结果
C. 由国家强制力保证实施
D. 有特殊的法律适用范围
E. 由国家特别授权的机关来执行

2. 下列属于劳动法律责任形式中行政处分的形式的有( )。

A. 警告　　　　　　B. 记过
C. 降级　　　　　　D. 查封
E. 开除

3. 用人单位有下列( )行为的,由劳动行政部门责令改正,处 2 000 元以上 20 000 元以下罚款。

A. 无理抗拒、阻挠劳动行政部门依照《劳动保障监察条例》的规定实施劳动监察的
B. 不按照劳动行政部门的要求报送书面材料,隐瞒事实真相,出具伪证或者隐匿、毁灭证据的
C. 拒不履行劳动行政部门的行政处理决定的
D. 经劳动行政部门责令改正拒不改正的
E. 阻挠劳动者依法参加和组织工会的

4. 劳动监察的属性包括( )。

A. 法定性　　　　　B. 强制性
C. 行政性　　　　　D. 专门性
E. 监督性

5. 下列属于劳动监察处罚方式的有( )。

A. 没收违法所得
B. 行政拘留
C. 吊销许可证
D. 警告
E. 罚款

6. 人力资源和社会保障行政争议的当事人包括( )。

A. 用人单位和劳动者
B. 人民法院
C. 医疗服务机构
D. 社会保险经办机构
E. 人力资源社会保障行政部门

7. 决定维持具体行政行为必须符合的条件包括( )。

A. 适用依据正确　　B. 程序合法
C. 内容适当　　　　D. 存在争议
E. 事实清楚、证据充分

8. 提起行政诉讼应具备的条件有( )。

A. 起诉人合法

B. 有明确的被告
C. 诉讼请求简练
D. 属于人民法院受案范围
E. 有具体的事实根据

同步系统训练参考答案及解析

一、单项选择题

1. B 【解析】本题考查劳动法律责任的形式。劳动法律责任形式中，刑事责任是最严厉的一种法律责任，具有强制性。

2. A 【解析】本题考查用人单位违反劳动法律的责任。用人单位与劳动者建立劳动关系不依法订立劳动合同的，由劳动保障行政部门责令改正，自用工之日起超过1个月不满1年未与劳动者订立书面劳动合同的，应当向劳动者每月支付两倍的工资。

3. B 【解析】本题考查用人单位违反劳动法律的责任。在劳动领域中，主要对那些严重侵犯人身权利，财产权利，侵占国家财产或给国家财产造成重大损失的，予以追究刑事责任。根据本题干描述，应当追究刑事责任，选B。

4. B 【解析】本题考查社会保险法律责任。用人单位未依法代扣代缴社会保险费的，由社会保险费征收机构责令用人单位限期代缴，并自欠缴之日起向用人单位按日加收万分之五的滞纳金。

5. C 【解析】本题考查劳动监察的程序。如果违反劳动和社会保险法律、法规或者规章的行为在两年内未被劳动行政部门发现，也未被举报、投诉的，劳动行政部门不再查处。

6. C 【解析】本题考查行政复议的基本法律规定。申请人对行政复议机关的不予受理决定不服，可以在收到该不予受理决定之日起15日内，向行政复议机关所在地的人民法院提起行政诉讼。

7. A 【解析】本题考查行政复议的基本法律规定。人力资源社会保障复议机关在收到申请人的复议申请后，经审查不符合法定受理条件的，应在5个工作日内作出不予受理决定。

二、多项选择题

1. ABCE 【解析】本题考查劳动法律责任的特点。劳动法律责任的特点包括四点：(1)以违法行为存在为前提；(2)以法律制裁为必然后果；(3)由国家强制力保证实施；(4)由国家特别授权的机关来执行。

2. ABCE 【解析】本题考查劳动法律责任。行政处罚包括：警告、责令改正、责令停止、查封、吊销执照、行政拘留等。行政处分包括：警告、记过、记大过、降级、撤职、留用察看、开除等。选项D属于行政处罚的形式，不是行政处分的形式。

3. ABCD 【解析】本题考查用人单位违反劳动法律的责任。选项E的行为只是由劳动行政部门责令改正，并不处以罚款。

4. ABCD 【解析】本题考查劳动监察的属性。劳动监察的属性包括法定性、行政性、专门性和强制性。

5. ACDE 【解析】本题考查劳动监察处罚的方式。劳动监察处罚方式包括：责令用人单位改正，警告，罚款，没收违法所得，吊销许可证。

6. ACDE 【解析】本题考查人力资源和社会保险行政争议的当事人。人力资源和社会保险行政争议的当事人包括人力资源社会保障行政部门、社会保险经办机构、用人单位和劳动者、医疗服务机构。

7. ABCE 【解析】本题考查行政争议处理。决定维持具体行政行为必须符合四个条件：一是事实清楚、证据充分；二是适用依据正确；三是程序合法；四是内容适当。

8. ABDE 【解析】本题考查行政诉讼的起诉条件。行政诉讼的提起应具备以下几个条件：(1)起诉人合法。(2)有明确的被告。(3)有具体的诉讼请求和事实根据。(4)属于人民法院受案范围和受诉人民法院管辖。

本章思维导图

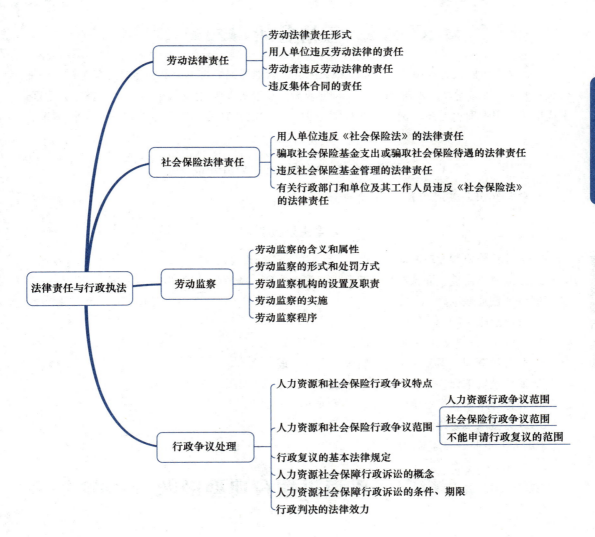

第19章 人力资源开发政策

考情分析

本章主要讲解人力资源开发政策的相关内容,以理解记忆为主。重点学习内容包括人才评价机制改革、职业分类、职称制度、创新创业激励、公务员奖励及其工资制度、公务员管理、事业单位聘用管理、干部培训、职业技能培训、人才流动管理。本章考试以单选题和多选题为主。

最近三年本章考试题型、分值分布

本章为2020年新增章节,无历年考题。

本章主要考点

1. 人才评价机制改革和职业分类。
2. 职业资格制度、职称制度、职业技能等级制度。
3. 创新创业激励。
4. 突出业绩奖励。
5. 公务员工资制度、事业单位收入分配制度。
6. 公务员管理、事业单位聘用管理、干部管理。
7. 职业技能培训、专业技术人员继续教育。
8. 公务员培训、事业单位工作人员培训。
9. 人力资源市场建设、人才流动管理。
10. 人力资源的国际流动。

重点、难点讲解及典型例题

▶ 考点一 评价发现

(一)人才评价(见表19-1)

表19-1 人才评价

内容	人力资源开发管理和使用的**前提**:人才评价
主要问题	分类评价不足,评价手段趋同,评价标准单一,用人主体自主权落实不够,评价社会化程度不高等
机制改革	(1)**分类健全人才评价标准**: ①基础:职业属性和岗位要求;②人才评价的首要内容:品德

机制改革	(2)改进和创新人才评价方式； (3)加快推进重点领域人才评价改革； (4)健全完善人才评价管理服务制度

(二)职业分类

1. 职业分类意义

(1)人力资源开发科学化、规范化的**重要基础**：职业分类；

(2)《中华人民共和国职业分类大典》是职业分类的成果和载体，对我国人力资源市场建设、职业教育、职业培训、就业创业、国民经济信息统计、人口普查等起着规范和引领作用。

2. 职业分类结构(见表19-2)

表19-2 职业分类结构

第一大类	**党的机关、国家机关、群众团体和社会组织、企事业单位负责人**，包括6个中类、15个小类、23个职业(参照我国政治制度与管理体制现状)
第二大类	专业技术人员，包括11个中类、120个小类、451个职业(着重考量职业的专业化、社会化和国际化水平)
第三大类	办事人员和有关人员，包括3个中类、9个小类、25个职业(依据我国公共管理与社会组织中从业者的实际业态分类)
第四大类	社会生产服务和生活服务人员，包括15个中类、93个小类、278个职业(特别关注新兴服务业的社会职业发展，按照服务属性归并职业)
第五大类	**农、林、牧、渔业生产及辅助人员**，包括6个中类、24个小类、52个职业
第六大类	**生产制造及有关人员**，包括32个中类、171个小类、650个职业
第七大类	**军人**，包括1个中类、1个小类、1个职业
第八大类	不便分类的其他从业人员，包括1个种类、1个小类、1个职业

3. 新职业的发布

(1)2019年4月，人力资源社会保障部等部门向社会发布了**13个新职业信息**：人工智能工程技术人员、物联网工程技术人员、大数据工程技术人员、云计算工程技术人员、数字化管理师、建筑信息模型技术员、电子竞技运营师、电子竞技员、无人机驾驶员、农业经理人、物联网安装调试员、工业机器人系统操作员、工业机器人系统运维员。

(2)2020年3月，人力资源社会保障部等部门向社会发布了**16个新职业信息**：智能制造工程技术人员、工业互联网工程技术人员、虚拟现实工程技术人员、连锁经营管理师、供应链管理师、网约配送员、人工智能训练师、电气电子产品环保检测员、全媒体运营师、健康照护师、呼吸治疗师、出生缺陷防控咨询师、康复辅助技术咨询师、无人机装调检修工、铁路综合维修工和装配式建筑施工员。

(三)职业资格制度

(1)职业资格包括两类：**准入类职业资格、水平评价类职业资格**。

(2)**国家职业资格证书**是国家对申请人职业(工种)学识、技术、能力的认可，是求职、任职、独立开业和单位录用的主要依据。

(3)国家职业资格目录。

①国家按照规定的条件和程序将职业资格纳入国家职业资格目录，**实行清单式管理**，目录

之外一律不得许可和认定职业资格，目录之内除准入类职业资格外一律不得与就业创业挂钩；目录接受社会监督，保持相对稳定，实行动态调整。

②当前国家职业资格目录共计 140 项职业资格。其中，专业技术人员职业资格 59 项，含准入类 36 项，水平评价类 23 项；技能人员职业资格 81 项，含准入类 5 项，水平评价类 76 项。

③人力资源社会保障部门负责职业资格的监督管理；行业协会、学会等社会组织和企事业单位依据市场需要自行开展能力水平评价活动，不得变相开展资格资质许可和认定，证书不得使用"中华人民共和国""中国""中华""国家""全国""职业资格"或"人员资格"等字样和国徽标志。

（四）职称制度

1. 职称

（1）专业技术人才学术技术水平和专业能力的主要标志：职称。

（2）职称制度是专业技术人才评价和管理的基本制度。

2. 职称评审（见表 19-3）

表 19-3　职称评审

含义	职称评审是按照评审标准和程序，对专业技术人才品德、能力、业绩的评议和认定
内容	（1）国务院人力资源社会保障行政部门负责全国的职称评审统筹规划和综合管理工作； （2）职称评审标准分为单位标准、地区标准和国家标准；地区标准、单位标准不得低于国家标准
职称评审委员会	（1）申请组建高级职称评审委员会应当具备下列条件： ①拟评审的职称系列或者专业为职称评审委员会组建单位主体职称系列或者专业；②拟评审的职称系列或者专业在行业内具有重要影响力，能够代表本领域的专业发展水平；③具有一定数量的专业技术人才和符合条件的高级职称评审专家；④具有开展高级职称评审的能力。 （2）国家对职称评审委员会实行核准备案管理制度。职称评审委员会备案有效期不得超过 3 年，有效期届满应当重新核准备案。 （3）职称评审委员会组成人员应当是单数，根据工作需要设主任委员和副主任委员，按照职称系列组建的高级职称评审委员会评审专家不少于 25 人，按照专业组建的高级职称评审委员会评审专家不少于 11 人；评审专家每届任期不得超过 3 年
职称申报审核	（1）申报人应当为本单位在职的专业技术人才，离退休人员不得申报参加职称评审； （2）事业单位工作人员受到记过以上处分的，在受处分期间不得申报参加职称评审； （3）申报人一般应当按照职称层级逐级申报职称评审。取得重大基础研究和前沿技术突破、解决重大工程技术难题，在经济社会各项事业发展中作出重大贡献的专业技术人才，可以直接申报高级职称评审； （4）对引进的海外高层次人才和急需紧缺人才，可以合理放宽资历、年限等条件限制； （5）对长期在艰苦边远地区和基层一线工作的专业技术人才，侧重考查其实际工作业绩，适当放宽学历和任职年限要求； （6）申报人所在工作单位应当对申报材料进行审核，并在单位内部进行公示，公示期不少于 5 个工作日，对经公示无异议的，按照职称评审管理权限逐级上报
组织职称评审	（1）职称评审委员会组建单位组织召开评审会议； （2）评审会议由主任委员或者副主任委员主持，出席评审会议的专家人数应当不少于职称评审委员会人数的 2/3； （3）职称评审委员会经过评议，采取少数服从多数的原则； （4）评审会议实行封闭管理，评审专家名单一般不对外公布

（五）职业技能等级制度

1. 职业技能等级（见表 19-4）

表 19-4 职业技能等级

含义	职业技能等级是根据从业人员职业活动范围、工作责任和工作难度的不同而设立的级别
划分	由低到高分别为： **五级/初级工**：能够运用基本技能独立完成本职业的常规工作； **四级/中级工**：能够熟练运用基本技能独立完成本职业的常规工作；在特定情况下，能够运用专门技能完成技术较为复杂的工作；能够与他人合作； **三级/高级工**：能够熟练运用基本技能和专门技能完成本职业较为复杂的工作，包括完成部分非常规性的工作；能够独立处理工作中出现的问题；能够指导和培训初、中级工； **二级/技师**：能够熟练运用专门技能和特殊技能完成本职业复杂的、非常规性的工作；掌握本职业的关键技术技能，能够独立处理和解决技术或工艺难题；在技术技能方面有创新；能够指导和培训初、中、高级工；具有一定的技术管理能力； **一级/高级技师**：能够熟练运用专门技能和特殊技能在本职业的各个领域完成复杂的、非常规性工作；熟练掌握本职业的关键技术技能，能够独立处理和解决高难度的技术问题或工艺难题；在技术攻关和工艺革新方面有创新；能够组织开展技术改造、技术革新活动；能够组织开展系统的专业技术培训；具有技术管理能力； 企业可根据需要，在相应的职业技能等级内划分层次，或在高级技师之上**设立特级技师、首席技师**等，拓宽技能人才职业发展空间

2. 职业技能标准

（1）职业技能标准是开展职业教育培训和职业技能鉴定，以及用人单位录用、使用人员的**基本依据**。

（2）2018 年 3 月 7 日，人力资源社会保障部对《国家职业技能标准编制技术规程》（2012 年版）进行了全面修订，主要修改内容为：

①**强调工匠精神和敬业精神**。将工匠精神和敬业精神内涵融入国家职业技能标准中，作为职业道德要求的重要内容。

②落实"鉴培分离""考培分离"。

③支持技能人才成长。

④突出安全生产。

（3）职业技能等级认定要依据国家职业技能标准或行业、企业评价规范组织开展，由用人单位和社会培训评价组织按照有关规定开展职业技能等级认定。

（4）职业技能等级与职称的贯通。

2018 年 11 月 25 日，为拓宽人才发展空间，促进人才合理流动，提高技术技能人才待遇和地位，人力资源社会保障部出台《关于在工程技术领域实现高技能人才与工程技术人才职业发展贯通的意见（试行）》，支持工程技术领域高技能人才参评工程系列专业技术职称。

【例 1·单选题】（　　）是专业技术人才评价和管理的基本制度。
A．职业资格制度　　　　　　　　　　B．职称制度
C．职业技能等级制度　　　　　　　　D．执业资格制度

解析 ▶ 本题考查职称制度。职称制度是专业技术人才评价和管理的基本制度。　　**答案** ▶ B

▶ **考点二　激励保障概述及创新创业激励**

（一）激励保障概述

（1）人才创新创业的**根本动力**是激励保障。充分的激励保障能够激发人才创新创业的积

极性。

(2)要建立灵活的**人才激励机制**,要建立更为灵活的**人才管理机制**,要强化**人才创新创业激励机制**。

(二)创新创业激励

1. 科技成果转化激励(见表19-5)

表19-5 科技成果转化激励

下放科技成果处置权	国家设立的研究开发机构、高等院校对其持有的科技成果,可以自主决定转让、许可或者作价投资,除涉及国家秘密、国家安全外,不需审批或者备案
激励科技人员创新创业	依法对职务科技成果完成人和为成果转化做出重要贡献的其他人员给予奖励时,按照以下规定执行: (1)以技术转让或者许可方式转化职务科技成果的,应当从技术转让或者许可所取得的净收入中提取不低于50%的比例用于奖励职务科技成果完成人和为成果转化做出重要贡献的其他人员; (2)以科技成果作价投资实施转化的,应当从作价投资取得的股份或者出资比例中提取不低于50%的比例用于奖励职务科技成果完成人和为成果转化做出重要贡献的其他人员; (3)在研究开发和科技成果转化中做出主要贡献的人员,获得奖励的份额不低于奖励总额的50%; (4)对科技人员在科技成果转化工作中开展技术开发、技术咨询、技术服务等活动给予的奖励,可按照《中华人民共和国促进科技成果转化法》执行
科技人员兼职和离岗创业	(1)国家设立的研究开发机构、高等院校科技人员在履行岗位职责、完成本职工作的前提下,经征得单位同意,**可以兼职**从事科技成果转化活动,或者离岗创业,原则上离岗3年内保留人事关系; (2)**离岗创业期间**,科技人员所承担的国家科技计划和基金项目原则上不得中止,确需中止的应当按照有关管理办法办理手续
担任领导职务的科技人员的科技成果转化奖励	对担任领导职务的科技人员的科技成果转化收益分配实行公开公示制度,不得利用职权侵占他人科技成果转化奖励

2. 科技项目资金管理

(1)下放预算调剂权限。

(2)提高间接费用比重。

中央财政科技计划(专项、基金等)中实行公开竞争方式的研发类项目,均要设立间接费用,核定比例可以提高到不超过直接费用扣除设备购置费的一定比例:500万元以下的部分为20%,500万元至1 000万元的部分为15%,1 000万元以上的部分为13%。

(3)劳务费开支不设比例限制。

(4)结转结余资金留用处理。

3. 科技管理权限下放

(1)科研项目经费管理使用自主权;

(2)科研人员的技术路线决策权;

(3)项目过程管理权。

【例2·单选题】激励科技人员创新创业,以技术转让或者许可方式转化职务科技成果的,应当从技术转让或者许可所取得的净收入中提取不低于( )的比例用于奖励职务科技成果完成人和为成果转化做出重要贡献的其他人员。

A. 30%   B. 40%
C. 50%   D. 60%

解析 本题考查创新创业激励。激励科技人员创新创业，以技术转让或者许可方式转化职务科技成果的，应当从技术转让或者许可所得的净收入中提取不低于50%的比例用于奖励职务科技成果完成人和为成果转化做出重要贡献的其他人员。   **答案** C

▶ 考点三　突出业绩奖励

（一）国家科学技术奖（见表19-6）

表19-6　国家科学技术奖

国家最高科学技术奖	可授予下列科学技术工作者： （1）在当代科学技术前沿取得重大突破或者在科学技术发展中有卓越建树的科学技术工作者； （2）在科学技术创新、科学技术成果转化和高技术产业化中，创造巨大经济效益或者社会效益的科学技术工作者
国家自然科学奖	授予在基础研究和应用基础研究中阐明自然现象、特征和规律，提出重大科学发现的公民的奖项。获奖者提出的自然科学发现应当具备下列条件： （1）前人尚未发现或者尚未阐明； （2）具有重大科学价值； （3）得到国内外自然科学界公认
国家技术发明奖	授予运用科学技术知识创造出产品、工艺、材料及其系统等重大技术发明的公民的奖项。获奖者创造的技术发明应当具备下列条件： （1）前人尚未发明或者尚未公开； （2）具有先进性和创造性； （3）已实际创造显著经济效益或者社会效益
国家科学技术进步奖	授予在应用推广先进科学技术成果，完成重大科学技术工程、计划、项目等方面，做出突出贡献的公民、组织的奖项。获奖者应当具备下列条件： （1）在实施技术开发项目中，完成重大科学技术创新、科学技术成果转化，创造显著经济效益的； （2）在实施社会公益项目中，长期从事科学技术基础性工作和社会公益性科学技术事业，经过实践检验，创造显著社会效益的； （3）在实施国家安全项目中，为推进国防现代化建设、保障国家安全做出重大科学技术贡献的； （4）在实施重大工程项目中，保障工程达到国际先进水平的
中华人民共和国国际科学技术合作奖	授予对中国科学技术事业做出重要贡献的外国人或者外国组织的奖项。获奖者应当具备下列条件： （1）同中国的公民或者组织合作研究、开发，取得重大科学技术成果的； （2）向中国的公民或者组织传授先进科学技术、培养人才，成效特别显著的； （3）为促进中国与外国的国际科学技术交流与合作，做出重要贡献的

(二)技能人才奖励(见表19-7)

表19-7 技能人才奖励

全国技术能手和中华技能大奖	(1)评选范围： 　　国家职业技能标准中设有高级(国家职业资格三级)以上等级的职业(工种)；全国范围的评选表彰活动**每两年开展一次**，每次评选表彰人数由人力资源社会保障部门确定。 (2)**全国技术能手参选条件**：①在本职业(工种)中具备较高技艺，并在培养徒弟、传授技术技能方面做出突出贡献的；②在开展技术革新、技术改造活动中做出重要贡献，取得重大经济效益和社会效益的；③在本企业、同行业中具有领先的技术技能水平，并在某一生产工作领域总结出先进的操作技术方法，取得重大经济效益和社会效益的；④在开发、应用先进科学技术成果转化成现实生产力方面有突出贡献，并取得重大经济效益和社会效益的。 (3)**中华技能大奖参选条件**：①在技术创新、攻克技术难关等方面做出突出贡献，并总结出独特的操作技术方法，产生重大经济效益和社会效益的；②在本职业(工种)中，具备某种绝招绝技，并在带徒传艺方面做出突出贡献，在国际国内产生重要影响的；③在推广应用先进技术等方面做出突出贡献的
世界技能大赛获奖选手奖励	(1)在世界技能大赛中获得金、银、铜、优胜奖牌的选手，按国家表彰奖励规定，给予相应精神奖励和物质奖励； (2)获奖选手由人力资源社会保障部授予"全国技术能手"称号； (3)获奖选手参加中华技能大奖评选、享受国务院政府特殊津贴人员选拔时，在同等条件下优先

(三)公务员奖励的种类及权限

对公务员、公务员集体的奖励包括嘉奖、记三等功、记二等功、记一等功、授予荣誉称号。

(1)对表现突出的，给予**嘉奖**；由县级以上党委、政府或者市(地)级以上机关批准。

(2)对做出较大贡献的，**记三等功**；由县级以上党委、政府或者市(地)级以上机关批准。

(3)对做出重大贡献的，**记二等功**；由市(地)级以上党委、政府或者省级以上机关批准。

(4)对做出杰出贡献的，**记一等功**；由省级以上党委、政府或者中央机关批准。

(5)对功绩卓著的，授予"人民满意的公务员""人民满意的公务员集体""模范公务员""模范公务员集体"等荣誉称号；授予荣誉称号，由省级以上党委、政府或者中央公务员主管部门批准。

(四)事业单位工作人员奖励

1. 奖励的种类

对事业单位工作人员和集体可以嘉奖、记功、记大功、授予荣誉称号。

(1)对表现突出、做出较大贡献，在本单位发挥模范带头作用的，给予**嘉奖**；

(2)对取得突破性成就、做出重大贡献，在本地区本行业本领域产生较大影响的，**记功**；

(3)对取得重大突破性成就、做出杰出贡献，在本地区本行业本领域产生重大影响的，**记大功**；

(4)对功绩卓著的，**授予称号**。

2. 奖励的权限

(1)给予党中央、国务院直属事业单位工作人员和集体的嘉奖、记功、记大功，由本单位按照干部人事管理权限规定执行。

(2)给予中央各部门所属事业单位工作人员和集体的嘉奖、记功、记大功，由本单位或者主管部门按照干部人事管理权限规定执行。

【例3·多选题】下列选项属于对公务员奖励种类的有(　　)。
A. 嘉奖　　　　　　　　　　　　B. 记三等功
C. 记二等功　　　　　　　　　　D. 记一等功
E. 记特等功

解析 ▶ 本题考查突出业绩奖励的内容。对公务员、公务员集体的奖励包括嘉奖、记三等功、记二等功、记一等功、授予荣誉称号。　　　　　　　　　　　　　　　　　答案 ▶ ABCD

▶ 考点四　收入分配制度

(一)公务员工资制度(见表19-8)

表19-8　公务员工资制度

公务员职级工资制	(1)基本工资结构： 基本工资包括两项：职务工资、级别工资。 (2)基本工资正常晋升办法： 公务员年度考核称职及以上，每五年可在所任职务对应的级别内晋升一个级别，每两年可在所任级别对应的工资标准内晋升一个工资档次。 (3)实行级别与工资等待遇适当挂钩
机关工人岗位技术等级(岗位)工资制	(1)机关工人基本工资结构： 基本工资包括两项：岗位工资、技术等级(职务)工资。 (2)基本工资正常晋升办法： 机关工人年度考核合格及以上，每两年可在对应的岗位工资标准内晋升一个工资档次
津贴补贴制度	(1)地区附加津贴制度：反映地区经济发展水平、物价消费水平差异； (2)艰苦边远地区津贴制度：根据自然地理环境、社会发展等差异适当补偿； (3)岗位津贴制度：特殊岗位工作人员实行该制度
工资水平正常增长机制	国家根据工资调查比较的结果，结合国民经济发展、财政状况、物价水平等情况，适时调整机关工作人员基本工资标准
实行年终一次性奖金	对年度考核称职(合格)及以上的工作人员，发放年终一次性奖金，奖金标准为本人当年12月份的基本工资

(二)事业单位收入分配制度(见表19-9)

表19-9　事业单位收入分配制度

实施	事业单位实行岗位绩效工资制度
构成	(1)岗位工资： 主要体现工作人员所聘岗位的职责和要求； 事业单位岗位分为专业技术岗位、管理岗位和工勤技能岗位。 (2)薪级工资： 主要体现工作人员的工作表现和资历； 对专业技术人员和管理人员设置65个薪级，对工人设置40个薪级，每个薪级对应一个工资标准。 (3)绩效工资： 主要体现工作人员的实绩和贡献

构成	(4)津贴补贴： ①**艰苦边远地区津贴**：主要是根据自然地理环境、社会发展等方面的差异，对在艰苦边远地区工作生活的工作人员给予适当补偿； ②**特殊岗位津贴补贴**：主要体现对事业单位苦、脏、累、险及其他特殊岗位工作人员的政策倾斜；国家统一管理特殊岗位津贴补贴

(三)国有企业工资决定机制

1. 工资总额确定办法
2. 工资与效益联动机
3. 工资效益联动指标

【**例4·单选题**】在事业单位岗位绩效工资中，(　　)主要体现工作人员的实绩和贡献。

A. 岗位工资　　　　　　　　　　B. 薪级工资
C. 绩效工资　　　　　　　　　　D. 津贴补贴

解析 ▶ 本题考查收入分配制度。在事业单位岗位绩效工资中，绩效工资主要体现工作人员的实绩和贡献。　　　　　　　　　　　　　　　　　　　　　　**答案** ▶ C

▶ **考点五　公务员管理、事业单位聘用管理、干部管理**

(一)公务员管理(见表19-10)

表19-10　公务员管理

录用	(1)原则： ①党管干部；②公开、平等、竞争、择优；③德才兼备、以德为先，五湖四海、任人唯贤；④事业为上、公道正派，人岗相适、人事相宜；⑤依法依规办事。 (2)程序： ①发布招考公告；②报名与资格审查；③考试；④体检；⑤考察；⑥公示；⑦审批或者备案。 (3)录用计划： **中央机关及其直属机构**的录用计划，由中央公务员主管部门审定；**省级机关及其直属机构**的录用计划，由省级公务员主管部门审定；**设区的市级以下机关**录用计划的申报程序和审批权限，由省级公务员主管部门规定。 (4)招考公告： ①招录机关、招考职位、名额和报考资格条件；②报名方式方法、时间和地点；③报考需要提交的申请材料；④考试科目、时间和地点；⑤其他须知事项 (5)资格条件： ①具有中华人民共和国国籍；②年龄为18周岁以上，35周岁以下；③拥护中华人民共和国宪法，拥护中国共产党领导和社会主义制度；④具有良好的政治素质和道德品行；⑤具有正常履行职责的身体条件和心理素质；⑥具有符合职位要求的工作能力；⑦具有大学专科以上文化程度；⑧省级以上公务员主管部门规定的拟任职位所要求的资格条件；⑨法律、法规规定的其他条件
考核	考核方式： (1)公务员的考核分为平时考核、专项考核和定期考核等方式； (2)定期考核以平时考核、专项考核为基础； (3)平时考核程序：个人小结、审核评鉴、结果反馈； (4)定期考核：非领导职务公务员的定期考核采取年度考核的方式

续表

职务与职级的任免和升降	(1)职务、职级任免： **公务员领导职务**实行选任制、委任制和聘任制； **公务员职级**实行委任制和聘任制； **领导成员职务**按照国家规定实行任期制。 (2)职务、职级升降： 公务员**晋升**领导职务，按照下列程序办理：①动议；②民主推荐；③确定考察对象，组织考察；④按照管理权限讨论决定；⑤履行任职手续。 公务员在年度考核中被确定为**不称职的**，按照规定程序降低一个职务或者职级层次任职
处分	(1)种类：①警告；②记过；③记大过；④降级；⑤撤职；⑥开除。 (2)受处分的期间：①警告，6个月；②记过，12个月；③记大过，18个月；④降级、撤职，24个月。 (3)处分的内容： ①行政机关公务员在受处分期间不得晋升职务和级别，其中，受记过、记大过、降级、撤职处分的，不得晋升工资档次；受撤职处分的，应当按照规定降低级别。 ②行政机关公务员受开除处分的，不得再担任公务员职务。 ③行政机关公务员受开除以外的处分，在受处分期间有悔改表现，并且没有再发生违法违纪行为的，处分期满后，应当解除处分。解除处分后，晋升工资档次、级别和职务不再受原处分的影响。但是，解除降级、撤职处分的，**不视为**恢复原级别、原职务

（二）事业单位聘用管理（见表19-11）

表19-11 事业单位聘用管理

岗位设置	(1)岗位类别： 事业单位岗位分为**三种**：管理岗位、专业技术岗位、工勤技能岗位； (2)岗位等级： 根据岗位性质、职责任务和任职条件，对事业单位管理岗位、专业技术岗位、工勤技能岗位**分别划分**通用的岗位等级； (3)岗位结构比例及等级确定： 对事业单位管理岗位、专业技术岗位、工勤技能岗位**实行最高等级**控制和结构比例控制； (4)岗位设置程序： ①制定岗位设置方案，填写岗位设置审核表；②按程序报主管部门审核、政府人事行政部门核准；③在核准的岗位总量、结构比例和最高等级限额内，制定岗位设置实施方案；④广泛听取职工对岗位设置实施方案的意见；⑤岗位设置实施方案由单位负责人员集体讨论通过；⑥组织实施
公开招聘	(1)招聘程序：①制订招聘计划；②发布招聘信息；③受理应聘人员的申请，对资格条件进行审查；④考试、考核；⑤身体检查；⑥根据考试、考核结果，确定拟聘人员；⑦公示招聘结果；⑧签订聘用合同，办理聘用手续。 (2)招聘计划： 由用人单位负责编制，主要包括招聘的岗位及条件、招聘的时间、招聘人员的数量、采用的招聘方式等。 (3)信息发布： 事业单位招聘人员应当面向社会公开发布招聘信息，内容应包括公开招聘范围、条件、程序和时间安排、招聘办法、报名方法等内容；发布时间**不少于7个工作日**。 (4)考试与考核： 考试内容应为招聘岗位所必需的专业知识、业务能力和工作技能。考试可采取**笔试、面试等**多种方式

公开招聘	（5）聘用： ①经用人单位负责人员集体研究，按照考试和考核结果择优确定拟聘人员。对拟聘人员应在适当范围进行公示，公示期一般为 7 至 15 日。 ②事业单位公开招聘的人员按规定实行试用期制度。试用期包括在聘用合同期限内。试用期满合格的，予以正式聘用；不合格的，取消聘用
聘用合同管理	（1）聘用合同的订立： ①聘用合同的期限通常不低于 3 年；②初次就业的工作人员与事业单位订立的聘用合同期限 3 年以上的，试用期为 12 个月；③事业单位工作人员在本单位连续工作满 10 年且距法定退休年龄不满 10 年，提出订立聘用至退休的合同的，事业单位应当与其订立聘用至退休的合同。 （2）聘用合同的解除： ①事业单位可以解除聘用合同：连续旷工超过 15 个工作日，或 1 年内累计旷工超过 30 个工作日；②事业单位工作人员年度考核不合格且不同意调整工作岗位，或者连续两年年度考核不合格的，事业单位提前 30 日书面通知，可以解除聘用合同；③事业单位工作人员提前 30 日书面通知事业单位，可以解除聘用合同。双方对解除聘用合同另有约定的除外；④事业单位工作人员受到开除处分的，解除聘用合同；⑤自聘用合同依法解除、终止之日起，事业单位与被解除、终止聘用合同人员的人事关系终止
工作人员处分	（1）种类：①警告；②记过；③降低岗位等级或者撤职；④开除。 （2）受处分的期间：①警告，6 个月；②记过，12 个月；③降低岗位等级或者撤职，24 个月

（三）干部管理（见表 19-12）

表 19-12　干部管理

党政领导干部选拔任用	（1）选拔任用原则：①党管干部；②德才兼备、以德为先，五湖四海、任人唯贤；③事业为上、人岗相适、人事相宜；④公道正派、注重实绩、群众公认；⑤民主集中制；⑥依法依规办事。 （2）提拔担任党政领导职务的，应当具备的基本资格（要点如下）：①提任县处级领导职务的，应当具有 5 年以上工龄和 2 年以上基层工作经历。②提任县处级以上领导职务的，一般应当具有在下一级 2 个以上职位任职的经历。③提任县处级以上领导职务，由副职提任正职的，应当在副职岗位工作 2 年以上；由下级正职提任上级副职的，应当在下级正职岗位工作 3 年以上。④一般应当具有大学专科以上文化程度，其中厅局级以上领导干部一般应当具有大学本科以上文化程度
党政领导干部在企业兼职（任职）	（1）现职和不担任现职但未办理退（离）休手续的党政领导干部不得在企业兼职（任职）。 （2）对辞去公职或者退（离）休的党政领导干部到企业兼职（任职）必须从严掌握、从严把关，确因工作需要到企业兼职（任职）的，应当按照干部管理权限规定严格审批
退（离）休领导干部在社会团体兼职	确因工作需要，本人又无其他兼职，且所兼职社会团体的业务与原工作业务或特长相关的，经批准可兼任 1 个社会团体职务；任期届满拟连任的，必须重新履行有关审批手续，兼职不超过 2 届；兼职的任职年龄界限为 70 周岁
领导干部出国（境）	（1）领导干部出国（境）审查； （2）领导干部出国（境）证件管理； （3）领导干部日常管理监督； （4）协作配合与信息沟通

【例 5·单选题】公务员（　　）以公务员的职位职责和所承担的工作任务为基本依据。

A. 平时考核　　　　　　　　　　B. 专项考核
C. 定期考核　　　　　　　　　　D. 年度考核

解析　本题考查公务员管理。公务员平时考核以公务员的职位职责和所承担的工作任务为基本依据。

答案 ▶ A

▶ 考点六 职业技能培训、专业技术人员继续教育

（一）职业技能培训（见表19-13）

表19-13 职业技能培训

就业技能培训	重点掌握知识： (1)"**春潮行动**"针对深入实施农民工职业技能提升计划； (2)**全面建立职业农民制度**：针对实施新型职业农民培育工程和农村实用人才培训计划； (3)"雨露计划"、技能脱贫千校行动、残疾人职业技能提升计划
企业职工岗位技能提升培训	重点掌握知识： 明确企业培训主体地位，完善激励政策；全面推行企业新型学徒制度
高技能人才培训	(1)深入实施国家高技能人才振兴计划； (2)对重点关键岗位的高技能人才，提高专业知识水平、解决问题能力、创新创造能力； (3)支持高技能领军人才更多参与国家科研项目
创业创新培训	重点对象：高等学校和职业院校毕业生、科技人员、留学回国人员、退役军人、农村转移就业和返乡下乡创业人员、失业人员和转岗职工等群体

（二）专业技术人员继续教育（见表19-14）

表19-14 专业技术人员继续教育

总体要求	(1)**教育对象**：为国家机关、企业、事业单位以及社会团体等组织的专业技术人员； (2)**基本原则**：以经济社会发展和科技进步为导向，以能力建设为核心，突出针对性、实用性和前瞻性，坚持理论联系实际、按需施教、讲求实效、培养与使用相结合； (3)**投入机制**：政府、社会、用人单位和个人共同投入； (4)**管理体制**：实行统筹规划、分级负责、分类指导的管理体制
继续教育内容	(1)包括：公需科目和专业科目两科； (2)专业技术人员参加继续教育的时间，每年累计应不少于90学时；专业科目一般不少于总学时的2/3
继续教育方式	(1)参加培训班、研修班或者进修班学习； (2)参加相关的继续教育实践活动； (3)参加远程教育； (4)参加学术会议、学术讲座、学术访问等活动； (5)符合规定的其他方式
权利和义务	(1)专业技术人员：参加继续教育、增强创新能力、提高专业水平； (2)用人单位：应当保障专业技术人员参加继续教育的权利； (3)继续教育机构：应当具备与继续教育目的任务相适应的场所、设施、教材和人员，建立健全相应的组织机构和管理制度；认真实施继续教育教学计划，向社会公开继续教育的范围、内容、收费项目及标准等情况，建立教学档案，根据考试考核结果如实出具专业技术人员参加继续教育的证明；按照专兼结合的原则，聘请具有丰富实践经验、理论水平高的业务骨干和专家学者，建设继续教育师资队伍； (4)政府管理服务部门（略）

	续表
法律责任	（1）用人单位违反规定的，责令改正；给专业技术人员造成损害的，依法承担赔偿责任； （2）专业技术人员违反规定的，无正当理由不参加继续教育或者在学习期间违反学习纪律和管理制度的，用人单位可视情节给予批评教育、不予报销或者要求退还学习费用； （3）继续教育机构违反规定的，由人力资源社会保障行政部门或者有关行业主管部门责令改正，给予警告； （4）人力资源社会保障行政部门、有关行业主管部门及其工作人员，在继续教育管理工作中不认真履行职责或者徇私舞弊、滥用职权、玩忽职守的，由其上级主管部门或者监察机关责令改正，并按照管理权限对直接负责的主管人员和其他直接责任人员依法予以处理

【例6·单选题】专业技术人员参加继续教育的时间，每年累计应不少于（　）学时。
A. 30　　　　　　　　　　　　　　　B. 45
C. 60　　　　　　　　　　　　　　　D. 90

解析 本题考查专业技术人员继续教育。专业技术人员参加继续教育的时间，每年累计应不少于90学时；专业科目一般不少于总学时的2/3。　　　　　　　　　　　**答案** D

▶考点七　公务员培训、事业单位工作人员培训

（一）公务员培训（见表19-15）

表19-15　公务员培训

总体要求	（1）总体原则：①党管干部；②政治统领，服务大局；③以德为先，从严管理；④突出重点，注重实效；⑤分类分级，精准科学；⑥联系实际，改革创新； （2）培训结果的使用：作为公务员考核的内容和任职、晋升的依据之一； （3）管理体制：中央公务员主管部门负责全国公务员培训的综合管理工作；地方各级公务员主管部门负责本辖区公务员培训的综合管理工作
培训对象	培训对象是**全体公务员**。 （1）担任县处级以上领导职务的公务员每5年应当参加党校、行政学院、干部学院，或经厅局级以上单位组织（人事）部门认可的其他培训机构累计3个月以上的培训； （2）其他公务员参加脱产培训的时间通常每年累计不少于12天
培训内容	（1）突出政治素质，把深入学习贯彻习近平新时代中国特色社会主义思想作为公务员培训的重中之重； （2）引导公务员增强"四个意识"，坚定"四个自信"，做到"两个维护"； （3）围绕中心，服务大局，培养公务员专业能力、专业精神，提高制度执行力和治理能力； （4）**综合管理类公务员**应强化公共管理和公共服务等培训，**专业技术类公务员**应强化专业知识和专业技能等培训，**行政执法类公务员**应强化法律法规和执法技能等培训，**领导机关公务员**应强化政策制定、调查研究等能力培训，**基层公务员**应强化社会治理、联系服务群众等能力培训

培训类型	（1）**初任培训**由公务员主管部门统一组织，主要采取公务员主管部门统一举办初任培训班和公务员所在机关结合实际开展入职培训的形式进行；在试用期内完成，时间不少于 12 天。 （2）**任职培训**应当在公务员任职前或者任职后一年内进行。担任**县处级副职以上领导职务**的公务员任职培训时间不少于 30 天，担任**乡科级领导职务**的公务员任职培训时间不少于 15 天。 （3）**专门业务培训**的时间和要求由公务员所在机关根据需要确定
培训方式与方法	（1）公务员主管部门负责制定公务员调训计划，选调公务员参加脱产培训； （2）公务员培训可以综合运用讲授式、研讨式、案例式、模拟式、体验式等教学方法，实现教学相长

（二）事业单位工作人员培训（见表 19-16）

表 19-16　事业单位工作人员培训

岗前培训	（1）**公共科目**包括应当普遍掌握的政治理论、法律法规、政策知识、行为规范、纪律要求等； （2）**专业科目**包括所聘或者拟聘岗位所需的理论、知识、技术、技能等； （3）岗前培训一般在工作人员聘用之日起 6 个月内完成，最长不超过 12 个月，累计时间不少于 40 学时或者 5 天
在岗培训	（1）公共科目参照岗前培训公共科目规定执行； （2）专业科目包括所聘岗位需要更新的政策法规、理论知识和管理实务，包括公共管理、财务、资产、人事、外事、安全、保密、信息化等； （3）在一个聘期内至少参加一次不少于 **20 学时或者 3 天**的公共科目脱产培训； （4）管理人员在岗期间专业科目培训由主管部门负责；专业技术人员、工勤技能人员在岗培训分别按照继续教育、职业技能培训等相关规定执行
转岗培训	（1）转岗培训的方式由事业单位或者主管部门自主确定； （2）转岗培训一般应当在岗位类型或者岗位职责任务发生变化前完成，根据工作需要，也可在发生变化后 3 个月内完成，累计时间不少于 40 学时或者 5 天
专项培训	对参加重大项目、重大工程、重大行动等特定任务的事业单位工作人员应当进行专项培训，以适应完成特定任务的要求

【例 7·多选题】下列属于事业单位工作人员培训类型的有（　　）。
A．出任培训　　　　　　　　　　B．任职培训
C．专业培训　　　　　　　　　　D．岗前培训
E．转岗培训

解析　本题考查事业单位工作人员培训。事业单位工作人员培训分为岗前培训、在岗培训、转岗培训和专项培训，根据不同行业、不同类型、不同岗位特点，按照规定的方式进行。

答案　DE

▶ 考点八　人力资源流动与配置

（一）人力资源的流动与配置概述、人力资源市场建设
1. 力资源的流动与配置
人力资源的流动与配置是发挥人才潜力的**前提条件**。

2. 人力资源市场建设(见表19-17)

表19-17 人力资源市场建设

人力资源服务机构	(1)公共人力资源服务机构提供的服务包括： ①人力资源供求、市场工资指导价位、职业培训等信息发布；②职业介绍、职业指导和创业开业指导；③就业创业和人才政策法规咨询；④对就业困难人员实施就业援助；⑤办理就业登记、失业登记等事务；⑥办理高等学校、中等职业学校、技工学校毕业生接收手续；⑦流动人员人事档案管理；⑧县级以上人民政府确定的其他服务。 (2)经营性人力资源服务机构： 从事职业中介活动的，应当依法向人力资源社会保障行政部门申请行政许可，取得人力资源服务许可证；自开展业务之日起15日内向人力资源社会保障行政部门备案
人力资源市场活动规范	(1)**劳动者**，应当如实提供本人基本信息以及与应聘岗位相关的知识、技能、工作经历等情况。 (2)**用人单位**发布或者向人力资源服务机构提供的单位基本情况等，应当真实、合法，不得含有民族、种族、性别、宗教信仰等方面的歧视性内容
监督管理	措施： (1)进入被检查单位进行检查； (2)询问有关人员，查阅服务台账等服务信息档案； (3)要求被检查单位提供与检查事项相关的文件资料，并作出解释和说明； (4)采取记录、录音、录像、照相或者复制等方式收集有关情况和资料； (5)法律、法规规定的其他措施
法律责任	处罚主体：人力资源社会保障行政部门

(二)人才流动管理
(1)引导人才向艰苦边远地区和基层一线流动；
(2)深化区域人才交流开发合作；
(3)维护国家重点领域人才流动秩序；
(4)完善政府人才流动宏观调控机制。
(三)人力资源的国际流动(见表19-18)

表19-18 人力资源的国际流动

外国人来华工作许可	(1)许可依据：《中华人民共和国出境入境管理法》《中华人民共和国外国人入境出境管理条例》。 (2)受理机构：省级人民政府和新疆生产建设兵团外国人工作管理部门及其授权的地方人民政府外国人工作管理部门及委托的机构。 (3)决定机构：省级人民政府和新疆生产建设兵团外国人工作管理部门及其授权的地方人民政府外国人工作管理部门。 (4)数量限制：外国高端人才(A类)无数量限制，外国专业人才(B类)根据市场需求限制，其他外国人员(C类)数量限制按国家有关规定执行。 (5)申请条件： 基本条件：①年满18周岁，身体健康，无犯罪记录，境内有确定用人单位，具有从事其工作所必需的专业技能或相适应知识水平；②所从事的工作符合我国经济社会发展需要，为国内急需紧缺专业人员；③法律的其他规定。 (6)批准条件： **予以批准的情形**：①属于外国人工作管理部门职权范围的；②符合上述来华工作外国人条件的；③申请材料真实、齐全、符合要求的。 不予批准的情形：①申请材料不齐全的；②申请材料不符合要求的；③申请材料虚假的；④申请人不符合来华工作条件的；⑤不适宜发给外国人来华工作许可的其他情况

续表

外国人永久居留服务管理	(1)明确外国人永久居留证功能作用； (2)完善工作生活相关待遇； (3)落实资格待遇
移民与出入境便利化	重点内容： (1)对外籍高层次人才、有重大突出贡献以及国家特别需要的外国人，经国家有关主管部门、省级人民政府或国家重点发展区域管理部门推荐，可向公安机关出入境管理部门申请在华永久居留。上述人员的外籍配偶和未成年子女可随同申请。 (2)在中国境内工作的外国人，连续工作满4年、每年实际居住不少于6个月，工资性年收入不低于上一年度所在地区城镇在岗职工平均工资的6倍，年缴纳个人所得税不低于工资性年收入标准的20%，可向公安机关出入境管理部门申请在华永久居留。其外籍配偶和未成年子女可随同申请。 (3)在中国境内工作的外籍华人，具有博士研究生学历或在国家重点发展区域连续工作满4年、每年实际居住不少于6个月，可向公安机关出入境管理部门申请在华永久居留。其外籍配偶和未成年子女可随同申请

【例8·单选题】 下列关于外国人来华工作许可数量限制的说法错误的是( )。
A. 外国高端人才(A类)无数量限制
B. 外国专业人才(B类)根据市场需求限制
C. 其他外国人员(C类)数量限制按国家有关规定执行
D. 外国普通人员(D类)数量限制为禁止来华

解析 本题考查人力资源的国际流动。外国高端人才(A类)无数量限制，外国专业人才(B类)根据市场需求限制，其他外国人员(C类)数量限制按国家有关规定执行。无D选项此类说法。

答案 D

历年考题解析

本章无历年考题。

同步系统训练

一、单项选择题

1. 人力资源开发管理和使用的前提是( )。
 A. 人才激励 B. 人才评价
 C. 人才选拔 D. 人才培训

2. 人力资源开发科学化、规范化的重要基础是( )。
 A. 人才分类 B. 职业分类
 C. 行业分类 D. 部门分类

3. 我国2015年《职业分类大典》的职业分类结构为( )大类。
 A. 5 B. 6
 C. 7 D. 8

4. 职称评审委员会的评审专家每届任期不得超过( )年。
 A. 1 B. 2
 C. 3 D. 4

5. 能够熟练运用基本技能和专门技能完成本职业较为复杂的工作，包括完成部分非常规性的工作，能够独立处理工作中出现的问题。这是职业技能等级中的( )。
 A. 初级工 B. 中级工
 C. 高级工 D. 技师

6. 在突出业绩奖励中，( )是指授予运用科学技术知识创造出产品、工艺、材料及其系统等重大技术发明的公民的奖项。
A. 国家最高科学技术奖
B. 国家技术发明奖
C. 国家自然科学奖
D. 国家科学技术进步奖

7. 在公务员奖励中，对做出重大贡献的，记（　）。
A. 特等功　　　B. 一等功
C. 二等功　　　D. 三等功

8. 事业单位人员的（　）主要体现工作人员所聘岗位的职责和要求。
A. 岗位工资　　B. 薪级工资
C. 绩效工资　　D. 津贴补贴

9. 下列关于国有企业工资决定机制，说法错误的是（　）。
A. 无论何种情形，企业都不可以减少工资总额
B. 企业未实现国有资产保值增值的，工资总额不得增长，或者适度下降
C. 实行工资与效益联动机制
D. 劳动生产率指标一般以人均增加值、人均利润为主

10. 公务员定期考核结果公布方式为（　）。
A. 公告公示　　B. 口头传达
C. 官网公布　　D. 书面形式

11. 事业单位公开发布招聘信息，发布时间不少于（　）个工作日。
A. 5　　　　　　B. 7
C. 10　　　　　 D. 15

12. 下列关于党政领导干部选拔任用的说法错误的是（　）。
A. 党政领导干部必须信念坚定、为民服务、勤政务实、敢于担当、清正廉洁
B. 提任县处级领导职务的，应当具有5年以上工龄和2年以上基层工作经历
C. 一般应当具有大学专科以上文化程度，其中厅局级以上领导干部一般应当具有大学本科以上文化程度
D. 特殊情况在提任前未达到培训要求的，应当在提任后半年内完成培训

13. "春潮行动"的针对人群是（　）。
A. 应届毕业生　　B. 农民工
C. 退役军人　　　D. 服刑人员

14. 事业单位工作人员岗前培训一般在工作人员聘用之日起（　）完成。
A. 1个月内　　　B. 3个月内
C. 6个月内　　　D. 24个月内

15. 人力资源服务机构应当建立服务台账，如实记录服务对象、服务过程、服务结果等信息，服务台账应当保存（　）以上。
A. 6个月　　　　B. 12个月
C. 18个月　　　 D. 2年

二、多项选择题

1. 下列属于我国人才评价机制改革内容的有（　）。
A. 分类健全人才评价标准
B. 改进和创新人才评价方式
C. 加快推进重点领域人才评价改革
D. 健全完善人才评价管理服务制度
E. 开展高级职称评审能力制度

2. 下列属于我国职称审标准分类的有（　）。
A. 国家标准　　B. 地区标准
C. 行业标准　　D. 单位标准
E. 部门标准

3. 下列关于组织职称评审的说法正确的有（　）。
A. 出席评审会议的专家人数应当不少于职称评审委员会人数的2/3
B. 未出席评审会议的评审专家可以委托他人投票或者补充投票
C. 评审会议实行封闭管理，评审专家名单一般不对外公布
D. 不具备职称评审委员会组建条件的地区和单位，可以委托经核准备案的职称评审委员会代为评审
E. 职称评审委员会组建单位对评审结果进行公示，公示期不少于5个工作日

4. 下列选项属于科技管理权限下放的有（　）。
A. 科研项目经费管理使用自主权

B. 科研项目审核权
C. 科研项目选择权
D. 科研人员的技术路线决策权
E. 项目过程管理权

5. 国家科学技术奖中，（ ）分为一等奖、二等奖两个等级。
   A. 国家最高科学技术奖
   B. 国家自然科学奖
   C. 中华人民共和国国际科学技术合作奖
   D. 国家技术发明奖
   E. 国家科学技术进步奖

6. 下列属于给予省（自治区、直辖市）级以下事业单位工作人员和集体奖励执行规定的有（ ）。
   A. 嘉奖   B. 记功
   C. 记大功   D. 记一等功
   E. 记特等功

7. 在公务员管理中，公务员平时考核结果可以分为（ ）。
   A. 好   B. 较好
   C. 一般   D. 差
   E. 较差

8. 行政机关公务员受处分的期间分为（ ）。
   A. 警告，3个月
   B. 警告，6个月
   C. 记过，6个月
   D. 记大过，18个月
   E. 降级、撤职，24个月

9. 事业单位工作人员处分的种类包括（ ）。
   A. 警告   B. 记过
   C. 记大过   D. 降低岗位等级
   E. 开除

10. 下列关于公务员培训的说法正确的有（ ）。
    A. 公务员培训的对象是全体公务员
    B. 非领导职务的公务员参加脱产培训的时间一般每年累计不少于12天
    C. 担任乡科级领导职务的公务员任职培训时间一般不少于30天
    D. 公务员个人参加社会化培训，费用一律由本人承担
    E. 公务员培训情况、学习成绩作为公务员考核的内容和任职、晋升的依据之一

11. 下列关于人力资源服务机构的法律责任描述正确的有（ ）。
    A. 未经许可擅自从事职业中介活动的人力资源服务机构，由人力资源社会保障行政部门予以关闭或者责令停止从事职业中介活动
    B. 未经许可擅自从事职业中介活动的人力资源服务机构，有违法所得的，没收违法所得，并处1万元以上5万元以下的罚款
    C. 违反相关规定开展人力资源服务业务未备案，设立分支机构、办理变更或者注销登记未书面报告的人力资源服务机构，由人力资源社会保障行政部门责令改正；拒不改正的，处5 000元以上1万元以下的罚款
    D. 违反相关规定发布的招聘信息不真实、不合法，未依法开展人力资源服务业务的人力资源服务机构，有违法所得的，没收违法所得；拒不改正的，处1万元以上5万元以下的罚款
    E. 未按规定明示有关事项，未按规定建立健全内部制度或者保存服务台账，未按规定提交经营情况年度报告的人力资源服务机构，拒不改正的，处1万元以上2万元以下的罚款

12. 下列属于外国人来华工作许可批准条件的有（ ）。
    A. 申请材料虚假的
    B. 属于外国人工作管理部门职权范围的
    C. 申请材料真实、齐全、符合要求的
    D. 属于禁止人员的
    E. 申请材料不符合要求的

同步系统训练参考答案及解析

一、单项选择题

1. B 【解析】本题考查人才评价机制改革。人才评价是人力资源开发管理和使用的前提。

2. B 【解析】本题考查职业分类。职业分类是人力资源开发科学化、规范化的重要基础。

3. D 【解析】本题考查职业分类。《职业分类大典》的职业分类结构为8个大类、75个中类、434个小类、1 481个职业。

4. C 【解析】本题考查职称制度。职称评审委员会的评审专家每届任期不得超过3年。

5. C 【解析】本题考查职业技能等级制度。三级/高级工是指能够熟练运用基本技能和专门技能完成本职业较为复杂的工作,包括完成部分非常规性的工作;能够独立处理工作中出现的问题;能够指导和培训初、中级工。

6. B 【解析】本题考查突出业绩奖励。国家技术发明奖是指授予运用科学技术知识创造出产品、工艺、材料及其系统等重大技术发明的公民的奖项。

7. C 【解析】本题考查突出业绩奖励。在公务员奖励中对做出重大贡献的公务员,记二等功。

8. A 【解析】本题考查收入分配制度。岗位工资主要体现工作人员所聘岗位的职责和要求。

9. A 【解析】本题考查收入分配制度。企业按照工资与效益联动机制确定工资总额,原则上增人不增工资总额、减人不减工资总额,但发生兼并重组、新设企业或机构等情况的,可以合理增加或者减少工资总额。所以选项A错误。

10. D 【解析】本题考查公务员管理。定期考核的结果应当以书面形式通知公务员本人。

11. B 【解析】本题考查事业单位聘用管理。事业单位招聘人员应当面向社会公开发布招聘信息,发布时间不少于7个工作日。

12. D 【解析】本题考查干部管理。特殊情况在提任前未达到培训要求的,应当在提任后1年内完成培训。

13. B 【解析】本题考查职业技能培训。深入实施农民工职业技能提升计划——"春潮行动",将农村转移就业人员和新生代农民工培养成为高素质技能劳动者。

14. C 【解析】本题考查事业单位工作人员培训。岗前培训一般在工作人员聘用之日起6个月内完成,最长不超过12个月,累计时间不少于40学时或者5天。

15. D 【解析】本题考查人力资源市场建设。人力资源服务机构应当建立服务台账,如实记录服务对象、服务过程、服务结果等信息,服务台账应当保存2年以上。

二、多项选择题

1. ABCD 【解析】本题考查人才评价机制改革。我国人才评价机制改革内容包括:分类健全人才评价标准;改进和创新人才评价方式;加快推进重点领域人才评价改革;健全完善人才评价管理服务制度。

2. ABD 【解析】本题考查职称制度。职称评审标准分为国家标准、地区标准和单位标准。

3. ACDE 【解析】本题考查职称制度。未出席评审会议的评审专家不得委托他人投票或者补充投票,所以选项B错误。

4. ADE 【解析】本题考查创新创业激励的内容。科技管理权限下放内容包括:科研项目经费管理使用自主权、科研人员的技术路线决策权、项目过程管理权。

5. BDE 【解析】本题考查突出业绩奖励。国家自然科学奖、国家技术发明奖、国家科学技术进步奖分为一等奖、二等奖两个等级。

6. ABC 【解析】本题考查突出业绩奖励。给予省(自治区、直辖市)级以下事业单位工作人员和集体奖励执行规定包括：嘉奖、记功、记大功。

7. ABCE 【解析】本题考查公务员管理。公务员平时考核结果分为好、较好、一般和较差4个等次。

8. BDE 【解析】本题考查公务员管理。行政机关公务员受处分的期间为：(1)警告，6个月；(2)记过，12个月；(3)记大过，18个月；(4)降级、撤职，24个月。

9. ABDE 【解析】本题考查事业单位聘用管理。事业单位工作人员处分的种类为：(1)警告；(2)记过；(3)降低岗位等级或者撤职；(4)开除。

10. ABDE 【解析】本题考查公务员培训。担任县处级副职以上领导职务的公务员任职培训时间一般不少于30天，担任乡科级领导职务的公务员任职培训时间一般不少于15天。

11. ABCD 【解析】本题考查人力资源市场建设。未按规定明示有关事项，未按规定建立健全内部制度或者保存服务台账，未按规定提交经营情况年度报告的人力资源服务机构，由人力资源社会保障行政部门责令改正；拒不改正的，处5 000元以上1万元以下的罚款。违反其他法律、行政法规的，由有关主管部门依法给予处罚。

12. BC 【解析】本题考查人力资源的国际流动。外国人来华工作必须进行申请，具备如下条件的，予以批准：(1)属于外国人工作管理部门职权范围的；(2)符合来华工作外国人条件的；(3)申请材料真实、齐全、符合要求的。

本章思维导图

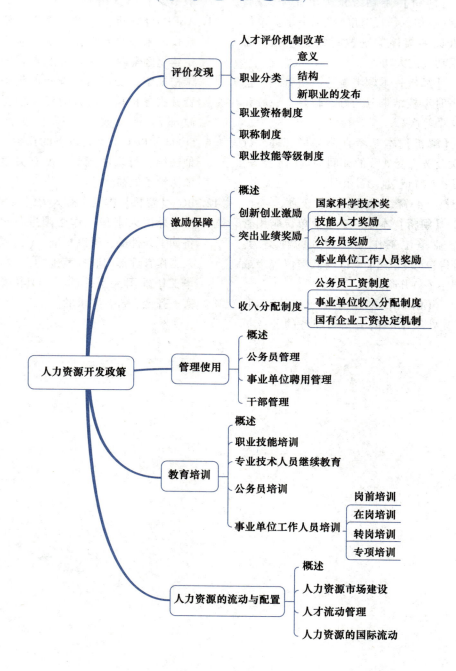

第 2 部分

全真模拟试题及答案解析

智慧启航

　　执着追求并从中得到最大快乐的人，才是成功者。

　　　　　　　　　　　　　　——梭罗

2020年人力资源管理专业知识与实务（中级）模拟试题及答案解析

模拟试题（一）

一、单项选择题（共60题，每题1分。每题的备选项中，只有1个最符合题意）

1. 根据赫茨伯格的双因素理论，激励因素的缺失会导致员工（　）。
   A. 满意　　　　　B. 没有满意
   C. 不满　　　　　D. 没有不满

2. （　）是指个体对所获报酬的偏好程度，是对个体得到报酬的愿望的数量表示。
   A. 效价　　　　　B. 动机
   C. 期望　　　　　D. 工具性

3. 根据ERG理论，实现个人理想属于（　）。
   A. 生存需要　　　B. 关系需要
   C. 成长需要　　　D. 安全需要

4. 根据领导者生命周期理论，具有"低工作—高关系"特点的领导风格是（　）。
   A. 指导式　　　　B. 推销式
   C. 参与式　　　　D. 授权式

5. 组织设计的主体工作是（　）。
   A. 职能设计
   B. 管理规范的设计
   C. 联系方式的设计
   D. 组织结构的框架设计

6. "任务分工的层次、细致程度"描述的是组织结构中的（　）要素。
   A. 规范性　　　　B. 集权度
   C. 复杂性　　　　D. 稳定性

7. 形象地展示了为确保公司战略得以成功实现而必须完成的各种关键活动及其相互之间的驱动关系的是（　）。

   A. 战略地图
   B. 数字仪表盘
   C. 工作设计
   D. 人力资源管理计分卡

8. 由于人力资本是获取竞争优势的主要资源，所以最高管理层在研究制定战略时必须认真考虑的因素是（　）。
   A. 培训　　　　　B. 人
   C. 资源　　　　　D. 管理

9. "为了实现组织的整体战略目标需要完成的各种重要活动之间存在怎样的驱动关系？驱动组织战略实现的源泉在哪里？"体现了战略性人力资源管理的（　）步骤。
   A. 描绘组织的价值链
   B. 设计战略地图
   C. 制作人力资源计分卡
   D. 界定组织的经营战略

10. 人力资源管理实践中，确保每一位员工的工作活动及其结果都与组织的目标保持一致的手段是（　）。
    A. 职位分析　　　B. 培训与开发
    C. 绩效管理　　　D. 奖金、福利

11. 企业让组织的中高层管理人员凭借自己过去积累的工作经验以及个人的直觉，对组织未来所需要的人力资源的数量和结构等状况进行评估，这种人力资源需求预测方法属于（　）。
    A. 回归分析法　　B. 比率分析法
    C. 经验判断法　　D. 德尔菲法

12. 在人力资源供给预测方法中，主要强调从组织内部选拔合适的候选人担任相关职位尤其是更高一级职位的做法是（　）。
    A. 回归分析法

B. 比率分析法
C. 人员替换分析法
D. 马尔科夫分析法

13. 解决组织所面临的人力资源需求不足及其供给之间的矛盾的最简单直接同时也是见效最快的方法是( )。
    A. 冻结雇用
    B. 鼓励员工提前退休
    C. 缩短现有员工的工作时间
    D. 临时性解雇或永久性裁员

14. 业务外包是指企业将整块工作都委托给外部组织完成,这种方式的好处不包括( )。
    A. 适当控制和精简企业人员数量
    B. 有助于提升人力资源管理的价值
    C. 使人力资源部门从日常事务中解放出来,把精力集中在战略层面上
    D. 具有较高的灵活性,使企业免除管理任务以及财务负担

15. 人员甄选工作对于一个组织来说是非常重要的,其主要原因不包括( )。
    A. 符合企业需要的优秀员工是确保组织战略目标达成的最根本保障
    B. 弥补甄选决策失误的代价可能极高
    C. 甄选决策失误可能会对员工本人造成伤害
    D. 错误甄选的代价由组织单方面来承担

16. 主要采用专家判断法确定的效度指标是( )。
    A. 预测效度   B. 构想效度
    C. 效标关联效度 D. 内容效度

17. 适合从事社会、教育、咨询等方面的工作的职业兴趣类型是( )。
    A. 现实型   B. 社会型
    C. 艺术型   D. 企业型

18. 下列关于工作样本测试的优缺点的说法中,错误的是( )。
    A. 测试所要求的行为与实际工作所要求的行为之间具有高度的一致性
    B. 这种测试工具的效标效度和内容效度都不高

C. 普遍适用性很低
D. 开发成本相对较高

19. 关于有效的绩效管理体系的说法,错误的是( )。
    A. 有效的绩效管理体系可以明确区分高效率员工和低效率员工
    B. 有效的绩效管理体系应该把工作标准和组织目标联系起来确定绩效的好坏
    C. 有效的绩效管理体系应该具有一定的可靠性和准确性
    D. 敏感性和实用性不是有效的绩效管理体系的特征

20. 通过管理者与员工进行持续的沟通,观测、预防或解决绩效周期内可能存在的问题,以确保更好地完成绩效计划的过程称为( )。
    A. 绩效考核   B. 绩效监控
    C. 绩效计划   D. 绩效反馈

21. 随着部门人数的增加,评估的工作量会成倍增加的绩效考核方法是( )。
    A. 标杆超越法   B. 强制分布法
    C. 排序法   D. 配对比较法

22. 关于团队绩效考核的说法,正确的是( )。
    A. 确定团队绩效考核指标与个人绩效考核指标的方法无明显差异
    B. 在进行团队绩效考核时,成员之间不应进行沟通
    C. 团队绩效考核指标可采用工作流程图方法确定
    D. 团队绩效考核主要评价团队负责人的绩效

23. 为了避免走入绩效面谈中的"理解不足"误区,管理者应采取的行为是( )。
    A. 在面谈结束时,归纳并确认谈话内容
    B. 尽量避免同时对两件以上的事情发问
    C. 多提一些开放性的问题,引发员工思考
    D. 尽量考虑对方的立场,以同情的态度提出建议

24. 采用稳定战略的企业适宜采用的薪酬结构是( )。

A. 无基本薪酬，只支付奖金

B. 基本薪酬较高，基本薪酬和福利在薪酬中的比重较大

C. 基本薪酬较低，奖金在薪酬中的比重较大

D. 基本薪酬较低，股权激励在薪酬中的比重较大

25. 职位评价中使用较早的一种较为简单、最易于理解的评价方法是（　　）。

　　A. 分类法　　　　B. 排序法
　　C. 因素比较法　　D. 要素计点法

26. 下列股权激励模式中，（　　）适用于成熟型企业以及对资金投入要求不是非常高的企业。

　　A. 股票期权　　　B. 限制性股票
　　C. 股指期权　　　D. 股票增值权

27. 股票期权授予日与获授股票期权首次可以行权日之间间隔不得少于（　　）。

　　A. 3个月　　　　B. 6个月
　　C. 9个月　　　　D. 1年

28. 培训与开发效果评估中应用最广的是层次评估模型，把评估内容分为反应、学习、行为、结果、投资收益等五个方面评估。其中最基本、最常用的评估方式是（　　）。

　　A. 反应评估　　　B. 学习评估
　　C. 工作行为评估　D. 结果评估

29. 在职业发展阶段中，个体的职业活动是训练、帮助、政策制定的阶段是（　　）。

　　A. 探索期　　　　B. 建立期
　　C. 维持期　　　　D. 衰退期

30. 下列关于劳动关系表述错误的是（　　）。

　　A. 劳动关系是一种社会关系

　　B. 劳动关系的性质是实现劳动者与生产资料相结合并完成劳动过程

　　C. 劳动关系理论源自西方工业化时期

　　D. 在劳动关系中，雇主追求利润最大化

31. 劳动关系的模式，按照国别的劳动关系划分，自由多元化模式的代表国家是（　　）。

　　A. 中国　　　　　B. 美国

C. 日本　　　　　D. 德国

32. 集体劳权的基础是（　　）。

　　A. 职业培训权　　B. 民主参与权
　　C. 个别劳权　　　D. 社会劳动权

33. 在劳动关系调整原则中，（　　）是指对全体劳动者和各类用人单位的权益都应保护。

　　A. 全面保护　　　B. 优先保护
　　C. 特殊保护　　　D. 平等保护

34. 下列不属于职称评审委员会分类的是（　　）。

　　A. 高级职称评审委员会
　　B. 中级职称评审委员会
　　C. 初级职称评审委员会
　　D. 特级职称评审委员会

35. 职称评审委员会组建单位对评审结果进行公示，公示期不少于（　　）个工作日。

　　A. 3　　　　　　B. 5
　　C. 7　　　　　　D. 10

36. 下列关于公务员培训的说法错误的是（　　）。

　　A. 中央公务员主管部门负责全国公务员培训的综合管理工作

　　B. 公务员个人参加社会化培训，费用一律由本人承担

　　C. 初任培训应当在试用期内完成，时间一般不少于15天

　　D. 公务员主管部门负责制定公务员调训计划，选调公务员参加脱产培训

37. 通常情况下，某类劳动力越稀缺，需求方对这种劳动力的知识水平和技能要求越高，则这种劳动力的供给和需求受到地域限制的可能性就越小，从而形成（　　）的可能性就越大。

　　A. 全国性劳动力市场
　　B. 外部劳动力市场
　　C. 优等劳动力市场
　　D. 地区性劳动力市场

38. 如果某地区制造工人的市场工资率从2 000元/月上升到2 500元/月，其劳动

力供给总时间上升5%，则此类劳动力的劳动力供给弹性为( )。

A. 0.4　　　　　　B. 0.25

C. 0.2　　　　　　D. 0.1

39. 目前，女性(尤其是已婚女性)的劳动力参与率( )。

A. 大幅度下降

B. 大幅度上升

C. 没有明显变化

D. 时而上升，时而下降

40. 无论是在短期，还是在长期，劳动力需求曲线的形状都是( )。

A. 垂直于横轴的一条直线

B. 自左下方向右上方倾斜的一条直线

C. 平行于横轴的一条直线

D. 自左上方向右下方倾斜的一条曲线

41. 一个国家或地区劳动力供给数量的最重要基础是( )。

A. 人口总量

B. 劳动者的受教育水平

C. 劳动者的工作时间

D. 劳动力参与率

42. 在工资差别的形成原因中，揭示了由于工作条件和社会环境原因而导致的收入差异的是( )。

A. 竞争性工资差别

B. 补偿性工资差别

C. 垄断性工资差别

D. 职位性工资差别

43. "高质量的劳动力通常有高的劳动效率，从而工资也较高；质量较低的劳动力因效率低而通常也只有较低的工资"，基于这种原因而形成的工资差别属于( )。

A. 补偿性工资差别

B. 竞争性工资差别

C. 垄断性工资差别

D. 租金性工资差别

44. 自然失业率在( )，并不影响充分就业的实现。

A. 1%~2%　　　　B. 2%~4%

C. 4%~6%　　　　D. 3%~5%

45. 由于劳动力需求方需要的技术和劳动力供给方能够提供的技术之间存在差异或错位而导致的失业现象指的是( )。

A. 摩擦性失业　　B. 技术性失业

C. 季节性失业　　D. 周期性失业

46. 人力资本投资和物质资本投资的共同点在于( )。

A. 都不需要付出成本

B. 所产生的收益都一定大于成本

C. 都是在成本付出一段时间之后才能获得收益

D. 都是在当前投资，当前获益

47. 在市场经济条件下，各国政府在初等教育方面都进行了很大的投资，通常会普及初等义务教育，政府这样做的一个主要原因是( )。

A. 初等教育能够带来较高的社会收益

B. 初等教育只能让社会受益，因而只能由政府投资

C. 政府投资于高等教育是不会产生社会收益的

D. 初等教育不能产生私人收益，所以私人不愿意进行投资

48. 由于高等教育文凭与高生产率之间存在一定的联系，因此，企业利用文凭来筛选员工的做法是有道理的，这是( )的一个基本观点。

A. 劳动力供给理论

B. 劳动力需求理论

C. 高等教育的信号模型理论

D. 收入分配理论

49. 关于一般培训和特殊培训的说法，错误的是( )。

A. 劳动者可以将通过一般培训获得的技能带到其他企业中

B. 劳动者无法将通过特殊培训获得的技能带到其他企业中

C. 特殊培训所带来的生产率提高幅度要大于一般培训

D. 现实中的很多培训同时具有一般培训和特殊培训的性质

50. 基于被保险人的一定关系而享有一定保险利益的主体是（　）。
    A. 投保人　　　　　B. 管理人
    C. 受益人　　　　　D. 监督人

51. 在解除或者终止劳动合同后，约定竞业限制的期限不得超过（　）。
    A. 1年　　　　　　B. 2年
    C. 3年　　　　　　D. 4年

52. 关于劳动者解除劳动合同的说法，错误的是（　）。
    A. 劳动者提前30日书面通知用人单位，即可解除劳动合同
    B. 劳动者在试用期内提前3日书面通知用人单位，可解除劳动合同
    C. 用人单位未及时足额支付劳动报酬，劳动者可以随时解除劳动合同
    D. 未经用人单位批准劳动者不得解除劳动合同

53. 《劳动合同法》规定，用人单位单方解除劳动合同，应当事先通知（　）。
    A. 工会
    B. 劳动者
    C. 劳动行政部门
    D. 劳动争议仲裁委员会

54. 下列不属于劳动争议基本特征的一项是（　）。
    A. 劳动争议的当事人是特定的
    B. 劳动争议主体之间必须存在劳动关系
    C. 劳动争议的内容必须是与劳动权利义务有关
    D. 劳动争议处理的时效期为两年

55. 下列关于劳动争议协商的表述错误的是（　）。
    A. 当事人可以书面约定延长期限
    B. 劳动争议发生后，一方当事人可以通过与另一方当事人约见、面谈等方式协商解决
    C. 协商的期限由当事人书面约定，在约定的期限内没有达成一致的，视为协商不成
    D. 一方当事人提出协商要求后，另一方当事人只能作出书面回应

56. 参加基本养老保险的个人，达到法定退休年龄时累计缴费不足（　）年的，可以缴费至满该年限，按月领取基本养老金。
    A. 10　　　　　　　B. 15
    C. 20　　　　　　　D. 25

57. 职工因工作遭受事故伤害或者患职业病需要暂停工作接受工伤医疗的，在停工留薪期内，（　），由所在单位按月支付。
    A. 原工资与福利待遇均不变
    B. 原工资不变，但福利待遇减半
    C. 原工资与福利待遇均减半
    D. 原工资停发，但福利待遇不变

58. 下列不属于劳动法律责任形式的是（　）。
    A. 行政责任　　　　B. 刑事责任
    C. 民事责任　　　　D. 经济责任

59. 从争议的性质上看，人力资源和社会保险争议属于（　）争议范畴，劳动争议属于（　）争议范畴。
    A. 行政，民事　　　B. 民事，行政
    C. 行政，行政　　　D. 民事，民事

60. 公民、法人或其他组织对人力资源社会保障行政部门作出的具体行政行为不服，应当在知道侵害其合法权益的具体行政行为之日起（　）日内，向上一级人力资源社会保障行政部门申请复议，也可以向同级人民政府申请复议。
    A. 15　　　　　　　B. 30
    C. 60　　　　　　　D. 90

二、多项选择题（共20题，每题2分。每题的备选项中，有2个或2个以上符合题意，至少有1个错项。错选，本题不得分；少选，所选的每个选项得0.5分）

61. 公平理论认为，当员工通过比较感到不公平时，用来恢复公平感的途径有（　）。
    A. 改变对照者的投入或产出
    B. 改变参照对象
    C. 改变自我对投入或产出的知觉

D. 停职或休假
E. 改变自己的投入或产出

62. 交易型领导的特征包括（ ）。
   A. 放任　　　　　　B. 激励
   C. 差错管理　　　　D. 奖励
   E. 魅力

63. 矩阵组织形式的优点包括（ ）。
   A. 有利于加强各职能部门之间的协作配合
   B. 有利于提高组织的稳定性
   C. 有利于顺利完成规划项目，提高企业的适应性
   D. 有利于减轻高层管理人员的负担
   E. 有利于职能部门与产品部门相互制约，保证企业整体目标的实现

64. 一个组织的战略管理过程主要包括的核心阶段有（ ）。
   A. 战略规划　　　　B. 战略制定
   C. 战略审核　　　　D. 战略实施
   E. 战略反馈

65. 下列属于影响一个组织的产品和服务需求的因素的有（ ）。
   A. 国家的宏观政策
   B. 国际贸易环境的变化
   C. 消费者的消费偏好
   D. 组织变革
   E. 竞争对手推出的替代产品和服务

66. 最常用的信度测试方式包括（ ）。
   A. 重测信度
   B. 复本信度
   C. 内部一致性信度
   D. 内容信度
   E. 评价者信度

67. 关于实施探索者战略的企业的绩效管理说法正确的有（ ）。
   A. 在绩效考核中，管理者应当选择以结果为导向的评价方法
   B. 在绩效考核中，组织应选择那些以行为为导向的评价方法
   C. 绩效考核提供的丰富反馈信息应当更多地运用到员工的开发、培训、职业生涯规划中
   D. 在绩效管理的各种沟通环节中，管理者的重点是将组织目标融入员工的个人发展目标
   E. 绩效考核的结果应当更多地应用于薪酬分配，激励员工最大限度地发挥潜能

68. 关于绩效评价技术的说法，正确的有（ ）。
   A. 行为观察量表开发成本较低，且应用者较为普遍
   B. 行为锚定法的计量方法更为准确，评估结果具有较高的信度
   C. 配对比较法在人数较少的情况下，能快速比较出员工的绩效水平
   D. 强制分布法可有效避免考核结果的趋中趋势
   E. 关键事件法可以高效地衡量员工的绩效水平，降低绩效评估成本

69. 下列属于职位评价原则的有（ ）。
   A. 系统性原则　　　B. 实用性原则
   C. 标准化原则　　　D. 战略性原则
   E. 结果保密原则

70. 职业生涯锚的内容包括（ ）。
   A. 自省的才干与能力
   B. 自省的动机与需要
   C. 自省的态度与价值观
   D. 自省的兴趣
   E. 自省的创造与发明

71. 公务员的津贴补贴制度包括（ ）。
   A. 地区附加津贴制度
   B. 艰苦边远地区津贴制度
   C. 岗位津贴制度
   D. 特殊岗位津贴补贴
   E. 伤残补助津贴

72. 专业技术人员继续教育投入机制包括（ ）。
   A. 政府　　　　　　B. 社会
   C. 用人单位　　　　D. 个人
   E. 家庭

73. 劳动力市场的特征包括（ ）。
   A. 特殊性　　　　　B. 多样性

C. 确定性　　　D. 延续性

E. 难以衡量性

74. 下列关于工资率与劳动力需求之间的关系说法正确的有（　　）。

   A. 工资率上涨的规模效应导致劳动力需求上升

   B. 工资率上涨的替代效应导致劳动力需求上升

   C. 工资率上涨的规模效应导致劳动力需求下降

   D. 工资率上涨的替代效应导致劳动力需求下降

   E. 工资率的上涨总是会导致劳动力需求下降

75. 失业率的计算公式有（　　）。

   A. 失业率=失业人数/劳动力人数×100%

   B. 失业率=失业人数/就业人员×100%

   C. 失业率=就业者/劳动力人数×100%

   D. 失业率=失业人数/总人数×100%

   E. 失业率=失业人数/（失业人数+就业人数）×100%

76. 下列属于在职培训直接成本的有（　　）。

   A. 受训者的工资

   B. 培训教师的讲课费

   C. 支付租用培训场地的费用

   D. 本企业的师资、场地和设备的投入

   E. 参加培训的员工因不能全力工作而造成的损失

77. 下列属于《社会保险法》规定的保险体系基本框架的有（　　）。

   A. 基本养老保险　　B. 补充医疗保险

   C. 工伤保险　　　　D. 失业保险

   E. 生育保险

78. 下列情形不影响劳动合同履行的有（　　）。

   A. 变更名称

   B. 变更法定代表人

   C. 变更主要负责人

   D. 用人单位合并或者分立

   E. 劳动者不能胜任工作，被调整了工作岗位

79. 王某因追索工资与所在公司发生争议，遂向某法律工作者咨询。该法律工作者的下列观点中，符合法律规定的有（　　）。

   A. 王某应向其户口所在地的劳动争议仲裁委员会提出仲裁请求

   B. 如王某对仲裁裁决不服，可以向人民法院提起诉讼

   C. 如王某追索工资的金额未超过当地月最低工资标准12个月的金额，则对该争议的仲裁裁决为终局裁决

   D. 王某为解决争议既可以与公司协商，也可以向调解组织申请调解，还可以直接向劳动争议仲裁委员会申请仲裁

   E. 如王某向劳动争议仲裁委员会申请仲裁，应交纳仲裁费用

80. 工伤职工有下列（　　）情形的，停止享受工伤保险待遇。

   A. 丧失享受待遇条件的

   B. 拒不接受劳动能力鉴定的

   C. 拒绝治疗的

   D. 单位解除劳动合同的

   E. 丧失劳动能力的

三、案例分析题（共20题，每题2分。由单选和多选组成。错选，本题不得分；少选，所选的每个选项得0.5分）

（一）

A公司董事长每年年底都会与员工谈话，目的是了解员工过去一年的工作状况，对公司的态度以及未来的打算。在今年的谈话中，员工小李说，自己很喜欢公司的工作环境，跟大部分同事的关系也很好，但是自己工作非常努力，也不被领导认可，升职希望渺茫；而同办公室的小王工作没有自己努力，却总被领导夸奖，上个月还涨了工资，这让自己深受打击，工作动力没有以前那么大了，甚至萌生了辞职念头。董事长询问小李原因，小李认为，这是由于公司为员工设置的工作目标不合理造成的。领导给小王设置的工作目标比自己的容易达到，所以即使自己非常努力，领导

也不认可；然而，工作目标是领导设定的，自己没有发言权。董事长听后表示在今后公司管理工作中会考虑小李的意见。

根据以上资料，回答下列问题：

81. 根据马斯洛的需要层次理论，小李在工作中没有得到满足的需要有( )。
    A. 生理需要　　　　B. 安全需要
    C. 尊重需要　　　　D. 自我实现需要

82. 根据双因素理论，让小李感到不满的主要因素是( )。
    A. 工作目标设定的政策
    B. 晋升
    C. 别人的认可
    D. 人际关系

83. 小李感到不公平时所采用的恢复平衡的方式是( )。
    A. 改变自己的投入或产出
    B. 改变对投入或产出的知觉
    C. 改变参照对象
    D. 寻求社会兼职

84. 小李反映的不公平问题，表明目标管理中的( )要素出现了问题。
    A. 目标具体化　　　B. 参与决策
    C. 限期完成　　　　D. 绩效反馈

（二）

某公司是一家中小型制造企业，由厂长全面主持企业的生产经营活动，按照厂部、车间、工段、班组层次划分职权，逐级下达指令；厂里的职能管理人员只起到参谋指导作用，无权直接对下级单位发号施令。日常工作中，下级通常只接受其直接上级的指令，明确每个人只有一个直接上级，而每个上级直接管辖的下属为3~9人。一开始厂长还能够亲临各个车间，现场直接领导，但随着公司业务和规模的扩大，这种管理已经超出了他力所能及的范围，变得非常艰难，企业的管理也因此陷入混乱，迫切需要进行变革。

根据以上资料，回答下列问题：

85. 该企业的组织结构为( )。
    A. 事业部制　　　　B. 职能制
    C. 矩阵组织形式　　D. 团队结构形式

86. 该企业的管理层次和管理幅度分别为( )。
    A. 5层；3~9人　　B. 4层；4~10人
    C. 3层；3~9人　　D. 6层；4~10人

87. 该企业组织形式的主要缺点是( )。
    A. 组织的稳定性差
    B. 横向协调差
    C. 企业领导负担轻
    D. 多头指挥混乱

88. 假如该企业进行组织变革，最适合采用以( )为中心的组织变革。
    A. 成本　　　　　　B. 结构
    C. 技术　　　　　　D. 任务

（三）

某公司是一家快速发展的中小板上市公司，该公司关注市场开发和产品开发，提出了通过内部成长实现跨越式发展的战略，为配合公司战略的实现，公司调整了薪酬政策，重新进行职位评价，确定了职业等级结构和薪酬等级，设计了各等级的薪酬变动范围和薪酬水平，并制定了核心人员股票期权计划。

根据以上资料，回答下列问题：

89. 根据公司的发展战略，适合该公司的薪酬设计思路是( )。
    A. 让员工与企业共担风险，共享收益
    B. 提高基本薪酬比重，提高整体薪酬水平
    C. 由公司承担风险并享受收益，员工实行固定薪酬
    D. 提高基本薪酬和福利水平，降低奖金比重

90. 该公司确定职位等级结构主要依据应是( )。
    A. 职位的相对价值
    B. 员工绩效考核结果
    C. 员工的工作态度

D. 员工能力素质的差异

91. 对于该公司提出的股票期权计划，正确的理解有（ ）。
   A. 该计划的获受人可以不购买本公司的股票
   B. 该计划只有在行权价低于行权时本公司股票的市场价格才有价值
   C. 该计划可以使获受人在风险较小的前提下获得较大的激励
   D. 该计划能否实施与该公司的成长性和股票市场的景气度无关

92. 有关股票期权时间的规定，股票期权的等待期，即股票期权授予日与获授股票期权首次可以行权日之间间隔不得少于（ ）。
   A. 2个交易日   B. 1年
   C. 30日   D. 10个交易日

（四）

计算机专业毕业的研究生小韩非常庆幸自己能够顺利在一家世界知名的国内通信技术公司找到一份研发工作，因为这家公司的工资水平远远超过市场水平，因此每年都有大批毕业生来求职。这家公司的人力资源管理水平很高，在招聘、晋升、绩效、薪酬以及解雇等各人力资源管理领域都制定了非常明确的规划和程序，管理非常规范。入职后小韩发现，该公司非常重视新员工培训，而且倾向于从内部提拔管理人员，公司在做出晋升决定时，会严格按任职员工的历史绩效以及一线的工作时间和发展潜力等因素来进行综合考察，晋升标准和晋升待遇也是非常明确的，每一次晋升都会有若干员工作为候选人，其中最优秀的人将被选拔至上一级领导岗位。

根据以上资料，回答下列问题：

93. 与该公司的人力资源管理实践吻合的特征包括（ ）。
   A. 内部劳动力市场
   B. 封闭劳动力市场
   C. 终身雇佣
   D. 晋升竞赛

94. 该公司支付高工资的作用在于（ ）。
   A. 吸引优秀的、高生产率员工
   B. 降低员工的离职率
   C. 削弱员工的偷懒动机
   D. 降低人工成本

95. 该公司做出晋升决策的依据是候选人的（ ）。
   A. 学历   B. 相对绩效水平
   C. 资历   D. 能力

96. 可以使该公司的晋升体系更为有效的做法包括（ ）。
   A. 使多位候选人在晋升潜力和实力方面存在较为明显的差距
   B. 使候选人的现有薪酬和新职位的薪酬水平之间存在明显差距
   C. 尽可能确保在晋升决策中不掺杂实力以外的运气成分
   D. 不把候选人的直接上级的主观评价作为晋升决策的唯一依据

（五）

王某于2010年8月20日应聘到甲公司工作，订立了为期五年的劳动合同，约定从事管理岗位工作和月工资为4 000元等事项。劳动合同还约定给予其社会保险补贴，不再为其缴纳社会保险费。2014年6月10日，王某以甲公司未依法缴纳社会保险费为由提出解除劳动合同，要求甲公司为其补缴社会保险费，并支付解除劳动合同经济补偿。双方协商不成，王某向当地劳动争议仲裁委员会申请仲裁。

根据以上资料，回答下列问题：

97. 按照4 000元月工资标准，王某依法每月应缴纳的基本养老保险费是（ ）。
   A. 40元   B. 80元
   C. 160元   D. 320元

98. 关于劳动合同约定由甲公司给予王某社会保险补贴，公司不再为其缴纳社会保险费的说法，正确的是（　　）。

A. 甲公司与王某的约定符合社会保险法的规定

B. 甲公司与王某的约定符合劳动合同的规定

C. 甲公司与王某的约定不具有法律效力，双方应依法补缴社会保险费

D. 甲公司与王某的决定虽不具有法律效力，但双方可以不补缴社会保险费

99. 关于王某解除劳动合同的说法，正确的有（　　）。

A. 甲公司与王某订立的劳动合同期限未满，王某不得要求解除劳动合同

B. 王某提出解除劳动合同的理由符合劳动合同法规定

C. 王某要求甲公司支付解除劳动合同经济补偿符合劳动合同法规定

D. 甲公司与王某的约定是双方正式意思表示，应当受到法律保护

100. 如果甲公司应依法支付王某解除劳动合同的经济补偿，且王某在解除劳动合同前的月工资始终是4 000元，甲公司应支付经济补偿（　　）。

A. 16 000元　　B. 14 000元
C. 12 000元　　D. 4 000元

模拟试题（一）参考答案及解析

一、单项选择题

1. B 【解析】本题考查双因素理论。根据赫茨伯格的双因素理论，具备激励因素，员工满意；缺失激励因素，员工没有满意。所以本题选B。

2. A 【解析】本题考查期望理论。效价指个体对所获报酬的偏好程度；期望指员工对努力工作能够完成任务的信念强度；工具性指员工对一旦完成任务就可以获得报酬的信念。

3. C 【解析】本题考查ERG理论。成长需要指个体追求自我发展的内在欲望。这一类需要可与马斯洛需要层次理论中部分"尊重需要"和全部"自我实现需要"相对应。

4. C 【解析】本题考查领导者的生命周期理论。赫塞和布兰查德将工作取向和关系取向两个维度相结合，得出四种领导风格：指导式（高工作—低关系）、推销式（高工作—高关系）、参与式（低工作—高关系）、授权式（低工作—低关系）。

5. D 【解析】本题考查组织设计的程序。设计组织结构框架，即设计承担企业管理职能和业务的各个管理层、部门、岗位及其权责，这一步是组织设计的主体工作。

6. C 【解析】本题考查组织结构的三要素。组织结构包含的要素中，复杂性指任务分工的层次、细致程度；规范性指使用规则和标准处理方式以规范工作行为的程度；集权度指决策权的集中程度。

7. A 【解析】本题考查战略性人力资源管理的三大工具。战略地图实际上是对组织战略实现过程进行分解的一种图形工具，它形象地展示了为确保公司战略得以成功实现而必须完成的各种关键活动及其相互之间的驱动关系。

8. B 【解析】本题考查战略性人力资源管理。由于人力资本是获取竞争优势的主要资源，所以一个组织的最高管理层在研究制定战略时必须认真考虑人的因素。

9. B 【解析】本题考查战略性人力资源管理的步骤。设计战略地图，在这一步，组织需要回答的问题是："为了实现组织的整体战略目标需要完成的各种重要活动之间存在怎样的驱动关系？驱动组织战略实现的源泉在哪里？"

10. C 【解析】本题考查人力资源战略与人力资源管理实践选择。绩效管理是一种确保每一位员工的工作活动及其结果都与组织的目标保持一致的手段。

11. C 【解析】本题考查经验判断法。经验判断法的做法是，让组织中的中高层管理人员凭借自己过去积累的工作经验以及个人的直觉，对组织未来所需要的人力资源的数量和结构等状况进行评估。

12. C 【解析】本题考查人力资源供给预测的主要方法。人员替换法主要强调了从组织内部选拔合适的候选人担任相关职位尤其是更高一级职位的做法，它有利于激励员工士气，降低招聘成本，同时还能为未来的职位填补需要提前做好候选人的准备。

13. D 【解析】本题考查人力资源需求小于供给时的组织对策。临时性解雇或永久性裁员是解决组织所面临的人力资源需求不足及其供给之间的矛盾的最简单直接同时也是见效最快的方法。

14. D 【解析】本题考查人力资源供求平衡的方法分析。选项 D 属于雇用临时员工或劳务派遣人员的优点。

15. D 【解析】本题考查甄选对组织的价值与意义。人员甄选工作对于一个组织来说是非常重要的，其主要原因包括：第一，符合企业需要的优秀员工是确保组织战略目标达成的最根本保障。第二，弥补甄选决策失误的代价可能极高。第三，甄选决策失误可能会对员工本人造成伤害。

16. D 【解析】本题考查效度。内容效度的检验主要采用专家判断法，不太适合对智力、领导能力以及诚实性等较为抽象的特质进行评价。

17. B 【解析】本题考查职业兴趣类型。社会型：这种人的基本人格倾向是合作、友善、善于言谈和社交，洞察能力强，喜欢社会交往，关心社会问题，重视社会公正和正义，有教导、指点和培训别人的能力和愿望，不喜欢与材料、工具、机械等实物打交道。这些人适合从事社会、教育、咨询等方面的工作。

18. B 【解析】本题考查工作样本测试。工作样本测试所要求的行为与实际工作所要求的行为之间具有高度的一致性，它和工作绩效之间存在直接且明显的联系，所以这种测试工具的效标效度和内容效度都很高。

19. D 【解析】本题考查有效的绩效管理的特征。有效的绩效管理体系的特征包括：敏感性、可靠性、准确性、可接受性、实用性，所以选项 D 说法错误。

20. B 【解析】本题考查绩效监控。绩效监控指的是在绩效考核期间内管理者为了掌握下属的工作绩效情况而进行的一系列活动。绩效监控通过管理者和员工持续的沟通、观测、预防或解决绩效周期内可能存在的问题，更好地完成绩效计划。

21. D 【解析】本题考查绩效评价。配对比较法的缺点是当员工人数增加时，评估的工作量会出现成倍增加。

22. C 【解析】本题考查团队绩效考核。团队绩效考核包括团队和团队成员两个层面的考核，与个人绩效考核是不同的，确定团队绩效考核指标与个人绩效考核指标的方法也不同，选项 A 错误。在进行团队成员的评价时，团队成员之间应进行有效的沟通，选项 B 错误。团队层面的绩效考核指标是团队考核的关键点，选项 D 错误。

23. A 【解析】本题考查面谈中评价者的误区。在面谈中，员工有夸大、忽略、曲解观点的可能，因此管理者要将对方的谈话加以归纳、回馈、质疑后再确定对问题的真正理解。

24. B 【解析】本题考查战略性薪酬管理。采用稳定战略的企业在薪酬管理方面，薪酬决策的集中度比较高，薪酬的确定基础主要是员工从事的职位本身，在薪酬结构上基本薪酬和福利所占的比重较大，从薪酬水平来说一般采取市场跟随或略高于市场水平的薪酬,但长期内不会有太大的增长。

25. B 【解析】本题考查职位评价方法。排序法也称简单排序法、序列法或部门重要次序法,是职位评价中使用较早的一种较为简单、最易于理解的评价方法。

26. B 【解析】本题考查限制性股票。限制性股票适用于成熟型企业以及对资金投入要求不是非常高的企业。

27. D 【解析】本题考查股票期权的等待期。股票期权的等待期,即股票期权授予日与获授股票期权首次可以行权日之间间隔不得少于1年。

28. A 【解析】本题考查培训与开发效果的评估内容。反应评估易于进行,是最基本、最常用的评估方式。

29. C 【解析】本题考查职业生涯发展阶段。在维持期,发展任务是维持成就感,更新技能。职业活动是训练、帮助、政策制定。

30. B 【解析】本题考查劳动关系概念。劳动关系的目的是实现劳动者与生产资料相结合并完成劳动过程。劳动关系的基本性质是社会经济关系。

31. B 【解析】本题考查劳动关系的类型。按照国别的劳动关系划分,有以美国为代表的自由多元化模式;以德国为代表的劳资协议自治式;以日本为代表的家族式劳动关系模式。

32. C 【解析】本题考查劳动关系系统的运行。集体劳权是以个别劳权为基础形成的。

33. D 【解析】本题考查劳动关系调整原则。平等保护是指对全体劳动者和各类用人单位的权益都应平等保护。

34. D 【解析】本题考查职称制度。职称评审委员会分为高级、中级、初级职称评审委员会。

35. B 【解析】本题考查职称制度。职称评审委员会组建单位对评审结果进行公示,公示期不少于5个工作日。

36. C 【解析】本题考查公务员培训。初任培训应当在试用期内完成,时间一般不少于12天。

37. A 【解析】本题考查劳动力市场的结构。通常情况下,某类劳动力越稀缺,需求方对这种劳动力的知识水平和技能要求越高,则这种劳动力的供给和需求受到地域限制的可能性就越小,从而形成全国性劳动力市场的可能性就越大。

38. C 【解析】本题考查劳动力供给弹性的计算。供给弹性 = 劳动工时变动%/工资率变动% = 5%÷[(2 500 - 2 000)/2 000]× 100% = 0.2。

39. B 【解析】本题考查女性劳动力参与率的变化。女性(尤其是已婚女性)的劳动力参与率大幅度上升。

40. D 【解析】本题考查劳动力需求及其影响因素。无论是在短期,还是在长期,劳动力需求曲线的这种自左上方向右下方倾斜的形状都是不变的。

41. A 【解析】本题考查劳动力供给数量。一个国家或地区劳动力供给数量的最重要基础是人口总量。

42. B 【解析】本题考查不同职业之间工资差别形成的原因。补偿性工资差别是指在知识技能上无质的差别的劳动者,因从事职业的工作条件和社会环境的不同而产生的工资差别。

43. B 【解析】本题考查工资差别。竞争性工资差别,指的是在劳动力和生产资料可以充分流动的竞争条件下,劳动者之间所存在的工资差别。高质量的劳动力通常有高的劳动效率,从而工资也较高;质量较低的劳动力因效率低而通常也只有较低的工资。基于这种原因,竞争性工资差别也叫技能性工资差别。

44. C 【解析】本题考查失业的类型。自然失业率在4%~6%,它的存在并不影响充分就业的实现。

45. B 【解析】本题考查技术性失业的概念。技术性失业是指由于劳动力需求方需要的技术和劳动力供给方能够提供的技术之间存在差异或错位而导致的失业现象。

46. C 【解析】本题考查人力资本投资理论。人力资本投资的重点在于它的未来导向性；人力资本投资的利益就如同任何投资一样发生在未来，并且通常情况下，这些利益要持续一段时间，而其成本则产生在目前。因此选 C。

47. A 【解析】本题考查教育投资的社会收益。教育投资不仅能够产生较高的私人收益率，还能带来较高的社会收益或外部收益。因此选 A。

48. C 【解析】本题考查高等教育的信号模型理论。根据高等教育的信号模型理论，企业利用大学毕业文凭作为筛选工具可能确实是一种既简单明确而且预测准确率也比较高的方法。

49. C 【解析】本题考查一般培训和特殊培训。选项 C 说法错误，特殊培训所带来的生产率提高幅度不一定大于一般培训。

50. C 【解析】本题考查受益人的定义。受益人是指基于被保险人的一定关系而享有一定保险利益的主体。

51. B 【解析】本题考查竞业限制。在解除或者终止劳动合同后，约定竞业限制的人员到与本单位生产或者经营同类产品、从事同类业务的有竞争关系的其他用人单位，或者自己开业生产或者经营同类产品、从事同类业务的竞业限制期限，不得超过 2 年。

52. D 【解析】本题考查劳动合同解除。劳动者提前三十日以书面形式通知用人单位，可以解除劳动合同。劳动者在试用期内提前三日通知用人单位，可以解除劳动合同。用人单位以暴力、威胁或者非法限制人身自由的手段强迫劳动者劳动的，或者用人单位违章指挥、强令冒险作业危及劳动者人身安全的，劳动者可以立即解除劳动合同，不需事先告知用人单位。

53. A 【解析】本题考查对用人单位解除劳动合同的要求。用人单位单方解除劳动合同，应当事先将理由通知工会。所以本题选 A。

54. D 【解析】本题考查劳动争议的基本特征。劳动争议的基本特征有：(1)当事人是特定的；(2)争议主体之间必须存在劳动关系；(3)争议的内容必须与劳动权利义务有关。

55. D 【解析】本题考查劳动争议的协商。一方当事人提出协商要求后，另一方当事人应当积极作出口头或书面回应。

56. B 【解析】本题考查基本养老保险的相关规定。参加基本养老保险的个人，达到法定退休年龄时累计缴费不足 15 年的，可以缴费至满 15 年，按月领取基本养老金。

57. A 【解析】本题考查工伤待遇。职工因工作遭受事故伤害或者患职业病需要暂停工作接受工伤医疗的，在停工留薪期内，原工资福利待遇不变，由所在单位按月支付。

58. D 【解析】本题考查劳动法律责任。劳动法律责任形式主要有三种，即行政责任、民事责任和刑事责任。

59. A 【解析】本题考查争议的性质。从争议的性质上看，人力资源和社会保险争议属于行政争议范畴，劳动争议属于民事争议范畴。

60. C 【解析】本题考查行政复议的基本法律规定。公民、法人或其他组织对人力资源社会保障行政部门作出的具体行政行为不服，应当在知道侵害其合法权益的具体行政行为之日起 60 日内，向上一级人力资源社会保障行政部门申请复议，也可以向同级人民政府申请复议。所以本题选 C。

二、多项选择题

61. ABCE 【解析】本题考查公平理论中恢

复公平的方法。恢复公平的方法有：(1)改变自己的投入或产出；(2)改变对照者的投入或产出；(3)改变对投入或产出的知觉(包括对自己的知觉和对对照者的知觉)；(4)改变参照对象；(5)辞职。所以选项 D 不选。

62. ACD 【解析】 本题考查交易型和变革型领导理论。交易型领导者的特征有：奖励、差错管理(积极型、消极型)、放任。选项 BE 是改变型领导者的特征。

63. ACDE 【解析】 本题考查矩阵组织形式的优点。矩阵组织的缺点是稳定性较差，所以选项 B 不选。

64. BD 【解析】 本题考查战略的基本模型。一个组织的战略管理过程主要包括战略制定和战略实施两个核心阶段。

65. ABCE 【解析】 本题考查人力资源需求预测。影响一个组织的产品和服务需求的因素有可能是多方面的，既有可能是国家的宏观政策调整和新的法律法规的出台、国际贸易环境的变化所致，又有可能是因为消费者对产品或服务的消费偏好发生了变化，还有可能是竞争对手推出了更好的替代产品和服务等。

66. ABCE 【解析】 本题考查信度。最常用的信度测试方式包括重测信度、复本信度、内部一致性信度和评价者信度几种类型。

67. ADE 【解析】 本题考查探索者战略的企业的绩效管理。在绩效考核中，管理者应当以结果为导向的评价方法，选项 B 错误。绩效考核的结果应当更多地应用于薪酬分配，激励员工最大限度地发挥潜能，选项 C 错误。

68. BCD 【解析】 本题考查绩效评价技术。行为观察量表要求考评者根据详尽的行为清单对员工进行观察，很难包含所有的行为指标的代表性样本；行为观察量表的效度有待提高；主管人员单独考核工作量太大，不具有可操作性。选项 A 错误。关键事件法非常费时，选项 E 错误。

69. ABCD 【解析】 本题考查职位评价的原则。职位评价的原则包括：系统性原则、战略性原则、标准化原则、员工参与原则、结果公开原则和实用性原则。

70. ABC 【解析】 本题考查职业生涯锚的内容。职业生涯锚的内容包括：自省的才干与能力；自省的动机与需要；自省的态度与价值观。所以本题选 A、B、C。

71. ABC 【解析】 本题考查收入分配制度。公务员的津贴补贴制度包括：地区附加津贴制度、艰苦边远地区津贴制度、岗位津贴制度。

72. ABCD 【解析】 本题考查专业技术人员继续教育。继续教育实行政府、社会、用人单位和个人共同投入机制。

73. ABDE 【解析】 本题考查劳动力市场的特征。劳动力市场的特征有：特殊性、多样性、不确定性、交易对象的难以衡量性、交易的延续性、交易条件的复杂性、出售者地位的不利性。选项 C 错误，应该是不确定性。

74. CDE 【解析】 本题考查长期劳动力需求。在长期内，工资率上升的替代效应和规模效应都使劳动力需求减少。因此选 C、D、E。

75. AE 【解析】 本题考查失业率的计算公式。经济学上通常用失业人口与劳动力人口的比来表示失业率。失业率=失业人数/劳动力人数×100% = 失业人数/(失业人数+就业人数)×100%。

76. ABCD 【解析】 本题考查在职培训的成本。选项 E 属于在职培训中受训者参加培训的机会成本。

77. ACDE 【解析】 本题考查我国社会保险体系的基本框架。《社会保险法》确立了我国社会保险体系的基本框架，即基本养老保险、基本医疗保险、工伤保险、失业保险和生育保险。

78. ABCD 【解析】 本题考查劳动合同的履行。用人单位变更名称、法定代表人、主要负责人或者投资人等事项，不影响劳动合同的履行。用人单位发生合并或者分立等情况，原劳动合同继续有效，劳动合同由承继其权利义务的用人单位继续履行。选项 E 属于变更劳动合同的情况。

79. BCD 【解析】本题考查劳动争议处理的相关知识。劳动争议由劳动合同履行地或用人单位所在地的劳动争议仲裁委员会管辖，所以选项 A 错误。劳动争议仲裁不收费，所以选项 E 错误。

80. ABC 【解析】本题考查工伤保险待遇的相关内容。出现下列情形，停止享受工伤保险待遇：(1)丧失享受待遇条件的；(2)拒不接受劳动能力鉴定的；(3)拒绝治疗的。

三、案例分析题

(一)

81. CD 【解析】本题考查需要层次理论。尊重的需要，包括内在的尊重，如自尊心、自主权、成就感等需要，以及外在的尊重，如地位、认同、受重视等需要。自我实现的需要，包括个人成长、发挥个人潜能、实现个人理想的需要。

82. A 【解析】本题考查双因素理论的内容。双因素理论分为激励因素和保健因素。激励因素是指成就感、别人的认可、工作本身、责任和晋升等因素。保健因素是指组织政策、监督方式、人际关系、工作环境和工资等因素。导致小李不满的因素是保健因素中的组织政策。

83. A 【解析】本题考查恢复公平的方法。感到不公平的员工可以采用以下方式来恢复公平：改变自己的投入或产出、改变对照者的投入或产出、改变对投入或产出的知觉、改变参照对象、辞职。小李的行为属于改变自己的投入或产出，即感到报酬不足时降低自己工作的努力程度或要求加薪。

84. B 【解析】本题考查目标管理的要素。参与决策指在制定工作目标时，要求涉及目标的所有群体共同制定目标，并共同规定如何衡量目标的实现程度，而不是由上级单方面地制定下级的工作目标。

(二)

85. B 【解析】本题考查职能制的组织结构。职能制的主要特点有职能分工、直线—参谋制、管理权力高度集中。这些在题干中都有体现，所以应选 B。

86. A 【解析】本题考查管理层次和管理幅度的概念。管理层次是指从最高一层管理组织到最低一级管理组织的各个组织等级。该公司中的组织等级有厂长、厂部、车间、工段、班组，所以管理层次是 5 层。管理幅度是指一名领导者直接领导的下级人员的数量。题干已经表明"每个上级直接管辖的下属为 3~9 人"，所以管理幅度为 3~9 人。

87. B 【解析】本题考查职能制组织形式的缺点。职能制组织形式的缺点有：狭隘的职能观念；横向协调差；适应性差；企业领导负担重；不利于培养具有全面素质、能够经营整个企业的管理人才。

88. B 【解析】本题考查组织变革的方法。以结构为中心的变革是对组织内部结构进行分化和统合，包括重新划分和合并新的部门，调整管理层次和管理幅度，任免责任人，明确责任和权力等。所以本题应选 B。

(三)

89. A 【解析】本题考查成长战略的薪酬管理。通过题干中的"关注市场开发和产品开发，提出了通过内部成长实现跨越式发展的战略"可知该公司实行的是成长战略，其薪酬管理的指导思想是企业与员工共担风险，共享收益，所以选 A。

90. A 【解析】本题考查薪酬体系设计的基本步骤。职位评价可以确定企业内部各职位的相对价值，得出职位的等级序列，所以本题应该选 A。

91. ABC 【解析】本题考查股票期权计划的相关知识。股票期权是一种权利而不是义务,收益人可以买也可以不买公司股票;股票期权只有在行权价低于行权时本企业股票的市场价格才有价值;经营者可以在风险较小的前提下得到较大的激励。股票期权计划与公司的成长性和股票市场的景气度有关。所以本题选A、B、C。

92. B 【解析】本题考查股票期权计划的相关知识。股票期权的等待期,即股票期权授予日与获授股票期权首次可以行权日之间间隔不得少于1年。

(四)

93. AD 【解析】本题考查劳动力市场。从案例内容可知,该企业倾向于从内部提拔管理人员,所以选项A正确。并且在做出晋升决定时,会严格考查员工的绩效等,每一次晋升都有若干候选人,最优秀者胜出,所以选项D正确。

94. AB 【解析】本题考查高工资的作用。高工资能够帮助组织吸引到更为优秀的、生产率更高的员工。高工资有利于降低员工的离职率,强化他们的实际生产率。高工资往往能够更容易让人产生公平感。

95. BCD 【解析】本题考查晋升竞赛。从案例可知,在做出晋升决定时,会严格按任职员工的历史绩效以及一线的工作时间和发展潜力等因素来进行综合考察,所以选项B、C、D是正确的。

96. BCD 【解析】本题考查晋升竞赛。要在参与晋升竞赛者当前的职位和拟晋升职位之间创造出一种合理的工资差距,工资差距太小会削弱竞赛参与者的努力动机。要看一位候选人最终获得晋升到底是因为实力和绩效原因,还是因为运气因素。由于评价方法、评价内容甚至评价者方面的原因,很可能会导致最终得到的评价结果并不好。

(五)

97. D 【解析】本题考查基本养老保险费的缴纳。从2006年1月1日起,个人账户的规模统一由本人缴费工资的11%调整为8%,全部由个人缴费形成,单位缴费不再划入个人账户。所以王某每月应缴纳的基本养老保险费是4 000×8%=320(元)。

98. C 【解析】本题考查社会保险。用人单位未按时足额缴纳社会保险费的,由社会保险费征收机构责令限期缴纳或者补足,并自欠缴之日起,按日加收万分之五的滞纳金,逾期不缴纳的,由有关行政部门处欠缴数额1倍以上3倍以下的罚款。

99. BC 【解析】本题考查劳动合同的解除。《劳动合同法》第三十八条规定:用人单位未依法为劳动者缴纳社会保险费的,劳动者可以解除劳动合同,选项A错误。社会保险是由国家立法规范、面向劳动者建立的一种强制性社会保险制度,用人单位与劳动者关于少缴或不缴社会保险费的约定是无效的,不能用来作为用人单位少缴或不缴社会保险费的理由,选项D错误。

100. A 【解析】本题考查解除与终止劳动合同的经济补偿。经济补偿按劳动者在本单位工作的年限,每满1年支付1个月工资的标准向劳动者支付,6个月以上不满1年的,按1年计算;不满6个月的,向劳动者支付半个月工资的经济补偿。王某于2010年8月20日至2014年6月10日在甲公司工作,所以应支付4个月的经济补偿,即16 000元。

模拟试题（二）

一、单项选择题（共60题，每题1分。每题的备选项中，只有1个最符合题意）

1. 根据马斯洛的需要层次理论，下列需要层次中，主要靠内在因素来满足的是（　　）。
   A. 生理需要　　　　B. 安全需要
   C. 归属需要　　　　D. 尊重需要

2. 关于奥尔德佛提出的ERG理论的说法，错误的是（　　）。
   A. 各种需要可以同时具有激励作用
   B. 提出了"挫折—退化"观点
   C. 如果较高层次的需要不能得到满足，那么满足低层次需要的欲望一定会加强
   D. "成长需要"对应马斯洛需要理论中的全部"生理需要"和部分"安全需要"

3. 费德勒的权变理论认为，领导者与情境因素之间是否搭配，对团队绩效有着重要的影响。在费德勒提出的情境因素中不包括（　　）。
   A. 领导与下属的关系
   B. 工作结构
   C. 职权
   D. 工作环境

4. 在决策风格模型中，具有较低的模糊耐受性，倾向于对人和社会的关注，则这种领导者决策风格属于（　　）。
   A. 行为型　　　　B. 概念型
   C. 指导型　　　　D. 分析型

5. 关于组织设计的陈述，正确的是（　　）。
   A. 只对组织结构进行的设计称为静态组织设计
   B. 只对组织运行制度进行的设计称为动态组织设计
   C. 古典的组织设计理论包括组织结构设计和运行制度设计
   D. 现代的组织设计理论只针对组织运行制度

6. 按照美国学者桑南菲尔德的组织文化分类，（　　）组织非常重视适应、忠诚度和承诺。
   A. 学院型　　　　B. 俱乐部型
   C. 棒球队型　　　D. 堡垒型

7. （　　）主要回答到哪里去竞争的问题，即作出组织应该选择经营何种业务以及进入何种行业或领域的决策。
   A. 组织战略　　　B. 管理战略
   C. 竞争战略　　　D. 人力资源战略

8. 在SWOT分析中，通过考察组织的运营环境来分析组织所面临的各种战略机会以及所受到的各种威胁的是（　　）。
   A. 内部分析　　　B. 外部分析
   C. 战略分析　　　D. 比较分析

9. 在（　　）层次上，组织自行制定战略规划，然后再将这种战略规划告知人力资源管理部门，让人力资源管理部门配合战略规划的实施或落地。
   A. 行政管理联系　B. 单向联系
   C. 双向联系　　　D. 一体化联系

10. 培训工作的重点是文化整合和价值观的统一的是（　　）。
    A. 内部成长战略　B. 外部成长战略
    C. 稳定战略　　　D. 成本领先战略

11. 下列关于人力资源规划的说法，错误的是（　　）。
    A. 人力资源规划不仅帮助组织实现战略目标，而且确保组织在人力资源的使用方面达到合理和高效
    B. 人力资源规划的制定一般先于组织的战略规划
    C. 狭义的人力资源规划专指组织的人员供求规划或雇用规划
    D. 人力资源战略规划、培训开发规划、绩效管理规划、薪酬福利规划都属于广义的人力资源规划的范畴

12. 首先建立人力资源需求数量与其影响因素之间的函数关系，然后将这些影响因素的未来估计值代入函数，从而计算出

组织未来的人力资源需求量，这种人力资源需求预测方法是(　　)。
A. 马尔科夫分析法
B. 人员替换分析法
C. 回归分析法
D. 比率分析法

13. 一般情况下，组织所能获得的外部人力资源供给来源不包括(　　)。
A. 失业人员
B. 本组织中准备离职换工作的人
C. 转退伍军人
D. 本地求职的外国人

14. 基于多种职位以及人员流动状况进行人力资源供给预测的方法是(　　)。
A. 马尔科夫分析法
B. 人员替换分析法
C. 回归分析法
D. 比率分析法

15. 一项测试对于某种不可观察的、比较抽象的构想或特质进行测量的程度称为(　　)。
A. 内部一致性信度
B. 内容效度
C. 效标效度
D. 构想效度

16. 首先向被测试者提供一些未经组织的刺激情境，然后让被测试者在不受限制的情境下自由表现出自己的反应，这种人格测量方法是(　　)。
A. 评价量表法　　B. 自陈量表法
C. 投射法　　　　D. 行为事件访谈法

17. 社会上的一些职业资格考试基本上都属于(　　)。
A. 知识测试　　B. 工作样本测试
C. 认知能力测试　D. 身体能力测试

18. 下列主要目的是考察被面试者在一定的压力环境下是否能够妥善地调整自己的情绪并作出正确的回答或行为反应的是(　　)。
A. 单独面试　　B. 小组面试
C. 压力面试　　D. 电话面试

19. 对于采用成本领先战略的企业，适宜的绩效管理策略是(　　)。
A. 选择以结果为导向的绩效考核方法
B. 评价指标选择一些非财务指标
C. 采取频繁绩效考核和多元化的评价主体
D. 选择以行为为导向的绩效考核方法

20. 关于绩效考核方法的说法，错误的是(　　)。
A. 排序法不能显示员工在某个具体领域的绩效问题，无法用于绩效反馈面谈
B. 行为锚定法的设计成本很低，设计周期较短
C. 关键事件法的可执行性不高
D. 平衡计分卡法需要耗费大量的人力和物力，设计成本较高

21. 关于绩效评价相关问题的说法，正确的是(　　)。
A. 晕轮效应是指主管人员在绩效评价过程中，对员工的评定过于严厉
B. 盲点效应是指主管人员难于发现员工身上存在的与主管自身相似的缺点
C. 刻板印象是指主管人员不愿意得罪人，使绩效考核结果没有好坏的差异
D. 近因效应是指主管人员在绩效考核中往往根据最初的印象去评价员工

22. 关于绩效管理工具的说法，正确的是(　　)。
A. 平衡计分卡法因为实施成本较低而得到广泛应用
B. 目标管理法通过持续沟通将企业目标逐层分解
C. 标杆超越法通过分析个体的高绩效表现实现评价指标的量化
D. 关键绩效指标法通过在企业内部制定质量管理体系提升企业绩效

23. 关于团队绩效考核的说法，错误的是(　　)。
A. 对跨部门团队进行绩效考核，性质相同的部门要采用相同的考核方法
B. 对跨部门团队进行绩效考核，要做好考核的标准化
C. 对知识型团队进行绩效考核，要采用

以行为为导向的考核方法

D. 可以利用组织绩效指标确定团队绩效考核指标

24. 关于企业战略与薪酬管理策略的说法，正确的是( )。

A. 采用成长战略的企业，在短期内应提供相对较低的基本薪酬

B. 采用稳定战略的企业，基本薪酬和福利所占比重应较低

C. 采用收缩战略的企业，基本薪酬所占比重应较高

D. 采用创新战略的企业，基本薪酬水平应低于劳动力市场平均水平

25. 关于职业生涯锚的说法，错误的是( )。

A. 职业生涯锚产生于职业生涯早期

B. 职业生涯锚强调个体能力、动机和价值观的相互作用和整合

C. 职业生涯锚可以根据各种测试进行预测

D. 职业生涯锚并不是完全固定不变的

26. 股票期权行权价格的确定方法分多种，在我国，《管理办法》采取的方法是( )。

A. 实值法　　　B. 虚值法

C. 平值法　　　D. 溢价法

27. 上市公司员工持股计划，单个员工所获股份权益对应的股票总数累计不得超过公司股本总额的( )。

A. 1%　　　　B. 5%

C. 10%　　　D. 12%

28. 评估培训与开发效果最好、最规范化的方法是( )。

A. 控制实验法　B. 调查问卷法

C. 笔试法　　　D. 面试法

29. 职业生涯锚的类型中，( )职业锚员工的驱动力和价值观是追求安全、稳定的职业前途。

A. 安全稳定型

B. 自主独立型

C. 创造型

D. 技术/职能能力型

30. ( )是指劳动行政管理机关依法对用人单位遵守劳动法律法规情况进行监督检查，发现和纠正违法行为，并对违法行为依法进行行政处理或行政处罚的行政执法活动。

A. 劳动监察制度

B. 劳动争议处理制度

C. 劳动规章制度

D. 集体合同制度

31. 加强集体合同制度法制建设，要以( )为重点对象。

A. 国有企业　　B. 公有制企业

C. 非公有制企业　D. 私营企业

32. 根据《企业劳动争议协商调解规定》，( )应当依法设立劳动争议调解委员会，并配备专职或者兼职工作人员。

A. 大中型企业　B. 有分公司的企业

C. 有分店的企业　D. 微小企业

33. ( )是中国职工民主管理制度的主要形式。

A. 职工代表大会

B. 集体协商与签订集体合同制度

C. 职工合理化建议制度

D. 职工持股会

34. 公务员工资级别制度分为( )个等级。

A. 10　　　　　B. 15

C. 20　　　　　D. 27

35. 人力流动管理使( )在人才资源配置中更好地发挥了决定性作用。

A. 市场　　　　B. 政府

C. 企业　　　　D. 社会

36. 人力资源的国际流动中，对( )流动无数量限制。

A. 外国政府人员　B. 其他外国人员

C. 外国专业人才　D. 外国高端人才

37. 某城市共有350万人，其中不足16岁人口有80万人，就业人口200万人，失业人口20万人，则该市的劳动力参与率为( )。

A. 57.1%　　　B. 62.8%

C. 81.5%　　　　D. 85.7%

38. 附加的劳动者效应和灰心丧气的劳动者效应的存在表明了(　　)。
   A. 劳动力供给是有生命周期性的
   B. 劳动力需求是有生命周期性的
   C. 劳动力供给是有经济周期性的
   D. 劳动力需求是有经济周期性的

39. 某沿海省份对制鞋工人的劳动力需求是单位弹性的,该省企业目前雇用的制鞋工人总人数为20 000人,工人的市场工资率是20元/小时,如果工资率上升为25元/小时,则该省企业愿意雇用的制鞋工人总人数将变成(　　)人。
   A. 30 000　　　　B. 25 000
   C. 20 000　　　　D. 15 000

40. 工资率的提高意味着劳动者享受闲暇的机会成本上升,从而促使劳动者增加劳动力供给时间。这种效应称为(　　)。
   A. 收入效应　　　B. 替代效应
   C. 规模效应　　　D. 产出效应

41. 劳动力市场的(　　)决定了企业通常需要利用受教育程度、工作经验等多种标准,以及面试、笔试、心理测试等多种手段甄选员工。
   A. 特殊性
   B. 交易延续性
   C. 不确定性
   D. 交易对象难以衡量性

42. 下列对实际工资的表示正确的是(　　)。
   A. 实际工资=货币工资/物价指数
   B. 实际工资=货币工资×物价指数
   C. 实际工资=货币工资+价格指数
   D. 实际工资=货币工资×价格指数

43. 下列不属于就业的基本含义是(　　)。
   A. 公益性劳动
   B. 既有劳动能力又有劳动意愿
   C. 社会劳动
   D. 能够获得报酬或收入

44. 2015年,某国共有人口1 700万人,其中16岁以上人口为1 300万人,就业人口为900万人,失业人口为100万人。则该国2015年的失业率为(　　)。
   A. 6.7%　　　　B. 7.6%
   C. 10%　　　　D. 11.1%

45. 一个产业经受周期性波动的程度主要依赖于其产品需求的(　　)。
   A. 变动情况　　　B. 波动情况
   C. 销售弹性　　　D. 收入弹性

46. 关于人力资本投资的说法,正确的是(　　)。
   A. 将人力资本投资在今后历年中获得的货币收益直接进行加总,若超过人力资本投资总成本,则证明人力资源投资是有价值的
   B. 人力资本投资越多,收益率就越高
   C. 人力资本投资的成本和收益发生在不同的时间,因此需要首先计算两者的现值,然后再加以比较
   D. 人力资本投资决策的重要依据是在投资后是否能够在短期内获益

47. 人力资本投资理论认为,在其他条件相同的情况下,上大学后的收入增量流越长,高中毕业生上大学的愿望越强,能够支持这一理论的现象是(　　)。
   A. 上大学的基本上都是年轻人
   B. 女性上大学的积极性比男性高
   C. 大学毕业生与高中毕业生的工资性报酬差距较大时,愿意上大学的高中毕业生比例上升
   D. 经济危机时期愿意上大学的高中生比例有所上升

48. 在一个玩具加工厂里,生产一种专利玩具的工人接受的培训是(　　)。
   A. 一般培训　　　B. 自我培训
   C. 特殊培训　　　D. 正规教育

49. 关于劳动力流动的说法,错误的是(　　)。
   A. 劳动力流动有助于纠正地区间的就业不平衡
   B. 劳动力流动对于劳动者来说是好事,但对企业来说是坏事
   C. 劳动力流动应该有个合理的限度,过

多的劳动力流动对于企业和劳动者来说都不利

D. 劳动力流动有利于提高整个社会的劳动力资源配置效率

50. 对于依法获得在我国境内就业证件( )个月后不能提供协议国出具的参保证明的,应按规定征收社会保险费并收取相应的滞纳金。
A. 1   B. 3
C. 6   D. 5

51. 劳动合同双方当事人在任何时候都应履行劳动合同约定的全部义务,这体现了劳动合同履行的( )。
A. 公平原则   B. 合法原则
C. 平等原则   D. 全面履行原则

52. 劳动规章制度要具有法律效力应满足的条件不包括( )。
A. 内容合法
B. 经民主程序制定
C. 向劳动者公示
D. 向劳动保障部门请示

53. 劳务派遣单位违法解除或者终止被派遣劳动者的劳动合同的,应当依照《劳动合同法》规定的经济补偿标准的( )倍向劳动者支付赔偿金。
A. 2   B. 3
C. 5   D. 10

54. 被派遣劳动者在无工作期间,劳务派遣单位应当按照( ),向其按月支付报酬。
A. 全国社会平均工资标准
B. 所在地人民政府规定的最低工资标准
C. 劳动者要求的标准
D. 所在地在岗职工平均工资

55. 下列关于劳动争议处理机构的表述错误的是( )。
A. 企业劳动人事争议调解委员会由职工代表和企业代表组成
B. 劳动人事争议仲裁委员会由劳动行政部门代表、工会代表和企业方面代表组成
C. 仲裁委员会之间具有行政隶属关系

D. 根据规定劳动争议案件由各级人民法院的民事审判庭按照《民事诉讼法》规定的普通诉讼程序进行审理

56. 劳动仲裁委员会受理仲裁申请后,应当在( )日内将劳动仲裁申请书副本送达被申请人。
A. 10   B. 15
C. 5   D. 30

57. 职工发生事故伤害或者被诊断、鉴定为职业病,所在单位应该自事故伤害发生之日或者被诊断、鉴定为职业病之日起( )日内,向统筹地区劳动保障行政部门提出工伤认定申请。
A. 15   B. 30
C. 45   D. 60

58. 用人单位违反《劳动合同法》规定不与劳动者订立无固定期限劳动合同的,自应当订立无固定期限劳动合同之日起向劳动者每月支付( )倍的工资。
A. 1   B. 2
C. 3   D. 4

59. 下列关于用人单位违反《社会保险法》的法律责任描述,错误的是( )。
A. 用人单位不办理社会保险登记的,对其直接负责的主管人员和其他直接责任人员处500元以上3 000元以下的罚款
B. 用人单位未按时足额缴纳社会保险费的,逾期仍不缴纳的,由有关行政部门处欠缴数额1倍以上3倍以下的罚款
C. 职工应当缴纳的社会保险费由用人单位代扣代缴
D. 用人单位和职工共同承担滞纳金

60. 关于社会保险行政复议的说法,错误的是( )。
A. 用人单位认为社会保险费征收机构的行为侵害自己的合法权益,可以申请行政复议
B. 用人单位对社会保险经办机构不依法办理社会保险登记的行为,可以申请行政复议

C. 用人单位对社会保险行政部门作出的工伤认定不服，可以申请行政复议

D. 用人单位对劳动人事争议仲裁委员会作出的涉及社会保险内容的仲裁裁决不服，可以申请行政复议

二、多项选择题（共20题，每题2分。每题的备选项中，有2个或2个以上符合题意，至少有1个错项。错选，本题不得分；少选，所选的每个选项得0.5分）

61. 在决策过程中存在投入增加现象，也即人们坚持错误决策的倾向，下列可能会导致投入增加现象的因素包括( )。

    A. 投资回报延期

    B. 管理者不存在信息加工错误，比如忽略了负面信息

    C. 决策者想要维护自己的面子

    D. 组织的沟通体系失效

    E. 决策者拒绝变革

62. 领导者生命周期理论认为下属的成熟度包括( )。

    A. 情绪成熟度　　B. 年龄成熟度
    C. 工作成熟度　　D. 职业成熟度
    E. 心理成熟度

63. 下列关于行政层级式的论述，正确的有( )。

    A. 在行政层级模式的组织中，权力集中程度较高，对权力等级较为侧重

    B. 在行政层级模式的组织中，工作的分工比较精细

    C. 规章的增加可促使组织更为规范化，但过度后又会限制个体的自主判断权

    D. 行政层级形式的组织比较强调规章和程序规范

    E. 决定工作地位的主要因素是个人因素，而不是技术能力和绩效

64. 组织的领导者和管理者通常运用( )工具来帮助他们将组织的整体战略目标一步一步分解为具体的人力资源管理政策和实践，然后通过直观的方式了解和判断组织的人力资源管理政策和实践在围绕组织战略目标的实现而工作的过程中所取得的进展。

    A. 战略地图

    B. 德尔菲法

    C. 工作设计

    D. 人力资源管理计分卡

    E. 数字仪表盘

65. 下列减少未来劳动力过剩的方法中，属于见效速度快、员工受伤害程度高的有( )。

    A. 降级　　　　B. 降薪
    C. 裁员　　　　D. 职位调动
    E. 提前退休

66. 评价中心技术主要包括( )。

    A. 工作样本测试　B. 无领导小组讨论
    C. 知识测试　　　D. 公文筐测试
    E. 角色扮演

67. 关于有效的绩效管理体系的说法，正确的有( )。

    A. 有效的绩效管理体系能够确保不同的评价者对同一个员工的评价基本相同

    B. 有效的绩效管理体系可以明确区分高效率员工和低效率员工

    C. 有效的绩效管理体系能够将工作标准和组织目标相联系

    D. 绩效管理工作能够得到组织上下的接受和支持

    E. 绩效管理带来的收益要小于绩效管理体系的建立和维护成本

68. 绩效计划的制订原则包括( )。

    A. 价值驱动原则

    B. 战略无关原则

    C. 职位特色原则

    D. 全员参与原则

    E. 突出重点原则

69. 我国目前只允许已完成股权分置改革的在沪深交易所上市的境内上市公司和在境外上市的国有控股企业可以实施股权激励计划，其激励对象包括( )。

    A. 上市公司董事

B. 上市公司高级管理人员
C. 上市公司独立董事
D. 上市公司核心技术人员
E. 上市公司监事

70. 下列关于培训与开发组织体系的说法正确的有( )。
   A. 在中小型组织中，由于员工规模不大，培训与开发工作通常是某个人力资源管理岗位的一项职责
   B. 在大型组织中，培训与开发机构可以与人力资源部并列，是组织的一个独立部门
   C. 在大型组织中，培训与开发机构不可以隶属于人力资源部门
   D. 培训与开发隶属于人力资源部，无法体现培训与开发在组织中的战略位置
   E. 企业大学并不是独立的培训与开发机构

71. 按照工会的层级划分，工会包括( )。
   A. 地方性工会   B. 区域性工会
   C. 全国性工会   D. 企业工会
   E. 产业工会

72. 一般可将劳动关系的主要模式归纳为( )。
   A. 斗争模式   B. 自由多元模式
   C. 合作模式   D. 统合模式
   E. 劳资协议自治模式

73. 优等劳动力市场的特征有( )。
   A. 就业条件好   B. 工资福利水平高
   C. 工作环境良好   D. 工作保障性强
   E. 对劳动者要求较低

74. 政府采取的促进就业的宏观经济政策有( )。
   A. 货币政策   B. 收入政策
   C. 财政政策   D. 人力政策
   E. 法律政策

75. 失业的类型有( )。
   A. 摩擦性失业   B. 技术性失业
   C. 结构性失业   D. 季节性失业
   E. 循环性失业

76. 下列属于人力资本投资活动的有( )。
   A. 寻找工作   B. 增进健康
   C. 失去工作   D. 正规教育
   E. 加强学龄前儿童营养

77. 劳动争议调解应遵循的原则包括( )。
   A. 自愿原则   B. 公正原则
   C. 及时原则   D. 民主说服原则
   E. 合法原则

78. 从社会保险责任分，社会保险法律关系的主体有( )。
   A. 国家
   B. 监督人
   C. 社会保险的管理和经办机构
   D. 用人单位
   E. 劳动者及家庭

79. 劳务派遣一般在( )工作岗位上实施。
   A. 固定性   B. 临时性
   C. 辅助性   D. 替代性
   E. 长期性

80. 公民、法人或者其他组织不能申请行政复议的事项有( )。
   A. 人力资源社会保障部门做出的行政处分
   B. 劳动人事争议仲裁委员会作出的调解协议
   C. 劳动能力鉴定委员会作出的鉴定结论
   D. 社会保险经办机构核定的社会保险缴费基数
   E. 劳动行政部门工伤认定决定

三、案例分析题（共20题，每题2分。由单选和多选组成。错选，本题不得分；少选，所选的每个选项得0.5分）

(一)

刘先生是某广告公司设计部的主管，他发现手下员工的士气普遍比较低落，工作业绩也一直没有起色。刘先生在员工中进行了调查，结果发现员工普遍感觉工作内容十分枯燥，每天只能按部就班地完成上面分配下来的工作，缺乏成就感。针对这种情况，为了调动员工的积

极性，刘先生决定在设计部每月评选一名工作出色的员工，并给予重奖；但是这项措施实行一段时间之后，情况没有任何改观；有员工表示，每月优秀员工的评选缺乏客观的指标，无法反映个人的真实工作情况。

根据以上资料，回答下列问题：

81. 根据赫茨伯格的双因素理论，设计部员工所关注的是( )。
    A. 保健因素   B. 激励因素
    C. 工资因素   D. 安全因素

82. 根据赫兹伯格的双因素理论，刘先生应该加强( )方面的管理。
    A. 组织政策   B. 监督方式
    C. 工作环境   D. 工作本身

83. 从期望理论的角度分析，刘先生的激励措施之所以没有效果，问题出在( )因素上。
    A. 效价   B. 期望
    C. 工具性   D. 激励

84. 为了改变设计部员工的这种状况，刘先生可以采取的措施包括( )。
    A. 让员工参与工作目标的制定，提高员工的工作投入程度
    B. 加强对员工工作的监督
    C. 实行弹性工作时间制度，增加员工的自主权
    D. 提高员工的责任感和成就感

（二）

某生产制造企业的组织结构图如下所示。

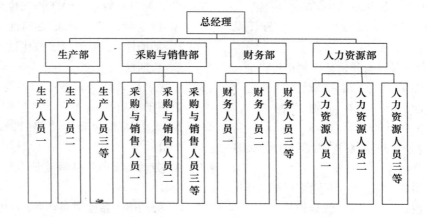

根据以上资料，回答下列问题：

85. 该企业总经理的管理跨度为( )。
    A. 3   B. 4
    C. 5   D. 6

86. 该企业管理层级的数目是( )。
    A. 3   B. 4
    C. 5   D. 6

87. 该企业典型的组织形式为( )。
    A. 职能制   B. 矩阵式
    C. 事业部制   D. 团队结构式

88. 关于该企业组织设计的说法，错误的有( )。
    A. 该企业的分工形式为产品制
    B. 该企业组织设计形式在简单/静态环境中效果比较好
    C. 该企业组织设计形式在简单/动态环境中效果比较好
    D. 该公司的关键职能部门为财务部

（三）

劳动力市场均衡是一种理想状态，但在现实中，经常会存在劳动力市场非均衡的状态，这与劳动力供求双方在劳动力市场上的摩擦力有关。例如，企业并不都是按照所谓的通行市场工资率来支付工资，也不总是根据需要任意调整雇用的劳动力数量；而对于劳动者来说，他们也并非为获得更高的工资就经常性地变换雇主，或者因为对当前雇主支付的

工资水平不满意就立即辞职。

根据以上资料，回答下列问题：

89. 下列关于理想的劳动力市场均衡的说法，正确的有（ ）。

    A. 劳动力市场均衡的一个基本假设是劳动者和企业的劳动力供求调整不会受到任何妨碍，可以在无成本情况下完成

    B. 劳动力市场均衡意味着在某一个既定的市场工资率上，劳动力供给数量和劳动力需求数量正好相等

    C. 在劳动力市场均衡状态下，不存在失业情况，但可能会存在劳动力短缺

    D. 劳动力市场均衡一旦形成，就不会轻易被打破

90. 下列关于企业支付的工资偏离通行市场工资率的说法，正确的有（ ）。

    A. 企业可以选择支付低于通行市场工资率的工资而不必担心雇不到人

    B. 企业可以通过支付效率工资来吸引、留住和激励员工

    C. 企业支付的工资水平可以偏离通行市场工资率，但不能低于政府颁布的最低工资标准

    D. 在市场经济国家，工会可能会通过集体谈判迫使企业支付高于市场通行工资率的工资

91. 即使企业可以随时雇用员工，并且可以在不额外支付任何补偿的情况下解雇员工，它们往往也不会随意调整雇佣量，其主要原因在于（ ）。

    A. 企业在雇用员工时付出的搜寻成本和筛选成本会随着员工被解雇而流失

    B. 解雇员工在一定程度上会对企业未来的新员工招募能力产生不良影响

    C. 解雇员工的成本总是会超过雇用新员工的成本

    D. 解雇员工就意味着企业在员工身上付出的培训成本流失

92. 下列关于劳动力供给方在劳动力市场上的摩擦力的说法，正确的有（ ）。

    A. 在现实中，即使在同一职业中拥有相同技能的劳动者之间也可能存在工资差别，这是一种劳动力市场非均衡现象

    B. 在现实中，之所以出现同一职业中拥有相同技能的劳动者之间也存在工资差别的情况，主要原因在于劳动力流动受到人为限制

    C. 劳动力流动成本的存在是导致劳动者不会因为存在工资差别就一定流动的主要原因

    D. 从存在劳动力流动成本角度来看，劳动力在不同雇主之间的流动实际上并不是完全自由的

（四）

小罗2013年从一所工科大学硕士毕业，刚毕业时没有找到理想的工作，收入比原来本科毕业就参加工作的同学还低，积累了一些工作经验后，小罗在2014年换到一家薪酬水平较高的民营公司，但很快他就发现这家公司的文化不是很好，领导对知识型员工比较简单粗暴，不够尊重。于是他在2015年跳槽去了第三家公司。这家公司尽管起薪不如第二家公司，但重视员工培训，除了正式培训课程外，工作经验丰富的同事也会在工作中给予小罗很多指导。另外这家公司还鼓励有潜力的技术型人员在业余时间攻读MBA学位。公司规定，只要员工能够顺利拿到MBA学位，且承诺此后继续为公司服务三年，公司会给员工报销一半的学费。

根据以上资料，回答下列问题：

93. 关于小罗研究生刚毕业时工资不如本科就业的同学的说法，正确的有（ ）。

    A. 攻读研究生的人力资源投资回报率低于攻读本科

    B. 攻读研究生的收益体现在长期中，而不是短期内

    C. 小罗应该本科毕业就直接就业，而不是攻读研究生

D. 研究生刚毕业时的工资都比有两年工作经验的本科毕业生低

94. 关于小罗从第二家公司离职的说法，正确的有（ ）。

   A. 劳动者在决定是否流动时并不把工资水平当成重要考虑因素

   B. 决定劳动力流动的最重要因素是工资水平

   C. 组织文化会对劳动力流动产生影响

   D. 领导风格对劳动力流动会产生影响

95. 关于小罗在第三家公司得到培训的说法，正确的有（ ）。

   A. 这家公司提供的正式培训属于特殊培训

   B. 资深同事对小罗的工作指导属于在职培训

   C. 小罗在业余时间攻读MBA学位不属于在职培训

   D. 小罗在业余时间攻读MBA学位属于人力资本投资

96. 关于第三家公司报销一半MBA学费的说法，正确的有（ ）。

   A. 公司通过这种方式对员工进行了人力资本投资

   B. 这种规定增加了员工攻读MBA的人力资本投资成本

   C. 公司和员工共同分担了人力资本投资成本，同时共享了投资收益

   D. 报销一半学费后员工必须为公司工作三年的规定，有利于降低员工离职率

（五）

某公司销售部经理小马的劳动合同将于下月30日期满。公司管理层已研究确定与小马续订劳动合同。但一周前小马却向公司提出解除劳动合同，并要求公司支付经济补偿。小马提出解除劳动合同的理由是，担心劳动合同终止无法获得公司支付的经济补偿。公司经研究，认为小马解除劳动合同的理由不成立，要求小马继续履行劳动合同，但小马明确表示拒绝。小马要求公司按其在公司工作的年限，每满一年支付一个月工资的经济补偿。公司则认为，小马在公司工作年限不足5年，不属于应支付经济补偿的范围。

根据以上资料，回答下列问题：

97. 小马如向公司提出解除劳动合同，则（ ）。

   A. 劳动合同即行解除

   B. 应提前3日书面通知公司

   C. 应提前30日书面通知公司

   D. 在公司不予批准的情况下，小马应继续履行劳动合同

98. 关于小马提出解除劳动合同的经济补偿的说法，正确的是（ ）。

   A. 小马提出解除劳动合同，公司应无条件向小马支付经济补偿金

   B. 小马提出解除劳动合同不属于解除劳动合同经济补偿的范围

   C. 小马无论何种原因提出解除劳动合同，公司均可以不向小马支付经济补偿金

   D. 因公司不同意小马解除劳动合同，公司应向小马支付经济补偿金

99. 关于劳动合同终止的说法，正确的有（ ）。

   A. 如小马达到法定退休年龄，劳动合同即终止

   B. 如小马同时与其他公司建立劳动关系，劳动合同即终止

   C. 如小马严重违反公司的规章制度，劳动合同即终止

   D. 如小马与公司订立的劳动合同期满，劳动合同即终止

100. 关于劳动合同终止的经济补偿的说法，正确的是（ ）。

   A. 因用人单位被依法宣告破产而终止劳动合同，用人单位不给予劳动者经济补偿

   B. 劳动合同期满，劳动者同意与用人单位续订劳动合同，用人单位应给予劳动

者经济补偿
C. 因用人单位决定提前解散而终止劳动合同，用人单位不给予劳动者经济补偿
D. 以完成一定工作任务为期限的劳动合同因任务完成而终止，用人单位应给予劳动者经济补偿

模拟试题（二）参考答案及解析

一、单项选择题

1. D 【解析】本题考查需要层次理论。马斯洛需要层次理论认为：人具有五种主要的需要，按照从低到高的顺序分别为：生理需要、安全需要、归属和爱的需要、尊重的需要、自我实现的需要。前三个层级为基本需要，后两个层级为高级需要，前三层需要的满足主要靠外部条件和因素，后两层需要的满足主要靠内在因素。

2. D 【解析】本题考查ERG理论。ERG理论中的"成长需要"对应马斯洛需要理论中的部分"尊重的需要"和全部"自我实现的需要"。所以选项D说法错误。

3. D 【解析】本题考查权变理论。费德勒认为情境性的因素可以分为三个维度：一是领导与下属的关系；二是工作结构；三是职权。

4. A 【解析】本题考查决策风格的类型。行为型的领导者具有较低的模糊耐受性，倾向于对人和社会的关注。因此选A。

5. A 【解析】本题考查组织设计的基本内容。同时对组织结构和运行制度进行的设计称之为动态组织设计，B错误。古典的组织设计理论是静态的，只关注组织结构设计方面的研究，C错误。现代的组织设计理论是动态的，它包含组织结构设计和运行制度设计两个方面，D错误。

6. B 【解析】本题考查组织文化的类型。俱乐部型组织非常重视适应、忠诚感和

承诺。

7. A 【解析】本题考查战略的层次。组织战略主要回答到哪里去竞争的问题，即作出组织应该选择经营何种业务以及进入何种行业或领域的决策。

8. B 【解析】本题考查战略规划的主要任务。在SWOT分析中，外部分析是指通过考察组织的运营环境，分析组织所面临的各种战略机会以及所受到的各种威胁。

9. B 【解析】本题考查人力资源管理与战略规划之间的联系。在单向联系层次上，组织自行制定战略规划，然后再将这种战略规划告知人力资源管理部门，让人力资源管理部门配合战略规划的实施或落地。

10. B 【解析】本题考查人力资源战略与不同组织战略的匹配。外部成长战略培训工作的重点是文化整合和价值观的统一。

11. B 【解析】本题考查人力资源规划的概念。选项B错误，组织的战略规划的制定一般先于人力资源规划。

12. C 【解析】本题考查人力资源需求预测方法。回归分析法的主要做法是，首先建立人力资源需求数量与其影响因素之间的函数关系，然后将这些影响因素的未来估计值代入函数，从而计算出组织未来的人力资源需求量。

13. B 【解析】本题考查人力资源供给预测。一般情况下，组织所能够获得的外部人力资源供给来源无非包括这样几类：各类学校的毕业生、失业人员、转业退伍军人、其他组织中准备离职换工作的人。在全球化的今天，组织所能够获得的外部人力资源供给可能还包括获得许可到本国或本地求职的外国人。

14. A 【解析】本题考查人力资源供给预测的主要方法。马尔科夫分析法是基于多种职位以及人员流动状况进行人力资源供给预测的方法。

15. D 【解析】本题考查构想效度。构想效度也称结构效度，是指一项测试对于某

种不可观察的、比较抽象的构想或特质进行测量的程度。

16. C 【解析】本题考查人格测试。首先向被测试者提供一些未经组织的刺激情境,然后让被测试者在不受限制的情境下自由表现出自己的反应,这种人格测量方法是投射法。

17. A 【解析】本题考查知识测试。社会上的一些职业资格考试基本上都属于知识测试。

18. C 【解析】本题考查特殊的面试形式。压力面试的主要目的是考察被面试者在一定的压力环境下是否能够妥善地调整自己的情绪,并作出正确的回答或行为反应。

19. A 【解析】本题考查成本领先战略的绩效管理。在绩效考核中,为了加强员工对成本的重视程度,组织应尽量选择以结果为导向的、实施成本较低的评价方法,比如目标管理法。

20. B 【解析】本题考查绩效评价。行为锚定法的设计成本很高,设计周期很长。

21. B 【解析】本题考查绩效评价中容易出现的问题。晕轮效应指对员工进行评价时,往往会因为对他的某一特质的强烈的清晰的感知,而掩盖了该人其他方面的品质。刻板印象是指个人对他人的看法,往往受到他人所属群体的影响。首因效应是指人们在相互交往的过程中,往往根据最初的印象去判断一个人。

22. B 【解析】本题考查绩效管理工具。目标管理是一种沟通的程序或过程,它强调企业上下一起协商,将企业目标分解成个人目标,并将这些目标作为公司经营、评估、奖励的标准。所以本题选B。

23. C 【解析】本题考查团队的绩效考核。知识型团队的绩效考核要以结果为导向,而不是行为。

24. A 【解析】本题考查战略性薪酬管理。稳定战略:在薪酬结构上基本薪酬和福利所占的比重较大。收缩战略:在薪酬结构上基本薪酬所占的比例相对较低。创新战略:其基本薪酬以劳动力市场的通行水平为准且略高于市场水平。

25. C 【解析】本题考查职业生涯锚。职业生涯锚的特点有:(1)产生于早期职业生涯阶段,以个体习得的工作经验为基础;(2)强调个人能力、动机和价值观三方面的相互作用与整合;(3)不可能根据各种测试提前进行预测;(4)并不是完全固定不变的。所以选项C说法错误。

26. C 【解析】本题考查股票期权的行权价格。股票期权行权价格的确定分为三种,即实值法、平值法和虚值法。在我国,《管理办法》采用了平值法。

27. A 【解析】本题考查员工持股计划的持股规模。单个员工所获股份权益对应的股票总数累计不得超过公司股本总额的1%。

28. A 【解析】本题考查培训与开发效果的评估方法。控制实验法是一种最规范化的评估方法,用这种方法可以确定员工绩效的提高是否确实是由培训与开发所引起的。它可以提高评估的准确性、有效性,但操作复杂且费用较高。

29. A 【解析】本题考查职业生涯锚的类型。安全稳定型职业锚的员工的驱动力和价值观是追求安全、稳定的职业前途。

30. A 【解析】本题考查我国调整劳动关系的制度和机制。劳动监察制度是指劳动行政管理机关依法对用人单位遵守劳动法律法规情况进行监督检查,发现和纠正违法行为,并对违法行为依法进行行政处理或行政处罚的行政执法活动。

31. C 【解析】本题考查发展和谐劳动关系。加强集体合同制度法制建设。以非公有制企业为重点对象,指导各地在已建工会的企业全面开展集体协商工作。

32. A 【解析】本题考查劳动争议调解管理。《企业劳动争议协商调解规定》第十三条、

第十四条规定,大中型企业应当依法设立劳动争议调解委员会,并配备专职或者兼职工作人员。有分公司、分店、分厂的企业,可以根据需要在分支机构设立劳动争议调解委员会。

33. A 【解析】 本题考查中国职工民主参与的形式。职工代表大会制度是我国职工民主管理制度的主要体现形式。

34. D 【解析】 本题考查收入分配制度。公务员工资级别制度分为27个等级。

35. A 【解析】 本题考查人才流动管理。人力流动管理使市场在人才资源配置中更好地发挥了决定性作用,也使政府更好地发挥了重要性作用,促进人才顺畅有序流动,最大限度保护和激发人才活力,提高人才资源配置效率,为推进新时代中国特色社会主义建设提供坚强的人才保证。

36. D 【解析】 本题考查人力资源的国际流动。外国高端人才(A类)无数量限制,外国专业人才(B类)根据市场需求限制,其他外国人员(C类)数量限制按国家有关规定执行。

37. C 【解析】 本题考查劳动力参与率的计算。劳动力参与率主要是指16岁以上人口中,就业人口与失业人口之和所占的百分比。所以此题是$[(200+20)\div(350-80)]\times 100\% = (220\div 270)\times 100\% = 81.5\%$。

38. C 【解析】 本题考查劳动力供给的经济周期。经济周期中的劳动力供给会产生附加的劳动者效应和灰心丧气的劳动者效应。因此选C。

39. D 【解析】 本题考查劳动力需求弹性。题目已知劳动力需求是单位弹性的,即为1。劳动力需求弹性=劳动力需求量变动%/工资率变动% $=(\Delta L/L)\div(\Delta W/W) = (\Delta L/20\ 000)\div[(25-20)/20] = 1$,则$\Delta L = 5\ 000$(人)。则总人数变为$20\ 000 - 5\ 000 = 15\ 000$(人)。

40. B 【解析】 本题考查个人劳动力供给曲线。替代效应:工资率的提高意味着劳动者享受闲暇的机会成本上升,从而促使劳动者增加劳动力供给时间。

41. D 【解析】 本题考查劳动力市场的特征。劳动力市场交易对象的难以衡量性,决定了人力资源部门除了利用劳动者的受教育程度、工作经历以及在职训练等客观指标来作为筛选员工的依据之外,往往还不得不利用面试、笔试、心理测验等多种甄选手段来对求职者进行筛选。

42. A 【解析】 本题考查货币工资与实际工资。实际工资是货币工资与物价指数的比。

43. A 【解析】 本题考查就业与就业统计。就业实际上有三层基本含义:(1)劳动者必须既要有劳动能力,还要有劳动意愿;(2)劳动者所参加的劳动必须是某种形式的社会劳动,而不能是家庭劳动;(3)劳动必须能够获得报酬或收入,而不能是公益性或义务性的劳动。

44. C 【解析】 本题考查失业率统计。失业率=失业人数/劳动力人数×100% = 失业人数/(失业人数+就业人数)×100%,将相关数据代入公式,该国2015年的失业率=100/(100+900)×100% = 10%。

45. D 【解析】 本题考查失业的类型及其成因与对策。一个产业经受周期性波动的程度主要依赖于其产品需求的收入弹性。

46. C 【解析】 本题考查人力资本投资。货币在不同的时间点上有不同的价值,因此,必须把成本和收益都按某一共同时点上的货币价值来衡量,将未来的货币折算为现在的价值,这样便于比较。

47. A 【解析】 本题考查高等教育投资决策的几个基本推论。在其他条件相同的情况下,投资后的收入增量流越长,则上大学的净现值越可能为正,从而上大学的可能性更大。这种情况有助于解释为什么上大学的主要是年轻人,以及为什么年轻人更有可能去流动和进行地理上的迁移。

48. C 【解析】本题考查在职培训的基本类型。题目中提到的是专利玩具，这显然是一种特殊加工，属于特殊培训范畴。

49. B 【解析】本题考查劳动力流动。选项B说法错误，劳动力流动对个人来说不一定是好事，对企业来说不一定是坏事。

50. B 【解析】本题考查《社会保险法》的基本内容。对于依法获得在我国境内就业证件3个月后不能提供协议国出具的参保证明的，应按规定征收社会保险费并收取相应的滞纳金。

51. D 【解析】本题考查劳动合同履行的原则。劳动合同双方当事人在任何时候都应履行劳动合同约定的全部义务，体现了全面履行原则。

52. D 【解析】本题考查劳动规章制度的效力。劳动规章制度要具有法律效力应满足三个条件，即内容合法，不违背有关法律法规及政策；经过民主程序制定；要向劳动者公示。不包括D选项。

53. A 【解析】本题考查劳务派遣单位与用工单位解除劳动合同的权利。劳务派遣单位违法解除或者终止被派遣劳动者的劳动合同的，应当依照《劳动合同法》规定的经济补偿标准的2倍向劳动者支付赔偿金。

54. B 【解析】本题考查劳务派遣的相关内容。被派遣劳动者在无工作期间，劳务派遣单位应当按照所在地人民政府规定的最低工资标准，向其按月支付报酬。

55. C 【解析】本题考查劳动争议的处理机构。仲裁委员会之间并不具有行政隶属关系。

56. C 【解析】本题考查劳动争议仲裁的程序。劳动人事仲裁委员会受理仲裁申请后，应当在5日内将劳动仲裁申请书副本送达被申请人。

57. B 【解析】本题考查工伤认定的申请。职工发生事故伤害或者被诊断、鉴定为职业病，所在单位应该自事故伤害发生之日或者被诊断、鉴定为职业病之日起30日内，向统筹地区社会保险行政部门提出工伤认定申请。因此选B。

58. B 【解析】本题考查未依法订立无固定期限劳动合同的法律责任。用人单位违反《劳动合同法》规定不与劳动者订立无固定期限劳动合同的，自应当订立无固定期限劳动合同之日起向劳动者每月支付2倍的工资。

59. D 【解析】本题考查社会保险法律责任。用人单位未依法代扣代缴的，由社会保险费征收机构责令用人单位限期代缴，并自欠缴之日起向用人单位按日加收万分之五的滞纳金。用人单位不得要求职工承担滞纳金。

60. D 【解析】本题考查社会保险行政争议的范围。劳动人事争议仲裁委员会的仲裁、调解等行为不属于行政复议的范围。

二、多项选择题

61. ACDE 【解析】本题考查决策模型。管理者存在信息加工错误，同时由于决策者置身其中，负面信息被忽略，自身防御机制启动，这是导致投入增加的原因之一，所以选项B错误。

62. CE 【解析】本题考查领导者的生命周期理论。成熟度包括工作成熟度与心理成熟度。工作成熟度指一个人的知识和技能水平。心理成熟度指从事工作的意愿或动机。

63. ABCD 【解析】本题考查行政层级式组织形式。行政层级式组织形式中，决定工作地位的主要因素是技术能力和绩效，选项E说法错误。

64. ADE 【解析】本题考查战略性人力资源管理的三大工具。组织的领导者和管理者通常运用一些工具来帮助他们将组织的整体战略目标一步一步分解为具体的人力资源管理政策和实践，然后通过直观的方式了解和判断组织的人力资源管理政策和实践在围绕组织战略目标的实现而工作的过程中所取得的进展，组织通常需要用到的三种重要工具分别是战略地图、人力资源管理计分卡以及数字仪表盘。

65. ABC 【解析】本题考查人力资源供求平衡的方法分析。选项 D 错误，职位调动的见效速度快、员工受伤害的程度中等。选项 E 错误，提前退休的见效速度慢、员工受伤害的程度低。

66. BDE 【解析】本题考查评价中心技术。选项 A、C 属于成就测试的内容。

67. ABCD 【解析】本题考查有效的绩效管理的特征。选项 E 说法错误，绩效管理体系的建立和维护成本要小于绩效管理体系带来的收益。

68. ACDE 【解析】本题考查绩效计划的制订原则。绩效计划的制订原则包括：(1)价值驱动原则；(2)战略相关性原则；(3)系统化原则；(4)职位特色原则；(5)突出重点原则；(6)可测量性原则；(7)全员参与原则。选项 B 说法错误，应该是战略相关性原则。

69. ABD 【解析】本题考查股票期权的激励对象。激励对象包括上市公司的董事、高级管理人员、核心技术(业务)人员(不能超过总员工的 10%)，以及公司认为应当激励的其他员工，但不应当包括独立董事和监事。

70. ABD 【解析】本题考查培训与开发的组织体系。在大型组织中，培训与开发机构可以隶属于人力资源部门。企业大学是独立的培训与开发机构的一种扩大发展的模式。

71. ABCD 【解析】本题考查工会的类型。工会按照层级划分为：(1)企业工会；(2)区域性(或地方性)工会；(3)全国性工会。选项 E 属于按照工会的组织结构形式划分的类型。

72. ABDE 【解析】本题考查劳动关系的模式。劳动关系的模式可分为：自由多元模式、劳资协议自治模式、家族式模式。

73. ABCD 【解析】本题考查劳动力市场的结构。优等劳动力市场的特征是劳动力市场的就业条件好，工资福利水平高，工作环境良好，工作保障性强。选项 E 错误，应该是对劳动者要求较高。

74. ABCD 【解析】本题考查劳动力市场政策。政府采取的促进就业的宏观经济政策包括货币政策、财政政策、收入政策、人力政策、产业政策选择和就业结构调整等。

75. ABCD 【解析】本题考查失业的类型及其成因与对策。失业的类型有：摩擦性失业、技术性失业、结构性失业、季节性失业、周期性失业。

76. ABDE 【解析】本题考查人力资本投资支出的具体形式。不仅各级正规教育和在职培训活动所花费的支出属于人力资本投资，而且增进健康、加强学龄前儿童营养、寻找工作、工作流动等活动也同样属于人力资本投资活动。

77. AD 【解析】本题考查劳动争议调解的原则。劳动争议调解应遵循的原则包括：自愿原则、民主说服原则。

78. ACDE 【解析】本题考查社会保险法律关系的主体。从社会保险责任分，社会保险法律关系的主体有国家、社会保险的管理和经办机构、用人单位、劳动者及其家庭。选项 B 是从保险业务角度划分的社会保险法律关系的主体之一。

79. BCD 【解析】本题考查劳务派遣的范围。劳务派遣一般在临时性、辅助性或替代性的工作岗位上实施。

80. ABC 【解析】本题考查不能申请行政复议的情形。公民、法人或者其他组织对下列事项不能申请行政复议：(1)人力资源社会保障部门做出的行政处分或者其他人事处理决定；(2)劳动者与用人单位之间发生的人力资源争议；(3)劳动能力鉴定委员会的行为；(4)劳动人事争议仲裁委员会的仲裁、调解等行为；(5)已就同一事项向其他有权受理的行政机关申请行政复议的；(6)向人民法院提起行政诉讼，人民法院已经依法受理的。

三、案例分析题

（一）

81. B 【解析】本题考查双因素理论。案例中，刘先生下属员工缺乏激励性的原因在于：员工普遍感觉工作内容十分枯燥，每天只能按部就班地完成上面分配下来的工作，缺乏成就感。说明下属员工所关注的是激励因素，而非保健因素，因此选B。

82. D 【解析】本题考查双因素理论。根据案例可知，刘先生应该加强激励因素方面的管理，只有选项D属于激励因素。

83. C 【解析】本题考查期望理论。从期望理论的角度分析，刘先生所采取的激励措施之所以没有效果，原因在于，刘先生对下属采用了效价（给予重奖）、期望（出色的员工），但问题出在缺乏工具性（个人对绩效与获得报酬之间关系的估计）上，如有员工表示，每月优秀员工的评选缺乏客观的指标，无法反映个人的真实工作情况。因此选C。

84. ACD 【解析】本题考查目标管理的四要素。为了改变下属员工的这种状况，刘先生应该从激励因素着手加强管理。

（二）

85. B 【解析】本题考查管理幅度。管理幅度也称为管理跨度，它是指一名领导者直接领导的下级人员的数量。

86. A 【解析】本题考查管理层次。管理层次是指从组织最高一级管理组织到最低一级管理组织的各个组织等级。

87. A 【解析】本题考查职能制。按职能来划分、组织各个部门的组织形式，通常称为"职能制结构"。

88. ACD 【解析】本题考查职能制。选项A错误，该企业的分工形式为职能制。选项C错误，职能制的组织形式在简单/静态环境中效果较好。选项D错误，在职能制中，唯有最高领导才能纵观全局，所以，企业生产经营的决策权必然集中于最高领导层，主要是厂长或总经理。该公司并没有关键职能部门。

（三）

89. AB 【解析】本题考查劳动力市场均衡。在劳动力市场均衡状态下，既不存在失业，也不存在劳动力短缺。劳动力市场均衡不是绝对的，劳动力供给和劳动力需求之中的任何一种力量发生变化，或者两者同时发生变化，都会导致旧的劳动力市场均衡被打破，新的劳动力市场均衡被建立起来。所以选项C、D错误。

90. BCD 【解析】本题考查劳动力市场均衡与非均衡。如果企业支付低于通行市场工资率，则会雇不到人。所以选项A不选。

91. ABD 【解析】本题考查劳动力市场非均衡的相关知识。选项C说法没有依据。

92. ACD 【解析】本题考查劳动力市场流动的供给方遇到的摩擦力。选项B错误，这不是人为限制的结果。

（四）

93. B 【解析】本题考查高等教育投资的成本收益分析。小罗研究生刚毕业时的工资低于已经参加工作的本科毕业生，主要是因为他还缺乏工作经验，处在接受培训及适应工作的阶段，选项A、C、D说法错误。

94. CD 【解析】本题考查影响劳动力流动的企业因素。小罗在2014年换到一家薪酬水平较高的民营公司，但很快他就发现这家公司的文化不是很好，领导对知识型员工比较简单粗暴，不够尊重，于是他在2015年跳槽去了第三家公司，这反映了企业的组织文化以及领导风格对劳动力流动的影响。

95. BCD 【解析】本题考查在职培训。从案例不能看出这家公司提供的培训是特殊培训，选项 A 错误。第三家公司中，除了正式培训课程外，工作经验丰富的同事也会在工作中给予小罗很多指导。另外这家公司还鼓励有潜力的技术型人员在业余时间攻读 MBA 学位，这些都属于在职培训，选项 B 正确。在业余时间攻读 MBA 学位属于在职研究生，不属于在职培训，选项 C 正确。各级正规教育和在职培训活动所花费的支出都属于人力资本投资，选项 D 正确。

96. ACD 【解析】本题考查在职培训。第三家公司报销一半 MBA 学费，这种规定减少了员工攻读 MBA 的人力资本投资成本，选项 B 错误。

（五）

97. C 【解析】本题考查劳动合同解除与终止。劳动者提前 30 日以书面形式通知用人单位，可以解除劳动合同。劳动者在试用期内提前 3 日通知用人单位，可以解除劳动合同。小马不是在试用期，因此应提前 30 日书面通知公司。

98. B 【解析】本题考查劳动合同解除与终止。根据《劳动合同法》的有关规定，用人单位应当给予劳动者经济补偿的情形包括：(1)劳动者依照《劳动合同法》第三十八条规定解除劳动合同的；(2)用人单位向劳动者提出解除劳动合同并与劳动者协商一致解除劳动合同的；(3)用人单位依照《劳动合同法》第四十条规定解除劳动合同的；(4)用人单位依照《劳动合同法》实施裁减人员而解除劳动合同的；(5)除用人单位维持或者提高劳动合同约定条件续订劳动合同，劳动者不同意续订的情形外，因劳动合同期满而终止固定期限劳动合同的；(6)用人单位被依法宣告破产或用人单位被吊销营业执照、责令关闭、撤销或者用人单位决定提前解散而终止劳动合同的；(7)以完成一定工作任务为期限的劳动合同因任务完成而终止的。小马的情况均不符合上述情形，所以他提出解除劳动合同不属于解除劳动合同经济补偿的范围。

99. AD 【解析】本题考查劳动合同解除与终止。根据《劳动合同法》的有关规定，劳动合同终止的情形为：(1)劳动合同期满的；(2)劳动者开始依法享受基本养老保险待遇的；(3)劳动者死亡，或者被人民法院宣告死亡或者宣告失踪的；(4)用人单位被依法宣告破产的；(5)用人单位被吊销营业执照、责令关闭、撤销或者用人单位决定提前解散的；(6)法律、行政法规规定的其他情形。对上述第(2)项规定的情形，《劳动合同法实施条例》又补充规定，"劳动者达到法定退休年龄的，劳动合同终止"。因此，A、D 选项正确。

100. D 【解析】本题考查劳动合同解除与终止。根据《劳动合同法》的有关规定，终止劳动合同的经济补偿适用的情形包括：(1)除用人单位维持或者提高劳动合同约定条件续订劳动合同，劳动者不同意续订的情形外，因劳动合同期满而终止固定期限劳动合同的；(2)用人单位被依法宣告破产或被吊销营业执照、责令关闭、撤销或者用人单位决定提前解散而终止劳动合同的；(3)以完成一定工作任务为期限的劳动合同因任务完成而终止的。因此 D 选项正确。

致亲爱的读者

"梦想成真"系列辅导丛书自出版以来,以严谨细致的专业内容和清晰简洁的编撰风格受到了广大读者的一致好评,但因水平和时间有限,书中难免会存在一些疏漏和错误。读者如有发现本书不足,可扫描"欢迎来找茬"二维码上传纠错信息,审核后每处错误奖励10元购课代金券。(多人反馈同一错误,只奖励首位反馈者。请关注"中华会计网校"微信公众号接收奖励通知。)

在此,诚恳地希望各位学员不吝批评指正,帮助我们不断提高完善。

邮箱:mxcc@cdeledu.com

微博:@正保文化

欢迎来找茬

中华会计网校
微信公众号